权威·前沿·原创

皮书系列为
"十二五""十三五""十四五"时期国家重点出版物出版专项规划项目

BLUE BOOK

智 库 成 果 出 版 与 传 播 平 台

中国社会科学院创新工程学术出版资助项目

新媒体蓝皮书
BLUE BOOK OF NEW MEDIA

中国新媒体发展报告*No.14*（2023）

ANNUAL REPORT ON THE DEVELOPMENT OF NEW MEDIA IN CHINA No.14 (2023)

中国社会科学院新闻与传播研究所
主　编／胡正荣　黄楚新
副主编／严三九

图书在版编目（CIP）数据

中国新媒体发展报告 . No. 14, 2023 / 胡正荣, 黄楚
新主编; 严三九副主编 . -- 北京: 社会科学文献出版
社, 2023.6
　（新媒体蓝皮书）
　ISBN 978-7-5228-1887-0

　Ⅰ.①中… 　Ⅱ.①胡… ②黄… ③严… 　Ⅲ.①传播媒
介-发展-研究报告-中国-2023 　Ⅳ.①G219.2

中国国家版本馆 CIP 数据核字（2023）第 094502 号

新媒体蓝皮书
中国新媒体发展报告 No. 14（2023）

主　　编／胡正荣　黄楚新
副主编／严三九

出 版 人／王利民
组稿编辑／邓泳红
责任编辑／吴　敏
责任印制／王京美

出　　版／社会科学文献出版社·皮书出版分社 （010）59367127
　　　　　地址：北京市北三环中路甲 29 号院华龙大厦　邮编：100029
　　　　　网址：www. ssap. com. cn
发　　行／社会科学文献出版社 （010）59367028
印　　装／天津千鹤文化传播有限公司

规　　格／开　本：787mm×1092mm　1/16
　　　　　印　张：29.5　字　数：445 千字
版　　次／2023 年 6 月第 1 版　2023 年 6 月第 1 次印刷
书　　号／ISBN 978-7-5228-1887-0
定　　价／128.00 元

读者服务电话：4008918866

新媒体蓝皮书编委会

成　　员 （以姓氏笔画为序）

方　勇　朱鸿军　向　芬　严三九　吴信训

孟　威　胡正荣　钱莲生　殷　乐　唐绪军

黄楚新　曾庆香

协编单位　上海大学新闻传播学院

欲了解中国新媒体发展最新动态，请关注"新媒体蓝皮书"微信公众号，以及新媒体蓝皮书的官方微博新浪微博"@中国新媒体发展报告蓝皮书"。

主要编撰者简介

胡正荣　中国社会科学院新闻与传播研究所所长，中国社会科学院大学新闻传播学院院长、教授、博士生导师，兼任中国电视艺术家协会副主席、中华全国新闻工作者协会常务理事。历任第六届、第七届国务院学位委员会新闻传播学学科评议组召集人，教育部高等学校新闻传播学类专业教学指导委员会主任委员，中国传媒大学校长，中国教育电视台总编辑，中国人民外交学会第八届理事会理事，中国国际交流协会第十一届理事会理事等。人社部"新世纪百千万人才工程"国家级人选，中宣部、中组部文化名家暨"四个一批"人才国际传播人选，享受国务院政府特殊津贴。

黄楚新　中国社会科学院新媒体研究中心副主任兼秘书长，中国社会科学院新闻与传播研究所数字媒体研究室主任、研究员，中国社会科学院领军人才，中国社会科学院大学新闻传播学院副院长、教授、博士生导师，国家广电总局媒体融合专家库专家，中国记协新媒体专业委员会专家组组长，首都互联网协会新闻评议专业委员会评议员，《新闻与写作》《青年记者》《中国报业》《中国传媒科技》等杂志学术顾问。出版学术专著《新媒体：我国移动传播发展现状与趋势》《新媒体：融合与发展》《新媒体：微传播与融媒发展》等4部，在《新闻与传播研究》《国际新闻界》《现代传播》等杂志上发表多篇学术论文。主持国家社科基金及中央网信办等多个科研项目。

严三九 上海大学新闻传播学院院长、教授、博士生导师，上海大学"伟长学者"，教育部高等学校新闻传播学类专业教学指导委员会委员，上海市新闻传播学类专业教学指导委员会副主任委员，中国新闻史学会传播学研究会副会长，中国新闻史学会传媒经济与管理研究会副会长，中国传播学会副会长。"教育部新闻传播创新实践教育基地"和"上海卓越新闻传播人才教育培养基地"负责人。

摘　要

《中国新媒体发展报告 No.14（2023）》是由中国社会科学院新闻与传播研究所主持编撰的关于新媒体发展的最新年度报告，分为总报告、热点篇、调查篇、传播篇和产业篇等五部分，全面分析中国新媒体发展状况，解读新媒体发展趋势，总结新媒体发展问题，探析新媒体的深刻影响。

2022 年，党的二十大胜利召开掀开了建设中国式现代化国家新的一页。随着信息技术基础设施建设持续加快，数字技术日益融入经济社会发展，推动我国传媒行业快速发展。同时，新冠疫情期间日趋增加的数字化需求逐步嵌入日常生活，新媒体行业发展加快。

本书总报告概括了 2022 年以来面对全面建设社会主义现代化国家的宏观任务与党的二十大报告顶层规划，数字化、智能化、移动化特征加速新媒体转型升级，我国网络和新媒体发展呈现出以下特点：数字中国战略持续赋能智慧城市建设与数字乡村规划，全媒体传播建设朝着体系化方向前进。数字经济效益不断增加，网络监管逐渐规范化、细节化。适老化媒体探索与未成年人入网问题成为新媒体关注要点。短视频行业持续发力，技术赋权媒体内容生产流程加速转型，元宇宙等新兴产业阵地成为新媒体争夺要塞。网络空间命运共同体理念不断深化，出版融合不断加深，Z 世代群体深刻影响新媒体话语语态。

本书收入了全国研究新媒体的数十位著名专家学者撰写的分报告，深入剖析了元宇宙产业园、媒体融合、互联网舆论场、数字文化产业发展、虚拟数字人市场发展、视听新媒体技术应用、西方社交媒体发展、新媒体产业、

网络广告产业、少儿融合出版等重要议题，对中国元宇宙产业园发展进行了较深入的调查研究。

本书认为，2022年以来，新媒体不断发展的同时，一些问题不容忽视：四级融媒体建设链条仍需补齐短板，主流意识形态的宣传需要加强。同时，网络乱象仍层出不穷，需形成更加细节化、制度化的监管规范。

关键词： 新媒体　媒体融合　元宇宙　智能传播

目 录 ↖↘

Ⅰ 总报告

Ⅱ 热点篇

V　产业篇

皮书数据库阅读**使用指南**

总 报 告
General Report

B.1

全媒体传播与数字化：
中国新媒体发展新动向

胡正荣　黄楚新　陈玥彤*

摘　要： 面对全面建设社会主义现代化国家的宏观任务与党的二十大报告顶层规划，数字化、智能化、移动化特征加速新媒体转型升级，我国网络和新媒体发展呈现出以下特点：数字中国战略持续赋能智慧城市建设与数字乡村规划，全媒体传播建设朝着体系化方向前进。数字经济效益不断增加，网络监管逐渐规范化、细节化。适老化媒体探索与未成年人入网问题成为新媒体关注要点。短视频行业持续发力，技术赋权媒体内容生产流程加速转型，元宇宙等新兴产业阵地成为新媒体争夺要塞。网络空间命运共同体

---

* 胡正荣，中国社会科学院新闻与传播研究所所长，中国社会科学院大学新闻传播学院院长、教授，主要研究方向为新媒体、国际传播；黄楚新，中国社会科学院新媒体研究中心副主任兼秘书长，中国社会科学院新闻与传播研究所数字媒体研究室主任、研究员，中国社会科学院大学新闻传播学院副院长、教授，主要研究方向为新媒体传播；陈玥彤，中国社会科学院大学新闻传播学院，主要研究方向为新媒体。

理念不断深化，出版融合不断加深，Z世代群体深刻影响新媒体话语语态。新媒体发展的同时，一些问题不容忽视：四级融媒体建设链条仍需补齐短板，主流意识形态的宣传力度需要加强。同时，网络乱象仍层出不穷，需形成更加细节化、制度化的监管规范。

关键词： 媒体深度融合　全媒体传播体系　数字中国　基层治理　网络监管

一　总体概况与发展态势

（一）数字中国战略赋能城乡综合治理

2022年以来，信息技术基础设施建设加快，数字技术日益融入经济社会发展，推动传媒产业模式极速更迭。同时新冠疫情期间日趋增加的数字化需求逐步嵌入日常生活，新媒体行业发展加快。与此同时，数字化进程中国际社会也面临共同的机遇与挑战。2022年11月9日，习近平在2022年世界互联网大会乌镇峰会上强调，中国愿同世界各国一道，携手走出一条数字资源共建共享、数字经济活力迸发、数字治理精准高效、数字文化繁荣发展、数字安全保障有力、数字合作互利共赢的全球数字发展道路，加快构建网络空间命运共同体，为世界和平发展与人类文明进步贡献智慧和力量。① 面对新技术格局、新国际局势以及中国式现代化背景下的建设需求，数字中国战略进一步发挥全局性作用，结合媒体融合发展最新成果，与政府监管、智慧城市、乡村治理等多领域实现同频共振，新媒体技术被纳入顶层设计的考量当中。2023年2月，中共中央、国务院印发《数字中

---

① 《习近平向2022年世界互联网大会乌镇峰会致贺信》，https://www.miit.gov.cn/xwdt/szyw/art/2022/art_ c77078dde6fc4917ac2dc8db5d03407c.html，2022年11月9日。

国建设整体布局规划》，指出建设数字中国是数字时代推进中国式现代化的重要引擎，是构筑国家竞争新优势的有力支撑。① 数字中国建设对全面建设社会主义现代化国家以及全面推进中华民族伟大复兴都具有深远影响。

基础设施先行，数字化思维嵌入顶层设计。2022年我国信息技术基础设施逐步完善，实现跨越式提升。据工信部统计，截至2022年底，我国百兆及以上接入速率的用户占比达93.9%，同时建成开通5G基站231.2万个（见图1），占全球的比重超过60%，成为全球首个基于独立组网模式规模建设5G网络的国家，关键核心技术的掌握程度也大幅提升，人工智能、大数据等高新技术创新能力跻身世界前列。② 党的二十大报告中将"数字中国"的建设需求与"制造强国、质量强国、航天强国、交通强国、网络强国"并列，③ 凸显数字化建设的战略性地位，以及一体化政府服务监管效能的提升。数字化、智能化成为新时代创新政府治理模式的主流趋势，数字化建设持续助力政府职能转变，推动建设法治政府、廉洁政府和服务型政府。尤其是在新冠疫情防控期间，数字技术为国家综合治理提供了有力支撑。比如，天津数字社会综合应用平台"津心办"以智能化、聚合化特征持续推动"一站式"服务能力提升，简化政务服务程序；④ 广东省数据资源一网共享平台统一维护数据资源，实现便捷共享、统一把控和政府数据监管；⑤ 上海市金山区AI助力城市精细化管理，建设金山AI鑫眼平台，形成覆盖交通秩

① 《中共中央 国务院印发〈数字中国建设整体布局规划〉》，https：//www.miit.gov.cn/xwdt/szyw/art/2023/art_ f438c6652a3a4b3180feae8ca5a5912d.html，2023年2月27日。
② 《2022年通信业统计公报》，https：//www.miit.gov.cn/gxsj/tjfx/txy/art/2023/art_ 77b586a554e64763ab2c2888dcf0b9e3.html，2023年1月19日。
③ 习近平：《高举中国特色社会主义伟大旗帜 为全面建设社会主义现代化国家而团结奋斗——在中国共产党第二十次全国代表大会上的报告》，http：//www.gov.cn/xinwen/2022-10/25/content_ 5721685.htm，2022年10月25日。
④ 《网上办政务 就找"津心办" 我市打造统一移动政务服务平台 多事项集成"一件事" 线上线下服务同质》，https：//www.tjcac.com.cn/tjsg/cxyy/202202/t20220215_ 5804570.html，2022年2月9日。
⑤ 《广东将推动全省数据资源"一网共享"》，http：//epaper.grzx.com.cn/html/2022-08/26/content_ 28248.htm，2022年8月26日。

序、疫情防控、市容市貌等 9 个场景的算法库，汇聚城市体征数据 341 项、数据 2.3 亿条，初步实现"一网统管"，展现出数字化技术与社会治理现代化的紧密关联，为未来数字政府建设提供实践经验和发展基础。① 与此同时，2022 年 1 月，工信部和国家发改委共同印发《关于促进云网融合　加快中小城市信息基础设施建设的通知》，围绕网络设施、技术创新、产业集约等领域，提出建立多层次、体系化的算力系统，聚焦中小城市数字化转型。② 2022 年 6 月，国务院发布《国务院关于加强数字政府建设的指导意见》，为下一阶段数字政府建设制定规划，提出到 2025 年和 2035 年数字政府建设的两步走工作目标，使数字技术成为推进国家治理体系和治理能力现代化的有力支撑。③

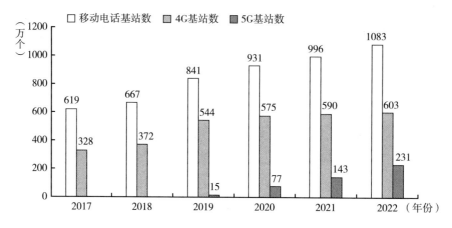

图 1　2017~2022 年移动电话基站发展情况

资料来源：《2022 年通信业统计公报》。

---

① 《上海金山区携手商汤科技，打造 AI 鑫眼平台 共创智慧城市》，https://www.163.com/dy/article/GQL4036N05492FN8.html，2021 年 12 月 7 日。
② 《工业和信息化部办公厅　国家发展改革委办公厅关于促进云网融合　加快中小城市信息基础设施建设的通知》，https://www.miit.gov.cn/jgsj/txs/wjfb/art/2022/art_12aa3360821a4ef98d66665deb5c9881.html，2022 年 1 月 27 日。
③ 《国务院关于加强数字政府建设的指导意见》，http://www.gov.cn/zhengce/content/2022-06/23/content_5697299.htm，2022 年 6 月 23 日。

数字技术持续赋能乡村治理，媒体融合助力数字乡村建设，进一步促进农业农村现代化。2022年1月，中央网信办、农业农村部等十部门联合印发《数字乡村发展行动计划（2022—2025年）》，提出到2023年和到2025年两个短期发展目标，加快乡村数字化治理体系建设。① 同月，国家广电总局印发《关于推进智慧广电乡村工程建设的指导意见》，推动广电媒体与乡村振兴融合，建设一体化公共服务体系。② 我国数字乡村发展取得重大进展，多地乡村以媒体融合为抓手，以技术赋权盘活乡村建设，推动乡村公共服务水平和乡村治理效能的提升。如山东海看IPTV智慧广电数字乡村项目，围绕数字综治、惠民服务、产业发展、应急管理四大方向，以新媒体技术提升乡村治理与服务能力。③ 重庆广电数字传媒股份有限公司实行"网""台""端""用"四向发力，建设IPTV乡村版智慧大屏户户通项目，实现数字基建、数字党建、数字产业、数字治理、数字生活、数字农民"六数融合"，截至2022年8月，重庆市已有656个镇街智慧大屏上线运行，取得了"两提高、一降低"的良好效果。④

（二）媒体融合格局向全媒体传播体系建设发展

党的二十大报告强调，要加强全媒体传播体系建设，塑造主流舆论新格局。⑤ 健全网络综合治理体系，推动形成良好网络生态。全媒体传播体系建设的提出正是对媒体融合工作发展的方向指引，是对未来新媒体传播布局的整体策划。以"资源集约、结构合理、差异发展、协同高效"为建设要点，

① 《数字乡村发展行动计划（2022—2025年）》，http：//www.cac.gov.cn/2022－01/25/c_ 1644713315749608.htm，2022年1月26日。
② 《国家广播电视总局印发〈关于推进智慧广电乡村工程建设的指导意见〉的通知》，http：//www.gov.cn/zhengce/zhengceku/2022－01/12/content_ 5667785.htm，2022年1月6日。
③ 《山东IPTV"114"模式 全方位助力消费帮扶》，http：//www.nrta.gov.cn/art/2023/1/3/art_ 3544_ 63116.html，2023年1月3日。
④ 《山东、重庆、浙江等地积极探索IPTV智慧广电乡村服务新模式》，http：//gbdsj.nmg.gov.cn/ywdt/gdj_ hydt/202211/t20221126_ 2177729.html，2022年11月26日。
⑤ 习近平：《高举中国特色社会主义伟大旗帜 为全面建设社会主义现代化国家而团结奋斗——在中国共产党第二十次全国代表大会上的报告》，http：//www.gov.cn/xinwen/2022－10/25/content_ 5721685.htm，2022年10月25日。

我国已经基本建立起四级融媒体中心的纵向发展链条，呈现出媒体"四力"全方位共建态势。

具体而言，2022年以来，中央级、省级媒体逐渐优化升级，在互联网语境下积极探索新媒体技术应用，扎实推进内容供给侧改革，形成头部力量。比如中央广播电视总台持续落实发展媒体融合要求，建构"2+6+N"全媒体传播矩阵，即央视频、央视新闻客户端，央视影音、央视体育、央视文艺等垂类客户端，以及央视各渠道全媒体账号体系，通过网台内容互通以及技术孵化，推进新型主流媒体建设。① 而就省级媒体而言，其发展水平仍存在一定的区域差异，呈现南强北弱、东强西弱的阶梯式特征，如何加强地区融媒体中心建设、促成多区域媒体形成联动是新时代亟待解决的重要问题。2022年中西部地区积极探索新发展模式，引入外部资源，精准定位区域特征，创新新媒体内容模式，凸显地区优势。2022年元旦，北京、天津、河北、内蒙古、新疆等多家省级卫视推出的迎冬奥环球跨年冰雪盛典，在全媒体渠道实现了11048万人的观看规模和超过20亿分钟的观看时长，以跨区域、跨媒介合作的方式，突破束缚，实现传播效益最大化。② 山西卫视利用地区美食文化，联动多种融媒体展现形式，推出《人说山西好味道》，实现中部地区媒体的主动突围。

地市级媒体重点推进媒体深度融合。2022年，中宣部、财政部、国家广电总局发布《关于推进地市级媒体加快深度融合发展实施方案的通知》，强调"聚焦深化改革、深度融合目标，研究制定推进试点建设的具体举措"，在全国范围内遴选60家融媒体中心作为试点单位，内蒙古、江西、贵州、甘肃、新疆、湖北、云南等省（自治区）的地市级融媒体中心先后挂牌成立。作为媒体融合建设中承上启下的第三级，一方面地市级媒体在本年度积极建构一体化格局，串联多维信息，形成覆盖广、内容

---

① 《2012~2022年中央广播电视总台媒体融合发展科技成果》，https：//www.chinaxwcb.com/info/585056，2023年1月13日。

② 《〈2022迎冬奥BRTV环球跨年冰雪盛典〉今晚迎新年》，https：//www.bjnews.com.cn/detail/164091720614275.html，2021年12月31日。

全、综合治理能力强的全媒体平台。比如长三角地区响应一体化战略布局，协同推进媒体深度融合发展，建设以"三省一市"为基础的集体联动，搭建互学互鉴、示范引领平台，有效体现了新型传播背景下地市级媒体融合建设的业态创新和发展潜力。① 另一方面，地市级媒体开展多元化业务，拓宽媒体内容边界，以新技术为契机发展增量业务，形成涵盖不同资源的运营模式。比如，南京报业"听语"系列融媒行动主动入局社会治理，利用新媒体优势推出优质专题专栏，如《"金点子"，守护菜篮子米袋子》《听语！"码"的问题，马上办》《防控有"力度"，保通保畅有"温度"》等文章，全网转发超过 1800 次，阅读超过 750 万次。② 绍兴市新闻传媒中心积极参与市内外重大活动的策展服务，成为绍兴会展业的"金字招牌"。

区县级融媒体是基层治理的"最后一公里"，在舆论引导、平台建设、服务功能拓展等多方面都取得了阶段性成效，基本完成从数量增长向质量提升的转变，逐步实现高质量发展。据中共中央宣传部召开的"中国这十年"主题新闻发布会数据，目前全国已有 2585 个县级融媒体中心建成运行，一些优秀的县级融媒体中心不仅以优质内容与先进技术搭建起信息枢纽和治理平台，更形成了比较成熟的发展模式。③ 浙江省安吉县融媒体中心从长远发展谋篇布局，2022 年 11 月 14 日，《安吉县融媒体中心（安吉新闻集团）发展战略规划（2023—2028）》通过专家评审，成为全国首个县级融媒体五年发展战略规划。④ 近年来，安吉县融媒体中心不断创新发展，2022 年营收达到 4.85 亿元，实现了社会效益和经济效益的"双丰收"。福建省尤溪县

---

① 《长三角三省一市协同推进广电媒体深度融合》，http：//www.broadcast.hc360.com/2021/1101/15062.html，2021 年 11 月 1 日。
② 马正华：《走好网上群众路线　贡献媒体智慧力量——以南京报业"听语"系列融媒行动为例》，《新闻战线》2022 年第 16 期。
③ 《"中国这十年"系列主题新闻发布会聚焦推动高质量发展》，http：//www.gov.cn/xinwen/2022-06/29/content_5698315.htm，2022 年 6 月 29 日。
④ 《安吉发布全国首个县级融媒体五年发展战略规划》，http：//tv.cctv.com/2022/11/15/ARTIl4SsPzRAwtQWQk8FtWfM221115.shtml，2022 年 11 月 15 日。

融媒体中心积极探索内容生产、技术应用、运营管理等多种创新模式，紧紧围绕舆论宣传主阵地、政务服务主平台、数字乡村主运营、文创产业主力军等主要功能，在提质增效上下功夫，成为独具特色的"尤溪模式"。深圳龙岗区文创事业部与高校、美术馆、博物馆、专业协会、设计机构等跨界合作，围绕文创手信产品开发、选品与销售，文化创意策划与设计服务，线上线下文化空间运营业务等，全方位参与龙岗城区形象塑造推介。浙江省海宁市传媒中心依托自身定位，不断强化精品意识，涌现出一批"高质量、高流量"的原创新闻精品和品牌产品。

（三）数字经济发展更具规范化体系化

2022 年 12 月，国家语言资源监测与研究中心发布年度十大流行语，"数字经济"成为 2022 年度十大流行语之一。[①] 数字经济发展成为全球性趋势，我国依托国内市场和基础设施建设，强化科技产业创新，不断推动数字经济快速发展，形成独具中国特色的发展模式，促进世界数字经济结构优化。党的二十大报告提出，要加快发展数字经济，促进数字经济和实体经济深度融合，打造具有国际竞争力的数字产业集群。[②] 从顶层设计角度，高屋建瓴地将数字经济作为经济结构改革的重中之重，为未来发展提供理论支撑和政策优势，并放眼国际，打造产业矩阵，形成数字经济领域的中国力量。同时，2023 年 3 月 14 日发布的政府工作报告指出，我国数字经济不断壮大，新产业、新业态、新模式增加值占国内生产总值的比重达到 17%以上。[③] 这彰显出现阶段我国经济结构进一步优化以及坚定不移地发展数字经济的必要性和决心。2022 年，我国数字经济持续发展，作为国家战略受到

① 《国家语言资源监测与研究中心等揭晓 2022 年度十大流行语》，https：//www.bjnews.com.cn/detail/167153399014718.html，2022 年 12 月 20 日。
② 习近平：《高举中国特色社会主义伟大旗帜 为全面建设社会主义现代化国家而团结奋斗——在中国共产党第二十次全国代表大会上的报告》，http：//www.gov.cn/xinwen/2022-10/25/content_ 5721685.htm，2022 年 10 月 25 日。
③ 《政府工作报告——2023 年 3 月 5 日在第十四届全国人民代表大会第一次会议上》，http：//www.gov.cn/zhuanti/2023lhzfgzbg/index.htm，2023 年 3 月 5 日。

广泛关注，并产出系列成果。2022 年 3 月，新华社联合百度发布《大数据看 2022 年全国两会关注与期待》，其中数字经济列第五位，同时两会时期"数字经济"相关词条搜索量增长 96%，"元宇宙""数字孪生""数字安防"等数字化相关领域也被重点提及。① 在 2022 年全球数字经济大会的成果发布会上，60 项数字经济"创新引领成果"和"产业创新成果"的成绩引人注目，其中 41 项为大会首推。② 目前我国数字经济发展势头强劲，创新能力不断增强，未来应进一步助力数字创新成果转化应用，促进数字生态共建共享。

数字经济发展不断深化，各地以中央精神为引领，结合地方文化，不断从区域需求出发，形成各具特色的数字发展战略。2022 年 7 月 9 日，首都经济贸易大学发布的《京津冀蓝皮书：京津冀发展报告（2022）——数字经济助推区域协同发展》提出，数字内容与媒体产业对城镇居民人均消费产生了显著的促进作用。③ 数字经济逐渐成为我国经济发展的重要助力。同时数字化深度融入区域发展，成为地方经济快速发展的有力支撑。2023 年 1 月 30 日，河北发布《加快建设数字河北行动方案（2023—2027 年）》，提出推动数字技术与实体经济融合，规划 6 个专项行动、20 项重点工程，将数字化发展战略分为 2023 年、2025 年、2027 年"三步走"，从数字基础设施入手，以数字经济发展推进公共服务水平提升，拓展新发展空间，构建地方数字发展模板。④ 2022 年以来，各省区市也陆续出台相关文件以期推动数字经济发展提质增效（见表 1）。

---

① 《大数据看 2022 年全国两会关注与期待》，http：//www.news.cn/politics/2022-03/03/c_1128434876.htm，2022 年 3 月 3 日。
② 《2022 全球数字经济大会创新引领成果在京发布》，http：//www.news.cn/info/20220730/a1b29ebc5ef44378894aeda9ad310237/c.html，2022 年 7 月 30 日。
③ 《〈京津冀蓝皮书：京津冀发展报告（2022）〉在京发布》，http：//www.bj.xinhuanet.com/2022-07/10/c_1128819371.htm，2022 年 7 月 10 日。
④ 《〈加快建设数字河北行动方案（2023—2027 年）〉印发》，http：//www.hebei.gov.cn/shoujiapp/15087087/15087127/15439722/index.html，2023 年 2 月 10 日。

表1　2022 年各地出台的有关数字经济的代表性文件（不完全统计）

发布时间	相关政策
3 月	《山东省 2022 年数字经济"重点突破"行动方案》
	《2022 年河南省数字经济发展工作方案》
	《浙江省高质量推进数字经济发展 2022 年工作要点》
4 月	《黑龙江省支持数字经济加快发展若干政策措施》
	《2022 年天津市制造业数字化转型工作要点》
	《2022 年广东省数字经济工作要点》
5 月	《江苏省数字经济促进条例》
8 月	《加快发展数字经济行动方案（2022—2024 年）》（安徽省）
11 月	《北京市数字经济促进条例》

注：《关于印发〈山东省 2022 年数字经济"重点突破"行动方案〉的通知》，http：//gxt. shandong. gov. cn/art/2022/3/28/art_ 103863_ 10301646. html，2022 年 3 月 28 日；《关于印发 2022 年河南省数字经济发展工作方案的通知》，https：//fgw. henan. gov. cn/2022/03-23/2419112. html，2022 年 3 月 27 日；《浙江省数字经济发展领导小组办公室关于印发〈浙江省高质量推进数字经济发展 2022 年工作要点〉的通知》，https：//jxt. zj. gov. cn/art/2022/4/24/art_ 1657975_ 58928496. html，2022 年 4 月 24 日；《黑龙江省人民政府办公厅关于印发黑龙江省支持数字经济加快发展若干政策措施的通知》，https：//www. hlj. gov. cn/hlj/c107893/202208/c00_ 31200323. shtml，2022 年 8 月 5 日；《市工业和信息化局关于印发〈2022 年天津市制造业数字化转型工作要点〉的通知》，https：// gyxxh. tj. gov. cn/ZWGK4147/ZCWJ6355/wjwj/202203/t20220321_ 5834127. html，2022 年 3 月 21 日；《广东省工业和信息化厅关于印发〈2022 年广东省数字经济工作要点〉的通知》，http：//gdii. gd. gov. cn/gkmlpt/content/3/3911/post_ 3911820. html#2889，2022 年 4 月 14 日；《江苏省数字经济促进条例》，http：//fg. suzhou. gov. cn/szfgw/xfsdlm/202210/7779af0d03b6414092c69a2b c9f59487. shtml，2022 年 7 月 15 日；《安徽省人民政府办公厅关于印发加快发展数字经济行动方案（2022—2024 年）的通知》，https：//www. ah. gov. cn/szf/zfgb/554185131. html，2022 年 11 月 8 日；《北京市数字经济促进条例》，http：//www. beijing. gov. cn/zhengce/gfxwj/sj/202212/t20221214_ 2878614. html，2022 年 12 月 14 日。

数字经济与实体经济持续融合，推动我国产业结构不断加速转型。我国数字经济规模连续多年位居全球第二，新技术、新产业、新模式等不断涌现，推动实体经济结构加速优化，成为推动经济高质量发展的重要引擎。《2022 中国数字经济发展研究报告》指出，当前中国数字经济发展呈现出"弓箭型"格局，京津冀、粤港澳、长三角三大城市群的数字经济增速稳健，实力不断增强；成都、长江中游城市群加速追赶，连接东西，推动数字经济从沿海向内陆辐射。具体而言，金融领域首先入局数字化战略规划，2022 年 1 月，中国人民银行印发《金融科技发展规划（2022—2025 年）》①，同月，中国银保监会发布《关于银行业保险业数字化转型的指导意见》，将数字化战略发展流程、方向等问题以细则化的形式加以厘清，助推企业数字赋能。② 国有企业在数字经济助推之下，积极转变生产经营方式，以顶层政策为指引顺应发展趋势。《2022 年国资央企生产经营改革发展和党建工作》明确提出要系统推进数字化转型，建立现代化产业体系。③

（四）网络监管拓宽治理边界实现多方协同

综观 2022 年，我国从网络安全、数据治理、平台治理、技术应用、网络相关内容和主体等多维度展开网络综合治理工作（见表 2），重点从网络空间意识形态、数据安全与个人信息以及平台管理等方面进行探索。目前，我国围绕网络监管建立了多元化和去中心化的社会管理体系，网络内容生态治理逐渐从"一元主导"转向"多方协同"，构建"监管部门—商业平台—网民用户"纵向结构基础，加速实现互联网治理现代化。同时，日益复杂的网络生态环境和日新月异的技术赋能，使得主流媒体融合与网络治理之间仍存在更多的连接可能，共促治理结构优化。

表 2　网络治理相关政策（不完全统计）

发布时间	相关政策	治理主题
2022 年 3 月	《未成年人网络保护条例（征求意见稿）》	网络安全
2022 年 5 月	《关于规范网络直播打赏　加强未成年人保护的意见》	
2022 年 9 月	《中华人民共和国反电信网络诈骗法》	
2022 年 9 月	《关于修改〈中华人民共和国网络安全法〉的决定（征求意见稿）》	
2022 年 7 月	《数据出境安全评估办法》	数据治理
2022 年 12 月	《关于构建数据基础制度 更好发挥数据要素作用的意见》	

---

① 《〈金融科技发展规划（2022—2025 年）〉印发——金融与科技加快深度融合》，http://www.gov.cn/zhengce/2022-01/07/content_ 5666817.htm，2022 年 1 月 7 日。

② 《中国银保监会发布〈关于银行业保险业数字化转型的指导意见〉》，http://www.gov.cn/xinwen/2022-01/27/content_ 5670682.htm，2022 年 1 月 27 日。

③ 《一图读懂国资央企 2022 年度生产经营改革发展和党建工作》，http://www.sasac.gov.cn/n2588025/n13790238/n13950001/c22295460/content.html，2021 年 12 月 19 日。

续表

发布时间	相关政策	治理主题
2022 年 4 月	《关于加强网络视听节目平台游戏直播管理的通知》	平台治理
2022 年 8 月	《中华人民共和国反垄断法（修正草案）》	
2022 年 9 月	《互联网弹窗信息推送服务管理规定》	技术应用
2022 年 11 月	《互联网信息服务深度合成管理规定》	
2022 年 6 月	《移动互联网应用程序信息服务管理规定》	网络信息内容治理
2022 年 6 月	《互联网用户账号信息管理规定》	
2022 年 11 月	《关于切实加强网络暴力治理的通知》	
2022 年 5 月	《广播电视和网络视听领域经纪机构管理办法》	视听内容治理
2022 年 8 月	《广播电视和网络视听节目制作经营管理规定（征求意见稿）》	
2022 年 3 月	《关于进一步规范网络直播营利行为 促进行业健康发展的意见》	网络相关主体治理
2022 年 6 月	《网络主播行为规范》	

注：《国家互联网信息办公室关于〈未成年人网络保护条例（征求意见稿）〉再次公开征求意见的通知》，http：//www.gov.cn/xinwen/2022-03/14/content_ 5678971.htm，2022 年 3 月 14 日；《关于规范网络直播打赏 加强未成年人保护的意见》，http：//www.cac.gov.cn/2022-05/07/c_ 1653537626423773.htm，2022 年 5 月 7 日；《中华人民共和国反电信网络诈骗法》，http：//www.npc.gov.cn/npc/c30834/202209/faadac81d2e94aa0bd7574efc9862cd0.shtml，2022 年 9 月 2 日；《关于修改〈中华人民共和国网络安全法〉的决定（征求意见稿）》，http：//www.gov.cn/hudong/2022-09/14/content_ 5709805.htm，2022 年 9 月 14 日；国家互联网信息办公室公布〈数据出境安全评估办法〉，http：//www.cac.gov.cn/2022-07/07/c_ 1658811536594644.htm，2022 年 7 月 7 日；《中共中央 国务院关于构建数据基础制度更好发挥数据要素作用的意见》，http：//www.gov.cn/zhengce/2022-12/19/content_ 5732695.htm，2022 年 12 月 19 日；《国家广播电视总局网络视听节目管理司 中共中央宣传部出版局关于加强网络视听节目平台游戏直播管理的通知》，http：//www.nrta.gov.cn/art/2022/4/15/art_ 113_ 60105.html，2022 年 4 月 15 日；《关于〈中华人民共和国反垄断法（修正草案）〉的说明》，http：//www.npc.gov.cn/npc/c30834/202206/d5eb7f283661462bb8af84e5929f62e7.shtml，2022 年 6 月 24 日；《互联网弹窗信息推送服务管理规定》，http：//www.cac.gov.cn/2022-09/08/c_ 1664260384702890.htm，2022 年 9 月 9 日；《互联网信息服务深度合成管理规定》，http：//www.cac.gov.cn/2022-12/11/c_ 1672221949354811.htm，2022 年 12 月 11 日；《移动互联网应用程序信息服务管理规定》，http：//www.cac.gov.cn/2016-06/28/c_ 1119122192.htm，2022 年 6 月 28 日；《互联网用户账号信息管理规定》，http：//www.gov.cn/zhengce/2022-11/26/content_ 5728939.htm，2022 年 6 月 27 日；《中央网信办印发〈关于切实加强网络暴力治理的通知〉》，http：//www.cac.gov.cn/2022-11/04/c_ 1669204414682178.htm，2022 年 11 月 4 日；《广电总局关于印发〈广播电视和网络视听领域经纪机构管理办法〉的通知》，http：//www.gov.cn/gongbao/content/2022/content_ 5704815.htm，2022 年 5 月 20 日；《国家广播电视总局关于就〈广播电视和网络视听节目制作经营管理规定（征求意见稿）〉公开征求意见的通知》，http：//www.moj.gov.cn/pub/sfbgw/lfyjzj/lflfyjzj/202208/t20220805_ 461244.html，2022 年 8 月 8 日；《国家互联网信息办公室 国家税务总局 国家市场监督管理总局印发〈关于进一步规范网络直播营利行为促进行业健康发展的意见〉的通知》，http：//www.gov.cn/zhengce/zhengceku/2022-03/31/content_ 5682636.htm，2022 年 3 月 25 日；《广电总局 文化和旅游部关于印发〈网络主播行为规范〉的通知》，http：//www.gov.cn/gongbao/content/2022/content_ 5707286.htm，2022 年 6 月 8 日。

平台拥有被治理对象和治理主体双重身份，具备商业属性和公共性两层维度，是 2022 年被重点监管的领域。一方面，针对网络平台中的"饭圈"乱象以及网络暴力、水军、谣言等问题，国家网信办部署开展 2022 年"清朗"系列专项行动，坚持处罚和教育相结合的原则，截至 2022 年 8 月，共清理违法和不良信息 200 多亿条、账号近 14 亿个；① 4 月，中央网信办部署开展"清朗·网络暴力专项治理行动"；② 7 月，"清朗·2022 年暑期未成年人网络环境整治"专项行动正式启动。③ 顶层设计涵盖不同治理维度，强化网络平台综合监管。在中央部署下，各地有序开展平台治理工作。天津市委网信办部署推进"清朗·打击流量造假、黑公关、网络水军"专项行动④，吉林省通化市互联网信息中心多措并举压实主体责任，有效落实未成年人网络保护工作⑤。另一方面，对平台主体的监管持续加强，形成上下一体、协作发力的新格局。以平台反垄断治理为例，2021 年是中国反垄断之年，2022 年互联网平台反垄断行动仍在继续。8 月施行《中华人民共和国反垄断法（修正草案）》，为治理平台经营中滥用数据、技术、资本等优势实施垄断行为和无序扩张等问题提供了法律依据。⑥ "九旬教授诉知网案"中中国知网就因滥用市场支配地位而受到行政处罚。

数字经济时代，数据治理是健全网络生态体系、推进我国治理体系和综合治理能力现代化的重中之重。2022 年 12 月 19 日，中共中央、国务院发布《关于构建数据基础制度更好发挥数据要素作用的意见》，提出 20 条政

---

① 《"净网·2022"集中整治！清理违法和不良信息 200 多亿条！》，https：//m. thepaper. cn/baijiahao_ 19614244，2022 年 8 月 25 日。

② 《中央网信办部署开展"清朗·网络暴力专项治理行动"》，http：//www. cac. gov. cn/2022-04/24/c_ 1652422681278782. htm，2022 年 4 月 24 日。

③ 《"清朗·2022 年暑期未成年人网络环境整治"专项行动正式启动》，http：//www. cac. gov. cn/2022-07/19/c_ 1659850748120694. htm，2022 年 7 月 19 日。

④ 《天津市委网信办部署推进"清朗·打击流量造假、黑公关、网络水军"专项行动》，http：//www. cac. gov. cn/2022-01/10/c_ 1643416077763617. htm，2022 年 1 月 10 日。

⑤ 《吉林通化压实主体责任有效落实未成年人网络保护工作》，http：//www. cac. gov. cn/2022-01/30/c_ 1645146779739644. htm，2022 年 1 月 30 日。

⑥ 《关于〈中华人民共和国反垄断法（修正草案）〉的说明》，http：//www. npc. gov. cn/npc/c30834/202206/d5eb7f283661462bb8af84e5929f62e7. shtml，2022 年 6 月 24 日。

策措施，"促进数据合规高效流动使用，赋能实体经济"，① 互联网已经跨越了由资本驱动的阶段，数据保护和数据治理及其背后的权力边界等议题的重要性凸显。2022 年对数字内容的治理更加精细化，呈现出"分而治之"的新治理局面，平台和主体的权责也更加明晰，对政策细节把握充分、调控灵活。

同时，在智能时代下，算法成为塑造网络生态的重要支点，但也带来了许多治理难题，2022 年 3 月出台《互联网信息服务算法推荐管理规定》，② 代表着我国对算法的伦理规范从自律变为他律。而针对数字经济领域的金融问题，2022 年 8 月，网信办按照《关于进一步防范和处置虚拟货币交易炒作风险的通知》集中整治涉虚拟货币炒作乱象，督促指导主要网络平台落实主体责任，微博、百度等网站平台关停 1.2 万个违规账号。③ 系列行动凸显数据治理方面的结构性转化，从单一的数据保护阶段迈向数据规范化和社会化应用阶段，未来面对数据生产要素市场，相关政策也将围绕数据商品化持续细化，进一步提升数字经济时代的数字生产力。

新技术持续赋能网络空间治理，联动基层力量，形成一体化工作体制。2022 年 8 月，天津市建立了全市网络举报一体化受理机制和联合辟谣机制，按市、区、街镇、农村、社区五个层级，形成了"三级确保、建设四级、多级完善"的网络工作格局，结合《中华人民共和国网络安全法》《天津市促进大数据发展应用条例》《天津市网络虚假信息治理若干规定》制定了数据安全、信息备案、监督检查和 App 评估监测三个地方标准，打造"天津举报""天津辟谣"等传播矩阵，联合当地群众，实现线上线下多位一体的集体合力。④

---

① 《中共中央　国务院关于构建数据基础制度更好发挥数据要素作用的意见》，http：//www.gov.cn/zhengce/2022-12/19/content_ 5732695.htm，2022 年 12 月 19 日。
② 《互联网信息服务算法推荐管理规定》，http：//www.gov.cn/zhengce/2022-11/26/content_ 5728941.htm，2022 年 3 月 1 日。
③ 《国家网信办集中整治涉虚拟货币炒作乱象》，http：//www.cac.gov.cn/2022-08/08/c_ 1661598811397179.htm，2022 年 8 月 9 日。
④ 《天津已建立全市网络举报一体化受理机制和联合辟谣机制》，http：//www.cac.gov.cn/2022-08/26/c_ 1663136688477762.htm，2022 年 8 月 26 日。

二 热门盘点和焦点透视

（一）适老化媒体探索与数字反哺

适老化是指让老年人群享受友好的、无障碍的服务的过程。截至 2022 年 12 月，我国网民规模为 10.67 亿，较上年新增网民 3549 万，互联网普及率达 75.6%，较上年提升 2.6 个百分点。而非网民规模为 3.44 亿，其中 60 岁以上非网民群体占非网民总体的比例为 37.4%，较全国 60 岁及以上人口比例高 17.6 个百分点。[①] 第七次全国人口普查结果显示，我国人口老龄化程度逐步加深，老龄化与数字化引发了数字鸿沟等时代问题。因此，2022 年以来，我国积极探索适老化媒体发展路径，解决老年群体面临的数字排斥问题，建立健全适合老年群体融入数字生活的体制机制，发展针对老年群体的全面化、精准化新媒体服务。

广播电视行业入局适老化产业，发展"智慧广电+"模式。广电适老化行动不仅涵盖内容层面的深挖，还实现了从内容到业务、从产品到服务的形式创新，不断整合媒体内容，盘活优质服务资源，提高媒介和技术赋权能力，形成矩阵化、融合化、专业化、便捷化的"智慧广电+"业务。比如，为推动数字化时代老年人终身教育服务的"智慧广电+教育"，各省区市纷纷利用广电资源开设老年教育课程，推动建设终身教育数字化服务体系，形成依托国家教育资源延伸而来的适老化教育链条。中国广电辽宁公司开通"老年大学专区"数字电视互动点播功能，与"辽宁终身学习网"共同推进资源共享与活动承办，串联数字电视、互联网和线下教学，发展新型老年教育模式。[②] 同时，多地尝试打造以广电云平台为核心、广电网络为支撑、智

① 《CNNIC 发布第 51 次〈中国互联网络发展状况统计报告〉》，https://cnnic.cn/n4/2023/0302/c199-10755.html，2023 年 3 月 2 日。
② 《校企共建"老年大学专区"合作项目在北京签约启动》，http://ln.people.com.cn/n2/2021/1015/c400028-34958387.html，2021 年 10 月 15 日。

能电视为终端的智慧养老服务平台，浙江华数集团组建了智慧广电养老产业联盟，整合医疗资源，方便老年人通过智慧电视获取专业服务。① 各地还积极构建新型健康保障网络，以智慧广电系统连接医养模式，搭建打通地方医疗机构的信息全平台。中国广电山东公司与山东卫健委联合推出的山东省医养健康智慧服务平台，涵盖查找医生、电视医生等 12 项主体功能，创新新媒体功能与公共服务合作模式。② 2022 年 7 月，国家卫生健康委和全国老龄办联合印发通知，开展 2022 年"智慧助老"行动，聚焦新冠疫情期间老年人的实际需求，帮助老年人提升数字化、智能化技术使用能力，享受技术赋权带来的便捷。③

移动传播时代，手机软件网络信息服务适老化是新媒体发展的重点。大部分手机软件以年轻人为目标群体，降低了老年人在移动网络中的可见性及其对各种手机软件的适应度、接受度和使用意向，难以享受移动传播所带来的便利的智能化服务。2022 年，工业和信息化部发布《移动互联网应用（APP）适老化通用设计规范》《互联网应用适老化及无障碍水平评测体系》，开展多个专项行动，相继出台 10 余项适老化标准规范。截至 12 月，有关部门指导企业为老年用户推出远程办理、故障排除等电信服务，组织 648 家网站和 App 完成适老化改造。④ 2022 年 1 月，工信部发布首批通过适老化与无障碍水平测试的 App 及网站名单，适老版模式呈现出字号大、图标大、页面简洁、易操作等特点，契合部分适老化需求，⑤ 但多数仍是在原版软件基础上的内嵌式改造，没有单独研发更适配老年群体的软件，在模式

① 《华数集团陈屹：华数健康养老模式的创新点》，http://www.ttacc.cn/a/news/2021/1213/69827.html，2021 年 12 月 13 日。
② 《省中医院签约山东广电网络打造医养平台》，https://baijiahao.baidu.com/s? id = 1729440779889649655&wfr=spider&for=pc，2022 年 4 月 7 日。
③ 《国家卫生健康委 全国老龄办关于深入开展 2022 年"智慧助老"行动的通知》，http://www.nhc.gov.cn/cms - search/xxgk/getManuscriptXxgk.htm? id = 24a5b60b8789409c9053b38e4aab19e7，2022 年 6 月 16 日。
④ 《工信部组织 648 家网站和 App 完成适老化改造》，http://www.news.cn/politics/2023-01/18/c_ 1129297957.htm，2023 年 1 月 18 日。
⑤ 《首批适老化改造合格 App 公示 微博、搜狗、叮当快药未在列》，https://static.nfapp.southcn.com/content/202201/26/c6171501.html，2022 年 1 月 26 日。

切换、广告管理、登录注册等方面存在困境，尚未从源头真正解决适老化难题。

数字反哺现象随着人口老龄化程度的加深成为移动传播时代的新趋向，即由年轻一代将数字化知识文化传递给前辈的文化传承模式，促进老年群体反向社会化、适应智能社会。《中国青年报》面向全国各地大学生发起的问卷调查显示，95.19%的受访者教过父母、祖辈或其他长辈使用电子产品，其中91.86%的受访者会在过年返乡或放假回家时教长辈，远程语音或视频指导（33.81%）和远程截图、制作引导图（20.89%）的情况也时有发生。[1] 此外，各地也以媒介素养教育为主题，开展基层帮扶活动，促进老年人适应和使用新媒介。比如，2023年3月，日照市岚山区在安东卫街道西街社区以"社工+志愿"服务模式组织开展"夕阳智+"老年人智能手机培训志愿服务活动，帮助老年群体融入智慧社会。[2]

（二）短视频迈向存量市场呈现垂直生产

当前，我国短视频行业逐渐从增量市场转向存量市场，用户数量稳中有升。根据中国互联网络信息中心发布的第51次《中国互联网络发展状况统计报告》，截至2022年12月，短视频用户规模首次突破10亿，用户使用率高达94%。[3] 随着移动化的深入，智能化、数字化技术赋权新媒体创作，短视频内容不断丰富，带动用户规模扩大、黏性增加，短视频成为主流内容传播的形式之一。目前，我国移动短视频行业仍呈现"两超多强"格局，抖音的"两超"地位仍旧稳固，头部平台持续聚集流量，微信视频号、微博视频号等依靠已有优势平台异军突起，跻身短视频行业的第一梯队。同时，多平台对内容和用户类别进行更加精细的垂直划分，以达到精准传播的效

---

① 《数字青年开启"数字反哺"》，https：//baijiahao.baidu.com/s？id = 17554910235316923 44&wfr = spider&for = pc，2022 年 1 月 20 日。
② 《加强"数字反哺"，帮助老年人跨越"数字鸿沟"》，https：//baijiahao.baidu.com/s？id = 1761032727168797396&wfr = spider&for = pc，2023 年 3 月 22 日。
③ 《CNNIC 发布第 51 次〈中国互联网络发展状况统计报告〉》，https：//cnnic.cn/n4/2023/ 0302/c199-10755.html，2023 年 3 月 2 日。

果。大数据运营、算法推送等技术为短视频平台发展赋权，视频内容边界不断延展，已经不再局限于娱乐范畴。时政、影视、生活等多样态内容逐渐兴起，日益融入公共社会生活，成为互联网时代重要的底层应用。此外，短视频平台还积极开拓社交功能，扩大其"强社交、高互动"的运行模式，提升运营优势，增强市场竞争力，串联多方力量，进一步增加短视频内容的市场占有率。

目前我国短视频发展并非"单打独斗"，而是形成以"短视频+"为范本的合作模式，其中"短视频+直播"在技术、形态和内容等日趋融合的当下应运而生，成为热门传播样态。截至 2022 年 12 月，我国网络直播用户规模达 7.51 亿，占网民整体数量的 70.3%，其中电商直播用户规模占网民整体的 48.2%。① 可见，商业变现成为"短视频+直播"模式下的主要盈利渠道，不仅是短视频平台的发力点，也是 2022 年各类媒体重点布局的领域。以快手为例，其不断扩大直播内容供给，拓展内容边界，推动直播多元化发展，增加非遗传承、助农惠农等多种直播类型。截至 2022 年底，快手已有近 400 种类型直播，其中助农扶农、科普教学等五类直播最受用户欢迎。② 在该模式下，直播媒介化、产业化、泛在化趋势日益凸显。

"短视频+长视频"模式也随着长短视频相融趋势而出现，通过合作的方式，吸收短视频市场红利，又依托电视媒体、网络视频平台的长视频资源优势，形成以竞合形式呈现的融合发展态势。一方面，许多媒体平台将长视频拆分，以短视频的形式打造便捷版长视频，使其更适应移动端传播生态。另一方面，视频平台增强短视频内容生产力，基于移动传播时代特征，进行精品内容的深度挖掘，吸纳 UGC 的同时，也不断提升自身内容生产能力，打造"微综艺""微短剧"等内容形态，寻求多元化变现。2022 年 12 月，国家广播电视总局印发《关于推动短剧创作繁荣发展的意见》，对短剧创作

---

① 《CNNIC 发布第 51 次〈中国互联网络发展状况统计报告〉》，https：//cnnic.cn/n4/2023/0302/c199-10755.html，2023 年 3 月 2 日。
② 《我国短视频用户规模首次突破十亿，你每天刷多久？》，https：//baijiahao.baidu.com/s？id=1759308996626503891&wfr=spider&for=pc，2023 年 3 月 3 日。

进行了规范，使其更加适应新时代媒体格局和传播方式的深刻变化，[①] 加强供给侧结构性改革，建构现代视听发展新格局。

主流媒体以短视频破圈入局，形成央地同频、多方互动的利好发展样态。短视频社会价值攀升，头部平台已从娱乐化属性转变为具备多元化功能的综合平台。主流媒体积极布局短视频领域，依托内容优势，将短视频纳入媒体融合发展路径之一，增强自身转型能力，重塑新闻内容生产流程。比如党的二十大召开期间，多家主流媒体用新技术为短视频赋能。人民日报新媒体中心推出的《二十大报告金句视频版来了》，在人民日报新媒体自有平台端口的阅读观看量超过 3.5 亿。同时，主流媒体还推出了短视频评价体系，"象舞指数"就是中央广播电视总台融合发展中心推出的短视频融媒体传播评价体系指数化产品。2022 年卡塔尔世界杯期间，"象舞指数"连续发布30 套榜单、80 篇评议文章，推出"2022 世界杯好短视频的样子"系列作品，为推动短视频行业高质量发展提供价值引领、内容引导和传播引流。[②]地方媒体在中央媒体引导下，主动探索短视频合作路径，结合区域特色和文化优势，使地方发展、社会治理与短视频相结合。2022 年 9 月，中央广播电视总台大型融媒体活动《中国短视频大会》在浙江杭州举行项目启动仪式。《中国短视频大会》是由中央广播电视总台与浙江省人民政府合作推出的为国家（杭州）短视频基地量身定制的首个大型季播融媒体节目，使"思想+艺术+技术"创新融合。[③]

泛知识类短视频是 2022 年短视频内容生产的主要种类之一，在平台扶植的基础上促使短视频内容生产专业化、垂直化、细分化，不断以媒介化方式推动社会公共文化服务水平提升。泛知识类短视频于 2021 年兴起，短视频用户对知识科普类视频的需求逐渐增加。2022 年 12 月发布的《2022 抖音

---

① 《国家广播电视总局印发〈关于推动短剧创作繁荣发展的意见〉的通知》，http://www.nrta.gov.cn/art/2022/12/26/art_ 113_ 63041. html，2022 年 12 月 26 日。

② 《爆款短视频助力赛事报道的信息延伸和即时传播》，https://mp.weixin.qq.com/s，2022年 11 月 27 日。

③ 《〈中国短视频大会〉启动仪式举行　央地联动新模式融合传播效果显著》，http://www.hcrt.cn/folder1314/2022-11-01/2614088.html，2022 年 11 月 1 日。

知识数据报告》显示，抖音知识类内容作品发布数量增长 35.4%，内容涵盖人文社科、科技、科普、个人管理、财经、校园教育、医疗健康等，其中校园教育类内容播放量增长明显，超过 60%，医疗健康和个人管理类内容播放量也持续走高。①

（三）数字乡村打通基层治理链条

乡村振兴是我国重要的发展战略，以数字媒介技术助推农业农村建设成为数字化时代的重大课题。截至 2022 年 12 月，我国农村网民总规模达到 3.081 亿，农村地区在线教育和互联网医疗用户分别占农村网民整体的 31.8% 和 21.5%，较上年分别增长 2.7 个和 4.1 个百分点。② 数字技术与网络平台成为推进乡村振兴的重要抓手。2022 年以来，我国在全面实现"村村通宽带"的基础上，继续夯实乡村数字信息基础，为新媒体参与数字乡村建设夯实发展底座。

在宏观规划方面，2022 年 1 月，国家广电总局印发《关于推进智慧广电乡村工程建设的指导意见》，从要求、任务和实施细则等维度对智慧广电入局乡村振兴进行全方位指导。③ 4 月 15 日，《人民日报》理论版刊发《以数字技术赋能乡村振兴》，深入论述数字媒介技术在乡村振兴中的重要角色，包括加快农村基础设施建设、加强农民数字素养与技能培训、提升乡村数字治理水平等。④ 11 月中央网信办、农业农村部在《数字乡村建设指南 1.0》的基础上推出 2.0 版本，围绕信息基础建设、农业全产业链数字化、乡村建设治理数字化、乡村公共服务数字化、乡村数字文化、智慧绿色乡村等方面，进一步完善数字乡村建设总体规划，巩固以往乡村振兴发展成果，

---

① 《〈2022 抖音知识数据报告〉发布：知识作品增长超三成，高校直播观看人数近亿》，https：//baijiahao. baidu. com/s？id=1753436013480826545&wfr=baike，2022 年 12 月 28 日。
② 《CNNIC 发布第 51 次〈中国互联网络发展状况统计报告〉》，https：//cnnic. cn/n4/2023/0302/c199-10755. html，2023 年 3 月 2 日。
③ 《国家广播电视总局印发〈关于推进智慧广电乡村工程建设的指导意见〉的通知》，http：//www. nrta. gov. cn/art/2022/1/11/art_ 113_ 59269. html，2022 年 1 月 11 日。
④ 《以数字技术赋能乡村振兴》，https：//baijiahao. baidu. com/s？id=1730129378022930634&wfr=spider&for=pc，2022 年 4 月 15 日。

增强数字化赋能。[①]

　　各地有序开展数字乡村建设，积极探索行之有效的合作模式，县级融媒体中心成为落实数字乡村战略的重要协作伙伴。作为全媒体传播体系建设中四级融媒体建设的最后一环，县级融媒体中心具有"贴近群众、贴近农村、贴近一线"的传播属性，对于促进乡村振兴、推动建设乡村治理现代化体系而言具有重要意义。融媒体中心充分发挥基层服务功能，助力乡村服务数字化。习近平总书记在全国宣传思想工作会议上强调，要扎实抓好县级融媒体中心建设，更好地引导群众、服务群众。2022年各县域融媒体进一步完善群众路线策略，加强数字赋权，提升乡村发展的智能化程度。江苏省江阴市融媒体中心打造"最江阴"App，吸纳63个部门单位、2000多项政务服务和便民服务，接入数据信息总量超过13亿条，实现了全市基础信息数据的互联互通。[②] 昆山市融媒体中心推出"第一昆山"App，设置了生活服务、政务服务、社会治理三大服务专区，提供掌上政务、掌上教育、交通出行、医疗健康等148项服务。安吉新闻集团在其App中设置了近20个贴近民生的便民服务板块，全方位覆盖衣、食、住、行、玩、乐、购等领域，极大地提升了当地民众的生活舒适度。

　　服务功能赋值之下，县级融媒体作为信息传播与舆论治理的基础单位，积极深入公共治理领域，打通乡村治理的"最后一公里"。福建省尤溪县融媒体中心在新冠疫情期间实行的"群—网"模式脱胎于微信群组织架构管理，搭建了"微信群"与"微网格"相结合的管理体系。尤溪县融媒体中心通过"群—网"融合的方式，整合疫情信息、协同作业，全天候解读抗疫新闻、宣传防疫常识等，为加强乡村治理和舆论引导起到积极的作用，将社会治理要素嵌入融媒体平台，使乡村治理内容从线下拓展至线上，形成一体化管理体系。[③]

---

① 《中央网信办、农业农村部启动联合制订〈数字乡村建设指南2.0〉》，https：//mp. weixin. qq. com/s/9areVW50vJ676uP2OCNbcA，2022年11月21日。

② 《江阴市融媒体中心如何打造基层治理新平台?》，https：//baijiahao. baidu. com/s? id = 1700665260786929654&wfr=spider&for=pc，2021年5月25日。

③ 池毓腾：《党建领航，开辟县级媒体融合发展新路径》，《传媒》2022年第13期。

数字乡村践行于乡村产业发展中，发掘本土优质特色资源，以融媒体中心为传播桥梁，拓宽乡村经济发展范畴，增加经济效益，解决收入来源单一、造血功能不足等痛点，通过拓展县级融媒体中心的媒介化功能，从根本上推动乡村振兴。2022 年，安吉县融媒体中心研发区域公共品牌自主平台"安吉优品汇"，推广安吉优质农产品，以媒体赋能吸引域外考察合作。"安吉优品汇"自 2022 年 7 月 9 日正式在上海启动全国配送服务以来，到 2022 年底拥有会员近 4000 名，营收超过 6000 万元。2023 年，"安吉优品汇"力争会员增至 1 万~1.5 万名，总营收达到 5 亿元以上，带动就业 5000 人、农民增收 2000 万元以上。①

（四）元宇宙路径实践与在地化应用

元宇宙是指人类运用数字技术构建的，由现实世界映射或超越现实世界，可与现实世界交互的虚拟世界。2021 年被称为"元宇宙元年"，但更多的是处于对概念等内容进行探讨的初级阶段。2022 年，各领域纷纷入局元宇宙产业。1 月，索尼布局"元宇宙"赛道，宣布虚拟现实头盔 PS VR2 的新细节；② 4 月，Facebook 母公司 Meta 宣布其第一家"元宇宙"实体店即将开业；③ 5 月，"元宇宙首尔市政厅"向公众开放；④ 6 月，微软、Meta 以及其他竞相构建新兴元宇宙概念的科技巨头成立"宇宙标准论坛"，促进元宇宙产业标准的制定；⑤ 11 月，图瓦卢宣布成为首个进驻元宇宙的数字国

① 《安吉官方指定，"两山优品汇"今天正式上线！》，https：//mp. weixin. qq. com/s，2022 年 3 月 24 日。

② 《索尼布局"元宇宙"赛道：推出全新 VR 头盔及适配新游戏》，https：//finance. sina. com. cn/tech/2022-01-06/doc-ikyamrmz3445016. shtml，2022 年 1 月 6 日。

③ 《Meta 第一家"元宇宙"实体店下月开业 销售 VR 相关产品》，https：//finance. sina. com. cn/tech/2022-04-25/doc-imcwiwst3993993. shtml，2022 年 4 月 25 日。

④ 《"元宇宙首尔市政厅"向公众开放》，https：//baijiahao. baidu. com/s？id = 1732589844199900900&wfr = baike，2022 年 5 月 12 日。

⑤ 《微软、Meta 等科技巨头成立元宇宙标准组织 苹果缺席》，https：//tech. ifeng. com/c/8H2t3rKL9dz，2022 年 6 月 22 日。

家。① 与多样态的元宇宙发展形式探索相伴的是市场经济效益持续增加，彭博行业研究报告预计，2024 年元宇宙的市场规模将达到 8000 亿美元；普华永道预计，2030 年元宇宙的市场规模将达到 1.5 万亿美元。②

目前，我国元宇宙发展仍处于起步阶段。截至 2022 年 12 月，北京、上海、广州、南京、合肥、武汉等地已经将"元宇宙"写入新一年度的政府工作报告，涉及文旅、商业、工业、民生服务、城市管理等诸多场景。同时，我国有 15 个省级政府出台了 29 项元宇宙专项扶持政策。上海、重庆、北京、厦门、武汉、广州等诸多城市发布了元宇宙行动计划。可见，在顶层设计层面已经开始布局元宇宙产业，以便充分探索元宇宙在新的技术革新和产业变革中的重要作用，积极促进元宇宙产业集群化。

具体而言，2022 年我国元宇宙发展呈现出政府带头与商业跟进、理论探讨与实践探索并重的态势。4 月，重庆举办中国元宇宙产业发展高峰论坛，重庆市元宇宙先导试验区正式揭牌并发布《渝北区元宇宙产业创新发展行动计划（2022~2024）》，加快布局重庆市元宇宙产业集群，抢占元宇宙发展先机；③ 5 月，中国外文局所属中国网和当代中国与世界研究院共同发起成立"元宇宙国际传播实验室"，是国内首个从国际传播视角聚焦元宇宙技术变革与应用的开放平台；④ 9 月，全国科学技术名词审定委员会邀请 20 余位来自学界、产业界的专家，针对元宇宙概念及其核心术语展开研讨，将元宇宙这一概念统一化。⑤ 在 2022 年服贸会 Web3.0 发展趋势高峰论坛上发布的《中国元宇宙发展报告（2022）》显示，我国元宇宙上、下游产业

---

① 《海平面上升威胁生存，图瓦卢将成首个进驻元宇宙的国家》，https：//www.thepaper.cn/newsDetail_ forward_ 20759557，2022 年 11 月 16 日。

② 《裴伊凡：元宇宙应用要"由实向虚"也要"由虚向实"》，https：//baijiahao.baidu.com/s？id = 1751447191005517036&wfr = spider&for = pc，2022 年 12 月 6 日。

③ 《重庆多措并举发力元宇宙产业创新发展》，https：//baijiahao.baidu.com/s？id = 1731251348581659109&wfr = spider&for = pc，2022 年 4 月 27 日。

④ 《国内首个元宇宙国际传播实验室成立》，http：//news.china.com.cn/txt/2022 - 05/31/content_ 78246378.htm，2022 年 5 月 31 日。

⑤ 《元宇宙如何释义？一个热词引发专家研讨》，https：//news.sciencenet.cn/htmlnews/2022/9/486445.shtm？bsh_ bid = 5825449842，2022 年 9 月 19 日。

产值超过 4000 亿元，主要集中在游戏娱乐、VR 和 AR 硬件等方面，预计我国未来五年元宇宙市场规模至少突破 2000 亿元。① 2023 年 1 月，红网新媒体元宇宙项目战略合作签约暨红网时刻新闻 App11.0 版上线发布仪式举行，"红网新媒体元宇宙传播应用实验室"项目正式启动，标志着湖南新媒体"元宇宙"实现迭代。②

路径探索标志着国内元宇宙发展逐渐转向应用层面，各地区各企业均力争抢占元宇宙发展潮头，进行多维协同的创新尝试。一方面，2022 年卡塔尔世界杯期间，中国移动推出的世界杯元宇宙比特景观，是 5G 时代首个世界杯元宇宙，取得了多个跨越性成就，首创元宇宙比特空间"星际广场/星座·M"、推出全球首个"5G+算力"网络元宇宙比特音乐盛典等，创新了"元宇宙+体育"的新型内容生产模式。③ 另一方面，2022 年 7 月，中国移动和厦门市人民政府合作建设厦门元宇宙，推出鼓浪屿元宇宙 AR 夜景首秀，打造业内首个海陆空间交互、数字空间交织的超时空体验，使元宇宙为地方文旅产业赋能。④ 同时，游戏、数字人等也成为元宇宙时代的热门词语，数字人从数字空间走向现实世界，成为 2022 年国内流量产业的新现象。研究机构 IDC 的研究数据显示，预计到 2026 年，中国 AI 数字人的市场规模将达 102.4 亿元。⑤ 未来，我国元宇宙发展将更加深刻地融入日常社会交互和媒介产业，拓展现实场景、营造沉浸式传播、增强个人平权式参与等都将成为元宇宙背景下未来媒介生态建构和媒体深度融合转型的方向。

---

① 《元宇宙渐行渐近》，https：//baijiahao. baidu. com/s？id＝1746108473515330088&wfr＝baike，2022 年 10 月 8 日。

② 《时刻新闻客户端 11.0 焕新升级 红网新媒体元宇宙项目战略合作签约仪式举行》，https：//baijiahao. baidu. com/s？id＝1754635447879207158&wfr＝spider&for＝pc，2023 年 1 月 10 日。

③ 《融合创新智绘未来 中国移动的元宇宙布局》，https：//share. gmw. cn/topics/2023－03/01/content_ 36400050. htm，2023 年 3 月 1 日。

④ 《中国移动咪咕宣布成立元宇宙总部并落户厦门》，https：//baijiahao. baidu. com/s？id＝1739122261663364107&wfr＝baike，2022 年 7 月 23 日。

⑤ 《IDC：中国 AI 数字人 2026 年市场规模将达 102.4 亿元》，https：//m. huanqiu. com/article/48bjOms9UYn，2022 年 6 月 28 日。

（五）未成年人网络监管呈现细节化趋向

数字化传播时代，未成年人的网络参与和内容实践是近年来备受关注的热门话题。2022 年，我国 19 岁以下网民规模已达 1.86 亿，占我国网民总数的 17.6%。其中 9 岁及以上未成年人手机持有率达到 97.6%，未成年人仅半年内的上网率显著高于全国互联网普及率。[①] 2022 年 12 月发布的《未成年人蓝皮书：中国未成年人数字生活与网络保护研究报告（2021~2022）》指出，频繁使用网络内容媒介会影响未成年人价值取向，为未成年人营造健康网络环境、加强未成年人入网保护成为全社会的共同责任。2022 年，在顶层设计层面强化立法考量，推动建设未成年人友好型网络空间，在新媒体时代充分保障未成年人合法权益，引导未成年人形成社会主义核心价值观。2022 年 3 月 14 日，国家互联网信息办公室发布《未成年人网络保护条例（征求意见稿）》，旨在配套完善《未成年人保护法》，为未成年人网络保护提供更加有力的法律保障。[②] 6 月 20 日，2022 年未成年人网络保护研讨会以"踔厉奋发谱新篇 E 路护苗向未来"为主题在北京举行，发布了《未成年人网络保护现状研究报告》《基于人工智能技术的儿童互联网应用指南》，以期营造良好安全健康的未成年人网络环境，提高未成年人网络素养，以数字化技术赋能未成年人全面发展。[③]

同时，各地区也积极推进未成年人网络保护工作。截至 2022 年 9 月，我国各地共推出 70 余项有关未成年人保护的相关政策，包括落实建立健全游戏防沉迷体系、用户信息保护、产品内容审核等要求。比如，2022 年 11 月发布的《广东省儿童发展规划（2021—2030 年）》提出，建设儿童安全

---

① 《CNNIC 发布第 51 次〈中国互联网络发展状况统计报告〉》，https：//cnnic. cn/n4/2023/0302/c199-10755. html，2023 年 3 月 2 日。

② 《国家互联网信息办公室关于〈未成年人网络保护条例（征求意见稿）〉再次公开征求意见的通知》，http：//www. gov. cn/xinwen/2022-03/14/content_ 5678971. htm，2022 年 3 月 14 日。

③ 《2022 未成年人网络保护研讨会在北京举行》，http：//www. cac. gov. cn/2022-06/20/c_ 1657348836433438. htm，2022 年 6 月 20 日。

网络环境，落实政府、企业、学校、家庭、社会保护责任，为儿童提供安全、健康的网络环境。①

针对未成年人网络保护，以游戏为主的娱乐化内容是关注和监管的重点。新修订的《未成年人保护法》中增设了"网络保护"专章，针对网络游戏、网络直播、网络音视频、网络社交等网络服务提供者提出了与未成年人保护相关的明确要求。一方面，2019 年以来各大娱乐平台陆续增设"青少年模式"，帮助未成年人减少由网络依赖和网络不良信息带来的负面影响。2021 年重点开展网络游戏防沉迷监管，超过九成未成年人在网络游戏过程中被要求进行实名认证，未成年人的游戏总时长、消费流水等维度的数据都有大幅下降，2022 年出现未成年人私自充值现象的家庭占比降至15.43%，较 2021 年明显下降。② 不过多数网络游戏仍将注册时的用户身份信息作为识别未成年人身份的依据，未成年人可冒用成年人身份信息，以消解防沉迷系统功效。另一方面，当前仍有网络游戏习惯的未成年人在时长受限后，往往会将时间用于观看短视频与网络视频，看视频成为未成年人最主要的网络使用行为，因此输出更具多元化的网络内容产品是下一阶段未成年人网络保护工作的重点。③

随着互联网基础设施的完善和移动终端使用门槛的降低，农村未成年人的网络使用规模逐渐扩大，但城乡未成年人之间仍存在使用鸿沟。2022 年12 月发布的《2021 年全国未成年人互联网使用情况研究报告》指出，农村未成年网民上网设备相对单一，长时间上网问题突出，泛娱乐化内容接收程度更高，而知识讯息类应用的使用比例较低。具体而言，节假日期间，平均上网时长在 5 小时以上的，农村未成年人比城镇未成年人高 3.9 个百分点；经常在网上玩游戏和看短视频的，农村未成年人比城镇未成年人分别高 6.0

---

① 《广东省儿童发展规划（2021～2030 年）》，http：//www.pwccw.gd.gov.cn/gdsetgh/content/post_ 891804.html，2022 年 3 月 1 日。

② 《最新报告：未成年人游戏沉迷问题基本解决》，https：//sghexport.shobserver.com/html/baijiahao/2022/11/23/908358.html，2022 年 11 月 23 日。

③ 《社交软件短视频也须防未成年人沉迷》，http：//www.rmzxb.com.cn/c/2022 - 12 - 08/3255358.shtml，2022 年 12 月 8 日。

个和 8.3 个百分点；经常使用网络学习、使用搜索引擎和看新闻的，农村未成年人比城镇未成年人分别低 8.9 个、6.8 个和 5.0 个百分点。① 城乡未成年人之间的数字接入鸿沟逐渐被弥合，但仍需要多方合力，如推出针对农村未成年人互联网使用的相应服务，实现一体化协同发展。

三 传播分析与影响解读

（一）"网络空间命运共同体"理念与中国智慧

2022 年 7 月 12 日，习近平在致世界互联网大会国际组织成立的贺信中提到"网络空间关乎人类命运，网络空间未来应由世界各国共同开创"。②
11 月 7 日，国务院新闻办公室发布《携手构建网络空间命运共同体》白皮书，介绍了新时代中国互联网发展和治理理念与实践、中国推动构建网络空间命运共同体的积极成果，并展望了网络空间国际合作的前景。③ 11 月 9 日，习近平在致 2022 年世界互联网大会乌镇峰会的贺信中强调，要加快构建网络空间命运共同体，为世界和平发展和人类文明进步贡献智慧和力量。④ "网络空间命运共同体"理念作为习近平关于网络强国重要思想的主要组成部分，具有丰富的理论内涵和实践价值。从 2015 年 12 月第二届世界互联网大会上被首次提出到 2022 年相关白皮书的发布，网络空间命运共同体的构建已经从理念走向实践，并在尊重网络主权、维护和平安全、促进开放合作和构建良好秩序的基本原则之下，逐步唤起多国共识，形成中国智

---

① 《〈2021 年全国未成年人互联网使用情况研究报告〉发布》，https：//www.cnnic.cn/n4/2022/1201/c135-10691.html，2022 年 12 月 1 日。
② 《习近平向世界互联网大会国际组织成立致贺信》，https：//baijiahao.baidu.com/s？id=1738138998917846546&wfr=spider&for=pc，2022 年 7 月 12 日。
③ 《〈携手构建网络空间命运共同体〉白皮书（全文）》，http：//www.scio.gov.cn/zfbps/32832/Document/1732898/1732898.htm，2022 年 11 月 7 日。
④ 《习近平向 2022 年世界互联网大会乌镇峰会致贺信》，http：//www.gov.cn/xinwen/2022-11/09/content_5725580.htm，2022 年 11 月 9 日。

慧，推出中国模式，建立起适应数字化时代、具有体系化特征的新型国际合作形式，不断在连接、开放、包容中激发全球网络新潜力。

"数字丝绸之路"作为网络命运共同体理念建设的重要组成，延续并拓宽了古丝绸之路的合作模式，将数字化技术与国际合作串联，共同推动大数据、云计算、智慧城市建设，开放共享、互利共赢。2022年11月9日，由国家发展和改革委员会、中国人民外交学会主办，中国网络空间安全协会协办的2022年世界互联网大会乌镇峰会"一带一路"互联网国际合作论坛在浙江乌镇举行，① 旨在携手推进信息基础设施建设，维护网络空间秩序稳定，建设互联互通、和平安全、开放包容的数字丝绸之路。

平台建设是2022年连通数字丝绸之路的主要方式。"平台化"思维已经成为互联网时代的基本思维之一，全面渗透至当代公共管理社会服务中，形成平台化的新型管理模式。网络空间平台的构建受到全球化数字潮流影响，逐渐转变为具备智能、创新、互惠等数字丝绸之路特色的全球网络大格局。2022年11月25日，中国—上海合作组织地方经贸合作综合服务平台上线启用暨上合组织贸易数字化便利化专题交流活动在青岛举行，并推出国内首家面向上合组织国家地方经贸领域的一站式公共服务平台，包括综合信息展示、综合功能应用、综合数据发布三大功能和八大应用模块、73项子功能，为中国与上合组织国家间的经贸合作提供"贸易+通关+物流+金融"全周期综合服务。②

全球数字文明同样是构建网络空间命运共同体的重要组成。党的二十大报告提出了在国际传播中要"增强中华文明传播力影响力，坚守中华文化立场，讲好中国故事，传播好中国声音，展现可信、可爱、可敬的中国形象，推动中华文化更好走向世界"这一纲领性方向。应借力数字丝绸之路建设，传播优质中华文化，助推全球数字文明建设，提升网络空间价

---

① 《2022年世界互联网大会乌镇峰会"一带一路"互联网国际合作论坛举行》，https：//www.ndrc.gov.cn/fzggw/jgsj/gjss/sjdt/202211/t20221129_1342491.html，2022年11月29日。
② 《中国—上海合作组织地方经贸合作综合服务平台上线启用》，https://baijiahao.baidu.com/s？id=1750527592236249807&wfr=spider&for=pc，2022年11月26日。

值。2022 年 11 月，"携手构建网络空间命运共同体精品案例"发布展示活动在浙江乌镇举办，数字敦煌、国际中文日、亚洲数字艺术展三项文化传播项目入选，以敦煌研究院推出的"数字敦煌"为例，其利用虚拟现实、增强现实和交互现实三个部分，打通时空限制，推动敦煌文化的对外传播。[①]

网络空间命运共同体的最终诉求是实现行之有效的共同治理。它是基于其互联网属性和技术特征而区别于物理空间的治理，着力于构建网络秩序和维护网络安全。2022 年，我国积极为推进网络空间发展和治理体系变革贡献"中国方案"。作为全球最大的发展中国家和网民数量最多的国家，我国充分发挥数字中国建设战略的引领作用，推进世界信息技术基础设施建设，加强数字经济发展和反哺，为构建全球化网络空间治理方案探索经验，贡献中国智慧。一方面，数字经济已经成为世界经济发展的重要动力，是大国博弈的重要引擎。中国大力加强数字经济合作，推动全球信息技术基础设施建设，在 G20、APEC、金砖国家等多边框架下开展数字经济合作，推动全球数字经济发展。另一方面，维护网络安全是网络空间命运共同体建设的基础。我国积极开展网络空间的双边交流合作，大力推动全球互联网治理体系建设，构建世界互联网大会等国际化交流平台。我国与美、英、德、俄等国达成网络安全方面的部分共识，同时签署了合作协议，将"人类命运共同体"理念作为解决网络安全问题的底层逻辑，保障网民的基本安全和网络空间的正向运作。

（二）新媒体赋权出版深度融合

2022 年 4 月 25 日，根据《出版业"十四五"时期发展规划》，中宣部印发《关于推动出版深度融合发展的实施意见》，围绕加快推动出版深度融合发展、构建数字传播时代出版传播体系的目标，从战略谋划、内容建设、

---

① 《世界互联网大会发布 12 项"携手构建网络空间命运共同体精品案例"》，http：//www.cac.gov.cn/2022-11/08/c_ 1669544032898168.htm，2022 年 11 月 8 日。

技术支撑、重点项目、人才队伍、保障体系等 6 个方面提出 20 项措施，统筹规划发展布局，加强出版融合发展战略谋划，健全出版融合发展保障体系。① 2022 年以来，我国紧跟数字时代特征，针对用户对优质内容资源的需求，不断创新出版融合方式，将文化与技术相结合，提供多元化内容资源，提供全景化阅读体验。

当前，我国革新出版融合发展理念，利用数字技术创新出版物形式，创建基于公众共建共享的数字化平台。四川人民出版社基于大数据、统计模型的精准用户行为分析服务，赋能出版融合发展，搭建新型消费场景，2022 年底建成"公共文化云平台+场景二维码+一个网站门户集群+文化大数据角色分析"系统，实现省内多处旅游市场布点和多个作者有声专辑录制。②

数字阅读成为出版融合发展新阶段的主力，而有声书市场仍是数字出版中的增长点。2022 年 3 月发布的《2022 年全球数字出版市场报告》显示，全球数字出版市场规模将从 2021 年的 362.9 亿美元增长至 2022 年的 414.4 亿美元。我国数字阅读用户规模突破 5 亿，信息数字技术的革新应用影响和改变着群众的阅读习惯。其中有声书（或"听书"）成为近年来的热点，受移动传播时代影响，喜马拉雅、懒人听书等有声读物应用快速普及。以喜马拉雅为例，其创作者数量 2022 年同比增长 24.6%，托管博客数量超 24848 个。③ 但目前有声书市场的作品质量良莠不齐、营收方式较为单一，仍有很大的优化空间。

智能技术全面赋权出版融合发展，深刻嵌入场景化阅读空间。在 5G、大数据、人工智能、VR、AR 等技术加速发展的当下，数字化、智能化、沉浸化转型是出版融合发展的重要方向，应积极拥抱新技术，赋能出版新模式，加快推进出版融合发展进程。故宫出版社与商汤科技合作出版的 2022

---

① 《中共中央宣传部印发〈关于推动出版深度融合发展的实施意见〉的通知》，https：//www. nppa. gov. cn/nppa/contents/279/103878. shtml，2022 年 4 月 24 日。
② 《搭建文旅+科技场景赋能出版融合发展》，https：//baijiahao. baidu. com/s？id＝1742835 351613088570&wfr＝spider&for＝pc，2022 年 9 月 2 日。
③ 《喜马拉雅发布〈2022 年原创内容生态报告〉：年轻人成创作主力军》，https：//baijiahao. baidu. com/s？id＝1753643757988842913&wfr＝spider&for＝pc，2022 年 12 月 30 日。

年《故宫日历》，采用人工智能技术、AR技术加持沉浸式体验，用户通过手机小程序扫描日历上的图片便可直观感受AR文物。[①] 2023年3月，首届出版融合优秀图书案例征集活动评选了24个案例，其中超一半的案例应用了数传集团RAYS出版融合云平台及其2022年创立的元宇宙品牌。[②] 在技术赋权之下，全方位、多层次的技术渗入，推动出版理念、模式、流程等全生态的变革重塑，出版融合发展迈向更高水平。

打造优质产品是出版融合的主要表现方式。创新出版合作方式，形成具有融合特征的出版产品，有助于强化出版融合发展的内容建设，同时也能够增强出版社的核心竞争力，增强传统出版业发展活力。四川人民出版社打造"文旅+科技"产品，搭建新型消费场景，将出版与文旅相连接，助推出版融合转型升级。2022年端午节期间，四川人民出版社为伊藤洋华堂定制"VR云游中国·有声旅游护照"，以云端博物馆的方式呈现不同的文物故事，应用VR技术为观众提供沉浸式体验。[③]

数字技术与新媒体的快速发展给传统出版业带来巨大冲击，促使出版行业主动与新媒体融合，加快商业运营模式转型，积极拓宽内容边界，呈现出集团化、标准化的特征。济南出版有限责任公司布局图书、期刊、电子出版物、互联网出版物等多个领域，获批了14个全媒体资质，组建了28家子公司，打造了15个融合发展平台，逐渐构建起覆盖全产业链业务的文化创意集团。截至2022年6月，济南出版有限责任公司已将100多种图书和期刊转化为融媒体现代纸书，基于二维码提供情景交互体验。同时整合内容资源，运用数字化技术，建设文化资源数据库，实现资源转化和高效利用。[④]

---

① 《商汤科技解锁2022年〈故宫日历〉新玩法 AI+AR让文物"活"起来》，https://baijiahao.baidu.com/s? id=1710239346577916407&wfr=spider&for=pc，2021年9月7日。

② 《23个融合出版案例获奖！"首届出版融合优秀图书案例征集活动"收官》，https://baijiahao.baidu.com/s? id=1759140726791929851&wfr=spider&for=pc，2023年3月1日。

③ 《搭建文旅+科技场景赋能出版融合发展》，https://baijiahao.baidu.com/s? id=1742835351613088570&wfr=spider&for=pc，2022年9月2日。

④ 《融合出版：创新蝶变赋能济南文化软实力》，https://mp.weixin.qq.com/s，2023年2月1日。

北京体育大学出版社涉足知识付费领域，推动视频策划和制作，2022年制作了150余节慕课，付费课程市场销售额同比翻番。内蒙古出版集团发布《内蒙古出版集团数字出版产业发展规划（2022—2025）》，制定具备信息化、数字化的先行原则，发挥国家内蒙古民文出版基地的资源优势和政策引导作用，增强出版融合实力。①

出版"出海"是我国国际传播能力提升的重要内容。2022年，我国出版业积极落实国家对外传播战略，"走出去"的广度与深度持续拓展，贯彻讲好中国故事、传播好中国声音、建构好中国形象的对外传播理念，增强国家文化软实力。云南出版集团出版了《汉缅大词典》《手绘澜湄》等100多种"走出去"图书，106种图书版权成功输出至10余个国家和地区；《云南民族民间文学典藏·阿诗玛》《云南民族民间文学典藏·梅葛》《丝路与文明——南方丝绸之路探秘》等7个选题入选"经典中国国际出版工程"和"丝路书香工程"资助项目。2022年10月，云南出版集团实现版权输出的《短鼻家族旅行记》入选第74届法兰克福书展中国出版重点推介图书"解读中国"项目。②

未来，我国出版融合仍应关注出版伦理与数字版权问题以及产品嵌入与资本合作方面的隐忧。一方面，数字化不断赋能出版行业、挖掘出版融合发展潜力，但与此同时版权问题也愈演愈烈，数字化盗版表现为对传统出版产品的非法数字转译，以及在未授权情境下对数字出版物的二次创作和复制传播。虽然新《著作权法》中针对数字内容的版权保护作了进一步明确，但面对复杂的数字出版生态，我国尚未形成系统化的监督管理机制。另一方面，资本介入为出版数字化发展提供增值基础，但资本的大量注入，也会潜移默化地影响数字化领域，使融合出版发展常常面临产业化增值与资本介入的动态博弈。因此，我国应加强针对出版融合的细节性管

---

① 《2023年，出版融合发展的创新点在哪里？》，http：//www.chinawriter.com.cn/n1/2023/0129/c403994-32613411.html，2023年1月29日。

② 《推进国际传播　云南出版集团助力出版业"走出去"》，http：//www.cslai.org/chengxinwenhua/chubanduwu/20221028/28648.html，2022年10月28日。

理，同时加强主流意识形态传播，把握舆论引导主动权，减少对资本注入的依赖。

（三）Z世代与媒体话语风格转化

"Z世代"也被称为"网生代""互联网世代""网络原住民"等，通常是指1995~2009年出生的一代人，受数字信息技术，即通信设备、智能手机产品等的影响比较大。Z世代群体作为当代网络参与主体，经历了2G、3G、4G、5G。QuestMobile数据显示，截至2022年6月，Z世代群体的线上活跃用户规模已经达到3.42亿，月人均使用时长近160小时，月人均单日使用时长7.2小时，尤其是21点到次日0点的活跃度明显高于全网用户。[1]新媒体时代，Z世代是当下媒体争夺的主要对象，引导着主流文化的行为范式，是决定媒体未来发展走向的关键所在。

Z世代不仅是媒体内容的受众，也是内容生产者，扮演着多种角色，不断影响着话语形式的转变。在数字技术和移动化传播的助力下，Z世代热衷于借助媒介化方式进行自我建构，同时通过弹幕、转发、评论、点赞等多种方式实现与媒体内容的双向互动，深刻参与媒体话语的整体建构。2022年度热门词语"emo""破防""刘畊宏女孩""CPU"等都源自网民的日常互动创造，以往由媒体生成新闻话语进而单一向度传递给受众的时代已经过去。此外，从使用偏好而言，Z世代涉足较多的是移动视频、移动社交及手机游戏三个领域，占比分别为37.4%、28.5%、7.9%，均高于全网平均水平，其王者荣耀、快手、抖音等App的使用时长均排名靠前。[2]

媒体内容生产受Z世代使用偏好影响，努力探索新媒体发展转型道路，构建与Z世代的新型沟通关系，具体表现为表达形式、内容语态及呈现方式的多角度转变。首先，主流媒体积极接入短视频平台，主动破圈融入Z

---

[1] 《"Z世代"正在成为消费主力军，TA们会为什么买单》，https：//m. thepaper. cn/baijiahao_20224608，2022年10月10日。

[2] 《"Z世代"正在成为消费主力军，TA们会为什么买单》，https：//m. thepaper. cn/baijiahao_20224608，2022年10月10日。

世代文化群体，将短视频作为移动传播时代的重要传播场景。CTR 监测数据显示，截至 2022 年底，主流媒体在抖音、快手平台拥有 668 个百万级以上粉丝量账号，较年初增长 6.9%，其中百万级抖音账号占比超四成，快手平台百万级粉丝账号占比超三成，北京广电时间直播、河北广电河北农民频道、江西广电法案直击抖音账号粉丝量较年初增长超过 3 倍（见表3）。① 主流媒体持续加强头部账号建设，提升短视频内容传播力，目前短视频已经成为主流媒体网络传播的重要形式。

表3　主流媒体抖音百万级以上粉丝量账号涨粉 TOP10

单位：万，%

序号	账号名称	粉丝量	所属机构	粉丝增长
1	时间直播	612.82	北京广播电视台	359
2	河北农民频道	134.07	河北广播电视台	324
3	法案直击	215.80	江西广播电视台	310
4	央视网选	841.35	中央广播电视总台	287
5	幸福剧乐部	108.15	江苏省广播电视台	286
6	故事麻辣烫	714.16	辽宁广播电视台	238
7	纪录片人生第二次	100.70	中央广播电视总台	214
8	吾纪录	592.79	山东广播电视台	168
9	珠江视频	335.99	广东广播电视台	140
10	安徽台海豚君	1581.13	安徽广播电视台	136

资料来源：CTR 监测数据。

　　主流媒体针对 Z 世代的内容阅读偏好，学习青年语态，创新程式化内容表达方式，形成具有 Z 世代特色的新型话语形态。比如，人民日报客户端在"七一"宣传报道中开设《党史知识答题大赛，等你来 PK》专栏，将严肃的党史知识科普转变为生动有趣的问答比赛。湖南广电风芒客户端在党的二十大召开期间推出虚拟主持人"小漾"，以虚拟人的形式带领网友学习

① 《2022 年主流媒体年度网络传播力榜单及解读》，https://mp.weixin.qq.com/s，2022 年 12 月 30 日。

报告精神，使主流思想更易引起年轻人共鸣，24 小时内点击量超 10 万。

媒体拓宽内容呈现方式，从单一式传播转变为全息多维，媒体间联动增多，共享资源，提升传播效力。内蒙古广电推出的大型融媒体直播节目《根脉》联合了央媒、自治区级媒体、其他省级新媒体、头部商业平台及 12 盟市和旗县融媒体同步直播，形成矩阵化群体合力，播放量显著提升。

在商业利益影响下，文化消费主义植入网络空间，形成由 Z 世代主导的网络文化消费主义，成为数字经济发展的新增长点。据统计，截至 2022 年 6 月，Z 世代群体 2000 元以上线上消费能力占比为 30.8%，同比增长 2.7%，同时密室逃脱、剧本杀等沉浸式娱乐①以及个性化、精致化、国潮化的消费需求持续增长，悦己型消费是 Z 世代网络文化消费的主要特征。一方面，新型消费偏好拓宽了文化产品的发展渠道，为内容传播力增长提供新思路，助力主流媒体破圈，比如央视推出的《故事里的中国》，采取"戏剧+影视+综艺"的多元化呈现方式，通过"1+N"体现多维舞台、多线并行，深受年轻观众的喜爱。另一方面，网络文化消费主义具有虚拟化、主观化等特征，也易陷入泛娱乐化等网络空间传播困境，为此，应强化技术赋能，进一步提高内容供给质量，增强青年群体的媒介素养能力，加大网络监管力度，系统性维护网络文化传播阵地，增强主流意识形态的认同力。

四 未来展望与政策建议

（一）十大未来展望

1. 智慧城市建设打通基层治理链条

以数字化技术助力城市运营与管理的智慧城市建设，已成为我国当前和未来数字化发展的必然走向。从数字城市走向智慧城市，后者不仅推动服务

---

① 《3.42 亿"原住民"线上消费能力和意愿持续攀升，2000 元以上线上消费能力占比 30.8%》，https://baijiahao.baidu.com/s？id=1741281772612540397&wfr=spider&for=pc，2022 年 8 月 16 日。

型政府的形成，更从民生、公共安全、工商活动等多个角度打通基层治理的各个环节，构建社会综合治理的便捷路径。新冠疫情期间，线上服务和治理功能的需求加速了智慧城市建设，在广泛运用技术工具的同时，也吸纳用户参与，形成科技含量高、业务范围广的综合治理体系。

2.数字经济成为经济结构转型的主要方面

"我国经济已由高速增长阶段转向高质量发展阶段"，这既是新时代经济发展的基本特征，也是未来发展的根本要求。在数字化、智能化、移动化等技术背景下，数字经济发展成为当前乃至未来主流趋势，是经济结构转型的主要内容。同时，针对特定群体的新业态成为数字经济发展的行业风口，拓宽了数字应用上限，支撑数字经济做优做强。比如适应老年人群体的"银发经济"、对应年轻人的"Z世代经济"等，既弥合了部分群体的数字鸿沟，也优化了经济发展模式，实现数字化成果的全民共享。

3.新媒体内容生产更加垂直细分

新媒体内容生产类型持续多元化，在具体实践中不断提升媒体内容的创新能力，积极开拓垂直领域，使内容细分程度更高，满足用户多样化需求。同时技术为内容表现形式持续赋权，增强内容观感，提升内容的传播力、影响力。以短视频为代表的新媒体内容生产，开辟了大量具备专业化属性的细分领域，延长了用户的屏幕停留时间，增强了用户黏性，结合AR、VR、人工智能、大数据等技术的应用，以多样化的内容呈现增强用户兴趣和互动意愿，最终提升内容效益。

4.区域一体化建设助力全媒体传播体系格局

全媒体传播体系建设强调四级融媒体中心相互串联、互帮互助的融合架构，区域一体化在行政地理划分的基础上，为融媒体中心建设提供体系化思路，发展和夯实了四级融媒体中心结构，丰富全媒体传播体系建设成果。目前，我国在建立健全县级融媒体中心的基础之上，狠抓地市级融媒体中心建设，增强全媒体传播体系中的"腰部力量"，发挥地市级媒体上传下达、中部突围的关键作用，以区域一体化建设为基础，形成具有规模效应和品牌效应的地区品牌，聚合融媒体传播效力，完善全媒体传播体系。

5. 媒体融合规范化程度更高

在技术驱动和网络生态不断变革的当下，我国媒体融合发展已从"野蛮生长"转变为规范化、标准化运营。为应对互联网空间新形态和舆论引导需求，解决融合中的各种挑战和问题，传媒产业在转型升级发展的同时也不断细化内容，构建体系化、科学化的媒体融合范式。比如社会效益与经济收益之间的权衡、技术赋权与内容守正之间的平衡、传统媒体体制与新媒体改制之间的困境等，都需要从不同现实背景和不同主体出发，解决智能传播时代的伦理问题，增强媒体融合内容的规范性和引导力。

6. 主流意识形态与网络舆论空间治理加强

党的二十大报告强调，要"牢牢掌握党对意识形态工作的领导权，全面落实意识形态工作责任制，巩固壮大奋进新时代的主流思想舆论"，从顶层设计层面强调意识形态工作的重要性和紧迫性。数字化进程加速网络空间意见流动，滋生如网络暴力、网络谣言等互联网乱象，同时各级别媒体融合进展存在差距，舆论引导能力仍有待提升。我国应进一步从顶层设计到基层执行层面加强价值引领，创新工作方法、调整媒体框架，使内容生产与前沿技术相结合，增强监管约束力，使数字技术真正赋权网络空间舆论治理。

7. 全媒体传播人才培养成果显著

我国人才结构不断调整优化，基于全媒体传播体系建设需求，应加强"专业+技术"双重人才培养，大量吸纳具备跨学科能力的全媒体人才，提升新媒体人的舆论感知力和内容创造力，增强融媒体中心的综合实力。一方面，各大媒体集团加强与传媒高校的合作，同时组建智库团队，从专业化角度夯实新闻内容生产的业务基础。另一方面，融媒体中心积极推进人才结构优化，突破以从业资历为维度的单一规则限制，鼓励制度创新，激发新媒体内容的探索和实践。

8. 文化产品更具中国文化特色

"增强中华文明传播力、影响力"是我国新时代背景下对外文化传播的重要目的。构建中国话语和中国叙事体系，讲好中国故事、传播好中国声音，展现可信、可爱、可敬的中国形象是新媒体内容创新的重要方向。我国

不断增强文化产品的创作活力，实现内容创新、形式创新和管理机制创新"三位一体"，凸显中国文化特色，利用数字化技术赋能优质文化"走出去"。未来文化产业应持续根植于中华文化，加强本土化转向，顺应中国式现代化进程，建成具有中国特色的新时代话语体系。

9. 融媒体产业边界持续拓宽形成发展范式

我国融媒体产业合作规模持续扩大，不断与多元领域形成群体合力，增加经济效益，增强内容水准，拓宽业务范围。在四级融媒体中心链条的建设中，形成"融媒体+"范式，与旅游、体育、文创、游戏等多种产业紧密相连，加强资源的整合融合、增值增效，为新媒体转型发展开辟了新路径。与媒体内部合作不同，跨领域合作有利于提升融媒体中心的技术水平和创新能力，实现内容资源反哺，从商业化角度提升运营效益，实现不同领域的优势互补，共同服务于经济社会发展。

10. 国际网络安全问题亟待关注

网络安全仍是全球各国关注的重点，网络攻击的威胁性持续上升，除数据泄露、黑客攻击等硬性网络安全问题外，网络舆论、空间话语权等软性网络安全隐忧增加。随着数字化、移动化的深入，国际间网络连接频次增加、流动方式更便捷，因此，围绕网络安全问题应促进全球共同商讨和合作。我国提出构建"网络空间命运共同体"，正是基于开放合作的态度，在"人类命运共同体"的基础上，顺应数字化趋势，呼吁世界各国在数据安全、信息保护、跨境流动等领域坦诚交流，共同构建开放包容的国际网络环境。

（二）八大政策建议

2023 年是全面贯彻落实党的二十大精神的开局之年。国内外形势呈现众多新动向，对我国新媒体发展提出了新要求，因此，提出以下政策建议。

第一，加强数字中国建设，布局智慧型城市，强化四级融媒体建设。要充分发挥数字技术在走群众路线和基层治理等领域的突出作用，以技术加持政府部门管理能力，将理论化研究落实到具体的社会公共事业发展当中。同时，不断探索智慧城市发展新路径，使数字化技术的简单相加转变为整体相融，创新智慧城市的发展理念，从理论根源上，真正以技术造福群众，以数字化思想促进区域串联，促进融媒体中心与政府部门合作，做到群体合力，扩大内容传播声量。

第二，增强主流媒体的引导力，提升新媒体内容传播效力。各级媒体应充分发挥其舆论引导作用，创新内容生产模式，进行全方位高水平的媒体融合转型。通过技术融合等方式，扩大媒体内容的影响力，以新媒体创作的形式助力新时期新媒体传播工作。

第三，新媒体转型范式研究与实践探索相结合，挖掘区域媒体特色。应继续加强媒体深度融合发展，探索新媒体转型范式与路径实践，形成适应中国式现代化要求的媒体转型策略，加强区域间交流学习，尤其是同级别融媒体中心之间的技术互助和范本研学。同时，要基于本地特征，结合新媒体特色，建成更加适配区域升级发展的媒体转型结构。

第四，网络监管力度仍需加强，制定细节化、制度化规范。我国加强对网络空间环境的治理，颁布了相关法律条文和细则规范。未来，应针对不同种类的网络空间参与行为进行更为系统化、细节化的规范，同时各地区应从本区域网络舆论空间特征入手，广泛听取群众意见，吸纳专家建议，不断细化网络空间监管制度，加大监管力度。监管细则也应落实到具体实践中，各地要加强对法律条文的使用，提升执法能力，最大程度减少网络谣言等有害信息对网络生态环境的污染。

第五，布局新兴技术产业，强化技术变现与项目落地。积极投身并布局以元宇宙等为代表的新兴产业和领域，加强技术研发，推动媒介融合产生实质性成果。一方面，新领域为内容传播提供了更优质的平台和更具个性化的传播路径，有利于吸引群众的广泛关注和参与。另一方面，关注新兴技术产业的变现能力，将理念探索转化为实际收益，实现技术反哺，打通"媒介+技术"的产业链，拓展媒介产业边界，促进相关项目及时有效落地。

第六，发展和建设新媒体内容平台，助力资源整合融合、提质增效。要增强平台化意识，搭建一体化平台，增强全景交流合作，使媒体资源进一步融合发展，提升融媒体内容生产质量。同时也要打造媒体品牌，提升平台知

名度，更好更快地聚集内容、技术等多方资源，加快建构数字传播时代的公共传播体系。

第七，建立健全全媒体传播体系，强化四级融媒体中心链接。全媒体传播建设从"格局"转向"体系"，凸显顶层设计层面对体系化建设的关注。应加强央省、地市、区县四级融媒体的一体化建设，加强不同级别融媒体中心之间的交流互动，使媒体间能够优势互补，形成集团化、矩阵式的群体合力。未来，市域融媒体建设仍是全媒体传播体系建设中的重点，应不断完善全媒体传播体系。

第八，以新媒体方式助力中国文化"走出去"，促进国际间文化传播。充分挖掘新媒体内容的海外价值，凸显数字时代中国文化的国际影响力，利用新兴技术拓宽跨文化传播内容产品的表现形式，将内容出海与本土化特征深度连接，增进国际间文化交流与合作。

参考文献

黄楚新、陈玥彤：《全媒体传播体系建构与多维边界拓展——2022 年我国媒体融合发展年终盘点》，《中国报业》2023 年第 1 期。

黄楚新、陈智睿：《媒体融合：加速整合，提质增效》，《青年记者》2022 年第 24 期。

黄楚新：《我国移动短视频发展现状及趋势》，《人民论坛·学术前沿》2022 年第 5 期。

胡正荣、张英培：《市场、技术与现代性："十四五"时期全媒体传播体系的构建》，《出版广角》2022 年第 3 期。

黄楚新、陈伊高：《元宇宙：形塑人机伴生的媒介化社会》，《新闻与写作》2023 年第 2 期。

热 点 篇
Hot Topics

B.2

2022年我国区县级元宇宙产业园发展报告

方 勇　薄晓静*

摘　要： 伴随元宇宙及大数据、人工智能、物联网、区块链等相关技术的发展，我国区县级元宇宙产业园迅速建立起来。目前，作为中国元宇宙产业的重要组成部分，区县级元宇宙产业园呈现出顶层设计前瞻布局、多地元宇宙产业园初具规模、技术赋能园区建设、产业生态链日益完善、打造特色产业园区等发展现状，但是，发展不均衡、建设运营难以持续化、高端人才短缺、技术风险仍存、科技创新力度不足、新媒体传播有限等问题阻碍了区县级元宇宙产业园的进一步发展。未来，需要进一步从顶层设计、基础设施、技术研发、人才培养、产业经营、国际合作等方面高水平、高质量、高标准建设区县级元宇宙产业园。

关键词： 元宇宙技术　元宇宙产业园　产业链

---

* 方勇，中国社会科学院新闻与传播研究所党委书记、教授，主要研究方向为元宇宙、网络安全；薄晓静，中国社会科学院大学新闻传播学院，主要研究方向为新媒体、媒体融合。

元宇宙是基于云计算、物联网、虚拟现实、区块链、数字孪生等沉浸式、仿真性技术而营造的虚拟空间，可以与现实世界深度互动，又被称为"共享虚拟现实互联网"和"全真互联网"。[①] 2021 年被称为元宇宙元年，在此背景下元宇宙产业园应运而生，聚焦以元宇宙相关技术为基础的集产业转型、科技创新、消费投资等多功能于一体的企业聚集区建设，旨在促进元宇宙产业的发展和创新。当前，元宇宙正处于技术积累和场景探索的关键窗口期，元宇宙产业园区也已成为政府、企业、投资机构等各方关注的重点，其建设对于发展元宇宙行业、促进数字经济、推动高质量发展而言具有重要意义。

一 我国区县级元宇宙产业园的发展现状与热点聚焦

（一）顶层设计：前瞻布局元宇宙相关产业

元宇宙为数字经济新一轮变革与传媒发展提供了可能，受到越来越多的关注。当前，我国各地城市在顶层设计上聚焦元宇宙产业园发展需要，出台相关政策，多次在"十四五"规划、政府发展报告和元宇宙专项政策中提及元宇宙，以抢占元宇宙先发优势，推进元宇宙产业园全方位、深入化、融合化发展。

2021 年 12 月，《上海市电子信息产业发展"十四五"规划》首次将元宇宙写入地方"十四五"规划，率先布局元宇宙产业园。[②] 2022 年 2 月，北京市通州区发布《关于加快北京城市副中心元宇宙创新引领发展若干措施的通知》。[③] 截至 2023 年 2 月，共有 30 多个有关元宇宙产业园的省级、地

---

① 喻国明、耿晓梦：《元宇宙：媒介化社会的未来生态图景》，《新疆师范大学学报》（哲学社会科学版）2022 年第 3 期。

② 《上海市经济和信息化委员会关于印发〈上海市电子信息产业发展"十四五"规划〉的通知》，https://www.shanghai.gov.cn/gwk/search/content/99677f56ada245ac834e12bb3dd214a9，2021 年 12 月 30 日。

③ 《北京市通州区人民政府办公室印发关于加快北京城市副中心元宇宙创新引领发展若干措施的通知》，http://www.bjtzh.gov.cn/bjtz/xxfb/202203/1515469.shtml，2022 年 2 月 23 日。

市级、区县级政策出台（见表1）。① 总的来说，各地政府从战略规划层面对元宇宙产业园建设予以高度重视，将打造元宇宙生态城市作为未来重点发展方向，通过设立元宇宙产业基金、建立元宇宙创新创业基地、减免元宇宙企业所得税等方式，在资金扶持、税收减免、核心技术创新等多个方面为元宇宙产业园建设提供政策扶持。在顶层设计指导下，元宇宙产业园具备巨大的发展潜力。

表1　全国部分地区元宇宙产业政策

发布时间	发布主体	政策名称
2021年12月	上海市经济和信息化委员会	《上海市电子信息产业发展"十四五"规划》
2021年12月	贵州省大数据发展领导小组办公室	《贵州省"十四五"数字经济发展规划》
2022年1月	浙江省数字经济发展领导小组办公室	《浙江省未来产业先导区建设指导意见》
2022年2月	北京市通州区人民政府	《关于加快北京城市副中心元宇宙创新引领发展的若干措施》
2022年2月	上海市虹口区人民政府	《打造元宇宙产业经济专项行动计划》
2022年3月	厦门市工业和信息化局、厦门市大数据管理局	《厦门市元宇宙产业发展三年行动计划（2022—2024年）》
2022年3月	山东省工业和信息化厅、山东省发展和改革委员会等	《山东省推动虚拟现实产业高质量发展行动计划（2022—2024年）》
2022年4月	广州市黄埔区工业和信息化局、广州开发区经济和信息化局等	《广州市黄埔区　广州开发区促进元宇宙创新发展办法》
2022年4月	重庆市渝北区人民政府办公室	《关于重庆市渝北区元宇宙产业创新发展行动计划（2022—2024）》
2022年5月	中共中央办公厅、国务院办公厅	《关于推进实施国家文化数字化战略的意见》
2022年5月	南昌市人民政府	《南昌市深入推进数字经济"一号发展工程"全力打造全省创新引领区行动方案》
2022年6月	上海市人民政府办公厅	《上海市培育"元宇宙"　新赛道行动方案（2022—2025年）》
2022年7月	广州市南沙区人民政府	《广州南沙新区（自贸片区）推动元宇宙生态发展九条措施》

---

①　政策文件收集时间段为2021年12月至2023年2月。

续表

发布时间	发布主体	政策名称
2022 年 7 月	科技部等六部门	《关于加快场景创新以人工智能高水平应用促进经济高质量发展的指导意见》
2022 年 7 月	西藏元宇宙研究院	《西藏元宇宙建设方案》
2022 年 8 月	北京市通州区人民政府等四部门	《北京城市副中心元宇宙创新发展行动计划（2022—2024 年）》
2022 年 9 月	河南省政府办公厅	《河南省元宇宙产业发展行动计划（2022—2025 年）》
2022 年 9 月	厦门火炬高新区	《高新区元宇宙产业培育政策》
2022 年 10 月	工业和信息化部、教育部等五部门	《虚拟现实与行业应用融合发展行动计划（2022—2026 年）》
2022 年 11 月	武汉市人民政府	《武汉市促进元宇由产业创新发展实施方案（2022—2025 年）》
2022 年 11 月	横琴粤澳深度合作区财政局、国家税务总局横琴粤澳深度合作区税务局、横琴粤澳深度合作区经济发展局	《关于发布支持元宇宙产业发展十方面税收措施的通告》
2022 年 11 月	苏州市昆山市人民政府	《昆山市元宇宙产业创新发展行动计划（2022—2025）》
2022 年 11 月	咸阳高新区管委会	《咸阳高新区建设"元宇宙产业先行区"行动方案》
2022 年 12 月	浙江省发展和改革委员会等五部门	《浙江省元宇宙产业发展行动计划（2023—2025 年）》
2022 年 12 月	济南市人民政府	《济南市促进元宇由产业创新发展行动计划（2022—2025 年）》
2022 年 12 月	昆明市人民政府	《昆明市数字经济发展三年行动计划（2022—2024 年）》
2023 年 1 月	成都市新经济发展工作领导小组办公室	《成都市培育元宇宙产业行动方案（2022—2025 年）》
2023 年 2 月	南京市工业和信息化局	《南京市加快发展元宇宙产业行动计划（2023—2025 年）》

资料来源：依据公开资料综合整理。

（二）多地布局：区县级元宇宙产业园发展排行榜

我国区县级元宇宙产业园发展处于起步阶段。本报告通过搜集全国各地已建成或仍在建的主要区县级元宇宙产业园资料，对我国区县级元宇宙产业园发展情况进行调研。为了更全面地了解全国区县级元宇宙产业园的发展情况，从影响产业园发展的关键因素进行考量评价，主要包括基本要素层、社会影响层、产业潜力层、虚实融生层、软件实现层。其中，基本要素层（15%）包括建设时间、园区位置、园区人数、园区规模、政策数量5个二级指标，社会影响层（15%）涵盖主流媒体报道、自媒体传播情况、新媒体传播投入3个二级指标，产业潜力层（20%）涵盖企业数量、多样化程度、产业集中度、产业特色度、跨界融合度、潜在盈利空间6个二级指标，虚实融生层（25%）涵盖硬件生产能力、物联网发展程度、区块链发展程度、基础设施建设4个二级指标，软件实现层（25%）包括软件开发能力、人机交互程度、云端设施情况、实际应用产品4个二级指标。基于这五大层面对全国主要的区县级元宇宙产业园有关数据进行梳理、统计、分析，并按综合分数进行排名（见表2）。

表2　国内主要区县级元宇宙产业园发展排行榜

区域	园区名称	名次	总分	基本要素层	社会影响层	产业潜力层	虚实融生层	软件实现层
上海市徐汇区	漕河泾元创未来元宇宙产业创新园	1	81	15	13	17	17	19
浙江省杭州市钱塘区	钱塘"元宇宙"新天地	2	80	12	10	16	20	22
上海市浦东区	张江数链（元宇宙）特色产业园区	3	72	13	12	15	15	17
北京市丰台区	南中轴元宇宙产业基地	4	70	10	7	14	21	18
重庆市永川区	重庆元宇宙中心	5	70	11	6	15	19	19
重庆市渝北区	重庆市元宇宙生态产业园	6	70	9	6	18	19	18

续表

区域	园区名称	名次	总分	基本要素层	社会影响层	产业潜力层	虚实融生层	软件实现层
湖南省张家界市	张家界元宇宙中心	7	68	7	10	16	17	18
浙江省杭州市余杭区	杭州未来科技城 XR 产业园	8	67	10	8	13	18	18
江苏省南京市江宁区	南京市元宇宙产业发展先导区	9	66	12	7	15	17	15
四川省成都市青白江区	元宇宙数字文旅产业园	10	65.5	8.5	7	15	16	19
陕西省西安市雁塔区	元宇宙项目"大唐·开元"	11	64.5	8	8	12	19	17.5
北京市通州区	大稿元宇宙数字艺术区	12	62.5	10.5	9	14	13	16
广东省广州市南沙区	南沙元宇宙产业聚集区	13	61	7	6	13	18	17
山东省青岛市市南区	青岛元宇宙产业创新园	14	59	9	4	16	16	14
广东省广州市天河区	湾区元宇宙数字艺术研究创新基地	15	59	7	6	13	16	17
江苏省无锡市滨湖区	长三角元宇宙联盟、无锡市元宇宙创新创业基地	16	58	8	9	13	15	13
广东省广州市黄埔区	元宇宙数字文化产业园	17	58	8	5	14	17	14
四川省成都市高新区	元宇宙产业发展集聚区	18	57.5	6.5	6	12	17	16
江苏省无锡市滨湖区	华莱坞元宇宙世界	19	57	5	8	11	17	16
山西省长治市壶关县	澳涞坞文化产业园	20	55.5	6.5	4	16	14	15

续表

区域	园区名称	名次	总分	基本要素层	社会影响层	产业潜力层	虚实融生层	软件实现层
湖北省武汉市江汉区	元宇宙主题产业园	21	53	8	4	11	17	13
云南省昆明市官渡区	元宇宙服务贸易虚拟产业园	22	52	8	6	13	12	13
福建省厦门市火炬高新区	元宇宙特色园区	23	50	11	4	10	11	14
陕西省咸阳市高新区	"大秦元宇宙"产业先行区	24	48.5	5	4	14	15	10.5
海南省三亚市	三亚元宇宙产业基地	25	44.5	4.5	5	11	13	11
河北省保定市竞秀区	乐凯工业遗址元宇宙数字科技产业园	26	44	13	4	14	5	8
河南省郑州市金水区	河南·郑州元宇宙产业园	27	39.5	9.5	4	9	9	8

资料来源：依据公开资料进行整理、统计、分析所得。

（三）初具规模：元宇宙产业园加速扩容

目前，全国已有多个城市建立了元宇宙产业园区，区县级元宇宙产业园已具备一定规模和影响力，有成为中国新一代信息技术产业发展的重要支撑的巨大潜力。

从数量和分布情况来看，中国有 20 多家元宇宙产业园揭牌，根据园区规划逐步开放和投入运营，其中以北京、上海、深圳、重庆、杭州、厦门等经济发达、交通便利的城市为主。如位于北京市通州区的大稿元宇宙数字艺术区于 2022 年 4 月 19 日正式揭牌，已经发展成为全国元宇宙产业园区的典范。此外，也有不少如河北省保定市、陕西省咸阳市等中小城市和地区抓住元宇宙技术风口和发展机遇，加速筹备元宇宙产业园建设，力争加入建设元宇宙产业园这一行列。如保定竞秀区于 2022 年 10 月 19 日公开招标，以期将乐凯老工业基地转型升级为工业遗址元宇宙数字科技产业园。

表3 国内主要区县级元宇宙产业园基本信息

省份	园区名称	建设时间	园区位置	园区人数	园区规模
北京市	大稿元宇宙数字艺术区	2022年4月揭牌	城市副中心通州区		总建筑面积32000平方米
北京市	南中轴元宇宙产业基地	2022年12月一期开园	丰台区中轴路和凉水河交汇处		园区总建筑规模19.5万平方米,此次开园一期建筑规模7.4万平方米
上海市	漕河泾元创未来元宇宙产业创新园	2022年6月	徐汇区	超过30万人	园区面积4.6平方公里
上海市	张江数链(元宇宙)特色产业园区	2022年6月	浦东区	45000名科技人才	4.1平方公里
江苏省	华莱坞元宇宙世界	2022年4月	无锡市无锡影都		
江苏省	长三角元宇宙联盟和无锡市元宇宙创新创业基地	2022年1月揭牌	无锡市滨湖区		
江苏省	南京市元宇宙产业发展先导区	2022年5月	南京市江宁区		100平方公里
浙江省	钱塘"元宇宙"新天地	2022年5月	杭州市钱塘区大创小镇核心区的钱塘云谷		实际占地面积115亩
浙江省	杭州未来科技城XR产业园	2022年3月	杭州市余杭区杭州未来科技城		
福建省	元宇宙特色园区	2022年9月	厦门市火炬高新区		5000平方米
山西省	澳涞坞文化产业园	2022年7月	长治市壶关县红豆峡		78万平方米
陕西省	元宇宙项目"大唐·开元"	2022年11月	西安市大唐不夜城		65万平方米
广东省	元宇宙数字文化产业园	2022年6月	广州市黄埔区鱼珠临港经济区核心位置		
广东省	南沙元宇宙产业聚集区	2022年7月	广州市南沙区		
广东省	湾区元宇宙数字艺术研究创新基地	2022年10月	广州市天河区		

省份	园区名称	建设时间	园区位置	园区人数	园区规模
海南省	网易元宇宙产业基地	2021年12月签署战略合作协议	三亚市		
湖南省	张家界元宇宙中心	2021年11月	张家界市武陵源区		
湖北省	元宇宙主题产业园	2022年12月	武汉市江汉区	约4000人	7万平方米
重庆市	重庆元宇宙中心	2022年	永川区永川科技生态城		
重庆市	重庆市元宇宙生态产业园	2022年4月揭牌	渝北区仙桃国际大数据谷	约2万人	占地1276亩
四川省	元宇宙产业发展集聚区	2022年11月	成都市高新区元宇宙大街		
四川省	元宇宙数字文旅产业园	2022年9月	成都市青白江区城厢古城		占地面积约347亩
云南省	元宇宙服务贸易虚拟产业园	2022年12月	昆明市官渡区		10万平方米
河北省	乐凯工业遗址元宇宙数字科技产业园	2022年10月招标	保定市竞秀区		约188.75亩
河南省	河南·郑州元宇宙产业园	2022年8月开工建设	郑州市金水区	约6万人	约600亩

资料来源：根据公开信息资料整理。

在元宇宙产业园规模上，许多地方已经开始大规模建设元宇宙产业园区，使元宇宙产业园建设与当地城市发展相联动，扩大产业园的辐射范围。比如，位于江苏省南京市江宁区的南京市元宇宙产业发展先导区的核心开发控制区面积达100平方公里，集产业区、大学城和风景区于一体，是目前国内最大的元宇宙产业园区之一，在全国范围内起到了良好的示范作用。

（四）虚实融生：打造沉浸式元宇宙空间

区县级元宇宙产业园实现物理世界数字化的技术内核主要包括以物联网、区块链等为代表的关键技术应用。物联网技术是打造虚实融生的元宇宙产业园的重要底层支撑，能实现元宇宙产业园基础设施的网络连接。而区块链技

术的"共识机制""时间戳""数据传播及验证机制"能为元宇宙产业园提供用户虚拟身份安全保障,支撑元宇宙产业园的经济体系数据传输及验证。

我国区县级元宇宙产业园以物联网技术为底层逻辑,以区块链技术为核心支持,紧密结合虚拟现实、头戴式显示器、云计算、大数据等前沿设备和沉浸式技术,不断提高园区内企业平台软件研发能力,为用户提供具有沉浸感和交互性的虚拟环境,打造高可信度、高积极性的园区数字生态环境。例如,陕西咸阳高新区的"大秦元宇宙"产业先行区,积极转化元宇宙领域科研成果,协同攻关和突破物联网、区块链、NFT、数字孪生等关键元宇宙技术,实现数字技术与现实世界的融合,打造科技感、现代化、高水平的产业园区。①

除了元宇宙技术本身的突破创新外,元宇宙产业园的相关硬件设备和基础设施也不断升级和完善。大多数元宇宙产业园已经完成了包括网络带宽、数据中心、云计算在内的基本服务器搭建和网络架构构建,提高了元宇宙产业园区日常运营的稳定性、可扩展性和安全性。

(五)资源协同:产业生态链日渐完善

目前,我国区县级元宇宙产业园致力于打造完整的元宇宙产业生态圈,通过发展元宇宙产业链上的各个环节,实现从技术到应用、从产品到服务的全链条覆盖,加强跨界融合,向多元业态协同发展。

其一,在我国区县级元宇宙产业园中,有不少优秀企业纷纷入驻园区,抢抓元宇宙发展机遇。这些企业涉及文化创意、软件开发、数字艺术等多个领域,足以体现元宇宙产业园区的强大影响力和多元覆盖面。比如,北京市丰台区的南中轴元宇宙产业基地集聚了包括国家专精特新"小巨人"企业 2家、上市公司子公司 1 家、国家级高新技术企业 16 家在内的多家龙头企业,②

① 《咸阳高新区打造"元宇宙产业先行区"》,https://mp. weixin. qq. com/s/B3dTYDyQ61c VGrCP4-RhCA,2022 年 11 月 28 日。
② 《大红门服装城"华丽转身" 全国首个元宇宙产业基地一期开园》,https://new. qq. com/rain/a/20221231A057SK00,2022 年 12 月 31 日。

如此，企业可以借助园区聚合优势和优质资源助力自身市场的拓展。同时，多家企业的集体入驻能够进一步提升当地元宇宙产业园的产业集中度与竞争力。

其二，在产业链协同层面，元宇宙产业园内不同领域、不同产业的企业已展开了跨界合作，具备一定的开放性和未来发展潜力。例如，重庆市渝北区的元宇宙生态产业园打造了涵盖商贸金融、生活服务、数字藏品、动漫设计、消费电子等多个领域的产业集群，提供了多样化、丰富化的元宇宙实际产品，形成了闭环式、迭代式的经营产业链，具有较强的跨界融合能力。[①]

（六）聚焦特色：充分挖掘元宇宙盈利潜能

近几年，随着虚拟现实技术的成熟和用户对虚拟空间的需求增加，我国区县级元宇宙产业园迎来了发展的机遇，凭借当地的地域特色和园区技术优势，建设了一批具有独特性、差异性、创新性的元宇宙产业园。"元宇宙+文化艺术""元宇宙+旅游""元宇宙+商务"等模式日益成熟。例如，大稿元宇宙数字艺术区通过元宇宙数字艺术馆、元宇宙剧场、元宇宙书店一系列布局，在打造元宇宙数字艺术产业基地方面发挥了引领和示范作用，开启面向元宇宙数字艺术领域的新时代。张家界于2021年11月成立元宇宙研究中心，以科技赋能张家界景区的文旅资源，打造"三千无界，虚实共生"的"张家界星球"，沉浸式、场景化展示元宇宙数字化旅游空间。[②] 随着元宇宙技术在文旅、商务、教育、医疗等领域的广泛应用，元宇宙产业园具有广阔的发展前景，商业模式比较新颖，有一定的盈利潜力。漕河泾元创未来元宇宙产业创新园的50家核心企业2021年的营业收入达950亿元，税收收入总额达55亿元。[③]

---

① 《打造元宇宙生态集聚地，重庆市元宇宙先导试验区、生态产业园正式设立》，https://baijiahao.baidu.com/s？id=1731171336856761043&wfr=spider&for=pc，2022年4月26日。

② 《文旅元宇宙 | 从张家界星球到仙境张家界，这里的文旅元宇宙日渐成熟》，https://mp.weixin.qq.com/s/b93_qTrIv-qZlZxJAT3FRw，2023年2月23日。

③ 《虚实交互、以虚强实！"漕河泾元创未来"在世界AI大会震撼亮相！》，https://mp.weixin.qq.com/s/K3WuLRc-OKOvvGV8iidlLg，2022年9月2日。

二 我国区县级元宇宙产业园存在的问题与困境挑战

（一）发展难题：元宇宙产业园发展不均衡

发展不均衡是当前我国区县级元宇宙产业园面临的主要困境。首先，元宇宙产业的发展存在地域不均衡的现象。由于各地经济发展水平的差异，目前元宇宙产业园的核心地区主要集中分布在北京、上海等大城市，而其他地区的元宇宙产业园建设相对薄弱，一些中小城市或者县级地区在元宇宙产业发展方面缺少足够的资源和优势，限制了元宇宙产业的整体发展水平。其次，元宇宙产业园的发展中存在行业不均衡的问题。元宇宙产业园内的相关产业主要集中于发展相对成熟的行业，如游戏、文化娱乐等，而在医疗、教育、能源、工业等领域的发展相对缓慢，制约了元宇宙产业园整体发展速度。最后，元宇宙产业园内企业间发展不均衡也是值得关注的问题。在同一个元宇宙产业园内，不同企业的规模、技术水平和资金实力等存在较大的差异，产业园内企业之间发展水平不一。

（二）运营难题：后续建设和运营难以持续化

在建设层面，元宇宙产业园的基础设施仍待进一步完善。产业园正常运营需要消耗大量的资源和资金，但大部分元宇宙产业园区的现有数字基础设备，如网络资源、云存储资源和计算资源、软件开发能力、人机交互程度等方面存在不足。并且当前的5G基站、大数据中心等数字基础设施水平并不能满足元宇宙产业园区持续发展的要求，例如元宇宙相关产业中所需的实时全息感知、多点实时交互等需求就无法满足，从而影响元宇宙产业园的可持续发展。在运营层面，元宇宙产业园需要在技术培育、产业经营、园区建设、人才培养等方面投入巨额资金，回报周期较长，因此，其运营面临着市场不确定性的风险。在管理方面，元宇宙产业园发展面临着复杂的情况，包括技术管理、人才管理、资金管理，这需要元宇宙产业园区管理者具备高超的管理能力和应对危机的能力，实现入驻企业和管理部门间的协调与合作，促进信息和资源的共享。

（三）人才难题：元宇宙高端人才短缺

人才是深化元宇宙行业变革的重要因素，也是实现技术创新的关键资源。尽管高新技术人才数量逐年增加，但面对技术迭代、产业深度融合的新考验，各地元宇宙产业园的产业链与人才链还未实现深度黏合，缺乏与元宇宙相关的人工智能技术、交互技术、区块链技术等方面的领军人物，存在高素质数字人才储备不足、人才资源结构待优化、人才培养体系不完善、人才引进机制"瓶颈"凸显等相关问题，此外，技术人才需要经过长时间的训练和培养才能真正投身于元宇宙产业园的建设中，而欠发达地区的人才吸引力相对较弱，如中西部地区的元宇宙产业园所提供的薪资待遇有限，资源以及信息流通性不强，激励机制不完善，可能造成园区内大量的人才流失、人才的创造力难以被激活。

（四）技术难题：核心科技创新和突破不足

元宇宙涉及通信网络基础设施、算力基础设施、交互技术、人工智能、大数据分析、区块链等相关技术，这使我国区县级元宇宙产业园建设面临较大挑战。目前，我国区县级元宇宙产业园仍处于初创期，元宇宙技术和产品成熟度相对一般，尤其是缺乏关键核心技术的自主创新和突破，难以满足发展元宇宙产业园的技术要求。以交互技术为例，交互设备是进入元宇宙的媒介。常见的交互技术主要包括体感技术、XR技术和BCI技术，而一些区县级中小型元宇宙产业园所搭建的交互设备质量较差，很难解决交互设备的舒适性、稳定性和低延迟等问题。除交互技术外，算法算力弱、区块链的分布式存储、NFT和智能合约技术搭建的经济系统仍不稳定等都是元宇宙产业园建设和运营过程中所面临的技术难题。因此，需要进一步革新核心技术，以匹配元宇宙产业发展的技术需要。

（五）伦理难题：元宇宙技术风险仍存

一方面，区县级元宇宙产业园发展可能面临技术风险。由于元宇宙产业持续稳定运转需要以海量个体隐私数据作为底层资源支撑，涉及大量的虚拟资产和数字身份信息，而针对此类隐私数据资源的合规收集、存储、传输、使用及管理办法仍是亟待解决的难题，易面临黑客攻击、数据泄露等各种安全风险，需要进一步完善相关政策和法律法规。另一方面，元宇宙产业园区内企业之间、企业和政府之间也面临信息安全合规等问题，包括数据安全、网络安全、物理安全等多方面的挑战，一旦发生安全事故，将会对园区和企业的发展带来巨大影响。此外，元宇宙产业发展蕴含着巨大的潜在机遇，各大龙头企业和资本纷纷涌入元宇宙产业园，为此，在某种程度上要警惕元宇宙产业园区内部技术垄断现象，提升入局的元宇宙企业的自主研发能力，从而增强元宇宙产业发展的自主性，避免形成"一家独大"的局面。

（六）传播难题：新媒体传播力度有限

自区县级元宇宙产业园进入公众视野后，出现了一系列元宇宙的相关报道和专业解读，但通俗性的下沉解读仍占比较小，使得民众对其了解较少、较浅。传播范围局限、内容同质宏观、主流媒体报道数量有限、自媒体传播力度不足等使得区县级元宇宙产业园的传播触达率低、新媒体影响力弱。例如，无论是中央主流媒体还是地方新媒体平台，对于元宇宙产业园的报道，标题多冠以"首个""最早"等字眼以突出其开创性意义，但在一定程度上存在同质化现象。报道主体内容也多集中为投资规模、场地规模、战略规划等，虽在宏观层面较好地呈现了产业发展前景，但对元宇宙产业园对当地个性化服务的民生助益、产业园所涉及的技术的通俗性讲解有限。此外，在新媒体传播上，元宇宙产业园区的自由传播平台数量有限，难以形成持续的品牌影响力。

三 我国区县级元宇宙产业园的发展对策与趋势展望

（一）加大政策支持力度，高水平规划建设产业园

合理、全面、长远的发展战略规划也可以为区县级元宇宙产业园的发展提供明确的方向和目标，吸引更多的投资和人才，提升园区的竞争力和影响力，以确保园区的可持续发展。因此，在推进区县级元宇宙产业园区建设的过程中，要从顶层设计出发，关注元宇宙实际操作层面的一系列问题和需求。

宏观层面来看，地方政府要进一步加大在税收优惠、财政补贴、人才引进、土地供应方面的政策支持力度，推动元宇宙与经济社会、城市规划深度融合，为园区提供更多的合作机会和平台，加速园区与外部资源的对接和合作。例如《广州南沙新区（自贸区）推动元宇宙生态发展九条措施》提出，对新落户及认定的元宇宙总部型企业，一次性给予最高3000万元的落户奖励。[1] 微观层面来看，元宇宙产业园管理方需具体制定战略规划的目标、任务和流程，并组建专项工作组，对元宇宙的最新技术动态、市场需求、行业竞争环境、政策法规进行全方位了解和评估，并结合本地区发展特色，真正做到以本地资源优势为核心，因地制宜挖掘地区发展潜力，进行合理有效、科学有益的战略规划。

（二）补齐基础设施短板，大力夯实园区经营基础

通过完善元宇宙产业园区基础设施，实现经营管理体系的合理规划、严格管理、有效落实，可以更加有效地管理产业园资源，从而打造集创新链、研发链、人才链、价值链、产业链于一体的区县级元宇宙产业园。

一方面，基础设施是元宇宙产业园健康发展的基本保障。元宇宙产业园

---

[1] 《广州南沙新区（自贸片区）推动元宇宙生态发展九条措施》，https://www.gz.gov.cn/zwgk/zcjd/zcjd/content/mpost_ 8640690.html，2022 年 10 月 26 日。

的基础设施既包括水、电等园区环境基础设施，又涉及通信基础设施、元宇宙硬件生产配套设施等，需加强全场景5G网络连续覆盖，保障云计算、大数据、物联网、区块链等元宇宙核心技术的正常运作。另外，元宇宙产业园可以完善日常运作的配套系统，增加产业附加值，如漕河泾元创未来元宇宙产业创新园计划在"十四五"期间建设3.2万套（间）人才公寓，吸引更多优质的企业和人才进驻园区。

另一方面，在完善经营管理体系方面，可以借鉴大稿元宇宙数字艺术区、漕河泾元创未来元宇宙产业创新园的先进经验，引入先进技术，实现智能化管理，提高应对突发事件的能力，确保园区的技术安全和运营稳定。未来，要不断提高元宇宙产业园的管理水平和服务质量，实现产业协同、城市协同和服务协同的一体化发展。

（三）加强技术创新研发，延长元宇宙产业链条

元宇宙将是下一代互联网发展的目标，现阶段的底层技术、算力条件、网络环境与构建完全仿真元宇宙的要求相比尚不成熟。[①] 因此，要继续打造国内一流的元宇宙技术研究和创新平台，利用元宇宙及相关技术深化在实体经济场景下的应用，延长元宇宙产业链条，即加强核心技术的自主创新研发，抓住主要矛盾，瞄准元宇宙产业园的"卡脖子"技术和高精尖技术发力。同时更注重元宇宙技术的应用场景构建，利用采集感知、5G/6G通信、云计算、大数据、数字线程技术、模型构建与融合验证等手段，实现数字孪生、智能算法、柔性感知、触觉渲染等关键技术的协同攻关与应用创新，帮助元宇宙场景落地。

在技术创新加持下，元宇宙产业园可以迈向产业数字化、网络化、智能化的转型之路，创新更新颖、更有活力的商业经营模式，促进传统产业迭代升级，加速元宇宙产业经济系统与经济社会各行各业融合应用，同时更好地参与地区社会治理。

---

① 刘京运：《产学研共话元宇宙多重视角探究应用前景》，《机器人产业》2022年第2期。

（四）加强人才培养，助推产业园高质量发展

未来数字人才将会是科技与商业竞争中的热点，人才建设是数字技术的载体和产业园发展的关键，元宇宙产业园要通过储备高素质数字人才、优化人才资源结构、改革人才引进机制等系统创新，整合资源为数字人才提供丰厚的园区沃土，激发人才的创造力。

区县级元宇宙产业园建设要在加强高层次、高科技、高素质人才的引进和培养上发力，通过政策扶持、职业规划、培训支持等方式优化人才评价和激励机制，落实人才政策和保障措施，吸引和培养更多具备区块链、大数据等领域专业知识和实践经验的高端人才，切实保障元宇宙产业园区的人才创新发展。粤港澳大湾区发布首个元宇宙专项扶持政策《广州市黄埔区　广州开发区促进元宇宙创新发展办法》，特设"加大人才引流"条目，分层、分类对人才分别给予最高 500 万元、300 万元、200 万元的购房补贴，同时使区级领军人才工程覆盖元宇宙等相关产业。[1]

推动产学研深度融合，鼓励元宇宙产业园与高校、研究机构开展深入合作。例如，钱塘"元宇宙"新天地围绕数字孪生、人工智能等元宇宙核心底层技术，与钱塘区元宇宙协同创新实验室、钱塘区元宇宙产学研联盟合作，并充分挖掘浙江理工大学、杭州电子科技大学等多所高校的人才储备优势，实现人才培养和产业发展的良性互动，提升产业园区的创新能力和竞争力。[2]

（五）促进行业跨界融合，革新元宇宙产业园生态系统

元宇宙产业园快速发展，行业联合协同与跨界融合成为不容忽视的趋

---

[1] 《广州市黄埔区工业和信息化局　广州开发区经济和信息化局　广州市黄埔区科学技术局广州开发区科技创新局关于印发广州市黄埔区　广州开发区促进元宇宙创新发展办法的通知》，http://www.hp.gov.cn/gzjg/qzfgwhgzbm/qgyhxxhj/xxgk/content/post_8171935.html，2022 年 4 月 6 日。

[2] 《抢占新赛道钱塘区布局"元宇宙"产业》，http://qt.hangzhou.gov.cn/art/2022/6/9/art_1658884_58940998.html，2022 年 6 月 9 日。

势。除了游戏、娱乐、社交体验等场景外，应开展"元宇宙+智能制造""元宇宙+特色旅游"等试点，推动元宇宙产业园与城市深度融合发展，开展"元宇宙+社会治理"综合应用示范。这种联合与协同不仅可以提高产业竞争力，还可以优化资源配置、提升经济效益、推动产业升级。

可以通过政府引导、组织产业联盟等方式，鼓励园区内企业开展产业合作。政府可以通过搭建平台、提供资金等措施，引导园区内企业积极参与联合行动。例如政府可以建立元宇宙产业园数字孪生共享平台，让园区内企业可以共享数字孪生技术资源，降低企业研发成本，提高研发效率。比如，南沙元宇宙产业集聚区在揭牌当天签约了一批元宇宙合作项目，包括南沙开发区科技局和广州三七互娱科技有限公司签订了关于设立元宇宙产业基金战略合作框架协议、星海国际文化旅游（广州）有限公司与广州大西洲科技有限公司签订了元宇宙文旅项目合作协议等。[①]

（六）推动国际交流合作，进军元宇宙国际化赛道

在全球化和数字化趋势下，元宇宙产业园作为数字经济的新型载体，已成为推动数字经济发展、加强国际合作交流、提高国际竞争力和话语权的重要手段。因此，未来要牢牢把握新一轮科技革命和产业变革带来的新机遇，打造一批具有国际影响力的区县级元宇宙产业园。

积极开展项目交流和合作，参与国际会议和展览，展示我国区县级元宇宙产业园区优势和科技创新成果，与全球知名龙头企业和专家深度交流，吸引国际投资、外企入驻和技术进口，为元宇宙产业园区内企业的国际资源整合、技术合作、市场拓展等提供多方支持，进而为园区产业链的延伸和升级奠定基础。与此同时，要在国际交流协作中注重核心技术专利、数据安全和知识产权保护，加强对元宇宙产业园的安全监测与引导，助力我国元宇宙产业园的自主创新能力提升，为园区的国际合作提供更加可靠的保障。总的来

---

① 《产业集聚区揭牌、九条措施发布，元宇宙资源要素加速集聚广州南沙》，https：//m. thepaper. cn/baijiahao_ 19178283，2022 年 7 月 26 日。

说，推动国际合作和交流对于元宇宙产业园的建设和发展而言至关重要。只有通过国际合作，才能更好地适应全球化的经济环境和市场需求，加速产业链的延伸和优化，打造以感知交互、脑机接口、数字孪生、元宇宙等未来产业为重点的具有全球影响力的数字文化产业硬科技平台。①

参考文献

黄楚新、陈伊高：《元宇宙：形塑人机伴生的媒介化社会》，《新闻与写作》2023年第2期。

黄楚新、陈智睿：《"元宇宙"探源与寻径：概念界定、发展逻辑与风险隐忧》，《中国传媒科技》2022年第1期。

喻国明、耿晓梦：《元宇宙：媒介化社会的未来生态图景》，《新疆师范大学学报》（哲学社会科学版）2022年第3期。

郑世林、陈志辉、王祥树：《从互联网到元宇宙：产业发展机遇、挑战与政策建议》，《产业经济评论》2022年第6期。

王陈慧子、蔡玮：《元宇宙数字经济：现状、特征与发展建议》，《大数据》2022年第3期。

---

① 《南中轴国际文化科技园落地大红门，打造元宇宙产业基地》，https://mp.weixin.qq.com/s/NQXVYNK97CubOQwbUtAMZQs，2021年12月13日。

B.3
2022年中国媒体融合发展报告

黄楚新　陈智睿*

摘　要： 2022年，中国媒体融合发展逐渐从单点突破阶段进入系统攻坚阶段，融合发展的深度与精度升至新高度。在本年度的媒体融合发展中，全媒体传播体系建设成为顶层设计中的核心引领，各级媒体依托自身特点迭代升级，重大主题报道以及国际赛事展现前沿媒体融合成果，县级融媒体与地市级媒体的发展呈现功能拓展的特点，智能技术引领下的AIGC逐渐融入媒体生产与传播全流程，跨界融合与垂直化传播提升媒体融合传播力与公信力，传媒行业整体发展质量进一步提升。同时，媒体关停并转、概念无序炒作、平台培育迟滞、内容生态恶化等成为阻碍媒体融合发展的重要因素，亟待对其进行有针对性的调整。在未来的中国媒体融合发展中，全媒体传播体系建设将沿着内容、技术、机制等主线，持续发挥媒体的链接属性，以权威性与公信力传递主流价值与优质内容，以先进技术与前沿理念提升媒体的服务功能与治理效能，进而实现媒体融合转型的深度发展、与时俱进。

关键词： 媒体融合　全媒体传播体系　地市级媒体　AIGC

---

* 黄楚新，中国社会科学院新媒体发展研究中心副主任兼秘书长，中国社会科学院新闻与传播研究所数字媒体研究室主任、研究员，中国社会科学院大学新闻传播学院副院长、教授，主要研究方向为新媒体传播；陈智睿，中国社会科学院大学新闻传播学院，主要研究方向为新媒体。

2022 年 10 月 16 日，中国共产党第二十次全国代表大会胜利召开，会议高度概括了中国近年来的发展成就与历史使命，中国各行各业正迈向欣欣向荣的高质量发展阶段。[①] 2022 年，我国传媒行业的政策与制度建设深入推进，全媒体传播体系发展迅猛，重大主题报道更加创新、智能与破圈，智能技术持续介入传媒整体生态，AIGC 成为各级媒体关注与发力的重点领域，跨界融合与垂直化传播的多元模式纵深发展，文化要素更加成为媒体融合转型的重要助推，媒体融合的服务功能得到系统性强化，国际传播进一步形塑中国良好的国家形象。面对技术迅猛发展下的复杂传媒生态，我国媒体融合面临关停并转、平台建设、生态恶化等挑战，但同时在顶层设计、平台集成化传播、智能基础设施建设、党管算法等领域也出现新的发展机遇。

一　媒体融合的发展状况与热点聚焦

2022 年，我国媒体融合的顶层设计更加聚焦体系化、系统化建设方向，全媒体传播体系建设成为媒体融合发展的内生动力。党的二十大的相关系列报道呈现出智能融合、以人为本的新趋势，主流价值在此过程中得到高度强化与传播。与之对应的北京冬奥会报道也充分运用前沿技术，为观众带来智能互动、视听融合的优质体验。媒体深度融合中的四级媒体架构也逐步走向成熟，县级融媒体建设提质增效，地市级融媒体发展实现中层引领，各级媒体充分融合，激活自身信息传播、多样服务的功能。媒体实践也日新月异，跨界融合、AIGC、MCN 等形式竞相发展，给媒体内容生态带来新的发展机遇，国际传播也在此过程中实现质变，助力生动讲好中国故事。

（一）全媒体传播体系系统化布局，政策与制度建设纵深发展

2022 年我国媒体深度融合持续推进，顶层设计高度引领我国媒体转型发

[①] 田智辉、陈智睿、黄楚新：《以价值引领不断推进全媒体传播体系建设》，《传媒》2023 年第 5 期。

展，各项政策和制度与时俱进，实现对我国媒体融合发展的盘活与指引。党的二十大胜利召开是 2022 年的重要时政事件，是对我国媒体融合转型进行高度概括的历史节点，以及对我国媒体深度融合进行全局擘画的未来蓝图。党的二十大报告指出，加强全媒体传播体系建设，塑造主流舆论新格局。这一表述既表达了我国媒体融合发展的路径，也表达了融合转型背后的用意目标，因此也成为今后指导我国媒体深度融合的重要顶层设计。从 2014 年的媒体融合转型发展到如今的媒体深度融合系统建设，全媒体传播体系建设成为我国媒体实践的高度概括以及媒体未来发展的明确指引。值得注意的是，全媒体传播体系建设在党的二十大报告中被置于"建设具有强大凝聚力和引领力的社会主义意识形态"的章目下，生动展现出全媒体传播体系建设的内涵与目标，即在媒体转型发展的基础上实现对我国主流价值的高度引领。

媒体深度融合的顶层设计不是点状分布的存在，而是系统化的政策布局。2022 年各项政策纷纷出台，呈现出多样化、系统化的特点。2022 年 4 月 18 日，中共中央宣传部印发《关于推动出版深度融合发展的实施意见》，其中既提到出版融合发展的顶层战略谋划，也深刻关注出版业发展的现实路径，将扩大优质内容供给、创新内容呈现传播方式、打造重点领域内容精品作为内容建设的核心，也将加强前沿技术探索应用、促进成熟技术应用推广、健全科技创新应用体系作为技术支撑的核心，并聚焦出版业发展的人才、经营、环境展开规划，与全媒体传播体系建设的内核遥相呼应。2022 年 8 月 16 日，中共中央办公厅、国务院办公厅印发《"十四五"文化发展规划》，明确指出加快推进媒体深度融合发展，有效整合各种媒介资源、生产要素，推动在信息内容、技术应用、平台终端、管理手段等方面共融互通，打造一批具有强大影响力、竞争力的新型主流媒体。全媒体传播体系作为专栏在其中被介绍与解释，足以彰显其重要性与系统性。2022 年 4 月，中宣部、财政部、国家广电总局联合下发《关于推进地市级媒体加快深度融合发展实施方案的通知》，在全国遴选 60 家市级融媒体中心建设试点单位，深度聚焦媒体融合目标，以具体举措推进地市级媒体融合发展，并实现以点带面式的整体提升。

（二）重大主题融合报道强化内核，党的二十大与冬奥会引领趋势

2022 年是具有里程碑意义的一年，党的二十大、北京冬奥会、全国两会等重大主题事件的融合报道，是全国各级主流媒体的重要任务与使命，也是其展现融合发展成果的重要舞台。在此背景下，各级主流媒体高度明确政治站位，结合自身发展实际，生产出一系列围绕重要时政事件的融合报道作品。

在党的二十大召开期间，中央级媒体系统发力，结合自身在内容资源、技术积累上的优势开展系列融合报道，并取得显著的传播效果。央视新闻推出图片报道作品《时政画说｜党的二十大·开幕！》，视听融合，生动地呈现了党的二十大开幕的盛况。人民网准确聚焦党的二十大报告的整体内容，推出一系列形式创新、精准阐述的优质融媒作品，如《一图速览！二十大报告要点来了》按照党的二十大报告的整体结构进行长图编排，将大会主题与报告的 15 个部分的内容要点精准梳理总结。同时，人民网还推出更加生动具体的《党的二十大报告思维导图》，引发全网关注与传播。新华网也主动设置党的二十大议题，促进主流信息立体化传播。新华网推出"跟着总书记学历史"系列融媒体报道，其中的先导微视频《文明中国的事》总浏览量突破 3.8 亿，相关话题关注度突破亿次大关，成为传递主流价值的前沿力量。省级媒体突出自身地域特色，在党的二十大报道中发挥优势，实现创新性、多样化传播。大象新闻推出《全景 H5 ｜ 沿习之路：十年足迹印山海》，以创新的技术形式呈现习近平总书记的足迹，传递从脱贫攻坚到共同富裕的发展道路，实现对年轻群体的贴近性与内容传递的生动性。闪电新闻推出"央媒二十大上看山东"系列融媒体报道，以矩阵化的传播模式激活地方二十大报道的影响力。

2022 年 2 月 4 日，北京冬奥会开幕，成为引领当年媒体融合报道的重大体育赛事，涌现出众多质量上乘的体育新闻报道。中央广播电视总台是 2022 年北京冬奥会中国大陆和澳门地区独家全媒体持权转播机构，在此基础上生产出形式多样的融合报道作品。例如，央视网推出《C 位看冬奥》

系列节目，作为央视网体育打造的原创视频《C 位看》系列 IP 之一，生产出诸多新颖有趣、传播广泛的作品。中央广播电视总台数据显示，截至 2022 年 2 月 17 日，北京冬奥会相关报道在总台平台的跨媒体总触达人次已达 484.74 亿次，其中电视端触达人次 319.73 亿次，新媒体多平台总触达人次 165.01 亿次，充分凸显北京冬奥会央视融合报道的影响力与引导力。央视网还在其互动专区推出系列互动融合产品，如《冰雪英雄挑战》《欢乐冰雪季 一起砸雪球》等，将新闻报道与游戏、答题等形式结合，运用在线互动的技术形式满足用户的内容需求。

（三）智能技术深度介入媒体转型，AIGC 助推实现流程再造

2022 年，媒体深度融合持续由技术驱动，展现出更加智能化与自动化的特征，技术从底层逻辑的层面介入媒体深度融合转型过程。众多新技术形式与实践涌现，成为 2022 年我国媒体深度融合的新增量与新变量。

元宇宙概念驱动下的虚拟现实技术发展迅速，视听体验与智能技术被融入虚实融生的内容生产过程。2022 年是元宇宙成为热点方向后的关键一年，各级媒体都积极开展相应技术实践，并取得诸多实效。2022 年北京冬奥会期间，央视频推出筹备已久的《VR 看冬奥》融媒产品。该软件是可以被安装在 VR 头戴设备上的央视频 VR 应用，并且首次支持 8K 全景赛事直播，提供直播式与点播式的沉浸式互动报道。央视频的此项技术创新，成功将虚拟现实技术与重大体育赛事进行融合，一方面契合总台 5G+4K/8K+AI 的发展战略，另一方面也展现出虚实融生技术对媒体转型的推动与赋能作用。2022 年全国两会期间，上海广播电视台 SMG 融媒体中心推出 SMG 虚拟新闻主播"申䒕雅"，将数字人技术融入新闻报道的生产过程，生产出诸如"䒕雅看两会"短视频等一系列融媒产品，实现虚拟现实、人工智能等技术对媒体生产转型的重构。

智能算法深度参与媒体转型的全链路，成为媒体持续发展的创新突破口。2021 年"主流算法"成为热点技术，并在诸多媒体中得到应用。而 2022 年，"主流算法"进一步嵌入媒体转型结构，成为聚合优质内容、满足

用户需求的核心技术。四川日报报业集团推出的"川观算法"在2022年持续发展，运用自然语言处理、知识图谱等技术构筑自身算法推荐系统，并且形成主流价值与智能算法深度融合的5层算法体系。2021年总台算法在央视频上线应用，2022年该算法聚合微信、微博、抖音等平台的热门内容，进行热点内容与话题的自动化筛选与比较，并且经历多次迭代升级，实现算法推荐与聚合效率的优化。2022年4月以来，总台算法助力央视频取得良好的应用效果，相较于对照组，算法组在曝光人均VD（播放时长）、曝光人均VV（播放次数）、CTR（点击通过率）、UTR（用户转化率）、人均曝光次数、完播率等各项指标上均获得较大进步。

2022年人工智能生产内容（AIGC）取得显著进展，对主流媒体内容生产流程产生重大影响。2022年11月30日，美国科技公司OpenAI推出智能聊天机器人程序ChatGPT，其GPT3预训练模型的参数量达到1750亿之多，一经发布便引发全球热议，并使AIGC技术及其应用备受关注。[①] 智能时代的内容生产逐渐转向多模态的模式，传统内容生产流程难以适应算法推荐下的信息流过程。AIGC以智能化、高效率的特点以及媲美人类生产的高品质内容，正成为未来取代人类部分劳动的前沿技术。2022年，我国主流媒体持续推动AIGC与媒体转型融合，推出众多富有成效的应用形式。2022年全国两会期间，《工人日报》依托百度AIGC的数字人主播晓晓，推出新媒体栏目《两会晓晓说》，进行多话题的两会报道。

（四）县级融媒体深度激活服务端，地市级媒体实现功能延展

推进全媒体传播体系建设，离不开我国四级传媒结构的激活与发展。作为媒体融合的"最后一公里"，县级融媒体中心建设近年来受到高度重视，并在服务功能上取得诸多成效与进展。而地市级媒体作为我国媒体融合的"腰部地带"，在2022年也获得顶层设计的大力支持，逐渐实现自身功能的

---

① 黄楚新、陈伊高：《ChatGPT：开启通用型人工智能的数字交往》，《中国传媒科技》2023年第2期。

拓展与媒体实力的增强。

回顾县级融媒体的发端与发展，引导群众与服务群众作为其核心的目标与功用，持续得到强化。尤其是在 2022 年 8 月 18 日，中宣部宣布全国 2585 个县级融媒体中心建成运行，这也意味着我国县级融媒体中心已实现从点到面的整体发展。2022 年 11 月 14 日，《安吉县融媒体中心（安吉新闻集团）发展战略规划（2023～2028）》通过专家评审。该战略规划立足于安吉县融媒体中心的现实基础，从壮大主流舆论、数字基层治理等角度切入，探索未来县级融媒体发展路径。2022 年，安吉县融媒体中心全年营收达到 4.87 亿元，连续 9 年增幅都在 10% 以上，同时还推出区域公用品牌自主平台"安吉优品汇"，结合自身文化与优质水土的特色，推动本地商品走向全国。2022 年 1 月，大兴区融媒体中心的聘用人员全部转隶，"中心+公司"模式正式开启，4 月开启全员绩效改革，推动媒体管理与运作机制的盘活与创新。目前，大兴区融媒体中心推动形成"1+3+3+226+N"的大传播格局，已经实现 1648 个事项在线查询、1096 个事项在线办理，并已完成在线办理事项 2 万余件。

在国家顶层设计的引领下，我国地市级媒体发展提质增效，逐步实现机构改革与流程优化。2022 年 6 月 13 日，湖北省荆门九派通传媒中心（荆门九派通传媒集团）正式成立，以"广电+报业"的融合模式推动地市级媒体融合发展，深度整合本地优质特色资源，着力面向本土与全国打造功能多样的融媒体中心。2022 年 6 月 22 日，抚州市融媒体中心、抚州市属传媒集团有限责任公司正式成立。该中心着力发挥地市级媒体承上启下的作用，探索建设地市级融媒体大数据资源库，积极开展全媒体综合信息服务。2022 年 9 月 4 日，江西省赣州市融媒体中心、赣州市文化传媒集团揭牌成立，并同步推出"赣南红"客户端。该中心由赣南日报社与赣州广电整合而成，以"广电+报业"的模式推动现代传媒集团建设。

（五）跨界融合带动媒体良性发展，MCN 机构变革经营逻辑

传播生态持续变革，尤其是在前沿技术的驱动下，我国传媒市场逐渐向更加纵深的领域发展。2022年我国媒体融合在转型经营方面进展突出，跨界融合继续发挥重要的助推作用，MCN机构同时也助力媒体机构实现可持续发展。

主流媒体的MCN机构和融媒体工作室是其融合经营的有效探索。福建广电MCN于2020年萌芽、2021年建立、2022年实现高效融合转型。截至2022年6月，福建广电MCN累计签约账号621个，旗下系列账号的总粉丝数达到1.846亿。福建广电MCN在发展过程中逐步优化媒体组织架构，着力转变经营理念，一方面成立专项基金对内容孵化进行扶持，另一方面加强与其他商业平台的合作，如腾讯、优酷、爱奇艺、百家号等，逐步构建"自我造血"的可持续机构与平台。① 例如，福建广电旗下的民生栏目《帮帮团》就获得广泛的社会影响力，其主持的微博话题#曼玲粥铺暗访调查#获得超4亿阅读量。2022年陕西广电"丝路超媒MCN"连续多月入选抖音媒体MCN领跑计划，在内容生产、流量扶持、业务培训等领域成为典型案例。河南广电"大象MCN"以第一名的成绩领跑微信视频号2022年2月"MCN机构影响力榜"，并初步建立了"广泛连接、多元整合、持续发展"的全媒体传播生态体系。此外，在2022年全国广播电视媒体融合典型案例中，广东广电的"融媒体工作室矩阵"获得表彰。经过3年的探索发展，该矩阵的新媒体工作室扩充至24个，全网粉丝总量突破5700万。

跨界融合展现出媒体单位融合经营的多样性，全国各地的媒体呈现出不同的发展路径。2022年1月28日，东方明珠披露《关于公开挂牌转让上海东方龙新媒体有限公司50%股权暨引入战略投资者之完成工商变更登记的公告》。这一股权变动展现出SMG的跨界探索与灵活经营，其目标是将东方龙从百视通逐步剥离，赋予双方更大的发展空间。经过持续的探索，截至2022年第三季度，百视TV电商业务板块注册用户累计破379万，会员超43万，GMV突破5.2亿，用户访问下单转化率达到8.84%，下单支付转化率

---

① 张晶：《广电MCN在媒体融合中的探索与实践——以福建广电MCN为例》，《青年记者》2022年第19期。

高达96%。2022年10月19日,河北广电无线传媒股份有限公司首发申请获得深交所创业板上市委员会审议通过,这也意味着河北广电将成立又一家以IPTV为主业的省级新媒体上市公司。这展现出河北广电在融合转型方面的创新与努力,积极募集资金开展媒体技术系统升级改造,同时也针对内容版权进行巩固建设,适应目前我国内容市场竞争与发展趋势。

(六)垂直内容赋能精准融合传播,文化要素焕发新国潮风尚

垂直化与精准化是目前媒体生态的重要特征,也是符合数字内容传播的发展方向。2021年我国主流媒体已在垂直化传播领域取得显著成果,2022年我国媒体深度融合持续推进,垂直化、精准化、个性化的传播模式与内容产品纷纷涌现,成为该年度重要的融合转型新进展。

垂直化传播意味着主流媒体应当敏锐捕捉市场动向,并进行专门化、精准化的内容生产与传播。2022年2月,在"迎北京冬奥 游龙江冰雪"宣传活动中,黑龙江广播电视台与抖音平台合作开设#赏冰乐雪在龙江#话题,浏览量超4.5亿,黑龙江广电迅速抓住自身特色与优势,精准契合北京冬奥会的主题传播方向,将冰雪元素与用户需求融合到传播过程中,实现垂直化传播的破圈。2022年湖南广电芒果TV着力布局横屏短剧,积极部署"垂直化+剧场化+系列化"的内容发展路径,紧抓年轻女性观众的核心用户群体,创新短剧剧本的题材、模式与内容,成功提高在垂类领域的影响力与市场占有率。例如,芒果TV出品的《念念无明》,以高标准的制作水平获得市场广泛好评,累计播放量达6.15亿。央视频于2021年推出的垂类频道在2022年持续发展,进一步提升主流媒体平台的内容活力与用户黏性。此外,地市级媒体2022年也在垂类领域探索属于自己的发展道路,并实现对地市级媒体融合转型的赋能。齐齐哈尔市融媒体中心打造"看齐"新媒体矩阵,着力发掘垂类资源,重塑自身内容生产与传播全流程,打造叫好又叫座的垂类融合产品,如其广播注重分众化,以司机、农民为目标群体,而新媒体平台则更偏向于年轻人及其他群体,实现垂类内容的精准化传播,展现出多元互补、高效互动的发展特征。

文化要素赋能节目策划与生产，近年来已成为我国媒体内容发展的重要方向。2022年我国各级媒体在文化节目上继续发力，生产出一系列质量上乘、立意深远的内容产品。中央广播电视总台2022年中秋晚会围绕中华文化展开，将爱国情与乡情亲情、实景山水与虚拟影像、传统民俗与流行时尚、文化传承与国际传播巧妙融合，实现文化对晚会节目传播的助力。例如总台在节目打造过程中，充分运用超高清三维声、虚拟制片等技术共同赋能内容打造，实现节目内容的古今贯通与沉浸体验，刷新晚会策划与传播的新高度。晚会播出后，总台共收获全网热搜超650个，其中微博话题#央视中秋晚会#的总阅读量突破70亿，相关视频播放量达到12.7亿，文化要素引领下的晚会传播实现传播效果与节目质量的共赢。此外，浙江卫视推出的《中国好时节》以二十四节气为依托，以厚重的历史建筑和秀美的河山为背景，展现深厚且灵动的文化积淀。2022年，贵州卫视打造的互动理论宣讲节目《"黔"进的力量》播出，其中的文化要素通过先进理论与奋斗精神得以巧妙呈现，将日常生活中的微小故事与文化生动展现，以情感共鸣与理论内核实现节目的有效传播。

（七）媒体融合与国际传播强链接，全方位立体呈现中国形象

国际传播是我国媒体深度融合重点关注的领域之一，关乎我国的国际形象的提升与国际合作的发展。2022年，我国媒体持续改善自身国际传播水平，提升内容策划与制作的效率，打造出一系列取得良好传播效果的优质国际传播产品。

北京冬奥会是2022年媒体融合转型的重要国际传播事件。2022年2月1日起，北京新闻中心推出多达106项媒体活动，站在新闻生产的角度融合科技、服务、文化等要素，推动在国际舆论场中塑造可信、可爱、可敬的中国形象。《全世界都可以相信北京——北京创新讲好"双奥之城"的中国故事》更是入选《对外传播》杂志社评选的2022年度"对外传播十大优秀案例"。

成都传媒集团打造的短视频IP"民乐也疯狂"，充分抓住中国传统文化与互联网传播规律，面向海外用户生产一系列优质的音乐短视频作品，其中的

音乐要素与文化要素能够跨越不同国家与区域的隔阂，实现我国国际传播的充分高效。截至 2022 年 12 月，"民乐也疯狂"创作精品短视频 100 余条，全网播放量超 2 亿，仅 YouTube 平台近 20 个作品播放量就达 10 万+，在抖音、哔哩哔哩、视频号、小红书、YouTube、Instagram、Facebook 等国内外主流视频平台收获 120 多万用户的关注。此外，云南国际广播推出特别策划《时间里的中国智慧——越南语主播走进二十四节气》，以二十四节气为画布，以越南语主播为画中人，以中国传统文化向海外用户展现中华文化特质与吸引力，实现高质量的融合产品与文化要素的有效结合，助力我国树立良好的国际形象。

二 媒体融合存在的问题及挑战

媒体融合的发展与时俱进，也伴随着诸多挑战。从媒体融合到媒体深度融合的路径，一方面展现了传播生态的发展与复杂化，另一方面实际也暗示前一阶段的发展存在可改进之处。回顾 2022 年我国媒体融合发展历程，媒体关停并转的现象持续出现，诸多媒体的融合依旧停留在表面，媒体平台发展的封闭性难以抵御来自商业平台的冲击，技术引领下的概念炒作愈演愈烈，内容生态中的不实信息问题持续恶化，需要对以上各类问题予以梳理、总结及纠偏。

（一）媒体关停并转：媒体融合转型仍旧停留在浅表层面

媒体市场竞争不断加剧，传媒生态也随着技术的发展与应用而产生巨大变化，我国传统主流媒体面临着转型发展压力。这一压力体现在媒体转型的行动深度上，2014 年媒体融合上升为国家战略伊始，媒体融合转型在体制机制与持续发展方面就投入了较大精力予以探索，然而诸多媒体单位并未抓住转型发展的战略机遇期，媒体发展陷入"原地踏步"的平台期。同时，国家对我国各级媒体的定位也逐渐发生变化，更加强调媒体自身的可持续发展与信息传播能力，在此压力下许多媒体陷入关停并转的困局，以期实现轻装上阵与转型升级。

2022 年 6 月 17 日，国家广播电视总局发布《关于进一步加快推进高清超高清电视发展的意见》（以下简称《意见》），明确提出"有序关停标清电视频道"是推进高清超高清电视发展的重点任务之一。这一政策站在播送技术的角度优化我国电视发展，同时也为发展停滞的电视频道指明了方向，侧面反映了目前电视媒体面临的关停并转困境。《意见》与 2020 年国家广电总局印发的《关于加快推进广播电视媒体深度融合发展的意见》相呼应，指引我国广电媒体朝着精办频率频道、优化节目栏目等方向发展。2022 年，我国多个媒体频道陆续关停。例如，2022 年 9 月，湖北省宜昌市夷陵区融媒体中心发布公告，于 2022 年 9 月 30 日关停夷陵电视台影视频道，部分节目将整合至夷陵电视台综合频道继续播出。同年 11 月 8 日，泸州广播电视台电视频道进行优化整合和编排播出调整，"科技教育频道"调整为"科教生活频道"，"公共频道"停止播出。其实早在 2022 年初，辽宁广播电视局就先后印发了《关于进一步加强广播电视频率频道规范化建设的实施意见》《关于进一步加强播出机构及频率频道规范化建设的补充通知》，积极推进本地广播电视机构的调整与建设，解决我国各级媒体普遍面临的问题。

媒体融合纵深发展要求整合大部分资源进行建设，这就需要各级媒体果断进行体制机制创新，避免融合发展出现"尾大不掉"的问题。2022 年的媒体关停并转，一方面反映出我国媒体融合存在浅表化问题，体制机制改革还不够深入；另一方面也释放出积极信号，关停并转能够优化媒体单位的资源配置，将低质量、低覆盖的平台统合到一个整体，发挥媒体自身的规模效应。在未来发展中，我国传统主流媒体应当着力向新型主流媒体转变，抓住关停并转的转型阵痛期机遇，主动整合资源，调整自身的体制机制与组织架构，释放改革红利与形成资源优势。同时，我国主流媒体还应参与数字内容生态建设，突破传统媒体架构中的局限，赋能自身的可持续发展。

（二）平台培育迟滞：封闭的媒体平台难以面对开放市场

媒体融合的持续发展伴随着各级媒体的平台建设，搭建自主可控的媒体

平台始终是诸多媒体的目标。然而，随着媒体生态的进一步发展，平台建设同样呈现差异化、多样化的特点，诸多媒体面临平台发展迟滞的困境，难以抵御来自媒体市场的内容竞争。主流媒体的平台建设实际面临三方面的期待，分别是主流价值期待、媒体市场期待及用户需求期待，这三类期待代表着媒体的发展方向，同时也意味着需要解决这些问题。例如，主流价值期待意味着主流媒体平台需要将主流价值融入平台建设过程，这不仅意味着需要创造性地提出相应建设模式，同时也需要理解目前信息技术的底层逻辑，如此才能实现媒体平台的发展目标。

2022年，我国主流媒体在平台建设方面进展显著，尤其是在回应主流价值期待层面，但当面对媒体市场期待以及用户需求期待时，往往难以展现出灵活的应对姿态。例如在商业内容平台竞争激烈的当下，伴随着AIGC内容的兴起以及算法推荐机制的更新迭代，传统优质内容的传播空间受到多方挤压，难以达到理想的传播效果。而传统的优质内容是我国主流媒体的核心优势之一，主流媒体实际面临着传播难以破圈的困境，优质内容带来的核心优势也难以凸显。此外，对于用户需求期待，传统主流媒体也未能进行有效回应。综观2022年我国媒体融合发展可以发现，进行专业化用户调研与分析的媒体机构数量较少，内容生产与传播活动多依赖于经验丰富的新媒体编辑，这既是主流媒体的优势，也是主流媒体所需要突破的关键点。例如在不同的时间节点，如何判断网络整体舆情风险与话题热度，以及用户的内容偏好等，都是主流媒体在平台建设过程中应探索的。主流媒体平台的困境可以总结为封闭性平台发展策略，这种策略在网络传播早期可能有利于主流平台的快速搭建与推广，但随着媒体资源稀缺性减弱，主流媒体平台将面临用户群、内容群等衰退的情况。

主流媒体对于在融合转型过程中的平台建设，需要清楚意识到自身存在的封闭性问题，并对此开展深入调研与讨论。部分主流媒体的平台建设还停留在"外包搭建平台骨架，机械填充媒体内容"的阶段，未针对平台特性开展内容推广与创作，平台的服务功能也未能被充分激活，最终导致媒体平台的用户黏性低，难以实现可持续发展。实际上，主流媒体的平台培育应当始终抓住媒体市场与用户需求的发展趋势，以开放包容的姿态融入竞争的整体环境。

（三）概念炒作加剧：前沿技术应用未充分考虑媒体基础

2022年，多种多样的前沿技术应用层出不穷，各类技术概念因此也被引入媒体融合转型过程中，成为各级媒体探索的新发展方向。承接2021年元宇宙概念的发展趋势，2022年媒体前沿技术同样呈现出种类多、变化快的特点，但究竟如何运用这些前沿技术赋能媒体发展成为困扰各级主流媒体的问题。换言之，前沿技术应用可能并未充分考虑媒体发展的基础条件，最终可能导致媒体融合发展方向出现偏差。

以元宇宙概念为例，2022年诸多互联网企业围绕元宇宙概念推动一系列技术落地应用。主流媒体也在此基础上持续跟进，与企业开展元宇宙技术合作，尝试将元宇宙的技术潜力转化为媒体发展的内部动力。然而，元宇宙概念本身还是处于发展过程中的动态概念，虚拟现实、区块链等技术应用目前并未成熟，大部分企业的元宇宙实践都停留在概念构想阶段，难以对内容生态形成突破性推动。对于主流媒体而言更是如此，大部分主流媒体更加专注内容及其应用形式，自身的技术发展并未成熟，相较于Meta等互联网企业难以诞生出能够充分运用元宇宙技术的产品，更多还是停留在内容形式层面的浅表创新，媒体的组织架构、内容生产、信息传播、综合服务等模块并未产生质变。尤其是在2022年，部分媒体开始加大对元宇宙等相应技术的投入，推出虚拟现实、数字藏品等应用，其中的核心技术仍旧难以帮助媒体摆脱当前面临的发展困境。元宇宙等概念是技术持续发展的产物，为全球数字产业提供了具备可能性的应用出口，但同样也带来技术盲目发展的风险，主流媒体应当在抓住技术发展机遇的基础上，充分考量前沿技术与自身发展规划和目标的契合程度，不盲目引入新技术与新形式，避免将资金与资源投入不能带来显性收益的领域。

总体而言，概念炒作在诸多领域都是难以克服的问题，简单机械的"技术+行业"往往并不能带来明显的效果，反而容易拖累组织机构的正常

发展。媒体融合转型应着眼于未来的职责使命，在此基础上布局自身技术发展路线，未来的技术发展必然催生纷繁复杂的概念与形式，坚守自身发展的战略定力对于媒体长期发展而言至关重要。在保持对前沿技术长期关注的基础上，主流媒体需要始终明确媒体深度融合的顶层设计，抓住全媒体传播体系建设的核心，打造主流引领、智能融合、泛在连接、以人为本的未来媒体结构，规避技术无序扩张、传播伦理失序等问题带来的发展风险。

（四）内容生态恶化：不良信息的泛滥冲击主流内容传播

伴随着网络信息生态的持续发展，诸多内容生态乱象也纷纷涌现。网络空间治理成为全社会关注的重点议题，尤其是在2022年媒体融合转型的关键节点，如何维护清朗网络空间与秩序，促进主流价值与优质内容的广泛传播，成为当前应解决的主要问题。2022年，伴随着我国直播、短视频以及AIGC的进一步发展，内容生态恶化问题显著，移动传播与智能传播的技术逻辑对我国媒体融合过程中的网络空间治理提出新要求。

网络不良信息一方面来源于普通用户的主被动传播，另一方面也来源于部分公司或个人的有组织传播。2022年，全国公安机关网安部门深入开展"净网2022"专项行动，对严重危害网络秩序和群众权益的突出违法犯罪与网络乱象发起凌厉攻势。截至2022年12月底，针对"网络水军"违法犯罪，有关部门对造谣引流、舆情敲诈、刷量控评、有偿删帖4类常见"网络水军"违法犯罪发起集群战役，侦破"网络水军"案件550余起，关闭"网络水军"账号537万个，关停"网络水军"非法网站530余个，清理网上违法有害信息56.4万余条，有效净化了网络环境。这一行动展现了我国有关部门对清朗网络空间的维护，同时也表现出我国目前网络内容生态仍较严峻的情况，诸多不良信息的泛滥还有待进一步遏制。

2022年3月17日，国务院新闻办公室举行2022年"清朗"系列专项行动新闻发布会，会上提到专项行动将聚焦影响面广、危害性大的问题开展整治，具体包括"清朗·整治网络直播、短视频领域乱象"专项行动、"清朗·MCN机构信息内容乱象整治"专项行动、"清朗·打击网络谣言和虚假信息"专项行动等 10 个方面的重点任务。这十大方面涵盖了我国网络内容生态面临的严峻问题,例如涉及健康领域的虚假信息、涉及价值引导的不良信息等正随着信息流推送的方式扩散到网络的方方面面,对用户的信息获取与主流价值的有序传播造成冲击。

三　媒体融合的对策建议与趋势展望

2022 年,我国媒体深度融合取得诸多成效与成果,体制机制调整、智能技术应用、平台深入搭建、服务功能完善等展现出巨大潜力,但同时也在发展惯性、技术发展、内容生态等方面存在难以忽略的隐忧。媒体融合的目标就是持续调整我国媒体发展的路径,在不断克服发展问题的基础上实现媒体结构与功能层面的完善。2022 年的媒体融合积累了充分、前沿的实践经验,未来的媒体深度融合转型将沿着顶层引领、内容创新、技术驱动、服务保障等方向发展,持续提升媒体发展水平。

(一)依托顶层设计,构筑起全媒体传播体系

2022 年是我国媒体深度融合的重要一年,从年初全国两会《政府工作报告》中提到的"繁荣新闻出版、广播影视、文学艺术、哲学社会科学和档案等事业。深入推进全民阅读。加强和创新互联网内容建设,深化网络生态治理"到党的二十大报告明确指出"加强全媒体传播体系建设,塑造主流舆论新格局。健全网络综合治理体系,推动形成良好网络生态"。顶层设计背后,彰显了我国媒体行业发展方向。我国媒体融合正迈向融入社会整体发展创新结构的阶段,并将以全媒体传播体系的路径充分服务于国家发展与人民生活。

全媒体传播体系建设不是突现的,而是在媒体融合实践过程中逐渐成形的。2022 年,我国媒体深度融合在顶层设计层面获得持续赋能,由此沿着更加整体化、生态化的方向发展,并深度嵌入我国经济社会发展体系。2022年的中央一号文件提出,创新农村精神文明建设有效平台载体。依托新时代

文明实践中心、县级融媒体中心等平台开展对象化分众化宣传教育，弘扬和践行社会主义核心价值观。这一意见进一步强调了县级融媒体在农村发展中的重要作用，成为指引媒体发展的"风向标"。同年5月，中共中央办公厅、国务院办公厅印发了《关于推进实施国家文化数字化战略的意见》，其中围绕技术积累与文化发展提出一系列重点任务，从顶层规划的角度推进媒体发展与文化基础设施建设。2022年8月，中共中央办公厅、国务院办公厅印发了《"十四五"文化发展规划》，明确在构建主流舆论新格局、建设全媒体传播体系、建好用好管好网上舆论阵地方面作出具体规划，推动我国主流媒体在坚守主流舆论阵地的基础上，建设全媒体传播体系。

诸多顶层设计共同指向全媒体传播体系建设，我国主流媒体将在其指引下不断与其他要素加速融合，逐步实现更加深入的体系化、生态化传媒生态与功能。2023年，我国媒体融合发展将沿着全媒体传播体系建设的方向，不断发挥媒体在价值引领、信息传播方面的作用，从内容、技术、生态、架构等方面提升媒体融合的效率与水平。2023年2月，中共中央、国务院印发了《数字中国建设整体布局规划》，其中对于数字文化、网络文化等领域的关注与布局实际是与全媒体传播体系建设相契合的。

（二）探索内容创新，激活文化要素内驱动力

内容建设是构建全媒体传播体系的根本，同时也是我国媒体融合始终追求的重点方向。媒体内容的创新发展关乎着媒体发展的潜力与活力，能够驱动媒体实现更加有效的转型建设，是值得重点推进的。2022年，我国媒体在内容建设方面获得诸多成果，文化要素更是实现了对媒体既有资源的盘活与破圈传播。

内容科技持续发展将驱动媒体实现系统化升级。2022年2月16日，由中央广播电视总台超高清视音频制播呈现、国家重点实验室牵头、世界超高清视频产业联盟（UWA）制定的首批"百城千屏"超高清视音频传播系统技术标准正式发布。目前，该标准已率先应用于中央广播电视总台的"百城千屏"推广活动中，在全国35个城市100多块超高清大屏播出中央广播

电视总台 8K 超高清电视频道，主要用于展播重要活动以及传递主流价值。同年 9 月 21 日，四川广播电视台的"四川熊猫云"升级到 3.0 版本，此次迭代升级主要是为了打造四川观察"亿点"全链路平台，为四川观察各平台的上亿用户与粉丝提供多维度、年轻态融合传播矩阵，打造全国一流的短视频互动运营平台。内容科技的发展将充分调动媒体的各方资源，推动媒体实现各环节打通的系统化升级。

文化要素深度融入将激活媒体多维创造能力。2023 年 3 月 31 日，中国传媒大学中国网络视频研究中心发布《中国网络视听高质量发展研究报告 2022》，指出文化价值是滋养网络视听高质量发展的必然内涵。优酷数据显示，2022 年传统文化节目播放量达 9.5 亿，其中"90 后""00 后"占比达七成，是观看传统文化节目的主力群体。各大主流媒体在 2022 年持续推动文化要素与节目策划相融合，涌现出一大批优质的传统文化节目。文化要素不仅有效提升节目质量与深度，同时也成功推动实现节目传播的破圈。未来，文化要素与技术要素将进一步融入媒体融合转型过程中，以内容创新推动媒体可持续发展，实现内容创新、体系完善、生态互补的全媒体传播体系建设。

（三）把握平台规律，深挖集成化传播新方向

平台建设是主流媒体融入智能生态与社会治理体系的重要渠道，能够充分激活媒体自身的链接属性。长期以来，平台建设一直是各级媒体投入诸多资源与关注的领域，但少有媒体能够捕捉并把握平台建设规律，平台建设更多是停留在媒体内容的搬运层面，社会治理及服务的功能未得到激活。2022 年，我国媒体平台建设针对此前存在的问题开展行动，着力推进媒体平台建设的内容优化等，在此基础上推进内容聚合、数据整合、智能服务将成为发展的重点领域。

垂直化传播将进一步成为媒体融合转型的外推力。垂直化传播需要媒体转变平台建设思路，调整传统的平台推送与信息流布局。一方面，主流媒体在平台建设的过程中，需要注重用户需求与体验的调研，充分运用平台用户

数据开展符合规范的研究调研活动，以此为依据进行平台模块调整。垂直化传播本身就意味着媒体需要精准抓住用户群体需求，进而开展内容生产、传播与再生产活动。另一方面，主流媒体也应注重内容专业性建设，垂直化传播意味着需要以更加专业严格的标准进行内容生产，以此满足用户更加细化的需求。主流媒体可以通过专业性建设，与多方开展跨界融合，拓宽自身发展的渠道，构建媒体内容生产与传播的格局。2022年，芒果MCN基本实现了各业务板块逐步迈向独立MCN品牌化运营，打造了生活方式MCN品牌集群，以更加专业化的姿态布局母婴、美妆、娱乐等垂直领域。

智能化治理将进一步提升媒体融合转型的内驱力。平台建设代表主流媒体将进一步发挥自身信息传播枢纽的功能，充分融入社会治理的全流程。智能化时代，媒体融合意味着需要以智能化技术连接政府、企业、个人等主体，从而实现高效的社会治理。主流媒体不仅可以助力有关部门搭建政务服务系统，运用自身技术赋能数字城市建设，也可以借助社会治理的功能，吸引用户入驻平台，增加用户黏性。例如，浙江安吉融媒体中心就充分发挥自身服务功能，创新"媒体+政务"模式，为县域群众打造个性化、精准化、高效率的政务服务平台，成为基层媒体融合的典范。

（四）坚持技术驱动，推进智能基础设施建设

无论是从传统媒体转向智能媒体的过程，还是从单一模态转向多模态的实践，技术发展始终是驱动媒体深度融合的重要力量。目前，5G、人工智能、元宇宙、云计算等技术迅猛发展，为我国媒体融合转型带来诸多机遇与挑战，依托前沿技术的融合创新应用将更加深度嵌入媒体发展全流程，进而推动媒体融合实现主流化、智能化、生态化的发展目标。

万物互联基础条件逐渐成熟，人工智能将赋能智能基础设施建设。2022年1月24日，工业和信息化部中小企业局局长梁志峰表示，要注重培育一批深耕专业领域工业互联网、工业软件、网络与数据安全、智能传感器等方面的"小巨人"企业，培育一批进军元宇宙、区块链、人工智能等新兴领域的创新型中小企业。这一技术发展动向涉及人工智能、智能传感器等技

术，媒体融合在未来将能够更加充分地运用前沿技术开展转型实践。尤其是2022年11月30日美国OpenAI研发的聊天机器人程序ChatGPT一经发布便引发全球广泛关注，并迅速与微软旗下的诸多应用进行融合，展现出巨大发展潜力。我国媒体深度融合，一方面要关注万物互联发展进程，积极融入社会治理体系；另一方面也要关注人工智能发展进程，及时适应AIGC发展趋势，找到符合媒体发展的最优路径。

智能媒体建设中已涌现出诸多案例，媒体融合生产与传播将更加体系化。2022年6月8日，由四川日报旗下封面科技主办的"2022 AI+智媒科技大会"在成都举行，会上推出智媒审核云、智能媒资创新平台、"云招考"平台、沉浸式数字展馆四项研发成果。封面科技围绕融媒科技、智慧内容、数字文传、产教融合、智能营销五大产业方向，加速构建"科技+传媒+文化"生态体系，运用智能技术充分赋能媒体融合生产与传播。未来，我国媒体融合将更加依托智能技术构建全媒体传播体系，走出一条符合我国传媒生态的智能媒体发展路径。

（五）落实党管算法，提升媒体公信力传播力

2022年初，国家互联网信息办公室、工业和信息化部、公安部、国家市场监督管理总局联合发布《互联网信息服务算法推荐管理规定》，正式拉开我国算法治理的序幕。智能推荐算法是移动互联网时代的核心支撑之一，目前大部分商业平台都将智能推荐算法整合到自身平台中，实现内容推荐与分发的自动化与精准化。对于传媒行业而言，智能推荐算法也为其发展带来重要机遇，但同时也存在算法黑箱、泛娱乐化等"顽疾"。从"党管媒体"到"党管数据"，目前正走向"党管算法"，未来对算法的持续治理将为媒体融合创造更加清朗的网络环境。

算法推荐与内容生态恶化的问题密切相关，算法推荐机制在一定程度上加剧了不良内容的传播。算法推荐的机制下，主流媒体在融合发展过程中更应当发挥好主流价值的引领作用，提升媒体的公信力与传播力。媒体融合需要充分适应算法推荐机制，传递好优质内容与主流价值，净化网络空间的内

容生态，也需要发挥好舆论监督的职责，及时指出算法推荐的衍生问题。目前，国家有关部门正积极推进"党管算法"进程，并出台一系列相应的规章制度。2022年1月5日，国家互联网信息办公室就《移动互联网应用程序信息服务管理规定（征求意见稿）》公开征求意见，提到应用程序提供者应当规范经营管理行为，这实际上从侧面规范了商业平台的部分算法应用。2022年2月15日，由国家互联网信息办公室、国家发展和改革委员会等十三部门联合修订发布的《网络安全审查办法》正式施行，其中对于网络平台运营者的数据安全进行了强化与规范，数据作为算法的重要资源也得到了规范。同年8月，国家网信办公开发布境内互联网信息服务算法名称及备案编号，实际上也是迈出了"党管算法"的规范化步伐。未来我国传媒行业在媒体融合的过程中，将更加在对数据、算法的规范中不断优化自身发展路径，消除此前部分存在的"塔西佗陷阱"现象，增强主流话语与价值的传播力与公信力，推动全媒体传播体系健康良性发展。

参考文献

卢迪、林芝瑶、庄蜀丹：《从5G+融合媒体到媒体融合+5G——先进技术驱动下的媒体深度融合发展》，《中国编辑》2022年第8期。

黄楚新、陈伊高：《ChatGPT：开启通用型人工智能的数字交往》，《中国传媒科技》2023年第2期。

黄楚新、陈智睿：《媒体融合：加速整合，提质增效》，《青年记者》2022年第24期。

B.4

2022年中国互联网舆论场发展研究报告

刘鹏飞 *

摘　要： 2022年疫情叠加国际局势复杂环境，国际舆论和意识形态博弈加剧。网上舆论场在疫情期间出现分层变化，企业舆情、消费者权益保护和基层民生话题仍较突出，突发事件和极端天气灾害、短视频直播话题容易波及企业。文旅行业率先出圈，各地全力拼经济。未来数据要素和数字制度改革将成为发展新引擎，人工智能应用爆发或开启智能时代。

关键词： 舆论　数字经济　人工智能

2022年是我国发展历史上非常不平凡的一年。党的二十大的胜利召开，掀开了我国建设社会主义现代化国家的新的一页。在纷繁复杂的形势下，我国经济表现出足够的韧性和潜力，取得不少引人瞩目的成绩。互联网舆论场延续宏观政策拐点趋势和走向，疫情防控政策调整叠加国内经济复苏，以及国际局势复杂变化，我国数字化、信息化和智能化发展不断加速。

面对各种风险挑战，我国在最大程度上减少疫情造成的损失，并加快推动经济复苏，及时根据新情况、新问题进行各项政策的优化调整，不断给社会注入发展动力、活力和信心。2022年网络舆论热点也出现很多新变化，值得关注与思考。

＊ 刘鹏飞，人民数据研究院常务副院长、高级研究员，人民网舆情数据中心主任分析师，主要研究方向为网络舆情、新媒体传播和数字治理。

表 1　2022 年度互联网舆论场热点事件热度排行

序号	时间	地区	事件	报刊	网媒	微博	微信	客户端	视频	舆情热度
1	2022 年 12 月 1 日	全国	新冠疫情防控	385114	1603188	4207296	11501211	8896821	57293	2908163.0
2	2022 年 2 月 24 日	国际	俄乌冲突爆发	74697	523950	14077078	3421038	7594432	302812	2697016.0
3	2022 年 3 月 21 日	广西	东航 MU5735 航班飞行事故	6280	22327	8814560	99699	142722	6820	913411.5
4	2022 年 9 月 5 日	四川	四川泸定地震事件	8685	50540	6566411	144001	280250	46900	721159.7
5	2022 年 1 月 28 日	江苏	徐州丰县八孩女子事件调查	240	1087	6955638	23448	11615	272	699413.9
6	2022 年 6 月 10 日	河北	河北唐山烧烤店打人案	2119	5865	6577027	111907	153258	27837	691595.3
7	2022 年 8 月 17 日	重庆	重庆山山火事件	5311	33789	2242883	221835	197753	31142	280826.6
8	2022 年 7 月 1 日	河南	河南村镇银行案	1069	9520	2263613	77841	119849	12048	250764.6
9	2022 年 11 月 24 日	新疆	乌鲁木齐市"11·24"火灾	285	1962	1320838	19891	18854	1866	136809.4
10	2022 年 6 月 1 日	河南	多地烂尾楼事件与"保交楼"政策实施	2076	10965	729445	144903	237257	52164	124409.1
11	2022 年 5 月 29 日	全国	教育部回应教材插图事件:黄成整改	1074	4259	690806	74258	69302	6043	85519.2
12	2022 年 7 月 21 日	北京	国家网信办对滴滴处 80.26 亿元罚款	2482	13459	213251	186377	146556	2158	58486.4
13	2022 年 11 月 5 日	广东	潮州特斯拉失控等多起事故	1222	9835	160487	106026	243051	6915	54673.0
14	2022 年 4 月 27 日	湖南	长沙"4·29"特别重大居民自建房倒塌事故	3073	12659	297635	76312	83914	6112	50462.2
15	2022 年 3 月 15 日	全国	央视"3·15"晚会曝光"土坑"酸菜等	804	5816	325281	43943	87727	6322	48363.9
16	2022 年 10 月 2 日	河南	河南郑州富士康疫情防控与复工引关注	559	3461	267590	43099	63735	15899	41482.1
17	2022 年 4 月 19 日	北京	中国知网涉嫌垄断被调查与处罚	970	6411	244169	76498	70123	2671	41186.4
18	2022 年 10 月 29 日	国际	韩国首尔梨泰院发生严重踩踏事故	1125	7820	287941	26937	59637	4780	40309.0
19	2022 年 9 月 30 日	广东	短视频引发海天味业添加剂事件	652	4556	140446	35346	77855	3591	27189.7
20	2022 年 7 月 18 日	网络	张小泉"菜刀拍蒜"事件	437	2988	125311	15614	38370	5334	19725.0

注：①舆情热度由包括报刊、网媒、微博、微信、客户端、视频的信息量加权得出；舆情热度＝报刊×0.3+网媒×0.2+（微博+微信+客户端）×0.1+视频×0.2。②本表监测时间范围为2022年1月1日至2023年2月28日。

资料来源：人民在线众云大数据平台。

一 互联网舆论结构与热点类型分布

人民网舆情数据中心基于人民众云大数据平台，以舆情热度指数为指标依据，对2022年1月1日至2022年12月31日的近千个事件进行筛选，结合热点样本案例的重要性、敏感性和行业代表性等，最终以排名靠前的430个热点事件为本报告研究对象。

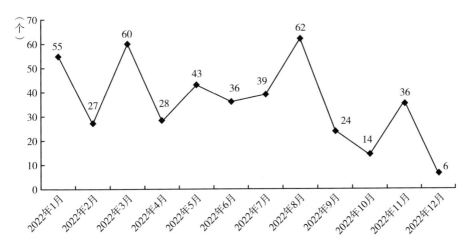

图1　2022年互联网舆论场热点舆情发生频率分布（n=430）

据人民网舆情数据中心统计，截至2022年12月上旬，互联网舆论热点从总量来看，略低于往年。其中，因受到重大会议、节日等因素影响，全年热点事件或话题频率波峰出现在3月、8月，2月、9月、10月、12月则位于波谷，呈现出一定的周期性规律。

据统计，2022年全年各省区市及港澳台的地区性热点舆情占比为64%，此外全国性的热点事件和行业性话题占比约1/6，互联网行业话题占比约1/7，国际话题在总样本中占比为5%。与2021年相比，地区性话题上升11个百分点，全国性话题下降5个百分点，互联网行业样本案例占比下降约20个百分点，降幅最大。

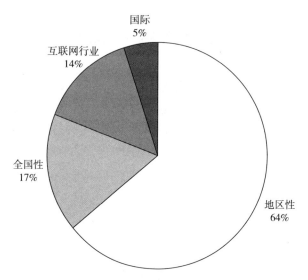

图2　2022年热点事件及话题区域分布

从热点事件发生地区分布来看，全国性、互联网行业类、国际类事件共占据总量的约36%，互联网舆论场热点跨地域、易蔓延的特点较为突出。同时，全国热点发生频率最高的10个省份是北京、上海、河南、河北、四川、浙江、江苏、陕西、湖南、广东。

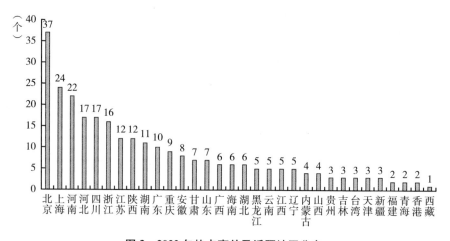

图3　2022年热点事件及话题地区分布

据人民网舆情数据中心统计，本报告将430个热点事件划分成35种类型，可以看到涉及企业的事件数量最多。前十大热点类型分别是企业舆情、公共卫生（含疫情防控）、市场热点、公安司法、网络治理、基层治理、人物舆情、吏治反腐、意识形态、教育舆情。2022年热点类型上升较快的类型还包括女性权益、劳动权益、就业话题、三农话题、极端天气、急难愁盼、房市楼市、物资保供等，这些变化在一定程度上展现出2022年互联网舆论的行业特点。

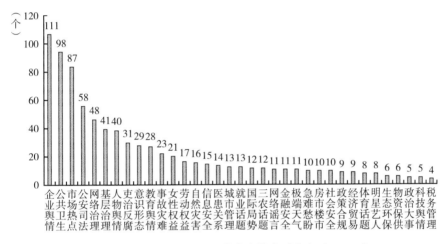

图4 2022年互联网舆论场热点舆情类型分布（n=430）

注：本次统计中，同一事件可以标注为两个及以上类型。以柱状图展示，各类型之间存在一定重叠交叉。

具体来看，受疫情影响，公共卫生领域热点频出。而从热度上看，公安司法类、重大案件类事件在2022年获得了极高的舆论关注度，唐山烧烤店打人事件等引发广泛关注。随着我国互联网法律法规和数据安全制度的不断完善，网络治理类、网络侵权类舆情多发，如郑州女教师疑因网络暴力不幸去世、滴滴公司被处罚、短视频博主曝光"科技与狠活"引发添加剂话题等。

从类型来看，与往年相比，2022年互联网热点类型发生不少变化。高温、暴雨洪灾、火灾、地震等成为2022年频发的自然灾害，或将在未来一

段时期成为持续性的风险因素。东航 MU5735 航班飞行事故引发广泛关注。交通安全事故、自建房建筑倒塌、工矿企业突发安全事件等成为主要的事故灾难类型。此外，围绕经济复苏和居民消费生活中的产品服务质量、消费维权、市场治理等方面的市场热点数量上升。

二 互联网舆论场热点议题传播特点

结合 2022 年互联网舆论场的热点发生情况，社会心理和网民心态对舆论生成不同的反应，人们在特定社会舆论环境条件下，对于各类新近发生的社会热点信息的关注度，受到信息或事件本身的吸引，以及环境变化、政策趋势和社会群体心理互动的影响，呈现新的特点。

（一）互联网舆论场重大主题传播热度上升

2022 年我国主办多场重要国际会议，冬奥会、服贸会、进博会等不仅向外界展示了我国蓬勃发展、扩大开放的政策与行动，也为世界和平发展与经济复苏注入新的动力。同时，2022 年也是我国对外交往与国际合作取得新拓展的一年。

表 2　2022 年重大新闻热点及会议活动（按时间排序）

序号	时间	地区	事件
1	2022 年 2 月 4 日	北京	2022 年北京冬季奥运会、冬残奥会开幕
2	2022 年 2 月 22 日	全国	2022 年中央一号文件发布：全面推进乡村振兴
3	2022 年 3 月 15 日	全国	《新型冠状病毒肺炎诊疗方案（试行第九版）》公布
4	2022 年 6 月 15 日	全国	神舟十四号航天员顺利进驻天和核心舱
5	2022 年 8 月 10 日	全国	《台湾问题与新时代中国统一事业》白皮书
6	2022 年 8 月 31 日	北京	2022 年中国国际服务贸易交易会在北京举办
7	2022 年 9 月 15 日	国际	2022 年上海合作组织撒马尔罕峰会
8	2022 年 10 月 16 日	全国	中国共产党第二十次全国代表大会
9	2022 年 11 月 5 日	上海	第五届中国国际进口博览会在上海举行
10	2022 年 12 月 7 日	国际	首届中国-阿拉伯国家峰会

2022 年，党的二十大胜利召开，成为党和国家发展中的重要里程碑事件，中国式现代化建设和中华民族伟大复兴的伟大征程扬帆启航，进入新的发展阶段。回顾这一年，主题活动和主场外交及经贸活动精彩纷呈，我国成功举办北京冬奥会、冬残奥会，2022 年中国国际服务贸易交易会、第五届中国国际进口博览会在上海举行。同时，香港回归 25 周年，台海局势在外部因素影响下风云激荡，我国发布了《台湾问题与新时代中国统一事业》白皮书，坚决捍卫国家主权安全和统一。在新的复杂国际局势下，我国对外交往与合作打开新的局面。

2022 年大事不断，网上热点频出。疫情防控方面，我国先后推出第九版新冠肺炎防控方案、落实二十条优化措施和"新十条"等，各地经济复工复产在岁末年初开始反弹和有序恢复。2022 年我国科技事业也取得突破，航空航天和宇宙空间站载人航天取得重大成就，关键核心技术和重要产业发展有力推进。临近年末，亿万人民在悲痛中送别江泽民同志，国际社会纷纷表示深切哀悼。

（二）经济复苏和民生话题出现长尾效应

2022 年以来，一些国家和地区面临环境恶化和经济衰退的隐忧，可能对全球产业链构成影响；国际竞争、制裁和脱钩的争论，对于我国经济行业和一些企业也造成实质性影响。

经济民生成为长期持续的网络热点领域，对互联网平台企业和民营企业政策的关注度逐步上升。经济安全、金融安全、村镇银行取款难、业主断供、"烂尾楼"、"保交楼"成为关注话题，消费维权频发，金融监管部门重拳出击，联合公安部门侦办重大案件，妥善维护储户和业主切身利益。2023年减税降费依然是主要措施，"六稳六保"政策延续，保市场主体、保就业不仅关系民生，也关系经济社会稳定健康发展。

疫情期间，部分行业职业人士和青年人群对就业、经营的话题十分关切，特别是房地产、文旅、餐饮、娱乐等领域受疫情影响较大。从民生相关的网络热点来看，在就医求药方面，弱势群体、老人孩子、慢性病患者

就医难等常常引发网络关注与讨论。此外，企业、政府和公众人物发言"踩雷""踏坑"频发，网络传播中"共情"能力成为社会心理沟通的刚需。

同时，社会消费心理变化引发的企业舆情高居第一。民众对价格高度敏感，各种高消费"刺客""国难财"等刺激性话题频现，"钟薛高"高温不化成为被吐槽的热点，雪糕刺客事件使同类事件的热度创新高。消费降级的话题，如二手交易热、酷抠族、平替、理性消费等，以及手机、汽车、房产等消费量下降引发关注，一定程度上也反映了消费心理变化。

在舆论场上，可以看到一些有关经济问题的意识形态化解读倾向，对于资本的批判变得更加激烈，引起了一些观察者的警惕。围绕经济复苏，各地不断打出利企惠民政策组合拳，全力以赴拼经济，不少城市和地区的消费券和弱势群体经济帮扶等话题，更是体现出更多温度和力度。

（三）依法加强基层治理薄弱环节

2022年伊始，江苏丰县八孩女子被锁铁链引发关注，当地多次回应，徐州市级部门和江苏省级部门先后介入调查和回应处置。此后，互联网记忆效应爆发，舆情蔓延多个地方，如网传陕西榆林现"铁笼女"传闻，当地及时吸取国内同类事件的经验教训，细致地开展调查和回应处置工作，及时辟谣，较快地回应了网络质疑。

2022年6月发生的唐山烧烤店打人事件激起了网民质疑，河北公安厅和公安部先后介入处置，警方迅速将全部犯罪嫌疑人抓获。6月21日，河北省公安厅发布关于陈某志等涉嫌寻衅滋事、暴力殴打他人等案件侦办进展情况的通报。2022年9月，河北省廊坊市广阳区人民法院一审公开开庭审理并宣判。陈某志等涉嫌恶势力组织背后的腐败问题被依法追究。

随着社会法治建设、社会道德水平和民众文明素养的不断提升，近年来一些地方基层往往因妇女、儿童、老人、残疾人等的人身安全或权益保障问题而被曝光，引发网上对地方监管部门和形象的声讨，如何做好兜底举措和社会民生保障工作，值得重视。

（四）网络数据安全事件提示治理变革

随着《网络安全法》《数据安全法》《个人信息保护法》的实施，舆论对网络数据安全越来越关注。2022年，在公共卫生健康和个人信息数据安全、网络安全和数据出境安全、新能源智能汽车数据安全、互联网和公共知识平台数据安全、互联网内容信息生态安全等方面均出现行业热点。

2022年以来，俄乌冲突后在国际互联网出现的网络战和认知战刷新了人们的认知。我国网上也出现大量调侃性的不当言论，部分平台采取了紧急举措，通过显示 IP 地址等，让涉及境内外的违法不良网络攻击煽动行为浮出水面，反映出网络空间和数字治理的复杂性。2022年6月22日，西北工业大学发布《公开声明》称，西北工业大学电子邮件系统遭受网络攻击。此次事件也揭示出一些行业遭遇境外黑客攻击的冰山一角。

多地曾发生核酸检测系统崩溃、个人健康隐私信息泄露、健康码信息安全故障等，如2022年4月28日，北京健康宝使用高峰期遭受境外网络攻击；2022年9月2日，陆续有网民在微博、知乎等社交平台反映当日成都核酸检测现场"无信号"，猜测"核酸系统或崩溃"，登上微博热搜。

近年"通信大数据行程卡"一直伴随着人们的出行，为保障公共卫生健康作出重要贡献。为维护公共卫生数据安全，根据国务院联防联控机制综合组有关要求，2022年12月13日0时起，正式下线"通信行程卡"服务。"通信行程卡"短信、网页、微信小程序、支付宝小程序、App 等查询渠道下线和三大运营商相关数据同步删除。不少地方健康码也开始跟进。2023年2月，广东省粤康码宣布部分服务下线的同时，媒体报道江苏无锡等地也启动删除、销毁服务相关的所有数据。有评论称，及时销毁这些涉疫数据对于保护公民的数据安全有重大意义。①

---

① 屈畅：《江苏无锡销毁10亿多条个人涉疫数据有哪些意义?》，《北京青年报》2023年3月4日。

（五）新能源汽车安全与数据舆情引关注

2022 年国内外发生多起新能源汽车交通事故和数据泄露事故，信息数据与用户驾驶安全、个人隐私间的联系，汽车联网数据和驾乘人身安全等问题也引发各界高度关注。

特斯拉近年在广东潮州、浙江台州等多地先后发生多起安全事故，引发数据安全和功能设计等方面的讨论。2022 年 12 月 20 日，网上有人宣称"破解了蔚来大量数据"，公开兜售有关蔚来员工和车主的大量数据。蔚来高层多次回应和发文致歉，并表示会对此次事件给用户带来的损失承担责任。这一系列事件都反映出公众对新能源汽车安全的关注，已成为目前网络舆论争议的重要组成部分。

2022 年 3 月 7 日，工业和信息化部印发《车联网网络安全和数据安全标准体系建设指南》，提出到 2023 年底，初步构建起车联网网络安全和数据安全标准体系。据中国计算机学会（CCF）计算机安全专委会分析，汽车智能化和网联化是一把双刃剑，一方面增强了便捷性，提高了用户体验感；另一方面，联网后的车辆有可能被黑客入侵和劫持，从而带来网络安全威胁。因此，智能网联汽车安全是企业的生命线。2022 年，我国以新能源汽车为抓手，汽车产业在国内外发展势头强劲。在国家利好政策和市场需求的双重驱动下，2023 年智能网联汽车行业将进一步快速发展，作为生命线的网络安全也将成为行业发展的重点。[1]

（六）数字治理体系建设进入法治快车道

网络安全和数字治理领域的法律法规、行政规章、行业标准、监督执法、网络安全生态综合治理体系建设等都驶入了快车道。近年来，国家不断加大对网络安全、数据安全、个人信息的保护力度，先后颁布了《网络安

---

① 郭倩：《CCF 计算机安全专委会发布　2023 年网络安全十大发展趋势》，《经济参考报》2023 年 2 月 9 日。

全法》《数据安全法》《个人信息保护法》《关键信息基础设施安全保护条例》《网络安全审查办法》《数据出境安全评估办法》等法律法规。

近年来，已经有"滴滴出行""运满满""货车帮""BOSS 直聘""知网"等多家企业因涉嫌数据安全等问题而先后被审查，2022 年也有部分企业因此受到巨额处罚并被敦促整改，引发社会广泛关注和热议，敲响了数据安全治理的警钟。据网信办相关负责人介绍，网信部门将依法加大网络安全、数据安全、个人信息保护等领域的执法力度，依法打击危害国家网络安全、数据安全、侵害公民个人信息等的违法行为，切实维护国家网络安全、数据安全和社会公共利益，有力保障广大人民群众的合法权益。[①]

互联网内容建设和信息安全生态综合治理举措逐步完善。国家互联网信息办公室发布新修订的《互联网跟帖评论服务管理规定》（以下简称"新《规定》"），自 2022 年 12 月 15 日起施行。新《规定》的出台是适应网络传播生态发展的有力举措，强化对互联网跟帖评论服务的管理将成为未来更加精准实施互联网治理的起点。作为互联网治理的重要一环，规范网络跟帖管理能够有效促进网络环境风朗气清，形成由主流价值引领的网络传播新生态。

2022 年 3 月 2 日，中央网信办、教育部、工信部、人社部联合印发《2022年提升全民数字素养与技能工作要点》，部署了 8 个方面 29 项重点任务，分别是扩大优质数字资源供给、打造高品质数字生活、提升劳动者数字工作能力、促进全民终身数字学习、提高数字创新创业创造能力、筑牢数字安全保护屏障、加强数字社会文明建设、加强组织领导和整体推进。其中，安全保护方面要求增强网络安全、数据安全防护意识和能力，加强个人信息和隐私保护。

三　互联网舆论场热点话题演变分析

（一）互联网热点和网民心态出现新变量

2022 年互联网舆论场网民心态的演变受到国内外经济环境和疫情防控

[①] 《中央网信办：落实〈网络安全审查办法〉保护信息安全》，央视新闻客户端，2022 年 8 月 19 日。

的影响较为显著。新冠疫情和经济活动共同的特点是对所有人而言都具有普适性和可及性，在一定程度上造成了收入增长疲软、个体社会活动受限，以及个人健康安全受到威胁和损伤。在这种因素的影响下，社会的整体活力大幅下降，很多经济社会发展和健康指数有所下滑，社会生活的压力指数和心理焦虑有所上升。

从 2022 年社会舆论走向来看，往往受社会注意力消长变化的影响，网络舆论对于特定的热点事件和话题的讨论具有一定的包容度和承受力。而"热衰退"现象则不仅指机械学或物理学中的规律，在社会领域可能也有形象化的体现。

从近年的热点事件和话题来看，网民对经济民生领域的急难愁盼问题的诉求有所增加，各地有一些网民对社区临时管控类措施的支持度下降，以及对基层治理层层加码尤其是核酸检测类企业违规个案的监督曝光并形成一定的热度，都显示出网络舆情从一些社会话题寻找到发泄的突破点，显示出一些群体的社会心理阈值发生了变化。

基层疫情防控话题的"热衰退"现象凸显，有些话题实际上更像是新闻搭车的民生诉求，社会防疫心理状况值得深入体察。尊重科学规律更是我国能够在全球率先赢得新冠肺炎疫情防控阶段性胜利、保持国内经济社会稳定发展的重要经验之一。

2022 年下半年，在考虑全国疫情防控大局的情况下，疫情防控重大政策优化调整，有关部门及时消弭和化解基层工作中的盲点、堵点、槽点和漏点，推广疫情防控先进地区经验和大数据社会治理手段，加密加细"网格化"防疫管理区块化管理，避免社会防疫政策不协调、不便民的问题。与此同时，医疗卫生和科研等部门也在加快疫苗、抗体药物研发和医疗科学手段应用进度，建立健全基层精细化管理机制，充分运用大数据、智能化科技手段辅助，组建医护与社区志愿者工作公益队伍，不断提升防疫能力和公共卫生体系建设水平。

2022 年 12 月 26 日，国家卫生健康委发布《关于对新型冠状病毒感染实施"乙类乙管"的总体方案》，明确指出自 2023 年 1 月 8 日起，对新型冠状病毒感染实施"乙类乙管"。有评论指出，"乙类乙管"不是松口气、歇歇脚的信号，更不是彻底"一放了之"。防控措施调整后，"乙类乙管"意味着工作重心由防范全人群感染转移到保护重点人群、减少重症和死亡，确保防控措施调整转换的平稳有序和高效精准。[①]

（二）特定时期舆论海拔可能出现分层变化

2022年以来，互联网舆论场的评论走向呈现出一定的层次分布。以2022年消费与市场领域热点类型为例，依次主要分布在核酸检测、食品安全、营销争议、汽车安全、价格争议、消费维权、监督处罚、添加剂、非法销售、垄断调查、知识产权、数据杀熟、盲盒政策等方面（见图5）。如在疫情期间，一些地方物资供应成为痛点。陕西、上海等一些地方涉及食品安全及无证生产方面的处罚案例引发关注，网络言论出现不少分层现象。

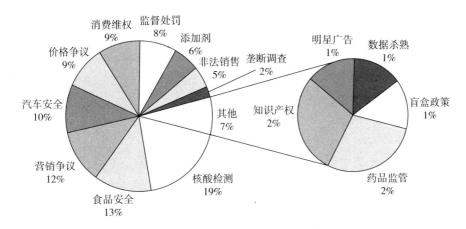

图5　2022年消费与市场领域热点类型分布（n＝87）

据研究，舆论是有"海拔"的，是指在处理复杂的舆论话题类型和关系的时候，在某一特定的历史时期或阶段，总是会存在某一种或某几种处于核心或主要支配地位的舆论类型。以2022年12月东北制药经历180度大反

---

① 佘惠敏：《"乙类乙管"不是放开不管》，《经济日报》2023年1月9日。

转为例，在社会舆论纷纷关注东北制药被反垄断处罚的背景下，舆论场上东北制药因生产的对乙酰氨基酚片一板 20 片售价仅为 2 元钱而热度不断攀升，相关话题一度冲上微博热搜，进一步催涨了公司股价。从舆论场上的质疑对象到良心药企形象口碑的转变，东北制药仅经历了短短一周的时间。社会舆论心理的复杂多变会影响媒体、网民和投资者等不同群体对一家企业评价的变化。

（三）消费领域舆论风险的传导效应突出

添加剂事件和"双标"争议波及大量企业。从 3~4 月开始，好丽友、火鸡面等就曾因配料表"双重标准"和"价格歧视"等而陷入舆情风波，随着第三季度的添加剂短视频博主"海克斯科技"与"科技与狠活儿"横空出世，海天味业等上市企业陷入舆情和风险"热传导"，影响股价经历震荡。2022 年以来，大量围绕食品、药品质量等的网络爆料不断出现，职业打假人打假头部网红主播的现象也层出不穷。

社会注意力风险传导效应给我们的启示是，添加剂系列事件显示出人们对于不同国家或地区、不同群体的消费者的"公平对待感"，对于经济生活品质的要求达到新高。任何企业或品牌规模越大就应越谦卑，讲道理的前提是诚恳和服务心态，不然一夜之间就会"滑铁卢"。网上的爆料围观或各类轻话题，会向大的集中目标进行爆破，形成实质性损失。舆论心理通过群体互动展示力量，与法律和标准探讨相互影响。[①]

每年的"3·15"消费者权益日，大多企业都"严阵以待"，其中包括"3·15"晚会和各地媒体的主题活动。很多企业的宣传、公关、市场和品牌部门都要经历一次"大考"，而更多的企业则注重提高产品和服务的质量。2022 年，"土坑"酸菜等问题的曝光，波及湖南插旗菜业、锦瑞食品等企业，特别是统一、康师傅等众多企业的经营形象，也涉及湖南当地农业及食品产业链整改与监管。

---

① 刘鹏飞：《温暖民生舆论场，经济运行新图景》，《网络舆情》2022 年第 50 期。

（四）政策红利驱动文旅消费等率先出圈

随着疫情防控政策动态调整和经济复苏，据《华商报》等多家媒体报道，2022年各地文旅局长们最先"豁"出去了，策马奔腾、变身古装侠客、拍摄科幻大片、零下20℃穿长裙代言，大胆邀请同行一起"卷"。据《中国文化报》报道，在某短视频平台上，拥有粉丝近460万的"贺局长说伊犁"账号直播带货的农副产品销售额突破2.1亿元，带动当地直接就业2300多人，使当地万余名百姓实现收入增加。

2022年以来，四川省甘孜州文旅局、甘孜州道孚县文旅局、湖北省随州市文旅局、黑龙江省塔河县文旅局等数十地文旅部门干部通过短视频、直播等"花式内卷出圈"，代言推广本地美丽景点和文旅特色产品等，成为网络传播热点。截至2022年底，仅以四川省为例，共有上百位文旅局长参与拍摄"文旅局长说文旅"系列短视频，110条短视频在全网播放量超3.5亿。①

在消费逐渐成为经济增长引擎、各地全面推进乡村振兴的背景下，文旅局长"出圈"的价值和意义不言而喻。有媒体注意到，正当各地的文旅局长"花式内卷"时，各大文旅企业也在摩拳擦掌。《中国旅游报》评论文章指出，旅游宣传固然重要，但旅游业发展，除了宣传推广外，更重要的还在于实实在在地练好内功，赢得游客的口碑。②

四　互联网舆论发展态势及展望

回顾2022年，整个国家和亿万民众度过了非常不平凡的一年。疫情防控、经济周期、社会复苏或将在2023年进入新阶段，相应的社会心态和舆论生态也将随之发生变化。总体上，经济社会发展的动能较为强劲，各项数据显示复苏有力，社会保持积极的基本面，经济发展的韧性与信心增强，同

---

① 刘妮丽：《文旅局长"出圈"后，如何推动当地文旅产业更出彩》，《中国文化报》2023年3月8日。
② 关育兵：《比出镜代言更重要的是练好内功》，《中国旅游报》2023年2月21日。

时在局部和关键环节应做好各项基础工作，保障经济社会平稳运行，沉着面对新的挑战和机遇。

（一）数据制度改革成为现代化新引擎

党的二十大胜利召开，并提出加强网络强国、数字中国建设，以中国式现代化全面推进中华民族伟大复兴。数字经济和基础设施建设突飞猛进，已成为经济社会发展、工农业数字化转型升级和国家现代化建设的新引擎与新动能。数据基础制度和数据要素发展广受瞩目。

2022年1月6日，国务院办公厅发布《要素市场化配置综合改革试点总体方案》，在数据要素方面提出探索建立流通技术规则，聚焦数据采集、开放、流通、使用、开发、保护等全生命周期的制度建设。2022年1月12日，国务院印发《"十四五"数字经济发展规划》，我国数字经济领域的首部国家级专项规划正式发布。[①]

2022年6月22日，中央全面深化改革委员会第二十六次会议审议通过了《关于构建数据基础制度更好发挥数据要素作用的意见》，提出要建立数据产权制度，健全数据要素权益保护制度。

2022年6月23日，国务院发布《关于加强数字政府建设的指导意见》。10月28日，国务院办公厅印发《全国一体化政务大数据体系建设指南》，为如何充分发挥政务数据在提升执政能力、支撑数字政府建设以及推进国家治理体系和治理能力现代化方面的重要作用指明了方向。

2022年11月16日，国家发展和改革委员会发布的《关于数字经济发展情况的报告》指出，在我国数字经济发展过程中，网络安全和数据治理成为前提条件，网络安全和数据治理的相关政策、标准、技术、制度和生态不断完善，特别是近两年来进展迅速。

2023年3月7日，提请十四届全国人大一次会议审议的国务院机构改革方案披露，我国拟组建国家数据局。该机构将负责协调推进数据基础制度

---

① 《数字经济领域首部国家规划出炉　强调数据要素是核心引擎》，人民网，2022年1月14日。

建设，统筹数据资源整合共享和开发利用，统筹推进数字中国、数字经济、数字社会规划和建设等，由国家发展和改革委员会管理。① 国家数据局的设立，显示出当前产业的数字化趋势。此外，数字化变革方兴未艾，数字经济发展将成为我国现代化建设和经济转型升级的重要支撑。数据要素制度体系建设意义重大。

（二）人工智能应用将对舆论生态产生影响

大数据、人工智能、量子计算、区块链等前沿科技应用热点不断出现，在新一轮科技革命背景下，社会数字化转型不断加快。重磅政策利好之下，大数据、云计算、物联网、工业互联网、区块链、人工智能、虚拟现实和增强现实等产业将迎来新的机会。

人工智能研究实验室 OpenAI 于 2022 年 11 月 30 日发布的全新聊天机器人模型 ChatGPT 一经推出便在全球引发热潮。面对 ChatGPT 的爆火，国内科技机构和企业纷纷"亮剑"。据《科技日报》报道，国内已有不少科技机构和企业布局相关领域。此次由人工智能引发的技术时代想象，也波及舆论生态、网络安全和数字治理领域，给网络舆论信息生态建设、媒体深度融合与互联网传媒等全行业革新带来更多的启发。

百度基于文心大模型技术推出的生成式对话产品于 2023 年面向公众开放。截至 2023 年 2 月 15 日，据不完全统计，国内已经有 117 家广电、影视传媒机构宣布接入百度"文心一言"，包括湖北广电融媒体新闻中心、河南广播电视台大象新闻、贵州广播电视台《百姓关注》、上海报业集团旗下澎湃新闻、四川日报报业集团旗下封面新闻、华策影视等。

同时，未来与智能算法相关的治理话题热度仍将提升。我国对人工智能领域的监管立法已有初步尝试。2022 年 9 月，深圳、上海先后发布了《深圳经济特区人工智能产业促进条例》《上海市促进人工智能产业发展条例》，

---

① 《中国拟组建国家数据局》，中国新闻网，2023 年 3 月 7 日，https://new.qq.com/rain/a/20230307A09S5H00。

人工智能立法在地方先行尝试。国家层面，《互联网信息服务算法推荐管理规定》等规章制度的出台，对于加快构建完善的 AI 监管法律法治框架、明确监管机构有重要意义。

2022 年 11 月 25 日，国家互联网信息办公室、工业和信息化部、公安部联合发布《互联网信息服务深度合成管理规定》，明确了深度合成数据和技术管理规范。2023 年 1 月 10 日起，该规定正式施行，深度合成已成为我国算法治理中率先专门立法的算法服务类型。

（三）各地刺激消费全力拼经济话题将持续

无论是过去一年来各地文旅局长"内卷"出圈的话题，还是 2023 年各地"新春第一会"，都凸显出 2023 年将会成为党的二十大之后我国经济社会重要的复苏之年。

在疫情防控新阶段，2022 年 12 月 4 日，浙江出海抢订单的一项"千团万企拓市场抢订单行动"引发广泛关注。浙江省通过包机、拼机、航班等模式，组织超 1 万家企业赴境外参加经贸活动。浙江、四川、广东、江苏和福建等地均已有政府相关部门开展组团出海抢订单的行动。在"拼经济"正成为各地的一致行动之际，将有更多的省区市加入出海"抢订单"之列，全力以赴稳住外贸基本盘。① 此举很快将新年经济话题氛围拉满。

新年伊始，各省区市纷纷召开"新春第一会"，纷纷鼓士气、划重点，同时还发布了一系列重磅文件，围绕扩大内需、优化营商环境、激发市场主体活力、推进创新深化等方面部署全年经济发展工作。《证券时报》称，"抓发展""高质量""创新发展"等成为各省区市经济工作部署中的高频词，展现了新年的开局势头，释放了全力拼经济、奋战开门红的强烈信号。②

---

① 《浙江霸气刷屏：1 万家企业，政府组团包机出海"抢订单"》，《证券时报》2022 年 12 月 8 日。
② 《全力拼经济！多地召开"新春第一会"或发文件部署》，《证券时报》2023 年 1 月 30 日。

参考文献

《党的二十大报告辅导读本》，人民出版社，2022。

胡正荣、黄楚新主编《新媒体蓝皮书：中国新媒体发展报告（2022）No. 13》，社会科学文献出版社，2022。

刘鹏飞：《御风法则》，中国工人出版社，2021。

B.5

2022年中国虚拟数字人市场发展报告[*]

刘友芝 阳露 潘晨蕊[**]

摘　要： 近年来，虚拟数字人是元宇宙应用的现实"突破口"，我国站在元宇宙的"风口"，率先开启对其的初步探索；随着元宇宙概念的迅速走红与虚拟现实技术的发展，虚拟数字人的市场应用得到我国多数年轻用户的认可，其巨大的市场潜力和商业价值日渐凸显，加之国家及地方政府相继出台政策大力发展这一新兴行业，虚拟数字人于2021~2022年迎来了发展"元年"。虚拟数字人的商业化应用，为我国互联网提供了一个全新的流量风口和发展契机，为市场注入活力，受到众多企业和投资人的青睐，但同时也暴露出一些问题，需要政府、行业和市场主体从宏观、中观、微观层面共同推动这一新兴行业规范有序发展。

关键词： 虚拟数字人　元宇宙　虚拟现实

一　虚拟数字人市场的起源与发展历程

我国虚拟数字人的市场应用自20世纪80年代起开始萌芽，最初是作为游戏、动漫等产业的衍生产品而存在的；进入千禧年后，随着CG、面部动

---

* 本研究属于国家社科基金项目"以资本运营推动传统媒体与新兴媒体产业融合一体化发展研究"的后期研究成果(项目编号：15BXW018)。

** 刘友芝，武汉大学新闻与传播学院教授，主要研究方向为新媒体、媒体融合；阳露，武汉大学新闻与传播学院，主要研究方向为新媒体、媒体融合；潘晨蕊，武汉大学新闻与传播学院，主要研究方向为新媒体、媒体融合。

作捕捉技术的成熟，我国开启了对其的初步探索。2015~2018年，虚拟人形象愈发逼真，AI技术的发展，使其开始向更宽广的应用领域延伸。2021年被称为"元宇宙元年"，作为元宇宙市场应用的现实"突破口"，虚拟数字人更是站在元宇宙的市场"风口"。

虚拟数字人，特指存在于非物理世界中，由计算机图形学、图形渲染、动作捕捉、深度学习、语音合成等人工智能技术打造的具有多重人类特征（外貌特征、人类表演能力、人类交互能力等）的综合产物。[1] 市面上也多将其称为虚拟形象、虚拟人、数字人等，代表性的细分应用包括虚拟助手、虚拟客服、虚拟偶像/主播等。虚拟数字人具有三个重要特征：一是具有人的虚拟形象，需要借助物理设备（VR、AR、XR等设备）呈现，但不是物理实物，这是其与机器人的核心区别；二是具备独特的人设，有自己的性格特征和行为特征；三是具备互动的能力，未来虚拟数字人将能够自如地交流、行动和表达情绪。

清华大学新媒体研究中心发布的《2021~2022年元宇宙发展研究报告》将元宇宙未来的技术发展划分成三个阶段，即数字孪生阶段、数字原生阶段和虚实共生阶段，而虚拟数字人作为元宇宙这一虚拟空间中的行动主体，在当下也呈现出相似的发展路径。以虚拟人类和现实人类的关系作为划分依据，虚拟数字人可以被划分为孪生数字虚拟人、原生数字虚拟人两类。从技术特征来看，孪生数字虚拟人多为真人驱动，由动作捕捉设备或摄像头基于幕后的"中之人"的动作和表情驱动，赋予虚拟数字人以动作、表情、语言，并完成表演、现场互动、直播等。原生数字虚拟人多为智能驱动，即依托深度学习方式，让虚拟人通过学习数据拥有真实人类的动作、表情甚至"记忆"、思想等，并借此形成独特的"人设"，获得独特的技能，可以自主完成对外的互动与输出。[2] 近年来，从2D到3D、从静态到动态再到交互，

---

① 量子位：《2021年虚拟数字人深度产业报告》，https：//zhuanlan. zhihu. com/p/450641548，2021年12月15日。
② CMKT咨询圈：《终于有人把"虚拟数字人"，讲清楚了！》，https：//mp. weixin. qq. com/s/HuDAeJASiuLv7TfC3EHweg，2022年11月19日。

随着虚拟数字人相关技术的日趋成熟，愈发拟人化和智能化的虚拟数字人被广泛应用于多个领域，尤其是基于用户消费端的社交、娱乐和购物的应用场景。经由2021年的市场试探获得用户的认可后，2022年虚拟数字人的市场应用，站在了当下我国互联网发展的"新风口"，开启我国互联网下一个"蓝海"市场。

二 虚拟数字人市场发展现状

我国虚拟数字人行业于2021~2022年迎来了发展"元年"，其市场应用呈爆炸式增长，主要得益于以下因素的共同推动。

（一）用户对虚拟数字人的认可，催生市场应用爆发级现象

近年来，人工智能和虚拟现实等新兴技术推动移动互联时代正向沉浸互联的元宇宙时代转变，2021年更是被称为"元宇宙元年"。尽管"元宇宙"的号角被大张旗鼓地吹响，但其在大多数人的印象中仍只停留在"概念"阶段，除此之外，这一"高大上"的科技新概念对于普通大众来说也过于深奥。相比之下，虚拟数字人则更容易为大众所接受，也早已被我国大众所熟知。近年来，交互更自然、更智能的虚拟数字人不断以虚拟偶像、虚拟主播、数字员工、虚拟学生等虚拟身份纷纷进入大众视野，加速渗透至人们的生活。在文娱领域，2021年6月，数字虚拟人"天妤"在抖音上引发6000万人次围观，2021年10月，虚拟偶像"柳夜熙"坐拥800多万粉丝，深受网友追捧；在电商直播领域，虚拟主播"我是不白吃"一年直播带货GMV过亿。乘着元宇宙之风，包括"天妤""柳夜熙""我是不白吃"在内的虚拟数字人一夜爆红，作为主角开始走进我国互联网大众用户的视野。

艾媒咨询2022年中国虚拟人爱好者调查数据显示，年轻用户对虚拟数字人的市场认知和认可度较高，超过八成（87.8%）的受访用户对虚拟人

物有一定的了解，超过半数（54.1%）的受访用户表示会为虚拟人物消费。[1] 用户的市场认可带动作为虚拟数字人底层技术的 VR、AR、XR 相关设备行业的快速发展。根据 2022 年中国 VR 市场调查可知，2022 年下半年我国 VR 市场快速增长，71%的用户在过去半年内购入了新的 VR 设备，在已购买 VR/AR 设备的用户中超过 90%仍有回购计划。我国的虚拟现实市场能够在 2022 年末依旧呈现出欣欣向荣的态势，有一部分原因在于 2022 年我国虚拟数字人市场的爆发。[2] 在元宇宙时代真正到来之前，虚拟数字人的千亿级产业生态正逐步形成，虚拟数字人与人类共存的时代正式来临，元宇宙里的"元人类"正在集结。

（二）新老互联网厂商相继进场，引爆虚拟数字人发展"元年"

工信部等五部门联合印发《虚拟现实与行业应用融合发展行动计划（2022—2026 年）》，提出到 2026 年我国虚拟现实产业总体规模超过 3500 亿元。[3] 随后，北京、上海等地先后发布数字人专项政策，促进数字人在数字营销、在线培训、电商直播、影音娱乐、服务咨询等多场景的行业应用。

用户对于虚拟数字人的市场认可和消费意愿，使虚拟数字人强大的商业价值日益凸显，加之国家相关产业政策明确表示了对这一新兴产业的支持，新老互联网厂商对虚拟数字人市场趋之若鹜。2022 年虚拟数字人的市场应用呈现"爆发"态势。本报告梳理了 2021~2022 年我国各互联网公司推出的具有代表性的虚拟数字人相关产品及服务，如表 1 所示。

---

① 艾媒咨询：《2022 年中国虚拟人行业发展研究报告》，https：//www.iimedia.cn/c400/83791.html，2022 年 3 月 4 日。

② Metaverse 元宇宙：《2022 中国虚拟现实市场调查》，https：//mp.weixin.qq.com/s/pnKwyMIwgMqVCfZEAakSMQ，2022 年 12 月 26 日。

③ 工信部等五部门：《虚拟现实与行业应用融合发展行动计划（2022—2026 年）》，http：//www.gov.cn/zhengce/zhengceku/2022-11/01/content_ 5723273.htm，2022 年 11 月 1 日。

表1　2021~2022年我国互联网厂商的虚拟数字人市场应用情况

公司名称	时间	事件
腾讯	2021年4月	腾讯发布全球首位数字航天员小诤,职责为面向载人航天工程、探月工程、深空探测工程等中国航天重大项目开展新闻报道,并进行航天科普传播等
	2021年6月	QQ炫舞系列虚拟代言人星瞳在Bilibili开始以虚拟UP主身份进行直播活动
网易	2021年6月	网易云音乐LOOK直播AI虚拟偶像"乐灵"正式出道,同步开启LOOK直播首个3D视频AI直播间
创壹科技	2021年10月	创壹科技团队在抖音发布第一条关于"柳夜熙"的视频内容,此条视频在发布后便登上热搜,获赞量达到360余万,"柳夜熙"账号涨粉上百万
百度集团	2021年12月	百度集团推出的AI数字人"希加加"正式发布,@希加加全网视频平台上线亮相视频
	2022年1月	在百度科技沙龙"AI呀我去"第四期的会议上,百度推出集数字人生产、内容创作、业务配置服务于一体的平台级产品智能云曦灵数字人平台
字节跳动	2022年1月	字节跳动独家投资杭州李未可科技有限公司,该公司打造了名为"李未可"的AR科技潮牌及同名虚拟IP形象
	2022年6~10月	乐华娱乐与字节跳动合作推出的虚拟偶像团体A-SOUL携手VR平台PICO举办《A-SOUL奇妙宇宙》VR演唱会,随后A-SOUL团体成员先后入驻PICO平台进行单人直播,字节跳动与PICO形成联动
阿里巴巴	2021年9月	由燃麦科技打造的虚拟偶像、超写实数字人AYAYI以"天猫超级品牌数字主理人"的身份成为阿里巴巴首个数字人员工
	2022年2月	阿里巴巴推出冬奥宣推官数字人"冬冬",冬奥会比赛开始后冬冬每天在淘宝直播带货2个小时左右,直播间观看人数稳定在14万人次左右
米哈游	2022年7月	米哈游旗下女性虚拟角色yoyo鹿鸣在Bilibili开始以虚拟UP主身份进行直播活动

资料来源:元宇宙NEWS:《BAT等互联网大厂扎堆"制造"数字虚拟人》, https://mp. weixin. qq. com/s/r9-z1ogUZyvbYB5VmBe3hA, 2023年1月4日;《网易云音乐AI虚拟偶像"乐灵"正式出道　可实现24小时实时弹幕互动》, https://new. qq. com/rain/a/20210609A034U000, 2021年6月9日;《A-SOUL嘉然加入Pico单播,人气再次暴涨》, https://news. sina. com. cn/sx/2022-10-12/detail-imqqsmrp2295721. shtml, 2022年10月12日;《百度Create2021:智能数字人平台"百度智能云曦灵"全新发布》, https://new. qq. com/rain/a/20211227A07O800, 2021年12月27日。

（三）金融资本积极布局虚拟数字人，行业迎来快速爆发期

资本是互联网应用发展的"催化剂"，对于站在元宇宙"风口"的虚拟数字人行业而言更是如此。2022年以来，虚拟数字人的较高市场热度吸引金融资本先后进场，极大地缩短了虚拟数字人的市场应用周期，并且使之迎来快速爆发期。根据《2022年全球元宇宙投融资报告》，2022年中国地区（包括港澳台）在元宇宙细分赛道的虚拟人/数字人领域共发生了39笔融资，融资总额达30.51亿元，其中世优科技与魔珐科技两家公司均完成了总金额过亿元的两轮投资，魔珐科技更是凭借在2022年4月的C轮融资中获得的1.1亿美元一跃跻身为中国元宇宙企业"四只独角兽"的一员。①

2022年，我国虚拟数字人投融资项目业务主要为三大类：一是直接的虚拟人/数字人产品，包括虚拟偶像、虚拟主播、超写实数字人、明星虚拟人；二是投资于虚拟数字人专业化制作或定制服务的一站式平台，包括元宇宙数字娱乐平台、虚拟内容制作系统、虚拟主播平台、虚拟KOL等，主要解决其创意生产成本较高和制作周期较长的行业应用"痛点"；三是提供专业化的虚拟数字人技术服务，例如虚拟数智人技术提供商、一站式数字生态解决方案提供商、智能软件技术产品和服务提供商、虚拟生命AI驱动技术和数字人底层技术基础设施服务商、直播间解决方案研发商、VR技术服务提供商、AI数字人技术研发公司等投融资项目。② 众多金融资本积极布局元宇宙虚拟数字人细分市场的上下游产业"链路"，加速行业发展。

---

① 元宇宙NEWS：《全球元宇宙2022年终盘点：中国诞生4只独角兽》，https://www.huxiu.com/article/755733.html，2022年12月29日。

② 《2022年以来，虚拟人领域22起投融资事件，热度不减，有公司融资上亿元》，https://www.36kr.com/p/1923046567641732，2022年9月20日；前瞻产业研究院：《启示2023：中国数字人行业投融资及兼并重组分析》，https://www.qianzhan.com/analyst/detail/220/221227-463824df.html，2022年12月27日。

三 虚拟数字人市场发展特征

（一）用户画像：以年轻一代为消费主力军

根据艾媒咨询2022年中国虚拟数字人爱好者调查数据，我国虚拟数字人用户画像呈现的特征，主要表现如下：首先，年轻一代已经成为我国虚拟数字人市场的消费主体；其次，虚拟数字人的消费者多为女性；最后，二线及以上城市的中高收入群体，如图1所示。[①]

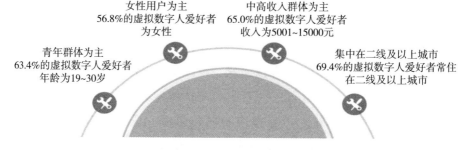

图1 2022年中国虚拟数字人用户画像特征

注：样本量：N=1620；调研时间：2022年1月。
资料来源：艾媒数据中心（data. iimedia, cn）。

谈及喜爱虚拟数字人的原因，接近七成用户表示喜欢虚拟数字人的外形/声音，其次是喜欢虚拟数字人的作品。除此之外还有"接近（自己）心中的形象""喜欢IP的衍生角色"等主观原因，被身边朋友带动或因虚拟数字人宣传热度高而"入坑"的用户占比也达到三成有余，如图2所示。[②]

以上调研数据表明，我国虚拟数字人市场目前的主要受众存在年龄偏

[①] 艾媒咨询：《2022年中国虚拟人行业发展研究报告》，https：//www. iimedia. cn/c400/83791. html，2022年3月4日。

[②] 艾媒咨询：《2022年中国虚拟人行业发展研究报告》，https：//www. iimedia. cn/c400/83791. html，2022年3月4日。

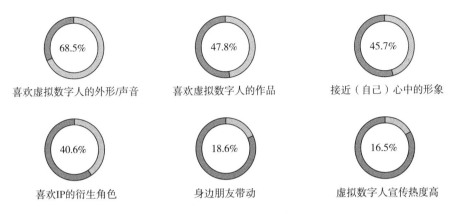

图 2 2022 年中国虚拟数字人用户画像特征

注：样本量：N=1620；调研时间：2022 年 1 月。
资料来源：艾媒数据中心（data. iimedia, cn）。

低、收入偏高的特征，并且在地域分布上多集中于发达城市，下沉趋势不明显。除此之外，虚拟数字人的主要受众用户，目前多关注虚拟数字人的外部特征或与其相关联的 IP 作品，为未来虚拟数字人更深层次的商业价值的开发积累了市场人气。

（二）应用场景：以面向消费者的身份型虚拟数字人应用为主导，虚拟偶像领跑

随着元宇宙的红利爆发以及虚拟技术的仿真效果趋于成熟，虚拟数字人的市场应用场景不断丰富，基于国内外多家虚拟数字人厂商的实践应用场景来看，主要分为两大类，即服务型虚拟数字人和身份型虚拟数字人。

服务型虚拟数字人具有功能性，能够替代真人服务，在实际应用中多面向政府和企业，填补 B 端、G 端人才缺口，降低人力成本的同时提高服务质量。在公共服务领域，大量数字员工在政府、金融、文旅等行业"上岗"，为用户答疑解惑、办理业务。与服务型虚拟数字人相比，身份型虚拟数字人更强调其本身的人格象征，常见于娱乐、社交、购物等领域，满足品牌方对定制化代言人的需求以及新世代对虚拟化内容的向往，具体包括虚拟网红、

虚拟演唱会、虚拟代言人进行品牌推广、虚拟偶像、影视拍摄、明星分身虚拟偶像、虚拟直播带货等应用场景。①

面向消费者的身份型虚拟数字人受到用户、互联网厂商和资本的热捧。2022年中国虚拟数字人爱好者调查数据显示，63.0%的受访用户在影视领域了解到虚拟数字人形象，其次分别为综艺、游戏、直播领域，其中超过六成的用户对虚拟主播有了解，由此可见，面向消费者的文娱领域的身份型虚拟数字人，已逐步发展成为我国虚拟数字人应用较为成熟的细分市场，成为我国虚拟数字人行业应用的主要增长点。

其中，在文娱领域蓬勃发展的虚拟偶像产业，更是成为领跑我国虚拟数字人行业的"排头兵"。虚拟偶像是指通过绘画、动画、CG等形式制作，在网络虚拟场景进行演艺活动但不以实体形式存在的人物形象，其根据商业、文化等具体需求进行制作与培养，具有参与性强、基本无负面信息、生命周期长、商业衍生能力强等特点，如据次世文化公司单个虚拟偶像的孵化周期大约为45天，以一年半为理想的使用周期，在初音未来、洛天依等成功案例下，目前国内已经出现了专门的虚拟偶像经纪公司。②

（三）内容创作：UGC、PGC、AIGC模式多元发展

作为文娱行业的新鲜力量，虚拟数字人正在以技术进步为依托，为内容市场带来更多可能，我国虚拟数字人在创作生产模式上呈现出UGC、PGC、AIGC并存的多元化发展格局。

UGC内容创作模式多集中于虚拟偶像、虚拟主播等细分行业领域，以粉丝的"为爱发电"为主要表现形式。UGC内容创作模式的一个典例是国内知名度最高的虚拟偶像洛天依及其粉丝群体。作为一个虚拟歌手，洛天依

---

① 行研君：《2022年影视元宇宙报告：虚拟人的商业模式是什么？》，https://www.ccvalue. cn/article/1391308.html，2022年1月18日。

② 量子位：《2021年虚拟数字人深度产业报告》，https://zhuanlan.zhihu.com/p/450641548，2021年12月15日。

的绝大多数歌曲由粉丝使用声库和音乐合成软件自发创作，有研究对虚拟歌手粉丝创作者的创作过程进行还原，发现此类 UGC 活动一般包括策划、作词、作曲、调教、混音等流程，以视频形态在 B 站等平台发布的作品还需经过曲绘和视频制作。总体而言，虚拟歌手粉丝创作流程复杂，需要付出大量劳动，需要具有不同专长的创作者分工合作、密切配合，而粉丝创作者和偶像间的亲密关系是创作动力的重要来源。[①]

PGC 内容生产模式，在我国目前主要有两种探索路径。一方面，应用于国内专业孵化虚拟数字人的 MCN 机构等组织，如虚拟偶像经纪公司，大多采用文娱公司+技术公司联合打造的方式。由文娱公司进行前期的形象设计、人设打造，以及后期的流量、活动运营等，由技术公司提供虚拟数字人相关技术，并为具体互动提供技术支持；其目的为快速打造具有独立人设的高人气虚拟 IP 以收割市场红利。但对内容行业的深入了解和相关技术一同成为参与公司的硬性进入门槛。另一方面应用于元宇宙时代我国主流媒体探索"内容科技"深度融合发展的创新实践，如央视网"小 C"、上海台"申䒕雅"、湖南台"小漾"、北京台"时间小妮"和浙江卫视"谷小雨"等。[②]这类虚拟数字人多身兼数职，既能应用于新闻播报、晚会主持等专业性极高的场景，也能参与观众采访、直播带货等更为轻松的领域，主流媒体的 PGC 内容生产模式，无论其应用在何种场景，与粉丝或 UP 主自发创作以及商业性虚拟偶像经纪公司打造的"虚拟数字人"均有着本质的区别，其专业打造的虚拟数字人，都代表我国主流媒体"发声"主流话语，其本质是作为主流媒体内容的"代言人""宣传官"，成为连接专业媒体与年轻一代受众的桥梁。

AIGC（AI Generated Content），是指利用人工智能技术来生成内容，AIGC 是继 UGC、PGC 之后的新型内容生产方式，也被认为是技术创新突破

---

① 高存玲、范珈硕：《为洛天依写歌：虚拟歌手粉丝创作者的情感劳动》，《中国地质大学学报》（社会科学版）2022 年第 3 期。

② 传媒内参（CMNC）：《融媒榜｜广电媒体纷纷推出"虚拟人"，数字人霸屏时代来临》，https：//new.qq.com/rain/a/20220608A09U9A00，2022 年 6 月 8 日。

的重点与难点。目前在我国虚拟数字人的内容创作中，主要通过 AIGC 生产模式进行虚拟人形象的自主开发或平台开发，合成全新的人物形象，与用户开展互动，比如 AI 手语主播，通过 AI 算法将文本转化为手语信息，为听障朋友提供服务；品牌代言人，火星车数字人"祝融号"与广大用户进行互动；智能客服、游戏陪玩等。[①]

（四）盈利模式：承袭泛娱乐内容产业现存的变现路径

商业变现是支持我国虚拟数字人行业持续发展的"重要环节"。目前的具体变现方式也并未实现突破性创新，仍然主要集中在现有泛娱乐内容产业的粉丝打赏、平台签约、广告代言、直播带货四个方面。[②]

粉丝打赏与直播带货，多指虚拟主播通过直播的方式，获得直播带货费和虚拟礼物打赏，商业价值逐步凸显，头部虚拟主播的直播打赏收入与粉丝量级已可与头部真人主播相较。如在 B 站 2021 年 8 月虚拟主播粉丝数排行前十中，有 9 位虚拟主播粉丝数超过百万，百观科技数据显示，B 站虚拟主播的人数自 2020 年 3 月开始显著增长，打赏收入同比增长 183%。在 2021 年 12 月 23 日 B 站游戏主播实力排行榜 TOP50 中，其中有 11 位虚拟主播入围，"阿梓从小就很可爱"和"嘉然今天吃什么"进入 TOP10，礼物收入分别为 96.47 万元和 10.9 万元。[③]

平台签约与广告代言是"虚拟数字人"寻求市场变现的另外两种路径，是虚拟 IP 形象在具备一定程度的知名度和商业价值后进一步挖掘其市场潜力的变现方式。"明星分身"虚拟偶像可获得 IP 授权费和产品代言费，虚拟网红 KOL 可以通过与社交平台或与护肤、美妆和时尚公司合作收取相应

---

① 脑极体：《AIGC 的"含科量"与"含资量"》，https：//www.jiemian.com/article/7122197. html，2022 年 2 月 21 日。

② 秦贝贝、傅焕然、周粤婷：《数字虚拟人产业发展现状研究》，《广播电视网络》2023 年第 2 期。

③ 行研君：《2022 年影视元宇宙报告：虚拟人的商业模式是什么？》，https：//www.ccvalue. cn/article/1391308.html，2022 年 1 月 18 日。

的品牌推广代言费。[①] 这类变现手段的典型代表是燃麦科技旗下的虚拟数字人 AYAYI，其在公众面前的首次亮相就是作为小红书平台的虚拟 KOL 出现，AYAYI 的一夜爆红，火速吸引到了各大品牌抛来的橄榄枝，迄今为止其不仅与娇兰、LV 达成合作，还受邀打卡了迪士尼、空山基线下活动。在 AYAYI 之后更是有国风虚拟偶像翎 LING、超现实数字人 Reddi 等虚拟人先后入驻小红书，至今均凭借可观的数条笔记点赞量与账号粉丝数积累了较大的社群影响力，为虚拟数字人的流量变现开辟了道路。

四　虚拟数字人市场发展的主要问题

聚焦当下虚拟数字人市场内容生态和商业生态，泛娱乐化领域的应用日趋成熟，社会化应用尚有不足，相关法律风险也随之而来，核心技术与内容创作面临挑战。

（一）关键技术尚不成熟，数字人形象设计同质化

在技术方面，综合现有虚拟数字人的形象来看，它们在外形上与真人尚有不小的差距。海报、推文中的平面图，尚可通过后期修图技术作精细化调整，使其在乍一看时给观众带来视觉冲击，但一旦以动态的形象出现，就会凸显出虚拟数字人表情生硬、动作僵硬、语流怪异等形象设计问题，反映出目前虚拟数字人关键的计算机建模技术、动作捕捉技术、AI 语音技术与虚拟现实投影技术的不成熟、不完善。其很大一部分现实原因是虚拟数字人尚处于初步发展时期，造成前期高昂的开发成本与商业化变现滞后与困难的"造血"功能不足存在现实矛盾，影响大额资本投入，这也是目前虚拟数字人还未能实现量产的重要原因。

在虚拟数字人的形象设计上，存在严重的同质化问题。女性虚拟数字人

---

① 行研君：《2022 年影视元宇宙报告：虚拟人的商业模式是什么？》，https：//www.ccvalue.cn/article/1391308.html，2022 年 1 月 18 日。

大部分都是流畅小巧的瓜子脸、瘦长窈窕的九头身，韩国虚拟人女团 MAVE 的四个成员就被观众评价为"去掉发型都长得一样"；男性虚拟数字人则更偏向强行加入阳刚之气的花美男，比女性更加别扭、更加不像"真人"。目前现实社会本就存在对性别审美的刻板印象，虚拟数字人在设计上有更充分的自由空间，应当向世人展示更多元开放的审美，过分追求将虚拟数字人设计为所谓的完美形象只会降低其识别度，引发观众的审美疲劳。加之现有建模技术有限，仅能做到让它们停留在"像真人"的程度，反而容易产生"恐怖谷效应"，使观众产生距离感，心生不适。

（二）广告代言与版权涉及法律风险，用户隐私安全难以保障

虚拟数字人作为广告代言人具有成本低、"塌房"风险小、与品牌契合度更高等优点，但其背后的法律风险也不容忽视。首先，根据我国《广告法》相关规定，虚拟数字人并不具有主体地位，严格来说，它们自身就属于信息类产品，是数字化、非物化的财产。一旦广告内容、代言产品等出现问题，虚拟数字人不能作为追责主体，但具体应由广告方、虚拟数字人版权方、品牌方、中之人等哪一方来承担责任，现有的法律法规还没有予以明确，届时可能出现责任纠纷。其次，《广告法》要求代言人需亲身试用所代言产品，而虚拟数字人显然是无法进行产品使用的，如 AYAYI 代言 bose 耳机强调其降噪功能强大，川 CHUAN 担任护肤品牌兰芝的潮流体验官，但事实上虚拟数字人们既无法感知降噪功能，也不需要使用护肤品，这就存在虚假广告的风险。

对于原生型虚拟数字人，其整体版权归推出的公司所有，包括形象、声音等，这是较为容易确定的。而对于有真实原型的虚拟数字人，它是由不同路径合成的系统，其版权问题就值得重视。对于还在世的名人或明星的虚拟形象的制作必须经过本人授权，并签订相关合约限制该虚拟形象使用的场景。对于已经去世的名人形象制作，则需要经过其直系亲属的同意授权。目前虚拟数字人的版权监管仍然较为模糊混乱，很可能出现不法分子非法制作名人的虚拟形象，并借此发表不当言论，抹黑真人形象，造成社会混乱。

网易旗下创作社区 LOFTER 推出 AI 写文、AI 绘画功能，却被用户发现其生成的资源库，来源于平台上用户已发布的原创内容，即实际上利用人工智能技术盗取用户创作作为自己的"新功能"，外网也曾出现真人模特离开经纪公司后却发现公司未经其授权仍继续利用自己的虚拟形象运营账号的情况。我国之所以迅猛之势打击红极一时的"换脸软件"，正是出于对用户肖像权、人格权、名誉权和隐私安全的保障。随着技术的广泛应用，难免会出现未经授权就使用普通用户形象制作虚拟数字人的情况，更是增加了用户个人隐私保护的难度。

（三）泛娱乐化趋势明显，用户沉迷风险增加

在"万物皆可娱乐化"的当下，现实社会中的泛娱乐生态已然令人厌烦。然而，身份型虚拟数字人主导的应用发展方向，仍然以娱乐化为主，进一步加剧了泛娱乐化趋势。得益于身处虚拟空间的优势，虚拟数字人的活动、互动不受现实时间与空间的限制，这就意味着它们可以轻松做到更多人类受限于生理因素而无法做到的事，大大满足了用户的猎奇心态。更有甚者，不需要"中之人"操控的虚拟数字人，能够 24 小时无休地进行工作，如果它们成为主播，完全可以拥有足够长的直播时长。"真人主播"下播后，用户自然就离开直播间，但换为"虚拟数字人"直播之后，用户留下的时间也会被相应延长。用户被剥夺了更多的注意力，逐渐沉迷上瘾，越来越长的时间成本耗费在虚拟空间，现实社会很可能因此停摆。用户自身的生理需求也会被忽略，这也为资本提供了新的商机，即利用各类智能机器人帮助用户完成现实生活中的种种需求，进一步加深用户对虚拟世界和智能设备的依赖性，这将大大影响人们的身心健康。

内容生产方面，同样是娱乐属性的虚拟偶像、虚拟主播、虚拟博主等占据主导地位。虚拟偶像本质依旧是偶像，被赋予了明星属性的它们拥有优越的外形和优秀的唱跳能力，有些综合素质甚至超过现实社会中的流量明星，自然会掀起新一波的追星热潮。初音未来、洛天依这类老牌虚拟歌姬主要依靠个人 UP 主的音乐创作，长期以来内容创作已经形成了较为优秀的生态

圈，用户对作品的优劣业已形成一套公认的评价体系。运营公司也在利用成熟的 3D 全息投影技术定期举办线下活动来巩固粉丝，人气自然不必多说。近几年以虚拟女团 A-SOUL 为代表的一众虚拟偶像也已建立起坚实庞大的粉丝群体，并不断扩大影响力。一旦形成大型粉丝团，"饭圈"乱象仍然可能出现。在此基础上还值得注意的是，部分用户在喜爱、追随虚拟偶像与主播群体时很可能"入戏太深"，导致虚实不分，引发伦理问题。在日本，就曾有一男子因太过喜爱虚拟偶像"初音未来"而与她举行了"婚礼"，且不说是否存在侵权问题，与虚拟偶像举办婚礼本身就有悖社会伦理，容易造成社会秩序的混乱。而对于新兴的大部分"原生型"虚拟数字人和有"中之人"控制的虚拟主播来说，它们主要由真人运营，应用于泛娱乐化领域，仍然缺少特色优质内容的创作。目前，原生型虚拟数字人主要运营方向为生活博主、美妆博主、时尚博主等，大多入驻了年轻用户较多、时尚氛围较浓的小红书，除了日常分享生活照、与品牌合作短片外，鲜有颇具个人特色的内容产出，缺乏立体性和多元化。短暂火爆之后，运营方用缺乏新意的内容很难长期吸引粉丝，与粉丝的双向互动不足。而虚拟主播主要活跃平台为 Youtube 和 B 站，具体创作内容完全依赖于"中之人"的创意，容易出现内容质量参差不齐的问题，且由于现有网络主播的治理条例不能完全适用于虚拟主播，也会催生内容创作的灰色地带，可能滋生淫秽色情等不良信息。

（四）用户整体低龄化，虚实难辨引发社会伦理问题

在虚拟世界与现实社会的区分上，对于已建立成熟三观的成年人，总体拥有较强的分辨能力，先是生于现实社会，再目睹虚拟世界的诞生与开发，使得成年人明确认知到这是两个不同的世界，能够分清真实与虚拟之间的"区隔"。然而仍然存在不少虚拟数字人的"梦女""幻男"，即爱上虚拟形象、幻想自己与之步入"婚姻"的人。对于低龄化的"互联网原住民"，他们对虚拟世界与现实社会的认知程度相差无几，在两个世界中穿梭自如，已经是他们必须掌握的技能，这就导致他们对于现实社会的归属感并不强烈，甚至更愿意沉迷于虚拟世界，在游戏、动漫、线上社交中放纵自我。随着时

间的推移，在不远的未来，很可能每个人的出生都有两次，一次出生在现实世界，另一次是虚拟形象同步出生在虚拟世界，届时的未成年人更易丧失对虚实的辨别能力，我们的世界就很可能沦为《头号玩家》中现实社会一片荒芜，每个人都耽于虚拟世界，抛却世俗伦理的境地。

五　虚拟数字人市场的应对策略

根据量子位预测，2030 年我国虚拟数字人整体市场规模将达到 2700 亿元，其中，身份型虚拟数字人[①]将占据主导地位，并逐步成为元宇宙中的重要一环[②]。然而，潜在的市场空间也暗藏着如前所述的方方面面的行业发展问题。为此，应本着规范有序与创新发展的总体应对策略：从宏观和中观层面，建立健全相应的规范管理体系；在微观层面，各方主体应积极探索有效而规范的落地应用策略，使之真正成为打开元宇宙的"钥匙"。

（一）宏观层面：完善相关法律法规，加强重点领域动态监管

作为我国元宇宙现实应用突破口的虚拟数字人，正处于从小范围探索到大规模应用转化的过程中，引发社会各界的广泛关注。当前，从现实应用实践来看，越来越多的虚拟数字人加入广告代言行列，显然企业品牌方已经看中了这一全新领域，而广告代言与版权涉及法律风险，需要尽快完善相关的法律法规。首先，必须明确虚拟代言人进行广告代言时的责任主体，即厘清一旦出现法律纠纷事件，该由谁来承担相关法律责任的问题，使虚拟代言人在《广告法》中有真实的责任承担主体；其次，根据虚拟数字人的特点，规范限制其可代言的产品范围，如需要亲身体验、广告词中有使用感受的产品，需要慎重使用虚拟代言人，以防虚假广告的法律风险；最后，结合虚拟

---

① 注：与缺乏人格象征的服务型虚拟数字人相比，身份型虚拟数字人具备鲜明身份性，可用于娱乐/社交等场合，如虚拟 IP/偶像、虚拟世界第二分身。

② 《数字虚拟人赛道率先跑进"元宇宙"》，https://finance.sina.com.cn/blockchain/roll/2022-06-02/doc-imizirau6190788.shtml? finpagefr=p_ 111，2022 年 6 月 2 日。

数字人不同部位不同的版权所属，使用由不同路径合成的系统来保护其知识产权，严禁未经允许随意使用真人形象和声音作为虚拟数字人的原型，以切实维护正常的社会伦理秩序。

与此同时，面向消费者的虚拟数字人，相比 2D 时代的社交、短视频、长视频和直播带货等大众泛娱乐化媒介形态，因其"语音、手势、眼动、动感/触感模拟、AI 助理"等各种自然交互技术的综合应用，可带来更加直观、沉浸、轻松、自在的交互体验，其虚实共融的泛娱乐化形态将会更加立体和逼真，随之引发更加突出的社会问题，如用户沉迷、淫秽色情、网络暴力、虚假新闻、虚假广告、个人敏感隐私信息泄露与深度伪造等，将进一步对现实社会的新一代年轻用户尤其是未成年人产生负面影响。对此，政府相关主管部门应加以密切关注，针对上述虚拟数字人应用更加突出的相关泛娱乐化社会问题，完善相应的规范管理政策与法规，从而在监管的"顶层"层面，为打造风清气朗的虚拟数字人网络空间"保驾护航"。与此同时，在整体宏观监管的实施过程中，可根据虚拟数字人的生产方式、应用场景等的不同，加强动态的日常分级管理，一方面，大力鼓励优质内容生产和有积极意义的社会化应用；另一方面，重点监管泛娱乐化领域，在现有娱乐内容管理的基础上，结合虚拟数字人特性有的放矢，同时注重保护未成年人的身心健康，对未成年人接触虚拟数字人设置切实有效的保护门槛。

（二）中观层面：建立健全行业规范管理体系，创造持续发展的社会空间

近年来，虚拟数字人行业，既是我国元宇宙发展的现实突破口，也成为当下我国新的互联网流量风口，引发新老互联网相关市场主体纷纷加入这一新兴行业，如平台、自媒体以及介于两者之间的各类居间服务型 MCN 机构甚至隐形"饭圈"组织。在增加其市场活力的同时，也引发社会各界对这一新兴行业发展前景的某些"社会担忧"：当下虚拟数字人的主要现实应用是面向消费者的身份型虚拟数字人领域，其多应用于我国互联网泛娱乐领域，大量企业和资本扎堆涌入虚拟偶像、虚拟主播、虚拟博主、虚拟直播带

货等细分赛道，总体以泛娱乐化内容生态为主导。虚拟数字人在互联网行业的应用更为立体化、可视化，能够做到虚实共生，很可能成为我国下一代泛娱乐化生态的数字"栖息地"，将进一步加剧我国现有泛娱乐内容生态和商业生态的社会安全风险，成为社会各界重点关切的焦点问题。

在国家加强对泛娱乐生态规范治理的大背景下，为保障虚拟数字人这一新兴行业的持续有序健康发展，加入这一行业的各方市场参与主体（平台、自媒体以及介于两者之间的各类居间 MCN 服务型机构和隐形"饭圈"组织等），应以国家相关法律法规为准绳，回应社会大众的共同关切，共同强化这一新兴行业中的各方市场参与主体的社会责任，重点防范淫秽色情、深度伪造、网络暴力、虚假新闻、虚假广告等已有网络乱象在虚拟数字人领域的蔓延，建立健全虚拟数字人内容生态和商业生态"规范有序"的行业规范管理体系。一方面，从近年来的行业应用实践来看，虚拟数字人涉及用户可视化的个人敏感信息，应重点加强虚拟数字人应用平台及其栖息的其他运营主体有关用户隐私安全与伦理约束的行业规范标准建设和行业自律管理。从而在行业发展的底层逻辑上，严格禁止利用人工智能盗用用户隐私信息、未经授权制作用户的孪生数字人，加强自查自纠，将行业内部出现的此类"毒瘤"作为典型反面案例坚决予以抵制和矫正。另一方面，当下虚拟数字人的主要用户群体为"求新求异"的年轻一代，且有相当一部分为未成年人。这一部分用户群体的媒介使用与消费以感性认知为主，对于社会新现象的理性反思意识较弱。这一用户群体对新兴互联网应用的媒介使用特征，易被互联网行业多方应用型商家组织（如平台、博主圈层化社交媒体、MCN 服务机构甚至粉丝"饭圈"）"看中"，如果行业各方市场主体缺失社会良知和必要的社会责任，势必会被虚拟数字人的应用产品或服务功能深度利用。基于此，当前虚拟数字人行业，应重点强化未成年人对虚拟数字人应用的防沉迷功能，加强辅助用户辨别虚实的功能提醒设置开发与实质性行业自律管理，这既有助于社会各界对这一新兴行业的"信任度"和"行业声誉"的建立，从而为新兴的虚拟数字人行业的稳步有序发展创造良好的社会环境，更是汲取我国过往相关互联网"爆发"行业快速遇冷而"短平快"实践的深刻教训。

（三）微观层面：各方市场主体合规创新，共促行业有序稳步发展

站在现实落地化应用的视角来看，在微观层面，行业发展的关键节点中的各方市场参与主体，在遵守虚拟数字人相关政策法规与行业自律规范的同时，应主要着眼于行业关键节点的创新探索，突破各自细分领域的发展瓶颈，共同促进虚拟数字人这一新兴行业整体的有序稳步发展。

1. 技术方：提升核心技术和用户体验，数字人形象设计应拥抱多元审美

虚拟数字人的长期发展与应用，离不开相关核心技术的不断优化升级，其中画面渲染与建模技术更是虚拟数字人能否达到高度拟人化的关键。行业的发展需要大力培养相关技术人才，注重光学捕捉、三维重建、动态抓取、智能人机交互、实时渲染等新兴技术与自然语言处理、语音识别、计算机视觉等 AI 底层技术研究，加速开发流程化、去人工的技术工具与标准。发展手势追踪、眼动追踪、表情追踪、全身动捕、沉浸声场、高精度环境理解与三维重建技术，加强肌电传感、气味模拟、虚拟移动、触觉反馈、脑机接口等多通道交互技术研究，促进感知交互向自然化、情景化、智能化发展，[①]以解决当下虚拟数字人用户体验的"技术痛点"，提升用户对产品物理功能使用层面的基本感知体验。

与此同时，虚拟数字人的形象创意设计应拥抱多元审美。全球首位虚拟超模 Shudu Gram 拥有细腻的黑皮肤，曾被《时代周刊》评为"25 位最有影响力的互联网人物"之一的 Lil Miquela 也是有着小雀斑趴鼻子的普通女孩，这正说明虚拟数字人并非一定是白皮肤、高鼻梁、瓜子脸、九头身的"完美形象"，现实生活中年轻一代已经因"白幼瘦"审美而苦恼，更不应该将这股不良风气带入虚拟世界。虚拟数字人的形象设计应当拥抱多元审美，也更好地呼应元宇宙"包容""去中心化"的多元审美设计理念。

2. 内容方：规范与丰富内容创作，探索多元变现路径

现有虚拟数字人的内容创作，总体还处于真人 PUGC 的范围，针对虚拟

---

① 工信部等五部门：《虚拟现实与行业应用融合发展行动计划（2022—2026 年）》，http：//www.gov.cn/zhengce/zhengceku/2022-11/01/content_ 5723273.htm，2022 年 11 月 1 日。

数字人领域的低俗暴力、淫秽色情等"灰色地带"，完全可以套用现有行业管理规则一视同仁地予以规范。另外，目前虚拟数字人形象的创意制作，还是以机构的PG生产方式为主体，大部分用户无法拥有自己的专属虚拟形象。韩国女团aespa的概念中，每个人都拥有与自己相伴生的虚拟形象ae，既可以与它同时出现、互动合影，也能够让它代替自己出现在其他场合，这大概正是人们对于虚拟数字人的另一种畅想。虚拟数字人平台型企业，可在建立健全个人敏感隐私信息保护、防范深度伪造、严禁网络暴力和维护社会公序良俗的内容创作规则的前提下，加速推进用户方的技术开发，有序逐步开放UGC创作领域，以丰富内容创作，实现虚拟数字人的内容量产。

与此同时，在当下虚拟数字人行业PUGC生产实践中，已衍生出"动捕演员""中之人"这样的幕后职业，对于这一部分"隐身化"的内容生产参与者，缺乏必要的规范管理与保护，如虚拟女团A-SOUL成员珈乐毕业事件的背后是与其组合热度不匹配的待遇——工资低、训练苦、被动捕服划伤、被公司限制人身自由，这群受万千粉丝追捧的虚拟偶像实质上还是被资本压迫的"打工人"。因此，对此类虚拟数字人背后的真人，需要社会给予更多的人文关怀，也应当呼吁行业规范，给予他们应有的待遇。

从内容运营视角来看，鉴于当前虚拟数字人行业整体尚处于初步探索期，应在合规运营的同时，探索创新运营方式，如加强虚拟数字人的个性化标签打造，通过外形、技能、行业、服务等进行交叉定位，通过个性化吸引目标用户并保持用户黏性，提升忠诚度与口碑，更好地实现虚拟数字人品牌建设，提高影响力；积极探索多种传播形式，突出数字化、互动性、沉浸式特征，为虚拟数字人传播内容的生产、呈现、自传播提供源泉，在此基础之上，进一步突破现有领域的同质化变现路径，探索适合虚拟数字人的多元变现路径，实现多元化创收。

3. 用户方：提升自身媒介素养，增强虚实辨别能力

虚拟数字人的用户整体呈现低龄化特征，既缺乏一定的虚实辨别能力，也容易被煽动，产生群体极化行为。用户应当进一步提升自身媒介素养，学会选择性地接触虚拟数字人相关信息，提高信息筛选和过滤能力；多方面认

知世界，注意与传统媒介相结合，不可完全脱离现实社会，注重增强用户的虚实辨别能力；增加个人修养，提高伦理道德与法律意识；自觉接受媒介素养教育，全面提高新时代对媒介素养的社会认知，有意识地规范自己在媒介接触中的行为，积极对抗"上瘾""沉迷""低俗暴力""饭圈抱团"等不良网络行为。

参考文献

冯晓宇：《元宇宙背景下虚拟数字人发展面临的挑战及对策建议》，《文化产业》2022 年第 36 期。

喻国明、杨名宜：《元宇宙时代的新媒体景观：数字虚拟人直播的具身性研究》，《当代传播》2023 年第 1 期。

秦贝贝、傅焕然、周粤婷：《数字虚拟人产业发展现状研究》，《广播电视网络》2023 年第 2 期。

B.6
作为媒介的短视频平台：功能演进、风险争议及发展趋势

李明德 卢 迪*

摘 要： 短视频平台的功能演进是国内短视频行业竞争日趋激烈、短视频用户规模增速放缓的必然结果。依托媒介功能理论，作为当今大众媒介的重要组成部分，短视频平台的基础功能可分为社会功能与娱乐功能两类。其中社会功能包括新闻传播与舆论承载，娱乐功能分为日常展演与休闲解压。随着短视频平台逐渐向"超级短视频App"发展，其功能也转向创造经济价值、关注银龄用户、传承文化遗产、传播知识文化、布局国际传播等。但是在短视频功能演进的过程中，算法推荐等技术应用可能会导致用户陷入"信息茧房"的禁锢，"草根革命"的兴起也有引发负面舆情的风险。在今后的发展过程中，短视频平台更需兼顾经济效益与社会效益，朝着构建主流意识形态舆论场、服务社会与获取收益并举、开创国际传播新局面的目标迈进。

关键词： 短视频平台 电商 人工智能

随着移动互联网络的发展、大众娱乐消费水平的提高以及数字化技术的进步，短视频凭借碎片化、直观化、便捷化、生动化等特征，成为公众消遣

---

* 李明德，西安交通大学新闻与新媒体学院教授、博士生导师，主要研究方向为新媒体与社会治理、新闻传播与舆论引导；卢迪，西安交通大学马克思主义学院，主要研究方向为新闻传播与舆论引导。

娱乐、分享日常的重要阵地。以抖音、快手、微信视频号为主的多个短视频平台迅猛发展，在受众的注意力市场疯狂"攻城掠地"。受新冠疫情等一系列突发事件影响，短视频用户快速增长，通过各类渠道及终端观看短视频的网民占比达 93.2%。① 人们对于短视频平台的依赖程度愈发加深，也引发了对短视频平台功能演进方向的探讨。

一　短视频平台的发展生态

（一）行业：三足鼎立，竞争更趋激烈

2022 年，中国短视频行业"两超格局"稍有变化，抖音、快手的领跑地位虽依旧稳定，② 但微信视频号也高歌猛进，"两超多强"向"三足鼎立"转变。在短视频影响力逐渐扩大、商业价值日趋凸显之际，众多社交媒体平台如小红书、微博等也纷纷加入短视频的赛道，为短视频行业的发展注入新的动力。

2022 年，抖音与快手之间的竞争逐渐白热化，虎年春节和北京冬奥会拉开了二者"流量争夺战"的序幕。春节期间，抖音和快手均成为 2022 年中央电视台春节联欢晚会的合作平台，为了吸引用户，二者均展开红包营销策略：抖音产品页打出"温暖中国年分 20 亿"的标语，吸引用户下载，抖音除夕当天的日活跃用户达 4.4 亿，同比上涨 2.2%；③ 快手不甘抖音之后，不仅追加红包金额至 22 亿元，还请来沈腾、岳云鹏等明星助阵，除夕当天，快手的日活跃用户为 2.54 亿，虽低于抖音，但相较于 2021 年除夕，其日活跃用户涨幅达到 10%。在北京冬奥会的流量赛道中，快手抢先一步，获得

---

① 中国广视索福瑞媒介研究：《短视频用户价值研究报告 2022》，https://mp.weixin.qq.com/s/Oc5Ubg7GFR_fJwjlp-RfCQ，2022 年 12 月 11 日。

② 黄楚新：《我国移动短视频发展现状及趋势》，《人民论坛·学术前沿》2022 年第 5 期。

③ 《抖音 VS 快手，2022 流量首战复盘》，https://www.liangjianghu.com/articles/hot/asaguan-cha-dou-yin-vskuai-shou-2022liu-liang-shou-zhan-fu-pan，2022 年 3 月 1 日。

冬奥会的网络转播权和短视频内容分发权；抖音也紧抓蹭冬奥会流量的机会，通过集结冬奥"冠军天团"吸引用户关注。

微信视频号加入短视频竞争战局之后，后来者居上，跻身第一梯队，推进抖音、快手"两超多强"格局的调整，朝着"三足鼎立"的方向发展。微信视频号凭借强大的用户基础，打通微信生态间的用户流转，聚合公域与私域流量。目前，微信视频号活跃用户规模突破 8 亿，微信视频号中抖音用户活跃渗透率达 59.2%、快手用户活跃渗透率达 30.8%。微信视频号与抖音、快手形成了"三足鼎立"的竞争格局。① 此外，微博、小红书等上线短视频功能后，凭借强社交、强互动的模式表现出强劲势头，② 在以抖音、快手为首的"两超多强"向以微信视频号强势发力为特征的"三足鼎立"的动态转向过程中，社交媒体平台也纷纷抢占短视频市场。短视频行业竞争日趋激烈，促使各大平台不断进行功能优化、拓展功能领域、实现功能演进，抢夺受众的注意力资源。

（二）用户：增速放缓，全民特征突出

短视频平台作为流量高地，在经历了用户的规模化积累和快速化扩张之后仍在扩容。2022 年，短视频用户规模庞大，增长稳定。中国网络互联信息中心第 50 次《中国互联网络发展状况统计报告》显示，截至 2022 年 6 月，我国网民规模为 10.51 亿，较 2021 年 12 月新增网民 1919 万；其中，我国短视频的用户规模增长最为明显，达到 9.62 亿，较 2021 年 12 月增长 2805 万，占网民整体的 91.5%。③ 从短视频用户总量来看，如图 1 所示，五年间，短视频用户规模增速放缓，短视频用户高速增长的流量红利正在加速褪去。但是用户数量依旧逐年上升，存量市场庞大。究其原因，一方面各大短视频平台纷纷创新玩法，驱动用户数量持续增长；另一方面，受新冠疫情

---

① 《QuestMobile2022 中国移动互联网半年大报告：流量分发底层逻辑巨变，各家变阵应对，月活破亿应用 58 个、企业 38 家》，https：//mp. weixin. qq. com/s/3LwB1_ eQFMYHbKRO_ AO4Tw，2022 年 7 月 26 日。
② 黄楚新：《我国移动短视频发展现状及趋势》，《人民论坛·学术前沿》2022 年第 5 期。
③ 《第 50 次〈中国互联网络发展统计报告〉》，https：//www. cnnic. net. cn/n4/2022/0914/c88-10226. html，2022 年 8 月 31 日。

影响，"居家"成为 2022 年的关键词，网民资讯获取、工作学习、娱乐休闲等需求转移至线上，为短视频用户规模的扩大提供动力。

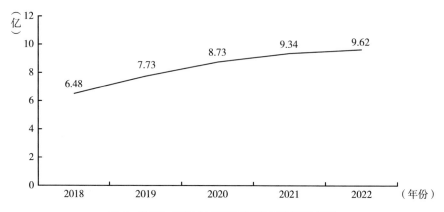

图 1 2018~2022 年短视频用户规模增长趋势

资料来源：CNNIC《第 50 次〈中国互联网络发展统计报告〉》，https://www.cnnic. net.cn/n4/2022/0914/c88-10226.html，2022 年 8 月 31 日。

从年龄结构上看，2022 年短视频用户结构趋于稳定。根据表 1，短视频用户的年龄分布与网民的年龄分布保持一致，短视频用户的年龄结构与我国网民结构类似，呈现全民化特征。从图 2 可以看出，2018~2022 年，"80后""90后""00后"用户仍是短视频使用的主力军。处于这一年龄段的用户大多经济独立，能够自由地支配闲暇时间并且拥有接入互联网的条件。但是，20~49 岁短视频用户虽规模较大，其数量增长已触及天花板，与 2021年相比，这一年龄段的用户占比减少。随着我国人口老龄化程度加深，50岁及以上的银龄用户占比逐年上升，且超过总量的 1/4。

表 1 2022 年短视频用户与网民年龄结构

单位：%

类别	10~19 岁	20~29 岁	30~39 岁	40~49 岁	50~59 岁	60~69 岁
短视频用户	13.7	18.0	21.1	19.2	16.4	11.7
网民	13.9	18.1	20.8	19.2	16.0	12.0

资料来源：中国广视索福瑞媒介研究 CSM、CNNIC。

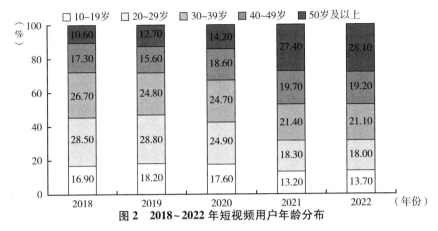

图 2　2018～2022 年短视频用户年龄分布

资料来源：中国广视索福瑞媒介研究 CSM。

短视频用户市场庞大、年龄边界扩展，促使短视频平台开始关注老年使用者并且更加注重功能的优化，以获取更多的用户；短视频用户增速放缓，使得各大短视频平台不得不继续挖掘新的领域、研发新功能，以彰显自身特质，规避同领域竞争。

二　短视频平台基础功能阐述

在传播学语境中，拉斯韦尔用功能主义理论对大众媒介在社会中的功能进行明确阐释，归纳了媒介的环境监测、社会协调和社会遗产继承的三种功能。赖特在继承拉斯韦尔"三功能说"的基础上，总结了大众媒介的四种功能，即收集和传达信息的环境监测功能，解释事件信息并提示人们该采取怎样行动反应的解释与规约功能，传播知识、价值及行为规范的社会化功能，满足人们精神生活需要的娱乐功能。根据媒介功能理论，作为新兴的大众传播媒介，短视频平台的基础功能也可划分为社会功能和娱乐功能两大类型。

（一）社会功能：新闻传播与舆论承载

1.新闻传播：特征鲜明的资讯生产

调查显示，74.7%的短视频用户认为通过短视频平台能"更多看到重大

及热点事件内容"，79%的用户看过新闻短视频，短视频的新闻传播潜力进一步释放。① 在热门短视频中，社会、时政类内容占比合计近半数，短视频已成为网民获取新闻资讯的重要渠道。② 根据抖音调查，2022年抖音热点重大事件中，3/4为国内外重大新闻事件，如"唐山打人事件""佩洛西窜访台湾"等，短视频平台成为受众关注时事动态、获取新闻资讯的重要渠道。抖音、快手、视频号等短视频平台的出现，赋予了新闻内容影像化的表现形式。受短视频平台的固有属性影响，通过短视频所呈现的新闻资讯结构简单、内容破碎、叙事主体多元、用词丰富亲民，用户可以在几分钟甚至几十秒的时间里了解新闻事件，符合现代社会的阅读习惯和审美需求。在短视频平台中，人人都有麦克风，新闻生产的权力下移至普通受众，受众在新闻采集、制作与传播环节的参与度不断提高。短视频平台中新闻源丰富，新闻时效性更强。此外，短视频还能够对新闻现场进行最真实的记录，增强新闻接收者的现场感。同时，鉴于平台的用户规模庞大，部分新闻在短视频平台也更易产生集聚效应，制造热点事件。随着短视频平台在人们生活中的渗透程度加深，使用短视频平台发布新闻将成为大势所趋，中国新闻奖也开设"短视频现场新闻奖"，用以鼓励时效性现场感强、信息量大、传播效果好、在短视频移动端首发的短视频新闻。

2. 舆论承载：景观社会的影像化表达

在日常生活中，人们被大量的景观所包裹，心态变化与情绪感知也易被具有冲击力的视觉形象所吸引。舆论本是"人们脑海中的图景"，若想产生实际的价值与影响力，需进行公开的表达。短视频平台凭借多媒表达、碎片形式、丰富内涵等特征，逐渐渗透至各类议题中，并逐渐演化为公众舆论。这不仅畅通了表达渠道、顺应公众的发声诉求，也丰富了公众参与公共事件、社会议题的途径。

---

① 中国广视索福瑞媒介研究：《短视频用户价值研究报告2022》，https://mp.weixin.qq.com/s/Oc5Ubg7GFR_ fJwjlp-RfCQ，2022年12月11日。
② 《短视频已成网民获取新闻的重要渠道（附报告全文）》，https://mp.weixin.qq.com/s/RCjgqOJ5enSGm9gPZHFNbA，2022年8月22日。

作为新兴的舆论场域，短视频平台呈现出显著的公共属性：一方面，短视频平台去中心化、去精英化的传播模式，能够最大限度地吸引不同年龄、不同文化程度的受众参与其中，促进舆论的传播；另一方面，短视频顺应了人们"眼见为实"的认知惯性，使人们将自己的视觉观察作为判断的依据。此外，短视频舆论具有人物在场、证据直观、场景真实等特征，增强了舆论的可信度。同时，当出现复杂的社会议题时，短视频有助于将事件由繁化简，帮助受众理解；并且，短视频所营造的舆论氛围也顺应了人们去中心化、互动化的舆论要求，舆论短视频化表达成为大势所趋。

（二）娱乐功能：自我呈现与休闲解压

1. 自我呈现：日常生活的碎片化分享

欧文·戈夫曼（Erving Goffman）提出"自我呈现"的概念，将符号互动论纳入日常生活的微观分析之中。他用戏剧表演比喻社会互动，将呈现环境比作舞台的"前台"与"后台"，构建了"拟剧理论"。

短视频平台为受众提供了自我呈现的舞台并模糊了"前台"与"后台"之间的界限。"拟剧理论"认为，"前台"是一种制度化的社会存在，人们所扮演的通常是具有一定程度的理想化和社会化的自我；"后台"则是显现真实自我的场所。[1] 调查显示，46.5%的用户自制或上传短视频的原因为记录自己的真实生活。[2] 在现实生活中，个人的自我呈现囿于社会身份，无法展示真实的状态。而在短视频平台的使用语境中，用户所处虚拟网络环境，其匿名性可以帮助用户隐藏真实身份，因此，用户虽处于网络的"前台"之上，但可以不受社会前台的条条框框约束。在这种环境下，用户可以分享真实的生活状态，在道德和法律许可的范围内展示"后台"的"本我"。这样一来，"前台"与"后台"的界限便被模糊，用户可以在个人"前台"

---

① 王长潇、刘瑞一：《网络视频分享中的"自我呈现"——基于戈夫曼拟剧理论与行为分析的观察与思考》，《当代传播》2013 年第 3 期。

② 中国广视索福瑞媒介研究：《短视频用户价值研究报告 2022》，https://mp.weixin.qq.com/s/Oc5Ubg7GFR_ fJwjlp-RfCQ，2022 年 12 月 11 日。

中塑造自己想要呈现的形象，也可以自由地随手记录自己真实的"后台"日常生活。

2. 休闲解压：放松娱乐的沉浸式体验

在预设场景"如何度过大段闲暇时光"中，42.6%的网民将观看短视频作为"唯一"的休闲娱乐方式，[①] 休闲娱乐仍是用户观看短视频的主要目的，放松依旧是受众使用短视频平台的主要诉求。沉浸理论（Flow Theory）认为，沉浸是一种将注意力与精力完全投注到某种活动时的感觉。此时，个体的思想被牢牢吸引，其注意力也高度集中，同时，个体能主动过滤与目标无关的知觉意识，他们只对特定对象有明确的反应。[②]

一方面，短视频客户端采用"单列、上下滑、一屏一条内容"的产品设计，符合用户的使用习惯，用户通过上下滑动反复切换不同的短视频，消解了对于时间流逝速度的感知；另一方面，短视频客户端的核心价值是为用户提供"有趣"的信息内容。对于用户来说，使用短视频平台好比吃零食，内容的"糖分"和"热量"越高，越容易产生快乐，也会占据用户更多的时间。因此，有趣和搞笑视频仍是短视频平台中的主流内容。当用户不停地摄取此类内容，快乐的感受会加深其沉浸感，以至于忽略掉时间。此外，短视频平台基于强大的技术优势，将用户打上不同的标签，建立以信息召回和信息排序为主的信息分发机制，通过信息召回决定用户观看的内容池，通过信息排序决定用户观看内容的先后顺序。因此，基于个性化的算法推荐，用户所接收到的内容符合自己的喜好，由此便进入了"无时间之时间"的状态。

三　短视频平台的功能演进

媒介功能理论的基本假设是，尽管大众传播可能带来潜在的功能失调

---

① 中国广视索福瑞媒介研究：《短视频用户价值研究报告 2022》，https：//mp.weixin.qq.com/
s/Oc5Ubg7GFR_ fJwjlp-RfCQ，2022 年 12 月 11 日。

② 李沛涵：《基于沉浸理论的短视频传播机制研究》，《新闻文化建设》2022 年第 2 期。

（扰乱性或有害的）后果，但是其主要功能更倾向于促进社会整合、延续及维持社会秩序。[①] 施拉姆将大众媒介的功能概括为政治功能、经济功能和一般社会功能。其中，"大众媒介通过经济信息的收集、提供和解释，能够开创经济行为"的观点，是施拉姆分类法的突出贡献。随着短视频 App 功能不断演进，短视频平台向着社交、电商、知识等方向发展，平台更加综合，功能更加多样，逐渐成为真正的"超级短视频 App"，其经济功能和社会功能愈发显现。

（一）电商直播联动，创造经济价值

2022 年，短视频平台的盈利模式发生了新变化，2022 年也被称为短视频平台的"电商元年"。广告和电商是短视频平台盈利的两种重要手段。拆解短视频平台用户的消费链路可以发现，用户达成消费决策直至最终成交，往往经过了"种草—信息搜集—决策—成交"几个环节。以往的用户消费情境中，短视频平台只参与了"种草"环节。商家在短视频平台中投放开屏广告或短视频广告吸引用户，短视频平台也需向商家收取广告费。随着短视频平台不断升级电商服务，44.1%的用户在短视频客户端上的购物行为变多，边看边购物逐渐成为受众新的购物习惯，电商购物无形中增加了用户打开短视频客户端的次数。[②] 短视频平台在改变受众消费习惯的同时，其电商业务也延展了平台对消费链条的覆盖长度，增加了收费节点——除了广告收入外，还涉及交易佣金，平台可以进行多节点的"价值榨取"，获取经济效益。2022 年，抖音计划将天猫上销售额前 2000 名的品牌商家全部引入抖音商城，目前这一品牌引入计划已完成 92%，这些商家又大量购买了广告流量，帮助平台实现了消费链路的良性循环。[③] 随着短视频平台电商业务的重

---

① Denis McQuail, *McQuail's Mass Communication Theory*, 6th Edition, London: SAGE Publications Ltd, 2010.

② 中国广视索福瑞媒介研究：《短视频用户价值研究报告 2022》，https://mp.weixin.qq.com/s/Oc5Ubg7GFR_ fJwjlp-RfCQ，2022 年 12 月 11 日。

③ 卢肇学、张瀚文：《盘点七 | 2022 年短视频市场盘点》，https://mp.weixin.qq.com/s/tyYQuQ7vhUerxEovJ9XRiA，2023 年 1 月 16 日。

要程度加深，平台的内容创作逻辑也逐渐发生改变。较为明显的是，几乎每一条视频内容都或直接或隐晦地包含带货信息。快手CEO程一笑谈及快手未来的战略规划时指出，电商业务是公司未来重要增长引擎之一，也是整个快手商业生态的中心。①

《加快培育新型消费实施方案》提出，培养壮大零售新业态，发展直播经济，鼓励政企合作建设直播基地，加强直播人才培养培训。② 2022年短视频平台直播场次依旧保持增长态势，"直播带货"成为短视频平台电商业务的新形式。随着元宇宙概念的走红，不少品牌在直播中加入虚拟动效元素，通过3D全景建模、AR实时互动等技术，为用户带来沉浸式的看播体验。此外，新东方电商品牌"东方甄选"的双语直播带货也成为一大亮点。区别于当下大多数直播间浮躁吵闹的氛围，东方甄选的主播在带货的同时还输出大量知识，从诗词文学到单词语法，从吉他歌曲到人生哲学，主播们都能信手拈来。浓厚的文化氛围和主播不急不躁的娓娓道来让用户主动在直播间停留，购买产品的时候也带来了精神层面的收获。

（二）关注银龄用户，彰显社会价值

我国自1999年步入老龄化社会后，人口老龄化加速，已由轻度老龄化阶段进入中度老龄化阶段。以习近平同志为核心的党中央高度重视老龄工作，作出一系列决策部署，党的十九届五中全会将积极应对人口老龄化确定为国家战略。国务院印发的《"十四五"国家老龄事业发展和养老服务体系规划》明确提出，推进智能化服务适应老年人需求，长效解决"数字鸿沟"难题。③

短视频平台积极响应国家号召，利用自身优势，提升银龄人群的幸福

---

① 《快手CEO程一笑：电商业务是公司未来增长的重要引擎之一》，https://baijiahao.baidu.com/s? id=1750254108778016803&wfr=spider&for=pc，2022年11月23日。

② 《关于印发〈加快培育新型消费实施方案〉的通知》，http://www.gov.cn/zhengce/zhengceku/2021-03/25/content_5595689.htm，2021年3月22日。

③ 《国务院关于印发"十四五"国家老龄事业发展和养老服务体系规划的通知》，http://www.gov.cn/zhengce/content/2022-02/21/content_5674844.htm，2021年12月30日。

感。一方面，银龄用户在短视频平台中进行分享，使他们的自身价值被放大，获得了认可与陪伴；另一方面，银龄用户通过短视频平台丰富了老年生活，甚至开辟事业"第二春"。如抖音用户"不刷题的吴姥姥"本是同济大学物理学教授，退休后在抖音平台发布短视频进行物理实验、讲授物理知识，继续发挥自身的价值，将自己毕生所学用以帮助更多的人。

短视频平台的两大巨头——快手及抖音均展开了一系列关爱老年人活动。快手与中国老龄事业发展基金会开展"银龄心愿单"计划，邀请快手银龄用户作为"心愿发起人"，由快手和专业机构为其提供定制化的帮助并通过线上活动、助老主题直播等方式让更多人参与关爱老年人群体的公益行动，见证老年人的梦想照进现实；在老年人反诈行动中，快手与中国长安网、长安剑合作，在快手平台启动"诈骗情报局"视频征集活动，以视频的方式揭秘诈骗手段并分享诈骗案例，提高老年人防范养老诈骗的意识；2022 年 7 月 24 日，快手还邀请相声表演艺术家冯巩在其平台发布《老年人防诈很重要》养老反诈主题宣传视频，以老年人喜闻乐见的快板书的形式揭露常见的骗术。抖音则通过线上线下联动的方式帮助老年人跨越数字鸿沟：线上开展智慧助老教育，发布用网教学视频；线下发起"老友计划"，开展"老友见面会"，深度了解老年用户的需求。短视频平台关注老年人的现实需求，不让老年人被科技浪潮抛下，彰显了短视频平台的社会价值与责任担当。

（三）非遗文化传承，知识传播加速

赖特认为，传承文化是媒介社会化的过程之一。在短视频时代，知识不再只是"象牙塔"里的大部头，更是飞入寻常百姓家的堂前燕，提升着大众的精神生活质量。2022 年，短视频平台知识传播成果颇丰，更多用户习惯用短视频平台收获知识。一方面，从发布者和发布内容上看，抖音平台知识达人数量超 50 万，知识类内容作品发布数量增长率为 35.4%。另一方面，从用户层面出发，越来越多的人选择在短视频 App 上进行学习。调查显示，2.5 亿用户喜欢在抖音学知识，较 2021 年初增长 44.1%；用户

分享知识视频和图文内容总次数达 126 亿次，搜索知识问题总次数达 160 亿次。① 为了让更多普通受众获取顶尖的教育资源，使知识不再局限于书本和课堂，各大高校在抖音开设公开课，如国防科技大学在抖音开设的《北斗系统建设与发展》成为抖音用户最爱听的高校公开课，北大的历史公开课在 2022 年 9~11 月的 3 个月时间内，累计播放超过 2800 万次。据统计，2022 年观看高校直播公开课的抖音用户达 9500 万，约有 400 位教授、45 位院士、4 位诺奖得主在抖音发布视频、分享知识。② 此外，抖音在 2022 年推出新功能，为知识学习添砖加瓦，如用户可以利用"识万物"功能，通过拍摄识别动植物，查看相关动植物的视频与图文介绍；增设学习频道，将知识创作者的视频进行整合，方便用户更为专注便捷地获取知识。不仅如此，抖音还开设抖音课堂，满足用户在抖音平台上的知识付费需求，涵盖兴趣生活、职业技能、语言培训等上百个细分类目的十万余门课程。

在非物质文化遗产传承方面，短视频平台也发挥出重要作用。在抖音平台中，国家级非遗项目覆盖率达 99.74%。一方面，短视频平台为"非遗"传承者提供展示的平台。"面人萧"萧占行在快手平台开设账号记录自己捏面塑的片段，使原本小众的非遗手艺大众化，并通过直播收徒，将自己的技艺无私传授。另一方面，各个省区市也借助短视频平台，开辟了"非遗"宣传新通路。如江苏省举行"水韵江苏·春节里的非遗传承"短视频大赛，通过短视频的形式展示沧浪亭集市、蚌舞等江苏省特有的非物质文化遗产。

（四）布局海外市场，传播中国声音

2022 年，我国多款本土短视频软件"出海航行"，走出国门，走进世界

---

① 《2022 抖音知识数据报告》，https：//mp. weixin. qq. com/s/KZyuKAa9mHgc – RlMVjMKFQ，2022 年 12 月 28 日。

② 《2022 抖音数据报告》，https：//mp. weixin. qq. com/s/M1G0DQz6–DustdvZ_ CAAhA，2023 年 1 月 12 日。

市场，并取得了不俗的成绩。其中，抖音海外版 TikTok 表现亮眼，在海外短视频 App 激烈的竞争中，TikTok 仍具有较强的领先优势，并保持高速发展。2022 年，TikTok 登顶美国 iOS 下载榜长达 62 天，全球月活用户突破 10 亿，上半年整体 GMV（商品交易总额）超过 10 亿美元，相当于 TikTok 2021 年全年商品交易总额。从表 2 可以看出，头部短视频企业试水海外市场的思路大多为总结国内成功经验，根据海外市场条件进行本土化运营。短视频平台扬帆出海，布局其他国家的同时，也用海外受众易于接受的方式讲述中国故事、传播中华文化，将具有中国特色、中国基因、中国智慧的短视频传递给海外用户。如在抖音海外版 TikTok 上，中国大叔鼻烟壶内反向作画浏览量超过 200 万；4000 万 TikTok 用户爱上了煎饼果子，4500 万海外观众围观景德镇陶瓷艺人的指尖绝技。

表 2　短视频 App 海外发展情况

应用名称	公司	主要布局区域	出海发展思路
TikTok	字节跳动	美国	充分总结国内成功经验，借助先发优势，加强本地化运营发展
Kwai	快手	南美	结合市场特性，通过差异化发展开拓市场
SnackVideo	快手	东南亚	充分结合当地文化环境进行产品培育
Likee	欢聚时代	东南亚/俄罗斯	通过本地化优势进行品牌打造，吸引当地的内容消费者和创作者
VMate	阿里巴巴	东南亚	切中东南亚当地三、四线用户的表达需求，广泛吸引当地用户

资料来源：QuestMobile。

　　我国蓬勃发展的社交化短视频平台成为当今华夏文化海外传播的重要通道之一。除抖音、快手外，微信视频号等也拥有数量可观的国外用户。微信作为国内用户使用最为普遍的社交 App，在海外也被多数华侨用作联系亲友的重要工具，大部分微信用户的增长来自东南亚、欧洲和美国等国家或地区。越来越多在我国有过工作、学习经历的国外人员，也习惯于使用微信进行通信和交流，微信视频号因此成为短视频海外传播的重要入口。

四 短视频平台功能演进过程中的风险争议

作为当前广受欢迎的大众媒介，短视频平台在不断更新功能、服务受众的同时，也引发了一定的风险。短视频平台功能演进过程中的风险争议可从个人与社会两个层面进行分析。

（一）个人层面：内容精准推送，陷入"信息茧房"

短视频平台对于受众的吸引力是巨大的，正如不少用户所说，"刷短视频就像抽烟喝酒，不好戒掉"。为了更好地增强用户黏性，平台根据用户对不同类型和内容短视频的浏览时长、点赞关注、评论转发分享等行为数据来判断用户是否对该视频感兴趣。经过大数据的分析处理之后，根据分析结果将用户感兴趣的视频推送至用户主页，实行"精准推送"模式。同时也建立了用户个人的兴趣图谱，分析每个用户的年龄、性别、兴趣标签等，根据不同模型刻画出用户可能感兴趣的方面，并对此进行精准匹配，生成属于每个用户的个性化内容。

短视频平台在收集用户身份及行为信息后，虽然有利于为用户提供更好的使用体验，但是基于用户信息及行为分析的个性化推送为构筑"信息茧房"提供了条件。用户只浏览关注自己感兴趣的内容，对于不感兴趣的短视频便一划而过甚至屏蔽，长此以往，很容易导致用户获取信息内容的同质化，并沉溺于算法所搭建的"拟态环境"之中，与外界丰富多彩的信息世界进行"自我隔离"。生活在"信息茧房"的用户自动过滤掉异己信息，更愿意与意见一致的人处于同一圈子，强化对同一观点的认知，容易造成群体极化。同时，平台在收集用户的身份、通信、喜好、行为信息后，也可能会引发个人隐私信息泄露、电信诈骗等网络安全隐患。

（二）社会层面："草根革命"兴起，引发负面舆情

短视频的兴起，掀起了一股"草根革命"之风。不同于传统媒体所要求的专业性，短视频制作的准入门槛极低——它可以没有优美的配乐、精致的画面、巧妙的运镜甚至流畅的叙事，"草根"用户们只需随手一拍，"接

地气"内容便有可能受到网民的追捧。并且，随着短视频平台对预设编辑功能的完善，短视频的后期制作也越来越"傻瓜式"。缺少了门槛的限制，这些庞大的草根用户群体不仅是信息的接收者，更可能是负面内容的发布者，这便为负面舆情的爆发埋下了隐患。

此外，随着短视频平台算法机制的不断完善，其个性化推荐功能愈发能够实现精准投送。依据平台的算法机制，即使发布者粉丝数量较少，但当他所发布的信息触发了特定的标签或关键词时，平台便会进行一定的流量推荐，该视频会被小范围地推送至部分用户，给予风险信息"冒头"的机会，这一过程被称为"冷启动"。在经过完播率、播放时长、点赞率、评论率、转发分享率、关注率、不感兴趣等数据指标的核算后，受欢迎的视频将会获得下一层级的流量推荐，而这些流量层级一般是呈倍数级增长。而出于信息不对称性造成的不安全感，以及高能量情绪的煽动，人们在信息传播中往往具有负面偏好，因此这些风险内容更易引发大家的关注与分享。除了普通网友外，不少专业媒体也紧盯短视频平台，关注到热点的"苗头"后，便会快速地加以多次制作与传播，负面舆情便可能如粉尘燃爆一样，在社会引爆。

五 短视频平台功能演进的未来趋势

当前，各类短视频平台依旧占领着流量高地，随着行业竞争愈发激烈、用户规模走向饱和，短视频平台的功能演进是大势所趋。但是，如何在平台功能发展的过程中承担社会责任、规避风险争议，如何平衡经济效益与社会效益、朝着良性健康的方向发展，是平台必须面对的问题。面对发展的机遇与挑战，平台可从以下几个方面着手。

（一）坚定正向引领，构建主流意识形态的"舆论场"

意识形态工作是为国家立心、为民族立魂的工作。[①] 短视频平台的异军

---

① 习近平：《高举中国特色社会主义伟大旗帜 为全面建设社会主义现代化国家而团结奋斗——在中国共产党第二十次全国代表大会上的报告》，《人民日报》2022 年 10 月 26 日。

突起成为主流意识形态和各种错误思潮进行民众抢夺的必争之地。在内容层面上，平台应发挥其短视频传播的生动性和通俗性的优势，丰富主流意识形态的话语表达，鼓励支持创作者发布正向价值引导的短视频。一方面平台可以坚持以主流价值为导向，借助受众利用短视频平台舒缓压力、放松身心的心理，鼓励拍摄者将主流价值内嵌于生活中的点点滴滴，将日常化的镜头语言、诙谐幽默的叙事方式与主流意识形态的内核相联结，生产出合乎受众胃口、观众喜闻乐见的短视频作品，在潜移默化之间传递主流意识形态。另一方面，平台可以设立创作者激励制度，鼓励用户发布传递正能量的作品，根据其传播效果与内容质量给予一定的物质奖励。

在审核分发层面，首先，平台需坚守内容池的准入门槛，制定"技术+人工"的"双保险"的审核模式。平台应利用视觉识别、语义识别等技术，总结各类错误思潮的图像特征与语言特征，利用人工智能对内容进行审核。一旦发现不符合主流意识形态的短视频作品便即刻下架。其次，应建立一支政治素养高、能与人工智能协同合作的人工审核团队。当机器对部分内容产生疑问、无法识别时，便可采取人工手段把关，进行二次审核。最后，在内容分发层面，平台可建立一套短视频意识形态评价体系，给予评分较高的符合主流意识形态的作品流量扶持。此外，还可利用其算法推荐的技术优势，强制性地向用户主页精准推送一定比例的高质量正能量作品。

（二）线上与线下联动，服务与盈利"双赢"

在互联网、大数据、云计算、人工智能等技术的支持下，以数字经济为基础来引导、实现资源的快速优化配置的经济形态应运而生。作为数字经济的全新载体，就业带动成为短视频平台承担社会责任的重要抓手。为进一步扩大就业，短视频可从以下几个方面着手：在个人层面，开辟专业知识技能板块，降低技能学习的门槛，提升个人就业竞争力。传统的知识讲述局限于校园和课堂，并存在一定的理解门槛。而短视频通过生动直观、寓教于乐的亲民方式，将原本一方人所专长的知识"方言"，翻译成为全部人所通用的"普通话"，打破了知识的传播壁垒。因此，平台应充分发挥短视频的特性，将优质教育资源、技能学习整合，并依据职业进行分类，方便需要的人群查找学习。在平台层面，可根据平台的核心业务创造新型职位。如当前短视频平台的核心业务为短视频、直播电商等，"互联网营销师""助播"等职位便应运而生。短视频平台功能的不断扩展，也将创造更多的就业机会。

2022 年，短视频平台将功能版图拓展至本地生活服务，实现线上线下协同发展。以抖音为例，2022 年抖音合作的线下门店超 100 万家，帮助 28 万个中小商家实现营收增长。① 线下商家入驻短视频平台，平台不仅可以获取广告费，获得经济收益；商家也可增加流量曝光，引流线下店铺，让受疫情影响的实体经济焕发出新的生机。此外，抖音等还与顺丰同城达成合作意向，并进军网约车市场，使人们的生活更便捷。未来，短视频平台的服务属性依旧是发展的重点，平台可在获得经济效益的同时服务社会大众，带动社会经济发展，创造"双赢"局面。

（三）讲好中国故事，开创国际传播新局面

短视频全球化时代已经到来。国内短视频市场竞争激烈，但海外市场仍存在巨大空间，"出海"已成为短视频平台发展的必然趋势。从海外布局来看，短视频平台的用户分布存在区域差异：TikTok 主要占据北美和欧洲市场，快手则在南美和东南亚市场具有领先优势。短视频深耕海外市场的同时，也应发挥国际传播的功能，传播中国声音、讲好中国故事，展现可信可爱可敬的中国形象。

首先，平台应因地制宜，利用算法推荐机制，根据不同国家用户的特点推荐不同的"中国内容"。如巴西热情奔放，与中国部分少数民族的特质相似，可定向推荐中国少数民族歌舞等具有民族风情的内容。

其次，构建多元话语传播体系，提高内容质量，展现中国优秀文化。中国故事是国家故事和个人故事的结合，对中国发展历程的宏大叙事，离不开对鲜活个体的微观聚焦。在国际传播中，应该更加注重以细节体现中国的变

---

① 《2022 抖音生活服务数据报告》，https：//mp.weixin.qq.com/s/YZcVsodEVLwKd9Y4HB8B5g，2023 年 1 月 3 日。

化发展，通过个人的小故事折射国家发展的宏伟图景。此外，要利用好具有中外双重生活背景的人群，充分发挥他们的桥梁纽带作用。在中国工作生活的外交官、外籍职员、留学生，以及有海外学习工作生活经历的中国留学生、旅居海外的华人华侨等是跨文化传播的实践者，是讲述中国故事、传播中国形象的重要力量。

最后，加强平台审核力度。在内容审查方面，重视国际性敏感问题，引入分级制度，限制传播敏感问题；在数据安全方面，更改"无须征得用户同意存储设备中数据"的隐私政策。此外，还应建立本地安全和审核的专业团队。如面对数据安全问题，TikTok 组建了具有该地工作经验的团队和建立本地数据存储中心，通过雇用或合作的形式达到因地制宜的合理安全标准和可靠的数据信息获取，增进各国政府和用户对 TikTok 的信任。

六　结语

随着短视频行业从爆发式增长的流量红利时代步入注重高质量发展的存量化竞争时代，短视频用户规模增速下滑，中小型短视频平台、新兴短视频平台的上升通道正在收窄，对用户需求的深度关注与社会价值、经济价值的挖掘将成为功能创新的起点。短视频应在发扬自身现有功能的长处的同时，根据时代及用户的变化，及时调整功能布局，进行功能的迭代升级。此外，还应规避在功能演进过程中的风险问题，既保障平台的健康运营，又促进社会和谐稳定发展。

参考文献

黄楚新：《我国移动短视频发展现状及趋势》，《人民论坛·学术前沿》2022 年第 5 期。

王长潇、刘瑞一：《网络视频分享中的"自我呈现"——基于戈夫曼拟剧理论与行为分析的观察与思考》，《当代传播》2013 年第 3 期。

李沛涵：《基于沉浸理论的短视频传播机制研究》，《新闻文化建设》2022 年第 2 期。

B.7
2022年数字文化产业发展报告

温馨 张婧 邹晓婷*

摘　要： 2022年，数字文化产业日益成为推动文化与经济发展的内生力量。产业政策持续显效，游戏、电影、电视剧、数字文博等领域，依托自身优势特点发力，促进文化软实力构建与数字经济发展。未来，在政府层面，充分发挥管理和政策优势，调动各方资源，推动数字文化产业新发展，构建数字文化产业健康生态。在企业层面，应充分发挥市场主体作用，利用好数字技术活化文化资源，尤其是实体、传统的文化元素，提升数字文化产品和服务的内涵和质量，为市场提供更优质的产品和服务的同时，不断增强自身竞争力，积极参与全球竞争。在社会层面，为数字文化产业发展营造良好的社会氛围，需要引导社会和公众全面、客观地认识数字文化产业的重要作用，提升对数字文化产业发展的重视程度，注重相关人才培育和引进，加快数字化转型，同时提升全民数字素养，加强民众对数字文化的鉴赏、学习等方面能力。

关键词： 数字文化　文化产业　数字经济

党的二十大报告指出，全面建设社会主义现代化国家，必须坚持中国特色社会主义文化发展道路，增强文化自信，围绕举旗帜、聚民心、育新人、

---

* 温馨，腾讯公司数字舆情研究部高级研究员，主要研究方向为网络舆情；张婧，腾讯公司数字舆情研究部高级研究员，主要研究方向为网络舆情；邹晓婷，腾讯公司数字舆情研究部高级研究员，主要研究方向为网络舆情。

兴文化、展形象建设社会主义文化强国，发展面向现代化、面向世界、面向未来的，民族的、科学的、大众的社会主义文化，激发全民族文化创新创造活力，增强实现中华民族伟大复兴的精神力量。作为社会主义文化重要组成部分的数字文化产业，在新冠疫情背景下，已经成为推动文化与经济发展的内生力量，其重要意义不断凸显。本报告拟基于大数据和网络问卷调研，围绕游戏、电影、电视剧、综艺、动漫、数字文博等具有一定产业实践和群众基础的数字文化领域，分析 2022 年以来数字文化产业发展特征。

一　2022年数字文化产业的主要特征

（一）政策显效促行业生态持续完善

从 2020 年党的十九届五中全会提出"推动数字文化产业高质量发展"到 2021 年"实施文化产业数字化战略"被写入"十四五"规划，再到 2022 年 5 月中共中央办公厅、国务院办公厅印发《关于推进实施国家文化数字化战略的意见》，数字文化产业政策呈现以下两个显著特征。

一是国家对数字文化产业发展导向不断明确，相关促进、引导措施在 2022 年进一步显效。比如，在国家新闻出版署 2021 年 8 月下发的被称为"史上最严游戏防沉迷新规"《关于进一步严格管理切实防止未成年人沉迷网络游戏的通知》落实后的一年，75.49%的未成年人每周游戏时长降至 3 小时以内，较之前极大幅度的减少，超八成家长对防沉迷效果表示满意。①

二是伴随数字文化产业各领域广泛走向大众视野，政策效果愈发直接面临舆论评价。尤其是近年随着文娱领域的治理持续深入，舆论对数字文化产业相关政策及举措的关注度和反馈意愿增强。在 2022 年网络视听行业政策舆论认可度 TOP10 中（见图 2），网民对网络直播领域的政策认可度高，

---

① 中国音数协游戏工委、中国游戏产业研究院、伽马数据：《2022 中国游戏产业未成年人保护进展报告》，2022 年 11 月 22 日。

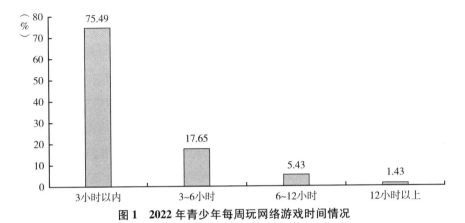

图1　2022年青少年每周玩网络游戏时间情况

资料来源：《2022中国游戏产业未成年人保护进展报告》。

《规范网络直播打赏　加强未成年人保护的意见》《加强网络视听节目平台游戏直播管理的通知》《网络主播行为规范》居前三位，认可度指数分别达到97.26、94.78、93.51。

对微短剧管理相关通知，因通知出台时间较短，微短剧业态尚处于初始发展阶段，舆论认可度暂处于"一般"状态。网络直播领域的意见、通知、规范舆论关注度和正向评价高，一是因为网络直播涉未成年人、游戏平台、网络主播等热门群体、平台及职业，利益相关者较多，广泛吸引各方关切与关注。二是因为近年网络直播迅速兴起，但步子未扎稳，发展缺乏规范指导，舆论期待尽快给予相关引导。相关部门以问题为导向，及时出台相关政策促进行业健康有序发展，为从业者、运营方划定红线与底线，响应民众关切。

（二）主旋律作品持续发力凝心聚气

数字文化产业深入贯彻落实党的二十大主题主线宣传，相关作品传播展示十年发展成就，主要特征如下：一是各领域、各平台积极搭建专区加大力度礼赞"新征程"、提升传播覆盖度。如随着党的二十大临近和开幕，各互联网平台搭建专区礼赞"新征程"，彰显文化行业发展成就。以腾讯视频为

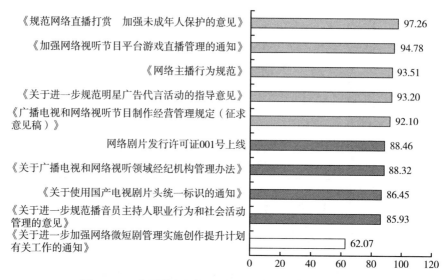

图2　2022年网络视听行业政策舆论认可度TOP10情况

注：基于微信公众号、微博、新闻跟帖等网络公开场景中视听行业政策相关网民评论文本，语义识别其所表达的情绪，进一步根据算法模型计算其中的正面评价情况，最后指数化呈现相应数值。指数值90~100为认可度"高"，指数值80~89为认可度"较高"，指数值70~79为认可度"中等"，指数值60~69为认可度"一般"。

例，6月设置了"新征程"主题页卡和"中国梦"优秀网络视听作品展播专区，并持续丰富内容，集纳优质节目近200部，截至10月23日，专区日均覆盖1.2亿人次。微信平台还依托视频号、公众号等场景优势，促相关视听节目在舆论场形成强力引领。10月8~22日，《领航》《追光》等特别策划献礼节目的相关短视频内容在微信视频号场景估算触达人次达1.5亿人次。

二是主旋律文艺作品发挥文化引领作用，凝心聚气、推动主流价值弘扬。延续新中国成立70周年、建党百年势能，数字文化产业，尤其是文艺相关领域，充分发挥影视等文艺作品的化风育人作用，持续推出精品力作，涤荡负能量，推动社会共识凝聚。如2022年开年大戏《人世间》、2022年底反映国家公务人员日常工作生活的《县委大院》，不仅在传统平台获得高收视率，也在互联网平台助力下"破圈"，实现对年轻用户的口碑突围，并且在完结后仍然在网络平台保持"复刷"热度和话题度，互联网平台发挥了助力主流作品引领市场发展的作用。

（三）新技术新应用逐步扎实推动文化创新行稳致远

2020年以来，元宇宙等新技术新应用概念火热，在数字文化创新方面亦有强劲表现，2022年相关态势依旧延续，但呈现两种显著变化：一是理性降温。元宇宙等新技术新应用，无论是产业跟进还是舆论关注，相较前两年均有所降温。在热切关注甚至"跟风"后，业界和舆论对其可能伴生的负面问题逐步重视并予以针对性防范。大数据分析2022年舆论对新技术新应用话题的关注情况发现，元宇宙的关注度占比仅列第四位，远低于增材制造等技术。此种降温有利于行业回归发展理性，为行业行稳致远奠定基础。进一步运用大数据分析2022年舆论对于数字文化领域相关技术的关注度发现，尽管科技领域发展进入相对冷静理性阶段，但舆论对科技促进数字文化领域发展的期待度依旧较高。数据显示，持"非常期待"立场的占比达61%，其中舆论对区块链、虚拟现实、算法等技术的关注度高，指数分别为86.1、84.1、81.8。

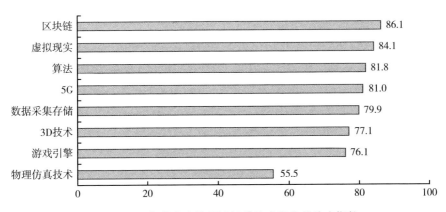

图3　2022年数字文化领域相关技术舆论关注度指数

二是多点探索。相较前两年"高歌猛进"全面铺开的发展态势，行业探索显得更加踏实。以虚拟数字人为代表的元宇宙技术应用，在游戏、影

视、综艺、动漫、文博及传媒等领域多点开花，应用不断成熟，不仅提升主播、媒体等职业效率，其新奇有趣的呈现方式，深受年轻人喜爱，产业市场规模和核心市场规模预计于 2025 年分别达到 6402.7 亿元和 480.6 亿元。① 此外，各国政府逐渐重视游戏技术应用，我国游戏技术也愈发广泛地跨行业运用到文化旅游等领域，其海量的数据优势、持续的技术迭代、丰富的交互场景，为科技创新和数实融合提供助力，开拓了未来数字化社会构建思路，"数字生产力"日益显现。如在北京中轴线申遗工作中，运用游戏引擎等技术，通过遗址信息精确采集、文献资料精细研读、样式房建造技术分析、残损构件虚拟拼接等 10 多道程序，线上复原中轴线景点，令用户高度沉浸式体验中轴线景点风貌。游戏等技术发挥了重要的助力文化遗产本体永续作用。

（四）持续依托中华优秀传统文化对外讲好中国故事

2022 年，中国数字文化产业依旧在出海方面做出努力，主要表现为积极在产品中融入中国传统文化元素，激发海外受众对中国的兴趣。比如，中国游戏出海带动中国文化的讨论和关注，超过其他文化载体，各游戏产品在游戏人物、运营活动、游戏音乐等环节融入中国元素，传播中国文化。比如，原神《神女劈观》剧情唱段在海外社交平台掀起热潮，相关内容播放量超过 500 万次；《PUBG MOBILE》《Puzzles & Survival》等春节运营活动中植入中国特色的道具、服装或春联等元素。又如，因激发受众对宋朝风物的探究与模仿，被誉为古装偶像剧天花板的网络剧《梦华录》，继《陈情令》《长安十二时辰》《三生三世枕上书》后，再度在海外，特别是东南亚地区引发热议。此类深植中华优秀传统文化，与西方文化迥异的内容体系和价值观构建，对东南亚地区的观众产生较强的吸引力。从当前国际环境、文化交流态势看，与其"广撒网"，不如聚集各产品平台优势，突破西方市场的同时，深耕"文化折扣"较低的东南亚市场，稳步提升受众对中国文化产品的接受度。

---

① 艾媒咨询：《2022~2023 年中国虚拟人行业深度研究及投资价值分析报告》，2022 年 6 月 10 日。

二 2022年数字文化产业重点领域情况

（一）游戏产业"回调蓄力"，未成年人沉迷问题进一步解决

受需求变化、人口结构调整等多重因素影响，2022年游戏产业呈现出一定的回调趋势。数据显示，2022年中国游戏市场实际销售收入2658.84亿元，同比减少306.29亿元，下降10.33%。游戏用户规模6.64亿，同比下降0.33%。[①] 同时，游戏企业持续把社会责任置于第一位，通过游戏科技创新、深耕IP价值、积极出海等方式，积极探索产业发展道路，为产业下一步发展积蓄力量，具体表现为以下几方面：一是游戏企业发展放缓。受疫情、汇率等多重因素影响，游戏行业市场收入下降、规模缩减，出现项目取消、人员裁撤等情况，存量竞争下企业更注重长线运营，在创新方面更为谨慎。二是游戏企业积极履责。未成年人游戏防沉迷工作取得实效，未成年人游戏时长、消费都有大幅减少，家长对防沉迷工作成效表示满意。三是游戏产业的科技价值持续显现。报告显示，2020年游戏技术对芯片产业的技术进步贡献率约为14.9%，对5G和VR/AR两个业界公认的数字经济重要基础设施的贡献率分别高达46.3%和71.6%。[②] 同时，互联网企业积极加大科技创新投入，一方面在自研游戏引擎、人工智能、VR等核心技术领域深耕，另一方面将游戏技术跨行业运用到智慧城市、医疗健康、文化旅游等领域，助力传统产业转型。四是游戏企业继续开拓和深耕海外市场。通过开发游戏新品类，发行至新区域，寻找业务增量，直面更加激烈的全球市场竞争。五是游戏产品持续努力对外讲好中国故事。通过对中华元素的创新应用，与文博机构等开展深入合作，传承中华优秀传统文化，展示当代中国风采，扩大中华文化的全球影响力。

---

① 中国音数协游戏工委、中国游戏产业研究院：《2022年中国游戏产业报告》，https://www.sohu.com/a/649047613_121666210，2023年3月4日。

② 中国游戏产业研究院、中国科学院自然科学史研究所王彦雨课题组：《游戏技术——数实融合进程中的技术新集群》，https://zgcb.chinaxwcb.com/info/581131，2022年7月22日。

（二）院线主旋律电影"难中有进"，网络电影亟待突破瓶颈

院线电影方面，受疫情影响，行业依旧艰难，票房表现整体欠佳，头部影片拉动效果同比下降。截至 2022 年 11 月票房为 283.7 亿元，同比下降约 36.0%（见图 4）。

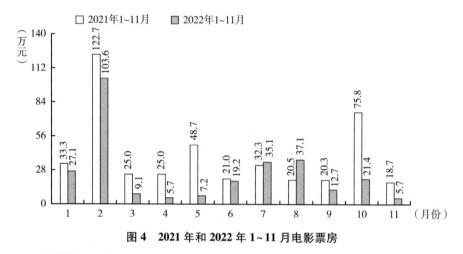

图 4　2021 年和 2022 年 1~11 月电影票房

资料来源：国家电影事业发展专项资金管理委员会办公室。

从整体票房看，2022 年缺乏上年《长津湖》《你好，李焕英》《唐人街探案 3》等具有头部带动效应的影片拉升票房。据国家电影事业发展专项资金管理委员会办公室 2022 年 1~11 月票房过亿影片数据发现，相较于上年同期减少 23 部，同比下降约 39.0%。虽然《长津湖之水门桥》《独行月球》《万里归途》《奇迹·笨小孩》等影片因内容扎实收获高口碑高票房，但中间档位影片断层明显。值得注意的是，2022 年电影行业舆论关注度相对保持高位，虽然同比下降 20.5%，但大数据显示截至 11 月，相关信息年度传播总量约 3.15 亿条（见图 5），依旧保持"亿级"体量。网络电影方面，作品产量走低，整体表现不如预期亮眼，但围绕"主旋律、精品化、故事价值"发力，部分作品获得不俗的人气和口碑，《特级英雄黄继光》《勇士连》等网络电影上线后获高度评价。网络电影获得主流认可，使行业精品化发展路径更加明晰。有观点认为，网络电影正在从无序扩张阶段迈入重品质、重价值导向的理性发展阶段。除主旋律"加持"外，网络电影"传统"热门题材持续发力，《阴阳镇怪谈》《大蛇3：龙蛇之战》《开棺》霸榜分账票房前三位，与动作、喜剧片继续担当网络电影题材支撑角色。

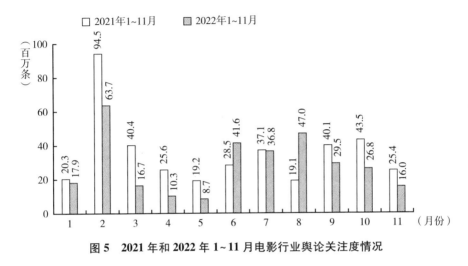

图5　2021年和2022年1~11月电影行业舆论关注度情况

（三）电视剧领域持续唱响主旋律，网络剧领域古装爱情题材领跑

电视剧方面，近年在百花齐放、群雄逐鹿的剧集市场中，主旋律电视剧在叙事上调整姿态，叠加新中国成立70周年、建党百年氛围影响，以及互联网"视频+社交"生态助力传播，《人世间》《警察荣誉》等多部剧集取得不俗收视成绩和社会影响力。以2022年播出的电视剧《人世间》为例，大数据分析微信公众平台该剧公众号发文情况显示，截至2022年4月，相关10万+文章约522篇。微信公众平台主要注册主体类型，即企业、个人、媒体、政府机构，均出现相关《人世间》的10万+文章。进一步分析发布账号类型发现，发布《人世间》10万+文章的企业类账号中，影视领域相关账号仅占22%，78%为非影视领域账号。以上表明该剧通过微信公众平台得到了不同受众的高度关注和重视，产生广泛的破圈效应。从成功出圈的主旋律剧可以看出，跳出模板化叙事，以艺术创作规律为出发，更易获得观

众，特别是年轻观众的认同。调研①数据显示，青年群体更乐于从网络平台接收主旋律视听作品信息，相关问卷被访者占比达 52.38%，依托广播电视渠道获取相关信息的问卷被访者占比为 18.68%；82.09%的问卷被访者表示会主动观看主旋律题材剧（见图 6）；乐于付费观看主旋律视听作品的问卷被访者占比达 63.87%。

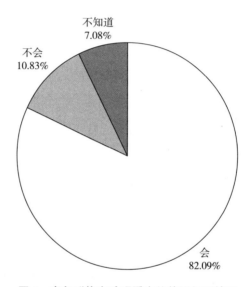

图 6　青年群体主动观看主旋律题材剧情况

　　网络剧方面，古装爱情类题材独占鳌头。大数据分析发现，在年度最具讨论度的 10 部网剧中，7 部为古装爱情题材。其中，《梦华录》因服化道精致、演员颜值演技俱佳、对宋代文化多方面"还原"，以及贴近当前社会思潮，成为年度现象级剧目，剧集播出期间热度高企、好评不断。《苍兰诀》《沉香如屑·沉香重华》等也展现出不俗的市场号召力。此外，网剧题材不断推陈出新，《开端》创新开启"时间循环"网剧模式。该剧将现实关照与

---

① 通过企鹅有调平台对全国网民随机投放网络问卷。共收集 5605 份合格问卷样本，覆盖全国 31 个省、自治区、直辖市。本次调研样本量超过在 95%的置信度和 3%的误差率条件下所需的最低样本量，样本符合统计学有效性要求。18~32 岁青年群体是样本的主要组成部分，其中在校学生居多。

炫酷设定相结合，令网剧行业探索出青年文化和主流文化融合呼应的可能性。

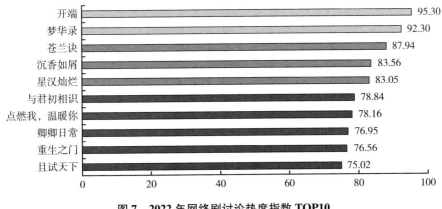

图7　2022年网络剧讨论热度指数TOP10

注：指数值90~100为讨论度"极高"剧目，指数值80~89为讨论度"高热"剧目，指数值70~79为讨论度"较高"剧目。

（四）综艺领域"综N代"魅力持久，文化类综艺彰显软实力

台播综艺方面，"综N代"的吸引力持续提升。娱乐类综艺《披荆斩棘的哥哥》第二季、《奔跑吧兄弟》第六季、《向往的生活》第六季、《王牌对王牌》第七季、《明星大侦探》第七季、《极限挑战》第八季，文化类综艺《典籍里的中国》第二季、《故事里的中国》第三季、《中国诗词大会》第七季①等，口碑与市场均仍有较好表现。网络综艺方面，大数据分析2022年网络视听五大领域舆论关注热度发现，网络综艺的舆论关注度居首位（见图8），指数为92.99。2022年网络综艺从模式到内容再到概念，不断拓宽新边界，主要表现为：一方面，"综N代"延续热度多次登上话题热榜，成为"不老神话"，如《脱口秀大会5》总决赛当晚，仅在微博主榜就收获了近40个热搜。另一方面，深耕垂类赛道的新题材不断涌现，成为网络综

---

① 又名《2022中国诗词大会》。

艺的另一"支柱"。《一年一度喜剧大赛》《声生不息》《登录圆鱼洲》等新综艺被认为与"综N代"形成互补合力,促进网络综艺进一步发展。其中,《这!就是街舞》越南版于4月正式播出,意味着中国网综实现了节目模式出海"零的突破"。值得注意的是,网络综艺作为传统文化传承的新表达形态,与央视等主流媒体推出的文化类综艺一道,日益成为彰显中国文化软实力的重要文艺载体。年内,《邻家诗话》第三季、《2022清明奇妙游》、《年年有戏》等表现突出,传统文化滋养出新的文艺表达形式,促进中华文化保持生机活力。

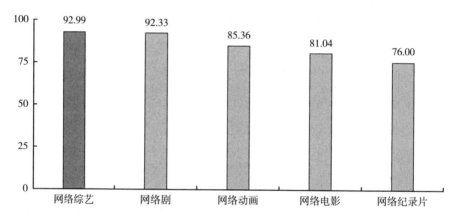

图8　2022年网络视听五大领域舆论热度指数

（五）国产动漫作品佳作频出,平台成为动漫发展主动力

2022年,腾讯、爱奇艺、优酷、B站等互联网平台不断投入资源推动动漫领域发展,国漫原创内容得到资源和流量的倾斜扶持,主要表现为:一是商业化IP改编成为全年焦点。尤其是网文、小说改编多款热门作品,如《斗罗大陆》《三体》《诛仙》《龙族》等,改编自漫画的《西行纪》也加入"年播动画"行列,点燃网民对"漫改"的信心。二是作品主题丰富多元,从玄幻、仙侠到科幻,内容主题仍以展现中华优秀传统文化和中国现当代文化为主,助力文化传承。三是动漫工业化水平进一步提升,3D动画制作成

为主流，制作更加稳定，成本更加可控，形成鲜明的国漫特色，展现出较高的技术水平。但部分网民也指出，行业题材单一、套路化叙事等问题仍存在，如备受期待的动画版《三体》由于人物脸谱化、过度突出特效等，豆瓣评分跌至5.6。四是受互联网企业内部降本增效影响，动漫公司投融资规模下降，购买海外版权作品数量显著减少，但也在一定程度促使相关企业更为关注国产动漫领域。五是动漫IP与文旅、汽车、食品、快消等领域持续跨界联动，商业模式日益丰富，产业生态链进一步完善。

（六）数字文博领域科技文化持续融合，促进文化遗产"活起来"

自党的十九届六中全会提出"推动中华优秀传统文化创造性转化、创新性发展"以来，数字文博领域"科技＋文化"融合度不断加深，博物院、考古遗址公园、数字文创企业等各方力量合力推动创新探索。以中国文物保护基金会、腾讯公益慈善基金会、天津大学建筑学院、长城小站等众多长城保护研究机构共同打造的"云游长城"项目为例，有力推动长城"数字化"概念落地，其中的"数字长城"功能突破以往长城数字化产品停留于图片、全景和三维模型的简单应用，首次深度引入游戏领域的技术能力，如云游戏、数字场景制作、工具和引擎技术、AI＋数据等，为用户打造了1∶1高精度还原的喜峰口长城沉浸互动式数字场景。应用"文化遗产'活化'指数"① 评估发现，在科技融合度方面，"数字长城"取得突破性进展，以总体指数值91.43位居前列，其中科技融合广度和深度分别得分93.41和93.25。

随着数字文博领域不断创新突破，民众对科技促进文化传播创新寄望高，期待以此拓宽、活化中华优秀传统文化传承发展之路。大数据分析显

---

① 该指数由中国人民大学创意产业技术研究院、腾讯数字舆情部课题组联合构建，包含资源活化、传播创新、群体滋养3个一级评价指标，文脉传承度、现代融合度、科技融合度、弘扬主动度、形式创意度、受众认同度、传承参与力、价值凝聚力、出海影响力9个二级评价指标，文化价值挖掘、创意传播内容、传承号召度、文化自信、海外受众感知度等23个三级评价指标。

示，舆论对科技促进数字文博领域发展的态度积极（见图9），并对数字文博发展提出期待建议（见图10）。

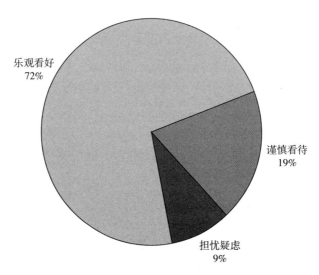

图9　舆论对数字技术促进数字文博领域发展所持态度情况

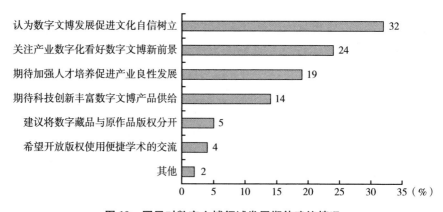

图10　网民对数字文博领域发展期待建议情况

其中，持"乐观看好"态度的占比达72%，舆论普遍肯定数字文博有助于文遗保护，如网民"一澜冬雪"称，数字化的交互能燃起更多年轻人对文物的兴趣和热爱，从而让文化代代相传。持"谨慎看待"态度的占比为19%，建议避免为创新而创新，加快专业人才梯队建设，如网民"Present。"称，有意义的事情希望有更多的人加入并坚持下去。

持"担忧疑虑"态度的占比为9%，认为当前相关工作未令文化交流产生更良好效果，尚有较大提升空间。如网民"来去千古"称，实物藏品所属权还处于一片混乱之中，数字藏品却又不期而至，不管以什么形式存在，市场要健康活跃，不能好买不好卖，甚至直接卖不掉。也有少量网民对数字文博产品版权问题存在疑虑，希望开放部分版权以便于学术交流。

三　数字文化产业未来发展趋势

政府层面，充分发挥管理和政策优势，调动各方资源，推动数字文化产业新发展，构建数字文化产业健康生态。具体而言，一是推动数字技术与文化产业持续和深度融合，尤其鼓励各方采取多元形式，对文物、景区、非遗等多种文化资源进行数字化开发，推进文化产业的"数字基建"，夯实数字文化产业发展基础。二是通过政策倾斜和引导，支持数字娱乐产业健康持续发展，培育市场主体，鼓励数字文化企业做大做强，让具有强大技术研发能力和全产业链整合的数字文化龙头企业，在数字文娱领域继续做大做强，起示范带动效应，提升我国数字文化产业的全球竞争力。三是通过多种手段，培育和催生数字文化产业新业态和新需求，鼓励企业和行业创新发展，提供更多文化商业模式、数字文化产品和服务，丰富产业发展形态，挖掘市场潜在的文化消费需求，为数字文化产业发展培育新增长极。四是基于国际竞争和全球发展视角，建立健全数字文化产业的版权保护机制，为我国数字文化产业"走出去"和"引进来"创造优质的政策环境，鼓励优质数字IP的孵化和打造。

企业层面，应充分发挥市场主体作用，利用好数字技术活化文化资源，尤其是实体、传统的文化元素，提升数字文化产品和服务的内涵和质量，为市场提供更优质的产品和服务的同时，不断增强自身竞争力，积极参与全球竞争。具体而言，一是要继续以高质量发展、主流价值观为导向，创作内容精品，提供优质服务，不断丰富文化内涵，在"内容为王"时代注重内容

和内核表达，在数字浪潮中增强自身竞争力。二是加强文化IP建设，孵化和打造一批经典"符号"，提升头部IP的全球影响力，尤其是在海外具有一定影响力的IP上继续进行挖掘，打造IP内容生态、商业生态和产品生态，放大IP的文化价值和商业价值。三是利用好数字技术，积极投身中华文化元素的挖掘和转化，为数字文化产业的进一步发展建好数字"素材库"，同时具有中华和东方特色的内核更有助于在全球市场展开差异化竞争，助力我国数字文化产业更好地走向海外、走向世界。

社会层面，为数字文化产业发展营造良好的社会氛围，需要引导社会和公众全面、客观地认识数字文化产业的重要作用，提升对数字文化产业发展的重视程度，注重相关人才培育和引进，促进数字化转型，同时提升全民数字素养，加强民众对数字文化的鉴赏、学习等方面能力。具体而言，一是包括游戏、短视频在内的数字文娱产业，属于数字文化产业的重要组成部分，然而当前社会和公众对部分行业的认知仍存偏颇，需要通过主流舆论进行引导，让社会和公众全面客观认知数字文化产业对我国未来发展、全球竞争的重要意义，进而为产业发展营造良好的舆论氛围。二是数字文化的发展，需要培养与储备同时具有技术和文化双重视野和技能的人才，可协调图书馆、科技馆等文博场所，积极开展数字文化活动，进而加强大众科普，同时加强数字文化学历教育和职业教育，搭建各类线上线下人才交流和培训教育平台，强化数字文化产业人才支撑。三是增强全民数字素养，不仅能提升全民数字文化水平，培育出具有较高鉴赏能力的消费者群体，而且能推动产业提供更多优质内容和服务，为我国数字文化消费不断积蓄动能。

参考文献

周佰成、阴庆书：《数字技术对我国文化产业效率的影响研究》，《山西大学学报》（哲学社会科学版）2023年第2期。

李雨辰、李妍：《文化产业数字化的关键问题》，《人民论坛》2022年第24期。

调 查 篇
Investigation Reports

B.8
2022年中国短视频行业发展报告

于　烜*

摘　要： 在数字经济发展的背景下，整体上，2022年短视频保持了流量高地、时间黑洞的强势地位；直播电商成绩耀眼拉动短视频商业规模持续增长；微信视频号崛起，抖音领衔的双寡头格局出现新变量；在内容上短视频呈现垂类规模化及内容直播态、电商化的面貌。聚焦行业内部，2022年中国短视频行业的两个特点突出：一是强电商、重本地，从流量到变现，"抖快"从娱乐平台向综合商业平台加速扩张；二是微短剧量质齐升进入2.0阶段。然而，短视频全面电商化对内容创新的影响是本年度不可忽视的重要问题。展望2023年，强化核心应用、打造超级平台是头部平台发力的重点方向，AIGC等信息技术的日益渗透将促使短视频进入新的发展阶段。

* 于烜，博士，北京广播电视台高级编辑，主要研究方向为视听新媒体、媒体融合。

关键词: 短视频　直播电商　微短剧

一　2022年中国短视频行业概况

2022年,10亿网民刷短视频,短视频保持着流量高地和时间黑洞的强势地位;头部平台直播电商成绩耀眼,拉动短视频商业规模持续增长;微信视频号崛起,抖音领衔的短视频寡头格局出现了新的变量;短视频融于直播,内容趋于直播态、电商化。在中国移动互联网存量竞争中,在疫情背景和互联网"降本增效"的年度基调中,短视频行业进入了发展的新阶段。

(一)短视频流量高地、时间黑洞优势持续

2022年,中国短视频用户规模首次突破10亿大关,用户活跃度与黏性持续提升,使用时长呈碾压之势,位列网络使用时长排行的首位,在中国移动互联网应用中,短视频保持着流量高地和时间黑洞的强势地位。CNNIC第51次《中国互联网络发展状况统计报告》显示,截至2022年12月,我国网民规模10.67亿,同比增加3.4%,其中短视频继续领跑大盘,用户规模10.12亿,同比增长8.3%,使用率高达94.8%,同比提高4.3%。根据第三方机构QuestMobile的监测数据(以下简称"QM")[1],2018年以来中国移动互联网步入存量时代,用户规模逼近饱和,而短视频行业用户保持稳步增长(见表1)。在存量时代互联网巨头对用户黏性争夺加剧的背景下,用户短视频使用时长继续强劲增长,2022年12月,月均使用时长67.1小时,同比增长22.8%(见图1),用户日均使用短视频时间超过2.2小时。自2019年以来,短视频使用时长占大盘总时长的比例一路攀升,2021年超过即时通信,成为全网时长占比最高。在其他应用时长占比持续

---

① 《2022抖音热点数据报告》,抖音官方微信公众号,2022年12月28日。

下降或基本不变大势下，短视频时长占比从 2019 年 12 月 15.2% 增长到 2022 年 12 月的 28.5%，同期，即时通信则从 26.5% 下降至 20.7%。短视频一枝独秀，以绝对优势继续强势挤占即时通信、综合资讯、在线视频、电商等的应用份额。其中，快手极速版 App、抖音 App 的月均使用时长均超过 41 小时。短视频成为 2022 年中国移动互联网难以企及的流量高地和时间黑洞。

表 1　2016~2022 年短视频月活用户与移动互联网月活用户对比

单位：亿，%

时间	短视频月活用户 MAU		移动互联网月活用户 MAU	
	MAU	同比增长率	MAU	同比增长率
2016 年 12 月	2.04	27.3	10.20	17.8
2017 年 12 月	4.17	104.8	10.85	6.3
2018 年 12 月	7.12	70.8	11.31	4.2
2019 年 12 月	8.02	12.6	11.39	0.7
2020 年 12 月	8.50	6.0	11.58	1.7
2021 年 12 月	8.97	5.5	11.74	1.4
2022 年 12 月	9.56	6.6	12.03	2.5

资料来源：根据 QM 数据研究院提供的数据整理。

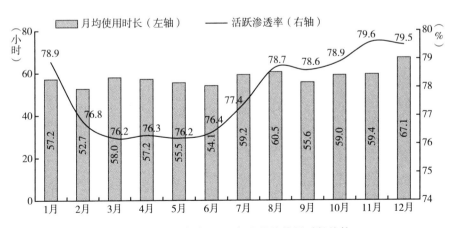

图 1　2022 年短视频 App 行业月均使用时长趋势

资料来源：QM TRUTH 中国移动互联网数据库，2022 年 12 月。

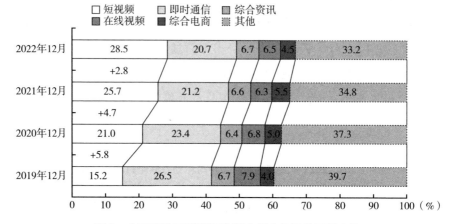

图 2　中国移动互联网细分行业用户使用总时长占比

资料来源：QM TRUTH 中国移动互联网数据库，2022 年 12 月。

（二）直播电商拉动商业规模继续增长

2022 年短视频直播电商和广告营销规模继续扩大，相比前几年广告规模的快速增长，2022 年直播电商成为拉动短视频商业规模增长的龙头。近年来中国直播电商呈现井喷式发展趋势，在数字经济的大背景下，疫情期间企业、平台、消费者共同需要促使中国零售业的变革，推动了直播电商的全民化。2022 年，直播电商交易规模达到 3.43 万亿元，同比增长 34%，在网上零售额中的占比由 2021 年的 19.2%提高到 25%。[1] 2019 年短视频直播电商异军突起，随着"抖快"强化电商平台基建、补齐产业链短板，电商生态趋于成熟，"抖快"成长为直播电商的头部力量。短视频电商 GMV 持续扩张，2021 年抖快 GMV 平均超过 7000 亿元规模。[2] 2022 年，在三个直播电商头部平台总 GMV 中，抖快占比 72.5%。其中，快手 2022 年前三季度 GMV 达5887.70 亿元，[3] 全年有望达到 9000 亿元。抖音优势更加明显，根据媒体公

---

① 曾颖：《2023 年中国直播电商发展洞察》，易观分析微信公众号，2023 年 2 月 17 日。
② 易观分析：《2022 年中国电商平台市场洞察》，2022 年 12 月。
③ 根据快手第一季度至第三季度财报中电商 GMV 数据计算。

开预测，2022年总GMV接近1.5亿元。

广告营销是短视频崛起的商业引擎，2019~2022年，伴随用户规模和黏性的增长，短视频广告市场规模从497.5亿元增长到1162.15亿元，但相较于之前的高速增长，2021年短视频广告增速开始放缓至个位数，由31.5%降到6.9%（见表2）。但是，与移动互联网其他广告类型相比，短视频广告在大盘的份额占比继续保持上升，2022年在大盘中占比17.1%（见表3），稳居第二，在泛资讯广告、在线视频广告等占比均减少的背景下，短视频广告占比仅次于电商类广告。QM数据显示，2022年1~10月，互联网广告收入占比六强中，抖音以28.4%傲视群雄，快手以12.6%位居第三。①

表2 2019~2022年中国互联网典型媒介类型广告市场规模

单位：亿元

媒介行业	2019年	2020年	2021年	2022年
电商类广告	1912.71	2496.63	3045.81	3293.71
短视频广告	497.50	826.77	1087.32	1162.15
在线视频广告	280.15	239.33	281.66	262.23
社交广告	555.46	712.55	864.62	896.07
泛资讯广告	1386.23	1011.71	1087.32	1005.68

注：①广告形式为互联网媒介投放广告，不包括直播、软植、综艺节目冠名、赞助等广告形式。②互联网媒介渠道分类以QuestMobile TRUTH分类为基础，部分渠道依据广告形式进行了合并，具体为：社交广告、在线视频、短视频广告，包含App与QuestMobile TRUTH一致，泛资讯平台广告包括综合资讯、搜索下载、浏览器及垂直资讯行业等，电商类广告包括电商平台、生活服务平台，音频广告包括网络音频App、智能设备等。参照公开财报数据，结合QuestMobile AD INSIGHT广告洞察数据库进行估算。下同。

资料来源：根据QM数据研究院提供资料整理。

---

① Mr. QM：《2022全景生态年度报告：超级App聚合应用、超级新媒体平台聚合内容，两条流量线格局下，各家怎么玩?》，QuestMobile微信公众号，2022年12月7日。

新媒体蓝皮书

表3　2019~2022年中国互联网典型媒介类型广告规模占比

单位：%

媒介行业	2019年	2020年	2021年	2022年
电商类广告	39.6	45.9	46.5	48.3
短视频广告	10.3	15.2	16.6	17.1
在线视频广告	5.8	4.4	4.3	3.8
社交广告	11.5	13.1	13.2	13.1
泛资讯广告	28.7	18.6	16.6	14.8
其他广告	4.1	2.8	2.8	2.9

资料来源：根据QM数据研究院提供的数据整理。

（三）抖音领衔的双寡头格局出现新变量

2020年以来头条系和快手系的用户规模扩大、商业规模优势日益增强，抖音App、快手App双寡头占据行业头部，2021年马太效应加剧，头部抖音优势明显，微信视频号兴起。2022年，短视频平台延续之前竞争格局，两强中抖音强势领跑，新兴的视频号用力追赶，未来有望成为抖快之外的第三个头部应用，短视频寡头格局确立，其他平台则难以跃升。

2022年，抖音系、快手系用户规模和黏性继续增长，头部地位稳固。QM数据显示，截至12月，抖音集团旗下短视频App中，MAU过亿的去重用户规模达8.43亿，快手旗下MAU过亿的短视频App去重用户规模达5.76亿，其中，抖音App月活7.15亿，同比增长率6.4%，较上年增幅有所收窄；快手App月活4.49亿，同比增幅9.2%；抖快极速版的月活体量大体相当，仍保持两位数的较高增速，快手极速版在2021年被抖音极速版赶超后，2022年以2.46亿终于重回领先位置（见图3）。用户黏性上，抖快双方也占据绝对优势，抖音日均时长均超过82分钟，快手日均时长均超过60分钟。抖快牢固的用户护城河奠定了其寡头地位。从商业化看，2022年抖快电商GMV再创新高。抖音经过加码闭环电商建设，快速拓展本地生活服务，规模优势日益明显。从资本层面看，总览短视频行业，截至2022年

160

11月底，全年仅完成14起投融资，融资总金额约为10.16亿元，这无疑传递了资本对新兴平台的态度。抖快之外其他独立短视频App难以有翻身的机会。

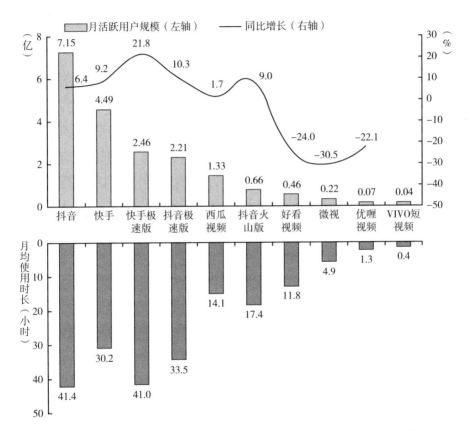

图3　2022年12月短视频行业月活跃用户规模TOP10App及月均使用时长

资料来源：QM TRUTH中国移动互联网数据库，2022年12月。

2022年平台竞争格局的一大亮点是微信视频号的崛起。视频号自2020年初上线以来，在腾讯公司的重磅加持下，2022年6月MAU达8.13亿，[①] 用户规模甚至超过抖音，崔健、罗大佑等多个演唱会直播频繁"出圈"，生态

①　QuestMobile：《2022中国移动互联网半年报告》，https://www.questmobile.com.cn/research/report/313，2022年7月26日。

内容逐步繁荣。2022年被称为视频号商业化元年，视频号商业进程全面启动。自直播带货之后，视频号先后上线信息流广告、视频号小店、直播加热功能，初步构建了与头部平台几乎相同的商业模式。但是，视频号是微信生态中内嵌的一个非独立应用，故仅用户规模的数据价值有限，况且视频号用户黏性不足，日均使用时长只有大约35分钟，总之，视频号无论是用户黏性、内容生态还是商业规模与抖快相比差距仍较大。然而，微信视频号被马化腾视为"全场的希望"，视频号正在利用与微信深度绑定的无人企及的优势快速崛起，与抖快的正面较量蓄势待发，尽管目前提"三足鼎立"显然为时过早，但视频号无疑将是影响未来头部短视频格局的最大变量。

（四）垂类规模化，内容直播态、电商化

短视频内容上，2022年垂直类别更精细、更多元，体量更具规模，热门垂类和小众长尾垂类构成的生态趋于成熟。在2022年7月快手"光合创作者大会"上，短剧、泛知识与资讯、明星、体育、房产、三农、泛时尚泛娱乐等七大内容类别数据亮眼，其中，短剧创作者超10万人，DAU增长到2.6亿；潮流时尚类10万粉以上的作者占快手大盘的27%，同比提升90%，优秀作者的生产量提升74%；体育中硬核赛事及长尾垂类均规模化增长，共覆盖58个品类，创作者同比增长106%，月发布数增长233%，粉丝增长86%。泛知识类是各平台都在持续加码的垂类内容，抖音官方数据显示2022年1~10月，抖音知识类内容发布量增长率35.4%，用户数量总计2.5亿，较2021年初增长44.1%，其中科技、科普知识发布量同比增长118%；抖音新开设了学习频道，实现科技、科普、财经、人文社科、个人管理、音乐、居家、美食等知识类视频的聚合，11月上线的抖音课堂中有近百个细分类目。[1] 2022年快手"新知"扩大到10多个类别，知识类直播

---

[1] 《2022抖音知识数据报告》，抖音微信公众号，2022年12月28日。

涵盖专业学科、语言、义务教育、蓝领技能等九大门类 49 个细分品类。[①]

内容直播态、电商化。QM 秋季报告显示，2022 年 9 月，抖音、快手 App 直播用户接近九成，占比分别达到 88.7% 和 87.9%。2022 年第三季度快手直播 DAU 渗透率近 80%，每日直播时长同比提升 30%；除了才艺、日常生活外，快手直播覆盖运动、知识、非遗、助农、招工、相亲、房产领域约 400 个品类，各类直播场次位以百万、千万计。飞瓜数据显示，抖音上半年直播总场次环比增加 24%，关联团购等开播场次增加 182%。[②] 短视频直播边界不断延伸，类别、场次、时长、用户等均再创新高。当内容平台不断向交易场景扩展，内容电商化是必然的趋势。2022 年抖音带货视频数同比增长超 3 倍达到了 331%。[③] 主打房产交易的"理想家"业务是 2022 年快手内容电商化的突出代表，此业务 2019 年从家居家装短视频垂类内容起步，仅用两年多的时间就打通了短视频/直播内容分发—看房—交易签约的整体流程，业务覆盖数十个城市。2022 年度，快手房产业务总交易额（GTV）超过 100 亿元。从日用消费品到固定资产，短视频平台已经成为数亿用户的购物交易平台，日益呈现"无带货不视频"面貌。

二 短视频行业聚焦

（一）强电商、重本地，流量变现，娱乐平台向综合商业平台扩张

2020 年以来，掌控了全民流量的短视频头部平台四处开疆、八面拓土，加速商业化进程。在互联网广告整体萎缩、短视频广告增速放缓的背景下，直播电商异军突起，成为短视频商业化的新引擎。2021 年抖音"兴趣电商"、快手"信任电商"高举高打，两个头部平台加速电商基础建设，

[①] 快手：《2022 快手直播生态报告》，快手微信公众号，2023 年 1 月 4 日。
[②] 小瓜抖：《2022 上半年短视频直播与电商生态报告》，飞瓜数据微信公众号，2022 年 8 月 31 日。
[③] 飞瓜数据：《2022 年短视频及直播营销年度报告》，飞瓜数据微信公众号，2022 年 8 月 31 日。

补短板、建生态，直播电商呈爆发式增长。2022年，政策监管下游戏和教育业务收入受挫，短视频广告增长乏力，以抖快为代表的短视频平台更加倚重电商业务，抖音、快手已经和淘宝直播并列成为直播电商平台三大头部。随着直播电商市场格局趋稳以及渗透率天花板的日益临近，短视频头部平台在大力推进电商建设的同时，也在探索更多的交易场景，能够拉新促活又能实现变现增量的本地生活服务成为重点业务。抖音、快手的战车全力驶入从流量到变现的通道，两个短视频独角兽正在向超级商业平台演变。

强电商、重本地是2022年抖音商业化突出的特点。字节跳动公司在2020年启动电商业务之时就明确了构建自营电商闭环生态的战略，2021年抖音高举着"兴趣电商"旗帜，供应链、物流、支付等全面发力，抖音电商GMV赶超快手。2022年"双十一"期间，字节公司将多年电商尝试未果的今日头条作为抖音电商的流工具，通过购物频道直链抖音电商。2022年，字节公司以抖音为核心，将兴趣电商升级为"全域兴趣电商"，从"货找人"的直播电商扩展到"人找货"货架电商。抖音商城的上线标志了抖音货架电商建设全面启动，抖音商城旨在承接用户主动搜索等自然渠道的流量变现和消费需要。货架电商是抖音构建完整闭环电商的重大战略步骤，是抖音全流量变现、实现商业增长的新路径。在"人找货"的链条下，上游种草能力关系到最后拔草的效果，2021年10月，对标小红书，抖音推出图文种草，在抖音亿级流量扶持下，2022年9月图文单日阅读量超100亿，这样抖音站内具备了短视频+图文的完整"种草"功能。从种草到拔草的抖音货架电商生态形成了。

2022年抖音全力加码即时零售，强攻本地生活服务。字节公司本地业务发端于2020年，2021年推行的流量补贴+零佣金吸引大量店家入驻，本地生活服务成为抖音流量的新入口，抖音团购在一度受挫后实现了快速发展，2021年底抖音"生活服务"一级部门成立。2022年，抖音在本地赛道狂飙突进，店家规模扩展到全国，截至2022年10月，共覆盖全国377个城市，合作门店100万家，较2021年商家数增长高达22倍，涉及吃喝玩乐、旅游住宿、个护美发等80多个细分品类。[①] 2022年抖音的本地赛道主攻即时零售。8月饿了么小程序接入抖音，抖音与饿了么达成合作的目标是实现"即看即点即达"；12月5日，抖音与达达、顺丰同城、闪送开展合作，旨在为抖音商家提供"团购配送"到家服务，通过试点将实现"全城平均1小时达"的目标。此外，基于双方在即时零售上的相同目标，抖音引入物美超市，物美成为第一个将货搬进抖音小店和直播间的大型商超企业。同时，抖音继续拓展本地服务类别，2022年底抖音宣布开放交通出行平台服务商入驻，入局本地打车市场，同时也将触角伸向在线票务，旨在完成从电影营销到在线购票的生意闭环。在抖音的用户增长放缓、广告业务普遍承压、电商格局基本成形的情况下，本地生活服务成为抖音商业化的新增量，在2022年的本地赛道，抖音俨然有成为一方诸侯的气象。从新增图文种草到发展货架电商完善"人找货"——"货找人"双向路径，再到强攻本地生活即时零售，2022年抖音全力构建"从流量到变现"的商业闭环。

2022年快手广告增速疲软不及预期，快手科技进行了组织架构调整，着重提升电商、本地生活等板块的地位。快手直播带货起步最早，并在2019年即被誉为"电商第三极"。2020年快手直播电商从小分队转向集团军，开始电商系统建设。与抖音自营电商的闭环生态战略不同，快手在自有供应链不完善，特别是品牌货品质货供应不足的情况下，实施在自建电商的同时与传统电商龙头合作的战略，2021年基本完成直播电商的基础建设，GMV达6800亿元、同比实现78.4%的高增长。2022年快手宣布开启直播电商2.0时代，大幅提高电商内容在快手的占比，进一步提高自身的商业化能力。但2022年快手电商没能保持2021年的高速增长势头，9月CEO程一笑兼任电商事业部负责人亲自抓电商。"双十一"前夕，快手重新打开闭环，开放外链，恢复和京东联盟、阿里淘系的合作，希望在平台供应链尚不完善情况下，借此合作快速增加站内商品、商家数量。紧跟抖音步伐，货架电商

---

① 36氪：《服务商助产百亿GMV，抖音拥抱生活服务》，36氪微信公众号，2022年10月26日。

也在快手电商生态的射程之内。快手商城 8 月测试完成,"双十一"正式上线,尽管之后快速下线,但快手发展货架电商只是时间问题而已。在本地生活赛道,快手和抖音几乎同时起步,且在 2021 年底与美团达成合作意向,但是之后并没有完成平台内的闭环建设。不过,2022 年"直播+"业务的拓展,比如提供房屋售卖的"理想家"、求职用工的"快招工"、婚恋交友的"快相亲"等,将平台功能向综合服务交易方向延伸。2022 年"快招工"直播场次超 500 万场,"理想家"房产业务覆盖全国 67%的省份,总交易额突破 100 亿元,[①] 初步建成房地产交易的链路,打通了从内容到产业的道路。"直播+"业务规模化发展,拓展了快手从流量到变现的交易版图。

(二)微短剧进入量质齐升的2.0阶段

2022 年微短剧迎来爆发期。生产上,不仅作品数量暴增,而且创作的专业化带来了品质的提升和题材的进一步拓展;运营上,平台垂类运营更加精细,剧场化、档期化成为常态,平台主导的商业化探索步伐也在加速。

2019 年"快手小剧场"上线,标志着竖屏微短剧这一独立内容形态的诞生。2020 年以草根小作坊生产为主流的微短剧数量增加,但整体质量粗陋、题材单调、同质泛滥。2021 年,成本投入小、用户留存高的微短剧成为存量竞争时代各大平台的重点内容板块,在流量扶植的同时,抖快平台注重微短剧产业链建设,以及内容生产方式的专业化改造,一方面通过收购、合作获得上游版权,打造微短剧 IP 内容库,另一方面吸引各类专业影视机构、MCN 公司和明星艺人加盟微短剧创作,从而促成微短剧赛道的繁荣。2022 年以来微短剧迎来了量质齐升的 2.0 阶段。

2022 年微短剧在整个互联网视频行业刮起了一阵龙卷风。从数量看,根据广电总局重点网络影视剧信息备案系统数据,2021 年备案的微短剧共398 部,而 2022 年 1~9 月,短剧备案量已高达 2792 部。仅 2022 年上半年,

---

① 快手:《快手理想家2022年总交易额破百万成房产行业营销交易新平台》,快手官方微信公众号,2023 年 2 月 17 日。

机构制作的微短剧数量同比2021年增长500%。从播出平台看，除了快手、抖音等短视频平台，"爱优腾芒"、B站等主流视频网站以及百度等大厂都纷纷加入微短剧赛道，比如腾讯视频基本实现每日更新和不间断排播。从创作者层面看，影视制作公司、MCN公司等千余家专业机构蜂拥而至，华策、柠萌、长信、开心麻花等榜上有名，2022年上半年，拍摄备案的机构共807家，其中新增机构620家，占比近八成，获得发行许可的机构92家，其中新增机构75家，占比超过八成。专业制作机构的规模进入，带来了微短剧的品质提升和题材拓展，并引导微短剧向"精品化""影视化""类型化"的方向发展。

短视频平台是微短剧的"领头羊"。2022年为进一步推动专业化的内容生产，快手"星芒短剧"计划从内容题材、创作生产、商业合作三方面为短剧创作者和机构提供全方位的支持。2022年快手发起的"短剧MCN影响力大赛"吸引了古麦嘉禾、星拓、麦芽等十多家头部MCN机构，推出了《我在娱乐圈当团宠》《这个女主不好惹》等多个爆款。2022年快手全年播放量破亿的短剧超100个，短剧日活用户超过2.6亿，再创历史新高。

微短剧商业化步伐加快。2022年微短剧变现的主流方式仍然是分账。2022年上半年，抖音升级平台微短剧分账规则，推出"剧有引力计划"，除了流量支持外，整体提升了创作者的分账额度。此外，平台也在广告、品牌冠名以及直播带货等方向积极探索。快手的前端招商植入+后端直播带货模式取得一定成果，2022年短剧创作者中有电商收入的人数增长35%、百万粉创作者短视频带货GMV同比增长143%。作为最大的短剧付费平台，快手的付费用户数较2022年4月增长480%，[①]但短剧付费仍然处于市场培育初期。

在微短剧2.0阶段，尽管题材增多、品质提升、专业化进程加快，但

---

① 界面新闻：《快手公布短剧业务成绩单：2022全年播放量破亿项目超100个》，https：//baijiahao.baidu.com/s? id=1752082280993982887&wfr=spider&for=pc，2022年12月13日。

内容良莠不齐、部分作品粗制滥造、格调低俗，同质化等问题仍然存在，依旧缺少有广泛影响力的优秀破圈作品，高分账的作品数量不多，"头部"缺席，尚未出现有足够影响力的头部制作公司。经过了爆发式增长后，微短剧将迎来新一轮洗牌，短剧市场将在规范化发展中进入提质减量的 3.0 阶段。

三　短视频行业存在的问题

在短视频商业化进程中，直播电商显现出超强的流量变现能力。自 2020 年起平台的流量分配以及各种支持均导向直播带货，短视频内容创作者、内容达人、内容 MCN 纷纷转型求变，将重心转向直播和带货。同时，直播带货转化效果直观、量化的特点使得广告主、品牌主的思路也发生了转变，投向内容 MCN 的资源锐减，那些依靠广告为生的短视频达人的生存难以为继，这些因素都影响了短视频的内容创作。2022 年全面电商化给短视频内容的创新和繁荣蒙上了一层阴影。

虽然短视频已和直播、电商等业务进行了融合，但融合的结果不应是短视频内容创作被边缘化。2022 年以来，本应是主角的短视频的出镜率越来越低，相反电商、本地生活、直播的占比越来越大，随着抖快电商、本地生活等商业化业务成为重心，全面电商化使得短视频创作逻辑发生深刻变化，依托内容带来流量，再通过广告变现的传统模式受到直播带货的强烈冲击，创作者的逻辑起点不再是内容，而是带货。在以卖货为目的的逻辑下，"含泪亏本怒赚一个亿"的收割戏码每天都在上演。主播们用手撕小三、豪门破产、渣男出轨等剧情戏码，离婚大战、婆媳吵架等大量重口味的狗血直播，以及直播间贩卖的胡编乱造的所谓情感故事等吸引、占据"韭菜"们的心智，待粉丝被眼泪打动、被所谓的情感连接洗脑后，来路不明的"皇家养生珍品"则被主播们顺利地以不足百元的"福利价格"甩卖给蹲守直播间的各路"韭菜"。

2022 年抖音带货视频数同比 2021 年增长超 3 倍，全年种草短视频 16.7

亿个，种草直播间 235 万个，①，如今已经越来越难以找到一条不含带货信息的视频内容了。"无带货不视频"，短视频平台已然成为亿级大卖场。在这个大卖场中，短视频平台"算法造星"表现得淋漓尽致。如果说刘畊宏爆火还有疫情期间人们的健康诉求作支撑，那么"东方甄选"的横空出世当是抖音算法的杰作。新东方在线的直播电商业务开始于 2021 年下半年，截至 2022 年 5 月 31 日，公司财报披露直播电商总营收仅为 2460 万元，到了 6 月"东方甄选"及董宇辉双语带货一夜走红，之后的短短 3 个月公司 GMV 竟达 20 亿元左右，毛利率近 38%，董宇辉账号粉丝数从几十万暴涨到 1700 万，也只用了 10 天时间。尽管东方甄选蹿红有着多重原因，但是，作为抖音与新东方联姻试水知识带货的样板，资本授意下的平台算法是背后最大的推手。在一路狂奔的商业化战车上，不仅爆款短视频变稀缺，而且顶流网红也难保鲜，不过可以肯定的是，谁能为平台带来流量的最大转化，谁才是算法的下一个宠儿。

作为内容平台，无论短视频、长视频，抑或是图文信息，核心价值都是为用户提供可供消费的内容，当下红火的 GMV 也是建立在短视频内容流量沉淀的基础上的。当流量红利见顶、存量争夺加剧，凭弹幕、倍速等雕虫小技难以留住用户，最根本的还要靠优质内容的持续输出，当内容优势不再，电商价值又能续存多久？商业化和内容的平衡将决定着短视频行业未来的走向。

四　短视频行业发展趋势

（一）强化核心应用打造超级平台

随着互联网产业整体"降本增效"，以及短视频行业存量竞争的加剧，为了提高用户留存，全面实现单位流量的变现效率，集中资源做强做大核心

---

① 抖音：《2022 抖音生活服务数据报告》，抖音官方微信公众号，2023 年 1 月 3 日。

应用，将核心 App 打造成超级平台是头部短视频平台的发展方向。

2021 年底，字节跳动进行组织架构调整，将头条、西瓜、搜索、百科以及国内垂直服务业务收入统一并入抖音，2022 年在内容上打通了西瓜视频、今日头条与抖音的通路，抖音的内容类别和体量持续扩大。继开放 30 分钟长视频上传权限后，2022 年底抖音上线"放映厅"，喊出"海量大片免费看"口号，随后推出抖音 PC 端网页版，主打影视剧、综艺、动漫等长视频内容。早在 2020 年"短视频入长"拉开序幕，短视频巨头就积极布局影视、动漫、综艺等长视频。定位于 PUGC 综合视频平台的西瓜视频是当时字节公司长视频战略的主战场，曾大举引入了版权动画、电影、纪录片，并以独播版权试水会员付费。时至今日，长视频的重担显然已经转移到抖音肩上。再加上此前上线的图文，抖音将变成图文、短中长视频、直播汇聚的综合平台。随着亿级用户从"刷刷刷"变成"买买买"，抖音这一媒体类短视频内容平台的面貌变得越来越模糊。当字节公司的发家之宝、昔日的头牌明星产品"今日头条"也沦为抖音电商的导流工具时，足显抖音全面电商化的势在必得。在直播电商战场一路披荆斩棘之后，抖音又马不停蹄开始了货架电商战场的厮杀，2023 年春节一开工便在抖音商城上线超市业务，试图通过自营超市，补足日常高频核心品类的一站式供应，以切分更大的市场蛋糕。2023 年抖音确定的本地生活服务业务目标值为 1500 亿元，[①] 其版图势必将从试点拓展至全国，从吃喝到玩乐、从到店到到家，到家团购、到店团购、旅行等多方位业务版图将落地变现。抖音曾经提出的要从人们的娱乐方式变为生活方式的宣言正在变为现实，未来抖音距离超级平台可能就只差一个社交的距离了。

在平台发展上，快手对于内容以外其他方向链接的重视程度并不亚于抖音，短视频直播带货最早就源于快手平台，快手也在试水本地生活服务，2020 年 11 月快手与同程艺龙合作，同程艺龙旗下酒店、景点门票等产品供应链陆续接入快手。但是相较于抖音的商业化一路强攻硬夺，快手为了应对

---

① 卡思数据：《2023，到哪里去寻找增量？》，卡思数据微信公众号，2023 年 1 月 31 日。

上市后步步紧逼的商业化压力，只有集中火力做强快手 App 以实现流量的高效变现，才能提高资本市场的融资能力，从而支撑后续发展。于是，快手集团一方面裁减产能效率低的应用和产品，如下线关闭对标今日头条的资讯应用"快看点"。另一方面全面强化 App 的电商、本地业务，2023 年 2 月快手货架电商开启招商，3 月大规模对用户上线。本地生活方面，快手宣布将在第三方小程序之外搭建自有交易链路，把快手平台上大量外循环的业务集中起来进行"内循环化"，打造交易闭环。快手在超级平台方向的"抖音化"趋势或许难以避免。

（二）前沿信息技术日益渗透视频行业

2022 年喧嚣热闹的元宇宙、粉墨登场的虚拟人、突飞猛进的 AIGC（AI Generated Content）等现代信息技术引人注目。元宇宙概念下，腾讯"超级QQ秀"、字节"派对岛"（后下线，团队裁撤）、快手虚拟形象社交、抖音虚拟空间"抖音小窝"相继推出，尽管距离全真元宇宙的实现路途遥远，但 2023 年仍将不断有元宇宙概念相关的产品亮相。相比元宇宙，虚拟人距离落地更近一步，比如抖音有许安一、金桔 2049，快手有狐璃璃、虚拟演播助手 KVS，B 站有海外虚拟主播 VOX 等，2022 年虚拟人已经运用于广告、电商、短视频、直播等多场景。随着《虚拟现实与行业应用融合发展行动计划（2022—2026 年）》的发布，虚拟数字人价值得到了肯定。2023 年短视频平台有望出现现象级虚拟人 IP。

2022 年人工智能生成内容 AIGC 引发新的热潮。层出不穷的 AI 工具，特别是 AI 绘画 Midjourney、Stable Diffusion 等应用以及年底 ChatGPT 横空出世，让人们看到了 AI 释放的巨大潜力。AI 内容生成分为文本生成、图像生成、音频生成、视频生成，以及文字生成图片、文字生成视频等。2022 年今日头条、美团推出 AI 绘画，抖音上线 AI 作曲工具"海绵乐队"，AI 正愈加渗透至内容行业，从 PGC 到 UGC 再到 AIGC，内容生产范式的改变是大势所趋。随着 AI 技术的快速发展，文字生成视频也将很快变为现实。

参考文献

黄楚新：《我国移动短视频发展现状及趋势》，《人民论坛·学术前沿》2022 年第 5 期。

段鹏：《社群、场景、情感：短视频平台中的群体参与和电商发展》，《新闻大学》2022 年第 1 期。

B.9
2022年中国虚拟数字人业态发展报告[*]

安珊珊　孟繁鑫　王钰雯[**]

摘　要： 随着数字技术发展迭代，虚拟数字人在2022年迎来产业化崛起元年。本报告聚焦虚拟数字人产业前沿动态，从行业市场前景、"关键技术"演进与关键"玩家"布局、典型应用场景分化等方面深入解读虚拟数字人产业发展现状和趋势。研究发现，2022年中国虚拟数字人行业步入产业链升级发展阶段，呈现出产值快速增长、以智能驱动为主、应用场景多样态的特点。国内虚拟数字人企业实现了上中下游全覆盖，尤其是下游虚拟偶像、虚拟主播、虚拟化身等虚拟IP的应用场景极为丰富。同时，虚拟数字人行业也存在技术与产品标准化不足、法律约束有限与伦理问题凸显等问题。

关键词： 虚拟数字人　应用场景　产业链

　　继元宇宙之后，虚拟数字人是全球互联网行业的又一风口。2022年这一技术实现了从创新应用推广到场景应用扩张的产业化转型，被业内视为虚拟数字人元年。虚拟数字人产业备受瞩目，人们对其持有普遍乐观的预期，在实现了百亿级市场的急速发展后，2026年市场估值达

---

　*　本文系2021年度中宣部"宣传思想文化青年英才（理论）"资助项目前期成果。

**　安珊珊，辽宁大学新闻与传播学院教授、副院长，主要研究方向为新媒体与社会；孟繁鑫，辽宁大学新闻与传播学院，主要研究方向为新媒介传播；王钰雯，辽宁大学新闻与传播学院，主要研究方向为新媒介传播。

102.4 亿元,① 2030 年的市场估值则更高，达 2700 亿元。中国国家广播电视总局及时调试管理政策并积极布局智慧媒介发展新赛道，以顺应行业市场发展前沿动态，2021 年发布了《广播电视和网络视听"十四五"发展规划》，强调在创新节目形态、提高制播效率的智能化水平方面重点打造虚拟主播等虚拟数字人生态。

伴随着虚拟数字人产业的繁荣，AI 化的人类数字分身技术也逐渐渗透至各种类型化现实社会场景应用中，形成了独特的信息传播与经济、文化生态。依据应用场景特质，虚拟偶像、虚拟主播、虚拟客服、虚拟导游、虚拟专家、数字文旅代言人、数字保姆等虚拟数字人细分市场异常活跃，形成了蔚为壮观的数字人图景，频频引发对产业结构调整、劳动力结构优化和产品形态、营销模式创新的反思与讨论。

一　虚拟数字人：数字技术逻辑与人设脚本的商业结合

虚拟数字人是人类在虚拟世界中的数字形式，是人类行为的数据化结构建构与多模态交互输出及应用实践转化。数字人物通过计算机图形、动作捕捉、语音合成、AI 深度学习以及自然语言处理等计算机交互技术创作而成，创作者可以将其用于真人的数字模拟，或创建独特的角色并编写身份脚本。当下，虚拟数字人被视为物理空间破壁的关键节点，也是虚拟空间向现实空间浸淫的切点，更是科技与人文的交点、技术意识形态与人性伦理争辩的焦点。虚拟数字人既能够实现人的数字化复刻，也能够完备支持类人化的互动交际表达，为虚拟世界与现实生活确立了有意义且有效的连接。

对虚拟数字人的认知往往由三个关键概念构成，分别是"虚拟"（存在于非物理世界）、"数字"（技术驱动）和"人"（高度拟人化），以匹配场景的识别与建构、技术的适用与拓展、实践的目标与价值。其中，"人"的

---

① IDC：《中国 AI 数字人市场现状与机会分析，2022》，https：//www.idc.com/getdoc.jsp？containerId=CHC48744822，2022 年 6 月。

属性是虚拟数字人技术的终极指向。目前行业着力于三个维度，首先是视觉呈现技术上强调外观特征的匹配与多元化，要求逼真地拥有"人"的样貌；其次是拟合人类行为方式的数据建模，要求面部表情、肢体动作，以及语言表达的语气、语态等方面要展露人的情绪化特征，要拥有"人"的情绪；最后是模拟人类的交互能力，要求其具有能与人类沟通和交流的能力，在理解人类的同时能够做出合理的反应，要拥有"人"的思想。按应用场景来分类，虚拟数字人主要分为服务型虚拟数字人（如虚拟员工等）和身份型虚拟数字人（如虚拟偶像、虚拟主播等）。在技术上则分为真人驱动和智能驱动两大类，而后者将是未来行业发展的主要风向。

中国传媒大学媒体融合与传播国家重点实验室于2022年发布了《中国虚拟数字人影响力指数报告》，重点研讨了151个头部虚拟数字人样本，创新提出基于"数字模因"的虚拟数字人产品的美术评估指标和技术评估指标两套体系。该报告认为，以网络空间中人的活动型数据（行为、偏好等）为框架，以虚拟数字人的样貌、声音、行为为媒介表达，生成基于特定脚本的数字人产品模态。"数字模因"更强调"信息性、同源性、稳定性、独特性、可变性"等属性，支持产品力、传播力、社会力共同构成其影响力的核心指标，并最终提升从大数据算法到"人"的达成度。

二 虚拟数字人的行业市场前景

虚拟数字人近年来在支撑各行各业产值方面呈现突飞猛进的态势。北京研精毕智信息咨询公司的数据显示，全球虚拟数字人市场主要由部分头部企业主导，尤以微软和克理普敦未来媒体等企业为标杆，占据全球市场的半壁江山（52%），市场的集中度较高。目前两类主体市场为身份型虚拟数字人（85%）和服务型虚拟数字人（15%）[1]，在应用场景方面聚焦虚拟偶像、全

---

[1] 研精毕智信息咨询：《2023年全球及中国虚拟数字人行业发展现状及前景分析》，https://www.xyz-research.com/news/industryinformationdetail/id/2157，2023年2月17日。

息数字人和数字分身等领域。

2022年是中国虚拟数字人产业的崛起之年，我国首个虚拟数字人专项政策《北京市促进数字人产业创新发展行动计划（2022—2025年）》[①] 颁布，市场反响较好。天眼查数据显示，国内47.6%的虚拟人企业注册成立于2022年，同比增长41.4%，以注册资本500万元以内的轻量型、科技创新型企业为主。市场的繁荣也伴随着各种问题，如产品同质化、运营单一化、标准分散化等。

（一）虚拟数字人的海外市场：大国布局、各有侧重

全球虚拟数字人产业繁荣的代表性地区，依然是世界互联网产业优势聚集地，尤以北美、欧洲和亚太地区为主，美国、日本、韩国的相关产业发展最为完备。不同国家技术实力、应用偏好与文化基因等方面的差异，使其虚拟数字人产业发展轨迹各不相同。

虚拟数字人这个概念最早源自1989年美国国立医学图书馆的"可视人计划"。美国作为虚拟数字人技术策源地，拥有强大的核心技术实力，因而在数字人引擎开发、技术平台搭建等产业上游多有建树，并勇于创新互动机制。商业公司创建的虚拟数字人产品，在美国可以直接搭载于全球知名社交媒体脸书、IG平台，直接对接商业运营与粉丝群体，其良好的平台聚合度，能够有力支撑虚拟数字人IP的培育。作为美国虚拟偶像行业标杆的Lil Miquela，是《时代》杂志评选的"互联网上最具影响力的25位人物"中唯一的由电脑生成的角色，目前已与Ugg、Calvin Klein、Prada、三星等公司展开深度合作。Lil Miquela坐拥IG百万粉丝之余，还与真人男友拥有过一段刻骨铭心的恋情。2022年Lil Miquela的粉丝数量增长至312.7万，制作公司Brud工作室适时发布了第一个NFT"维纳斯的重生"，该作品以159.5Eth（以太币）的价格售出，收益所得被悉数捐赠女性公益组织。近

---

① 北京市经济和信息化局：《北京市促进数字人产业创新发展行动计划（2022—2025年）》，http：//jxj.beijing.gov.cn/zwgk/zcwj/bjszc/202208/t20220805_ 2787349.html，2022年8月3日。

期，这一虚拟偶像正在尝试以 Web3.0 区块链技术，鼓励粉丝成为虚拟人物共同创作者，为其讲述故事并强化叙事话语权。Lil Miquela 成为去中心化媒体的先锋实验品，社群集体拥有并创造 IP 的互动方式，成为虚拟数字人持续成长的新机制。

业界普遍认为 20 世纪 80 年代以虚拟歌姬的崛起为代表，世界动漫强国日本的二次元文化步入全新的发展阶段。日本 Crypton Future Media 公司利用 CG 技术打造了"初音未来"，获得全球赞誉和追捧。"初音未来"采用 Gatebox 全息投影技术成功举办了世界首场虚拟偶像全息影像演唱会，其 IP 变现模式也日益丰富。"初音未来"商业模式的成功带动了日本身份型虚拟数字人偶像产业的兴起。随着虚拟偶像"绊爱"成为全球首位虚拟主播，VTuber 的概念开始在行业内普及。日本大量 VTuber 运营和 VR 内容制作/策划公司应运而生，推出虚拟主播，协助虚拟网红举办演唱会等活动，AI 驱动技术完美支持了基于数据计算的自动分发与运营。竞争日益加剧的当下，各类虚拟主播层出不穷，以至于 Kizuna AI 株式会社"停服"。在 2022 年 2 月 26 日"hello，world 2022"线上活动后，"绊爱"无限期停止活动事件，引发了粉丝的强烈反应。总体上，日本的虚拟偶像产业化程度高，呈现出规模大、声量大、迭代快的特点。

韩国文化产业中娱乐行业的占比最高，虚拟数字人应用也是率先在泛娱乐领域展开。有别于日本虚拟二次元偶像的繁荣，韩国知名娱乐公司的市场拓展围绕头部艺人的数字替身大做文章。如 SM 推出的女团"aespa"，成员主要包括金玟庭、柳智敏、宁艺卓和内永亚绘里四位艺人及其各自的虚拟化身。而虚拟人开发初创企业如 Sidus-X，率先推出 Rozy 等虚拟模特以代替真人代言广告。此外，韩国零售企业乐天集团通过视频游戏软件搭载虚拟网红 Rozy，签约百余种品牌，获得 5 亿韩元的收益。三星公司多年致力于虚拟人项目"Neon"，使其像真人一样思考、记忆、学习、对话，未来能够胜任财务、教育和媒体等场景的工作。LG 等韩国大型集团也在瞄准虚拟人提供生活服务的可能。

（二）虚拟数字人的国内市场：深耕内需、异彩纷呈

1. AIGC 赋能数字人交互进化，技术型企业生态繁荣

2022 年虚拟数字人技术迎来关键性突破，AIGC 进一步促进虚拟数字人从简单的交互阶段，跃入有"灵魂"的智能化阶段，同时虚拟数字人的制作成本和内容创作成本也大幅降低。AIGC 技术所创造的代表性产品 ChatGPT，一经推出便火爆全网，一度被认为是拓宽市场格局和细化应用场景的第四次工业革命"东风"。国内世优科技、风语筑等企业纷纷入局 AIGC 领域。创新方面，多年深耕 AI 算法的阿里巴巴、百度、腾讯和网易成功入选 2022 年度 AIGC 应用创新 TOP30 榜单；AI 模型开发方面，百度推出了中国版 GPT"文心一言"模型；产品设计方面，本年度入选福布斯中国新晋独角兽企业榜单的魔珐科技推出虚拟直播产品"有光"。可见，我国虚拟数字人行业技术发展重心已转向超强的 AI 学习能力，并驱动产品创造力升级。

2. 虚拟数字人企业全栈式运营，商业潜能充分释放

虚拟 IP 是虚拟数字人行业最重要的商业变现形式。国外企业产业分界与技术专攻较为明确，国内的虚拟数字人运营公司多提供全栈式服务，如具备全栈式虚拟数字人运营的魔珐科技，致力于为客户提供全包服务的中科深智，一直为虚拟数字人行业提供一体化服务典范。全栈式运营可以实现虚拟数字人从落地到应用和成长发展的有效支撑，定制专属"成长计划"。如柳夜熙的制作团队创壹科技利用其旗下头部抖音账号导流，打造 IP 矩阵。接续先导片的抖音风靡效应，迅速推出《柳夜熙：地支迷阵》系列短剧，截至 2022 年 1 月 12 日，仅 1 个月该系列播放量达 1.2 亿次、点赞量超 400 万，位居抖音短剧榜第四。虚拟人头部 IP 的商业化潜能得到极大释放。

3. 服务型数字人应用场景多元，生活服务深度融合

国内服务型虚拟人的应用场景主要聚焦辅助型领域。虚拟主播、虚拟员工和虚拟助手所提供的客户服务以及行业助理相关服务逐渐实现规模化发展，服务型虚拟数字人也更加像"人"。服务型虚拟人为用户提供更接近于真人的个性化服务，并在医疗、零售、教育和金融等多个领域取得良好的成果。例如，2022 年，百度 AI 信控促进了智能交通场景搭建，阿里也不断完善自动驾驶领域的 AI 基建，在便利市民生活、降低交通事故、实现出行安全等方面，提供场景化的解决方案。此外，本年度百度还联合国家电网以及浦发银行，在电力和金融行业提供标准化、智能化服务。网易伏羲于 2022 年推出人机协作平台有灵机器人测试版，可协助人类完成工作任务和提供服务，随后又发布了首台无人挖掘机。服务型虚拟人的应用场景不断融合拓展。

三 虚拟数字人行业的"关键技术"与"关键玩家"

（一）关键技术：从"真人驱动"到"智能驱动"

STEPVR 创始人、CEO 郭成认为，"虚拟人是一个满足精神需求的创造力型产业，也是给大众用的生产力工具，有了这个工具的赋能，每个人都能在元宇宙里闪亮草根的光辉"。因而，作为虚拟数字人发展引擎的"工具"平台与技术，在产业发展中具有核心重要性。2022 年前瞻产业研究院发布的《中国数字人产业发展前景预测与投资战略规划分析报告》系统梳理了虚拟数字人业态的技术逻辑，认为交互功能是区分不同代际虚拟人产品的核心指标，视有无交互功能，可将其区分为真人驱动型与智能驱动型两大类技术流。两类虚拟人的技术应用特征如表 1 所示。

表 1 真人驱动型和智能驱动型数字虚拟人技术特性对比

分类	真人驱动型	智能驱动型
主要特点	在动作灵活度、互动效果等方面有明显优势	语音表达、面部表情、具体动作主要通过深度学习模型的运算结果实时或离线驱动
技术流程	原画设计—建模绑定—动捕设备或摄像头将基于真人的动作/表情等驱动数字虚拟人实时渲染完成内容录制或现场互动	设计形象或对真人形象进行打点扫描，采集模型—建模绑定—训练各类驱动的深度模型，学习语音、唇形、表情参数间的潜在映射关系—内容制作，基于输入的语音（或由输入文本转化的语音），预测唇动、表情等参数，推理图片并与时间戳结合—渲染并生成内容

分类	真人驱动型	智能驱动型
技术突破	动作捕捉环节,依赖图像识别技术进行姿势、表情等识别算法	语音合成(语音表述在韵律、情感、流畅度等方面符合真人发声习惯) NLP技术(与使用者的语言交互顺畅、能够理解使用者需求) 语音识别(准确识别使用者需求)
通用场景	降低影视行业门槛,推动消费级转化虚拟偶像、大型直播等	虚拟人内容生成,虚拟客服、虚拟助手

资料来源:国海证券研究所:《元宇宙系列深度报告之二:数字虚拟人——科技人文的交点,赋能产业的起点》,https://data.eastmoney.com/report/zw_industry.jshtml?infocode=AP20220311 1551943852,2022年3月11日。

真人驱动型虚拟数字人,俗称"中之人"或皮套人,主要在原画建模后对关键点进行绑定,采用动作捕捉设备采集真人的动作、眼神、表情、体态、手势等数据,进行驱动和渲染。这一技术需要以完备的虚拟形象绘制为前提,并对面部和身体进行建模从而选择关键节点采集动态数据,再映射到模型上。这一技术流模式特别依赖真人表演,尤其是直播互动时。

智能驱动型数字人,也被称为算法驱动型数字人,是彻底依据深度学习模型与可视化技术进行运算并呈现的技术应用。底层资料来源于对真人行为的扫描采集,但人物建模后,表情、动作、语态的迁移及驱动模型的训练一旦完成,系统便可支持生成一个完备的虚拟人形象,并配置好语言或文本的内容制作,确保不同场景下的实时渲染。对于有交互需求的虚拟人,制造商会提前演练问答库,运用知识图谱等信息技术,导入人物角色的对话系统。制作成型的智能驱动型虚拟人通过计算机系统识别和感知外部信息,经过智能分析与决策输出相应文本,借助虚拟人的人物模型来实现与现实世界的交流互动,由此完成一套运作周期。

真人驱动型数字人技术在业内拥有较为长期的历程与相对成熟的技术开发模式,也是当下较为普遍的数字人商业化应用技术流。基于人工智能算法算力的智能驱动数字人是行业发展的新风口,此类产品开发多依托于拥有强大感知技术综合实力的 AI 技术公司。依据前瞻产业院截至 2022 年的数据分析，网易（杭州）网络有限公司在数字人领域专利申请数量最多（1535项），腾讯科技（深圳）有限公司排名第二（1295项），北京字跳网络有限公司位列第四，专利布局偏向头部企业。

（二）关键"玩家"：上中下游产业链全覆盖

随着中国泛娱乐产业生态的急速扩张，多产业联动的生态体系日渐成形，依据工信部《泛娱乐产业白皮书》，我国泛娱乐核心产业已成为数字经济的重要支柱，其中虚拟数字人行业体量占比较大。据艾媒咨询《2022～2023 年中国虚拟人行业深度研究及投资价值分析报告》，中国泛娱乐市场规模为 12048 亿元，预计 2024 年突破 17000 亿元；中国虚拟人存续企业数量为 167670 家，新增企业数量为 66293 家，虚拟人相关企业数量逐渐呈现快速增长趋势。总体上看，虚拟数字人技术、平台、应用的产业链构成完整，市场投资预期乐观。

虚拟数字人行业虽企业众多，但依据自身体量，在产业链中找准定位，分布较为均衡。头部"玩家"以网易、百度、科大讯飞等为代表，在动作捕捉、3D 建模、AI 算法、深度学习等上、中游研发创新方面引领行业，也形成技术壁垒，如表 2 所示；下游企业则主打技术的应用转化，聚焦影视、传媒和游戏领域，在实际应用场景中运营虚拟人，娱乐性、服务性和功能性兼顾，积极开拓市场。

表 2　国内虚拟数字人关键"玩家"代表性产品与应用场景概况

公司名称	公司定位	代表产品	典型市场
魔珐科技	致力于用顶尖的计算机图形学和 AI 核心技术打造三维虚拟内容制作及虚拟数字人基础设施，赋能虚拟＋X 全新生态	翎 Ling Sam&Liz 灵狐 天猫喵酱 叶修 Ada	身份型：腾讯、阿里巴巴、阅文、城市 IP（宁波市等）、小米、美的、伊利等 服务型：金融（光大银行、太平金科等）、教育（杭州萧山教育局、字节跳动等）、电商（怡宝等）、医疗（上海精神卫生中心虚拟心理医生）、运营商（中国移动、中国联通）

续表

公司名称	公司定位	代表产品	典型市场
相芯科技	专注于图形学技术和人工智能技术的深度融合创新,为客户提供 XR 内容生产与互动的解决方案	南梦夏	虚拟助手(金融、党建、政务、电商、博物馆);虚报主播(济南电视台、广西日报、人民日报、浙江电视台钱江频道、京东);美颜滤镜 AR 特效(虎牙直播、珍爱网、新东方教育)
中科深智	致力于持续研发数字虚拟人驱动引擎,为客户提供极高性价比的数字人全栈式解决方案	一禅小和尚 默默酱 云小七	应用场景包括虚拟直播虚拟偶像、混合现实拍摄、大空间 VR 体验、动画实训室和虚拟制片
阿里	致力于推动电商直播智能化	虚拟人俪知 公益项目数字人小莫 AI 模特塔玑	虚拟数字人开放平台、品牌智能直播间,服务面向新零售、政务、金融、运营商、传媒等行业,实现虚拟数字人在线直播、助理播报等效果
腾讯	致力于全面推进虚拟人前沿技术研究、工程优化和解决方案	QO 炫舞星瞳 英雄联盟 KDA 女团 数字人 Siren 虚拟宇航员小净	NEXT Studios、腾讯云和 AI Lab 深入研究虚拟人制作技术和 AI 技术
百度	全栈 AI 能力,提供端到端软硬一体的应用	央视网数字主持人小 C 首个数字人员工小浦 全球首个火星车数字人祝融号	虚拟主播(央视网、好看视频、中国天气);虚拟形象智能交互(问询导览、广告营销、迎宾);虚拟数字人导购员,虚拟主播,虚拟培训师等
网易伏羲	国内专业从事游戏与泛娱乐 AI 研究和应用的顶尖机构	有灵虚拟人	虚拟主播、虚拟客服、虚拟助手、虚拟直播、游戏动画、空间虚拟智能(虚拟导览、虚拟歌手、虚拟诗人、交互式虚拟数字人)

资料来源:《2021 年虚拟数字人深度产业报告》,https://www.qbitai.com/2021/09/28721.html,2021 年 9 月 18 日;《2022 年中国虚拟数字人行业研究报告》,https://www.hanghangcha.com/report-details? id=5246a3aa-2a7f-4dd1-8375-e7db81b92cee,2022 年 8 月;《元宇宙系列深度报告之二:数字虚拟人——科技人文的交点 赋能产业的起点》,https://data.eastmoney.com/report/zw_industry.jshtml? infocode=AP202203111551943852,2022 年 3 月 11 日。

四　虚拟数字人的应用场景分化

目前，国内市场普遍认可的虚拟数字人应用场景分为两个主体领域，一是身份型虚拟数字人，以虚拟偶像为典型产品；二是服务型虚拟数字人，以虚拟客服为典型产品。身份型虚拟数字人占比较大，应用场景灵活多元，以媒体形象展演为生态，依托于天然的二次元文化生态，产业匹配度高；而服务型虚拟数字人在垂直领域深耕，以沟通服务为宗旨，功能性成长显著。2022年，"量子位"发布的《虚拟数字人深度产业报告》显示，到2030年，身份型虚拟数字人市场规模预计为1750亿元，服务型虚拟数字人总规模也将超过950亿元。据艾媒咨询数据，2020年中国虚拟偶像市场规模为34.6亿元，周边市场规模高达645.6亿元；2021年为62.2亿元，周边市场规模高达1074.9亿元。[①] IDC的2022年《中国AI数字人市场现状与机会分析》认为，到2026年中国AI数字人市场规模将达102.4亿元，"政策、应用价值、市场需求、资本支出、技术成熟正合力推动AI数字人市场崛起"。[②]

（一）虚拟偶像：永不"塌房"的优质代言人

虚拟偶像相较于传统偶像，具有角色设定。艾媒数据显示，国内网络追星群体规模大致为8亿人，其中63.6%的人倾向于关注虚拟偶像。[③] 爱奇艺首席内容官王晓晖认为，虽然中国虚拟偶像市场规模在2022年达到121亿元，但相较于近1400亿元的庞大市场规模，虚拟偶像占比仅为8.6%，发展前景广阔。

[①] 量子位：《虚拟数字人深度产业报告》，https：//www.qbitai.com/2021/09/28721.html，2021年9月18日。

[②] IDC：《中国AI数字人市场现状与机会分析：构建AI数字人队伍成为新浪潮》，https：//mp.weixin.qq.com/s/kCpURH0GD3C1KLcN931DxA，2022年6月24日。

[③] 艾媒咨询：《2021中国虚拟偶像行业发展及网民调查研究报告》，https：//www.iimedia.cn/c400/79469.html，2021年7月1日。

虚拟偶像是独立于现实，原创于虚拟空间的"人造"人物角色，通过绘画、动画、CG 等技术制作产生，主要在网络场景或混合现实场景进行演艺活动。大多采用公司化的 IP 运营模式，根据商业需求和文化定位、目标群体特征等具体需求进行孵化，具有参与性强、无负面信息、生命周期长、适配性高、衍生能力强等特点，并涌现出许多典型产品。

1. 柳夜熙：一位有奇趣的虚拟美妆达人

柳夜熙以捉妖、美妆为标签长期活跃于抖音和小红书空间，被称为2021 年"现象级"的虚拟人，视频上线 4 天，便拥有了 300 多万粉丝，创造了行业奇迹。打造柳夜熙的创壹科技在 IP 自主性、创新性上拥有强大的自驱力，在目标消费者营销创新上表现良好。仅用一条抖音视频便出圈的柳夜熙，已然成为现在虚拟偶像流量的天花板，传播影响力、创新力、社会价值三项指数都位列同类第一，被行业誉为兼具"赛博朋克和中式奇幻"风格的网红 IP。目前，柳夜熙每期视频的创作周期仍然需要月余，旨在保持精品级的制作水准，[①] 内容力依旧是虚拟人的核心竞争力所在。

在 iiMedia Ranking（艾媒金榜）2023 年 1 月发布的《2022 年中国超写实虚拟人 10 强榜单》[②] 中，柳夜熙排名第一。柳夜熙模式在行业内更具可复制性。创壹科技利用短视频平台进行内容设计，使得柳夜熙可以独自或与真人共同出演微短剧，并能够和其他的虚拟数字人联动打造 IP。CEO 梁子康公开表示，"我们想要在短视频时代打造一个属于元宇宙世界观的中国式漫威。我们不是要打造单个网红，所以不会单纯地以时间线为标准进行内容的运营。我们更希望在短视频时代进行类型 IP 的打造，节奏上更多以故事为关联标准"。[③]

---

① 《单条涨粉 130 万，虚拟人会在短视频创造出一个元宇宙吗？》，https：//baijiahao. baidu. com/s？id＝1715300741541903535&wfr＝spider&for＝pc，2021 年 11 月 2 日。

② 《2022 年中国超写实虚拟人 10 强榜单出炉，有你熟悉的吗？》，https：//baijiahao. baidu. com/s？id＝1754083598650401313&wfr＝spider&for＝pc，2023 年 1 月 4 日。

③ 《柳夜熙：从短剧走向"漫威"式 IP 运营｜对话创壹科技 CEO 梁子康》，https：//www. d－arts. cn/article/article＿ info/key/MTIwMDg2NzgxMjmDuYmqsKyscw. html，2021 年 12 月 27 日。

2. 洛天依：一位声动人心的绝美歌姬

作为首个登上春晚的虚拟数字人，洛天依以一袭中国风风靡二次元虚拟歌手市场，也是最早尝试将 UGC 模式与词曲创作、声库建设、形象设计等制作维度全面对接的虚拟偶像生产实践，其 IP 运营的核心是"用户生产内容"。除了频繁的民间征稿与民间创作外，随着洛天依名气的积聚，制作方也会邀请知名音乐制作人，为其量身定制曲目，以确保音乐产品质量与行业美誉。在品牌代言推广上，她与三只松鼠、康师傅、雀巢和欧舒丹等品牌展开合作，并推出联动曲。

作为中文网络第一数字歌手，她的媒体声望不断提升。2022 年诞生十周年之际，她带着歌曲《Time to Shine》登上了冬奥会的舞台，为奥运健儿们应援。2023 年开年她便出现在各大主流平台的晚会中，如 B 站的跨年晚会、央视的元宵晚会等都能找到她的身影。2022 年，B 站举办洛天依生日演唱会当日，其曲目播放量排名第一，十周年系列限量版数字藏品以及数字专辑一经发售便抢购一空。

3. 翎 Ling：一位颇具"中国风"的飒爽女侠

翎 Ling 是由魔珐科技和次世文化共同打造的虚拟数字人。作为中国首位超写实虚拟 KOL，翎 Ling 独特的东方气质与国风外形使其辨识度较高。一经央视国风少年创演节目《上线吧！华彩少年》出道，翎 Ling 便获得了较高的流量基础，推出仅三天全网覆盖影响力已过 6000 万，并凭借超高人气被知名财经媒体评为中国虚拟 IP TOP3。出道两年来，翎 Ling 获得了较高的媒体曝光率，除了成为首位登上《Vogue Me》封面的虚拟人物之外，还与宝格丽、雅诗兰黛、特斯拉等众多品牌展开合作，成果颇丰。2022 年 4 月，翎 Ling 以《千里江山图》为故事背景，推出了统一青梅绿茶广告短片《千里江山寻梅记》，并于 12 月荣获 2022 金狮国际广告奖"最佳虚拟 IP 营销"银奖。

4. A-SOUL：五位天赋"艺"禀的青春少女偶像

A-SOUL 是字节跳动试水虚拟人产业的代表性产品，与乐华娱乐合作推出了由向晚（Ava）、贝拉（Bella）、珈乐（Carol）、嘉然（Diana）、乃琳（Eileen）

五位风格各异成员组成的偶像女团。截至目前推出了多支单曲和 4 张专辑。字节与乐华强强联手,借鉴日本虚拟偶像的运营思路,在底层数字技术支撑与虚拟艺人的系统化运营两方面优势互补。五位团员个性鲜明,通过 B 站账号与微博账号构建宣传矩阵、更新频率高等努力,换得了粉丝极高的忠诚度与消费意愿。

2022 年 B 站百大 UP 主排名中,成员嘉然位列其中,而成员贝拉则成为 B 站虚拟主播区第一个达成万舰成就的主播。她们开启了 B 站虚拟主播 3D 直播的先河,是国内唯一坚持使用 3D 技术进行实时直播的虚拟偶像团体,为观众提供沉浸式观演体验,以至于屡次打破 B 站虚拟 UP 主直播打赏及舰长数量的历史纪录。A-SOUL 的商业化运作极为成功,先后与肯德基、欧莱雅男士、Keep 等多个品牌进行合作。据 36 氪的独家专访,"A-SOUL 从出道至今,已经完成了 600 场共 1000 小时的直播"。① A-SOUL 女团的品牌运营主要依托于粉丝经济,直播打赏、粉丝二创及购买力是其商业化运营及变现的关键所在。

(二)虚拟主播:永不疲惫的"劳模"媒体人

1. 虚拟新闻主播:播报不间断

虚拟主播"王冠"作为中央广播电视总台第一个 AI 超仿真的主播,以"元宇宙特约评论员"的身份亮相于 2022 年两会期间。AI"王冠"是中央广播电视总台持续深化"5G+4K"科技战略布局的优秀成果。在两会期间,他与真人主持人王冠在特别节目《"冠"察两会》同框报道和解读两会新闻。这位虚拟主播拥有逼真的外貌、超自然的微表情、超强的数据分析能力以及深度学习能力,能实现实时播报和迅速反应,同时拥有强大的主持控场能力和清晰的语言表达能力。此外,央视网还推出了数字虚拟小编小 C,于 2022 年 3 月出现在《大咖陪你看冬奥》栏目下的《C 位看冬奥》板块,小

---

① 36 氪:《A-SOUL 团队首次接受独家专访:这个行业没有 NG 的机会》,https://baijiahao. baidu.com/s?id=1755532263403016328&wfr=spider&for=pc,2023 年 1 月 20 日。

C 主持风格和语言具有鲜明的网络特色，与真人记者和主持人的连线互动，提高了重大新闻的可看性，为节目增色不少。

虚拟主播连续不间断播报的工作优势是真实主播所无法企及的。相较于真人主播，只有虚拟主播可以做到"全年无休"、24 小时实时播报新闻。2022 年初，小冰公司研发的"每经 AI 电视"虚拟主播 N 小黑和 N 小白创下不间断播报 70 天的直播纪录。作为真人主播的数字孪生，虚拟数字主播的人物模型的整体自然度，在观众看来完全可以乱真。

2. 数字手语主播：播报暖人心

伴随着虚拟数字人算法的精进和算力提升，2022 年手语数字人技术在形象优化和手语词汇量提升方面有了长足进步，能支持多达 26 种面部表情和准确的口动，情绪化表达的准确性和手语的可懂度同步提升。2022 年冬奥会期间，为关注赛事的听障群体提供 AI 手语翻译的主播"聆语"，与央视真人主播进行了一系列有趣的互动。这是央视新闻联合百度智能云推出的全新播报服务，能在第一时间获取赛事信息，并为听障用户提供 24 小时的手语服务，旨在"用技术跨越声音的障碍"。AI 手语主播依托"百度智能云曦灵"平台，通过对《国家通用手语词典》和百万量级平行语料数据、8500 条影视级手语动作数据的深度学习，实现了手语动作精准度达 95% 以上、口型生成准确度高达 98.5% 的拟真。AI 手语主播"聆语"冬奥期间共完成手势 2000 个，服务人次超过 216 万，金牌赛事 100% 覆盖，在央视的引领下，许多平台也纷纷上线专属手语主持人。2022 年 8 月，气象 AI 手语虚拟主播亮相江西卫视天气预报栏目，有效缓解了真人手语主持人稀缺的难题。

3. 电商虚拟主播：线上零售新体验

2022 年虚拟带货主播成为电商行业的一道风景。2 月京东推了虚拟主播"小美"，她在京东美妆超级品类日正式上线，并游走于各大美妆品牌的直播间进行产品代言。3 月，北京吉光喵科技公司推出首位 3D 写实虚拟主播"许安一"，入驻抖音平台开启直播，短短两个月时间就涨粉 30 万，每天直播 2~3 场，直播间最高同时在线观看人数突破 4 万人。这也充分证明了吉光喵科技公司这一虚拟 IP 运营的成功，也为其带来了新一波的流量数据。

飞瓜数据显示，截至目前"许安一"共发布277个作品，获点赞数329.4万，粉丝数达55.9万，近一月日均涨粉量占粉丝增量的69%。

（三）虚拟化身：永不下线的"职业"打工人

1. 虚拟员工：可供量产的优秀员工

据艾媒咨询"2022年中国数字员工用户调研"分析，半数以上的受访者接触过教育或金融领域的数字员工，对虚拟客服的认知度高达67.1%，虚拟代言人和企业虚拟品牌官的认知度分别为59.5%和42.9%，这一职业虚拟数字人身份的市场接受度良好，拥有广阔的应用前景。而2022年也是各行业赛道虚拟员工的井喷之年。

2022年7月11日，红杉中国投资分析师岗位新增一位名为Hóng的虚拟数字人员工，其工作效率高达每秒可处理百份商业计划书。2022年12月12日，蒙牛推出的首个虚拟员工"奶思"作为"蒙牛集团未来星管培生"，首次在快手蒙牛牛奶旗舰店开展直播，为受众提供乳制品知识的科普与蒙牛产品介绍服务。文旅赛道的虚拟员工更是层出不穷，浙江卫视与腾讯互娱联合推出的"宋韵文化推广虚拟人"谷小雨于2022年6月3日首次现身于浙江卫视《天赐的声音》，而后入职南宋德寿宫遗址博物馆，为游客提供导览服务；11月16日，敦煌文创与抖音联动合作，抖音虚拟人仔仔化身飞天宣传大使入职中国航天博物馆并获得电子工作证，成为其首个虚拟职员。随后文博虚拟宣推官"文夭夭"、国博数字员工"艾雯雯"、获得科大讯飞之星（2021~2022）称号的数字员工"爱加"，以及2022年完成线上客户沟通18万次的万科优秀数字员工"崔筱盼"等虚拟员工的出现，预示着行业人力场景的效率与体验提升。

2. 虚拟助理：贴心周到的电子秘书

虚拟助理的产品形态有别于虚拟员工，前者是以用户需求为导向，围绕个性化需求，后者则以企业工作流程需求为原则，面向大量客户标准化批量处理业务需求。虚拟助理应用目前已在医疗、金融、酒店、交通等场景中全面铺开。例如，金融领域虚拟助理可提供发票、支付、账户信息和金融建议等服务，交通领域可为驾驶员和乘客提供天气、路线和新闻、娱乐等服务以提升出行体验，医疗领域可为患者提供日程安排、医疗预约、用药医嘱和电子病例管理等服务。

2022年虚拟数字人商业价值潜力榜单中，排名第一的是百度公司推出的手机虚拟AI助手"度晓晓"，支持语音检索、聊天互动、外卖预定、讲故事等服务，AI应用开始具有平民化风格。2022年2月，在北京冬奥会上助力徐梦桃摘金的数字人教练"观君"也备受关注，他能够实时分析、评估与指导运动员动作，从而科学地提高运动员的比赛成绩。在车载AI方面，助手小哆能够根据主人形象打造千人千面的车载虚拟助手，并亮相于以"AI数字人为汽车元宇宙注入新动力"为主题的2022元宇宙汽车大会。未来，车载虚拟数字人的业务领域将从车载服务发展到情感陪伴，提供更加全方位的服务体验。

五 虚拟数字人的行业发展趋势展望

（一）从"数字人"到"数智人"：AI算法赋能虚拟人技术迭代

虚拟人的行业发展起点可回溯至20世纪80年代的电影工业，综观历史，"虚拟""数字""人"的发展既有平行，也存在交叉，技术是其发展的核心因素与绝对动因。行业走过了从手工绘制到计算机动画（CG）、从2D到3D建模甚至3D全息的影像制式、从音视频拼接到智能语音合成再到动作捕捉和实时渲染技术成熟后的高仿真数字人等一系列复杂的技术演进历程。《2022年中国虚拟人产业发展白皮书》中对广义虚拟人和超自然虚拟人的概念界定，完全依据技术特征，并认为AI技术业已达到"创建、驱动、内容生成，并具备感知、表达等无须人工干预的自动交互能力"，从而实现虚拟人的"一站式"高效率生成。

商汤智能产业研究院的《企业级AI数字人：数字经济发展"新动能"（2022）》认为，数字人拟人化程度可分为五级，高级别数字人从形象、动

作、表情、姿态到语调、语音、语义和语态，乃至算法智力层面基本接近于真人。随着 AI、VR 和高精度渲染技术的融合发展，大幅降低了数字人制作成本，也极大鼓励了其商业化项目的落地。但也有专家对虚拟数字人的拟人化持保守态度，认为虚拟人替代真人的稳定性机制尚不健全，真正的人格化程度尚未达到，尤其是在情感 AI 算法应用方面，无法实现准确丰富的情感交互。

（二）从"应用"到"融合"：数字人产品与服务标准亟待出台

行业成熟的标志是通用标准的确立。我国虚拟数字人从应用层普及到融合生态崛起，高速发展与高质量发展始终是需要调和的问题。虚拟数字人不是单一技术产物，是三维建模、机器视觉、自然语义处理、知识图谱、3D人体动力学、动作捕捉等技术的融合应用，而基于行业发展的技术标准是成熟产品市场转化的前提，也是确保技术安全稳定的基础。相关管理部门应聚焦虚拟数字人技术标准、产品标准与应用服务标准的研制，建立评估与评级体系，通过标准杠杆，催化技术创新与市场转化。2022 年 5 月，六平米（上海）创意设计有限公司发布了国内首个虚拟数智人企业标准。这是对数字人产品端行业标准确立的有益探索。

（三）从"工具"到"陪伴"：虚拟人与现实人的伦理融合

新型数字人类迅猛发展，虚拟人物依据场景适配而获得新的社会身份与职业功能，对人机关系提出了全新挑战。从一个捏脸工具，到个人用户的数字化分身，再到与数字客服的贴心服务，乃至和虚拟人 Lil Miquela 谈恋爱的真人男友，与初音未来结婚的近藤显彦和发放了 200 张与虚拟人结婚凭证的"次元局"，虚拟数字人已然实现了从"工具"到"陪伴"的实践转型，在混合现实空间构建新型人际关系与交互行为。

此类新型关系行为，在人类社会多种组织类态中嵌入"类人"要素，改变了基本社会结构关系，更易改变行业市场定位。虚拟客服在岗工作、虚拟新闻编辑行使职责时，其身份认同、数字权益、IP 版权保护、数字意见领袖代言、网络数字分身的道德合法性、数字身份安全等问题层出不穷，也亟待进一步厘清。虚拟人与现实人频繁互动并产生社交的深度关联，可能对用户的心理产生深远影响与伦理风险。在未来，除政策层面的产业化布局外，政府治理部门也应及时评估虚拟数字人的社会影响，出台相应的法律法规予以约束。

综上所述，虚拟数字人产业的洪流已然涌向现实社会，成为主导信息产业的核心力量，是新风口，也是全新社会生态。技术公司、政府机构与个人用户，在关注虚拟数字人内容产品、营销创新的同时，也要注重其社会价值评估与法律规范风险，以便让这一创新技术更好地服务于提升人类生活品质与解决现实问题。

参考文献

程思琪、喻国明、杨嘉仪、陈雪娇：《虚拟数字人：一种体验性媒介——试析虚拟数字人的连接机制与媒介属性》，《新闻界》2022年第11期。

郭全中：《虚拟数字人发展的现状、关键与未来》，《新闻与写作》2022年第7期。

谢新水：《虚拟数字人的进化历程及成长困境——以"双重宇宙"为场域的分析》，《南京社会科学》2022年第6期。

B.10
2022年西方社交媒体平台发展报告

漆亚林　刘静静*

摘　要： 2022年，受政治、经济、疫情等多种因素的影响，美西方老牌社交媒体受到了不同程度的"震荡"，一些新兴社交媒体PostNews、BeReal等迎来发展契机。随着更多的年轻用户涌向TikTok，社交媒体迎来"TikTok化"潮流。为了以优质内容坚守平台阵地，各社交媒体平台掀起了人才争夺战，创作者经济日益繁荣。社交平台通过发展订阅服务、社交购物等多种方式实现应收增量。面对用户不堪繁杂的信息骚扰，一些社交媒体平台优化功能设计，为用户和恶意网络攻击之间建立"防线"以减少有害言论的可见性和流行性。在内容治理、未成年人保护、用户隐私、数据安全等方面社交媒体依旧存在困境与争议。

关键词： 社交媒体　短视频　创作者经济　内容治理

一　西方社交媒体平台发展现状与热点聚焦

综观2022年，乌克兰危机、新冠疫情等世界秩序中的动荡因素加剧了全球通胀，[①] 西方社交媒体在纷繁复杂的局势中跌宕前进。俄乌战争的战火延伸至社交媒体，真假消息混杂的信息战、舆论战和认知争夺战"遮天蔽

---

* 漆亚林，中国社会科学院大学新闻传播学院执行院长、教授、博士生导师，主要研究方向为应用新闻学、传媒经济；刘静静，中国社会报社记者、编辑，主要研究方向为应用新闻学。
① 姚枝仲：《从动荡中涌起的全球通胀潮》，《光明日报》2022年12月28日。

日"。世界经济下行影响社交平台的可持续发展。Facebook 和 Twitter 等传统老牌社交媒体平台更显"内外交困",面临不断裁员、股价下跌、年轻用户迁移到 TikTok 等新社交媒体平台的窘境。如何吸引年轻用户成为老牌社交媒体必须直面的问题。

不可否认的是,老牌社交媒体不同程度的"内乱"给了不少新兴社交媒体立足的机会。2022 年,自埃隆·马斯克（Elon Musk）收购 Twitter,成为它的新主人后,发生的解雇高层团队、大量裁员、撤销对特朗普 Twitter账户的禁令等一系列戏剧性事件,不仅使其收到了来自欧盟监管机构的警告,即必须采取措施以遵守《数字服务法》,否则将会面临巨额处罚,[1] 还致使自己的用户群纷纷退出去寻找其他替代品。刚刚成立两周的社交媒体Post News,匆匆进入测试阶段,其具备了一些类似于 Twitter 的基本功能:发帖、点赞、转发、关注等,希望借此契机成为 Twitter 的替代品。[2] 去中心化社交平台 Mastodon 首席执行官兼首席开发人员 Eugen Rochko 表示,自Twitter 被埃隆·马斯克收购后,Mastodon 月活跃用户达到 100 万,用户群规模从之前的每小时 60~80 个新用户注册增长到如今的每小时数千个新用户注册。[3] Sensor Tower 数据显示,这一段时间内 Tumblr 在美国安装量增长了96%、在全球范围内安装量增长了 77%。Counter Social 等较小的替代平台的安装量也在上升,在 Twitter 被收购后的 12 天内,它在美国 AppStore 和Google Play 的安装量达到 24000 次、在全球范围内安装量约为 33000 次。[4]Substack 则是瞄准了 Twitter 的用户群,适时推出 Substack Chat 功能,允许作

---

① "Musk at Twitter has 'Huge Work' Ahead to Comply with EU Rules, Warns Bloc," TechCrunch, https：//techcrunch.com/2022/11/30/elon-musk-twitter-eu-dsa-warning/, December 1, 2022.

② "Post News, A Twitter Alternative, Gets Funding from a16z," TechCrunch, https：//techcrunch. com/2022/11/28/post-news-twitter-alternative-a16z/, November 29, 2022.

③ "Boosted by Twitter Drama, Mastodon Reaches 1 Million Active Monthly Users," TechCrunch, https：//techcrunch. com/2022/11/07/boosted-by-twitter-drama-mastodon-reaches-1-million-active-monthly-users/, November 7, 2022.

④ "Twitter Installs Climb 21 Percent While Alternatives Like Mastodon's Grow 657 Percent," Sensor Tower, https：//sensortower.com/blog/twitter-acquisition-recap, November, 2022.

者直接在 Substack 移动应用程序中与忠实的读者交流。①

当然,这些老牌的社交媒体并没有坐以待毙,凭借着强大的用户基数和技术、资金等优势持续发力,与新兴社交媒体展开了竞争。

(一)短视频赛道竞争激烈:社交媒体凸显"TikTok 化"

The New Consumer 与 Coefficient Capital 联合发布的《2023 年社交媒体趋势报告》显示,2018 年起的四年间 TikTok 下载量达到 40 亿,并于 2020 年超过 Facebook 的下载量。② 另外,皮尤研究中心发布的《2022 年青少年、社交媒体和技术发展报告》显示,TikTok 已成为美国青少年的顶级在线平台之一,而使用 Facebook 的青少年比例急剧下降,大约 67% 的青少年表示曾经使用过 TikTok,其中 16% 的青少年表示几乎经常使用。与此同时,使用 Facebook 的青少年比例从 2014~2015 年的 71% 下降到 2022 年的 32%。③不可否认,备受 Z 世代用户和广告商青睐的 TikTok 迅猛发展,正在加快重塑全球的社交媒体格局。因此,为了吸引年轻用户,越来越多的社交媒体在功能设计、内容推荐模式等方面趋于"TikTok 化"。

和 TikTok 争夺短视频市场的战争早已开始,Facebook 母公司 Meta 于 2020 年 8 月推出 Reels 短视频功能,2022 年 2 月 Meta 再次宣布将适用于 iOS 和 Android 系统的 Facebook Reels 的可用性拓展到全球 150 多个国家或地区,④ 从而进一步扩大短视频业务布局。YouTube 也不甘落后,2020 年上线 YouTube Shorts 测试版,并于 2021 年全球发布,YouTube 亚太地区总监 Ajay Vidyasagar 表示"该平台每天产生 300 亿次浏览,全球每月有 15 亿

---

① "Substack Targets Twitter with Launch of Discussions Feature, Substack Chat," TechCrunch, https: //techcrunch. com/2022/11/03/substack - targets - twitter - with - launch - of - discussions - feature-substack-chat/, November 4, 2022.

② "Consumer Trends 2023," The New Consumer, https: //newconsumer. com/wp-content/uploads/ 2022/12/Consumer-Trends-2023. pdf.

③ "Teens, Social Media and Technology 2022," https: //www. pewresearch. org/internet/2022/08/ 10/teens-social-media-and-technology-2022/, Pew Research Center, August 10, 2022.

④ "Launching Facebook Reels Globally and New Ways for Creators to Make Money," Meta, https: // about. fb. com/news/2022/02/launching-facebook-reels-globally/, February 22, 2022.

登录用户，这是一项巨大的成就，我们为此感到非常自豪"。① 在功能设计方面，TikTok 竖屏上下滑动观看视频的交互方式被争相模仿，如 Instagram 测试将 Stories 功能由原先的左右点击转化为垂直滚动浏览。② 而更深层次的则是对 TikTok 算法推荐模式的效仿，即 Meta 宣布将大幅提升 AI 算法给用户信息流中推荐内容的占比，而不仅仅是只看到用户所关注的人的内容。③

被模仿的同时，TikTok 也在不断优化转型。皮尤研究报告显示，越来越多的美国人从 TikTok 上获取新闻，这与其他社交媒体近年来新闻消费量下降或基本保持不变的趋势形成鲜明对比。④ 而原本就使用 TikTok 的用户也在逐渐改变对 TikTok 的使用习惯，更倾向于将其作为新闻来源。⑤ 对于 Z 世代来说，TikTok 成为新的搜索引擎。⑥《华尔街日报》更是发文称 TikTok 是年轻人的"新谷歌"。⑦ 基于此，TikTok 在新闻业务方面有比其他社交媒体更大的发展优势，如西班牙初创公司 Ac2ality 通过在 TikTok 上发布时长不到

---

① "We're Proud of how Quickly YouTube Shorts has Become Popular in India," Exchange4media, https：//www. exchange4media. com/digital－news/were－proud－of－how－quickly－youtube－shorts－has－become－popular－in－india－123129. html, October 18, 2022.

② "Instagram is Testing Vertical Stories that Work a Lot Like TikTok," Techradar, https：//www. techradar. com/news/instagram－is－testing－vertical－stories－that－work－a－lot－like－tiktok, January 13, 2022.

③ "Meta is Using AI to Push People to Watch more Reels and It's Working," Protocol, https：//www. protocol. com/bulletins/reels－facebook－instagram, April 28, 2022.

④ "More Americans are Getting News on TikTok, Bucking the Trend on Other Social Media Sites," Pew Research Center, https：//www. pewresearch. org/fact－tank/2022/10/21/more－americans－are－getting－news－on－tiktok－bucking－the－trend－on－other－social－media－sites/, October 21, 2022.

⑤ "TikTok is Increasingly Becoming a News Source," The Verge, https：//www. theverge. com/2022/10/24/23420679/tiktok－pew－study－us－adult－news－comsumption－survey－facebook－twitter, October 25, 2022.

⑥ "For Gen Z, TikTok is the New Search Engine," The New York Times, https：//www. nytimes. com/2022/09/16/technology/gen－z－tiktok－search－engine. html, September 19, 2022.

⑦ "TikTok is the New Google for Some Young People," WSJ, https：//www. wsj. com/podcasts/google－news－update/tiktok－is－the－new－google－for－some－young－people/a12122b8－123c－4ff2－a0f2－597425de0943, August 29, 2022.

1分钟的新闻短视频，拥有粉丝300多万，[①] 显示了TikTok在利用短视频拓展新闻业务方面的潜力。相比之下，Facebook在2022年宣称缩减对新闻内容的投入，将更多资源投向娱乐和购物等功能。对于新闻业来说，越来越多的媒体表示2023年将减少对Facebook和Twitter的关注，转而将更多精力投入TikTok等年轻人聚集的平台。[②]

（二）人才争夺战：创作者经济蔚为大观

2022年初，YouTube宣布逐渐解散其原创内容制作团队，将重心转向创作者。[③] 为充分发挥创作者在内容生产和商业变现等方面的优势，各大社交平台积极围绕创作者搭建生态系统，致力于为创作者提供更优质的服务，以求留住人才，激发创造者生产出更加吸引用户的原创内容，从而通过平台与创作者的双向赋能实现双赢。

《2022年互联网创作者经济白皮书》指出，全球范围内头部企业及资本已展开针对创作者经济的多方布局，部分新兴服务及产品初露头角。[④] 一是在功能设计和技术扶持方面，平台努力为创作者打造良好的内容生产和价值变现的环境。TikTok上线自己建构的AR开发平台Effect House，允许创作者在视频中使用AR效果，从而激发创作者制作视频的灵感，助力其创意的实现。[⑤] 为了解决创作者在内容创作时面临的音乐版权问题，YouTube推出

① "Ac2ality, El Medio de Comunicación en TikTok Con más Seguidores Que 'The Washington Post'," RTVE Playz, https://www.rtve.es/playz/20211130/ac2ality-medio-tiktok-mas-seguidores-the-washington-post/2235061.shtml, November 30, 2021.

② "Journalism, Media, and Technology Trends and Predictions 2023," Reuters Institute, https://reutersinstitute.politics.ox.ac.uk/journalism-media-and-technology-trends-and-predictions-2023, January 10, 2023.

③ "YouTube Shuts Down Original Content Group," Variety, https://variety.com/2022/digital/news/youtube-original-content-group-shutdown-1235156299/, Jan 18, 2022.

④ 艾瑞咨询：《2022年互联网创作者经济白皮书》，https://mp.weixin.qq.com/s/Ksf6WTD FAixZTY_CiaeAGg，2022年10月25日。

⑤ "TikTok Launches Its Own AR Development Platform, Effect House," TechCrunch, https://techcrunch.com/2022/04/12/tiktok-launches-its-own-ar-development-platform-effect-house/, April 12, 2022.

"创作者音乐"服务，为内容创作者提供流行音乐曲库，其可以在视频中适用且获利不会受到影响。[①] Twitter 则是推出 Twitter Create 迷你网站，为创作者提供产品宣传技巧指导和案例展示等，帮助其最大限度提升社交影响力。[②] 同时，开通打赏功能，让创作者直接受益的同时也有利于增强粉丝黏性，让创作者更有动力生产内容。如 Instagram 进行打赏功能的测试，允许粉丝以虚拟礼物的形式对自己喜欢的创作者进行打赏，以拓宽创作者变现渠道。[③] TikTok Live 开始提供订阅服务，允许创作者通过其头部粉丝的付款产生经常性收入。[④] Instagram 推出的订阅服务，允许粉丝向创作者付费以获取下载 Instagram Live 视频和故事的权限。[⑤] Tumblr 则是允许粉丝直接打赏到创作者播客主页，且不会从中收取分成。此前该公司也曾表示，不会依赖苹果和谷歌的支付渠道来结算打赏收入，这意味着创作者无须支付 30% 的平台抽成。[⑥]

二是直接的经济奖励，通过分成等方式增加创作者收入。[⑦] 2022 年 5 月，TikTok 宣布推出广告分成计划，将收入的 50% 分给创作者。据悉，在

[①] "YouTube will Let Creators Monetize Videos with Licensed Music," The Verge, https：//www. theverge. com/2022/9/20/23363443/youtube – creator – music – licensing – program – monetizing – longform – videos, September 21, 2022.

[②] "Twitter Launches New 'Twitter Create' Mini-Site to Highlight Monetization Opportunities for Creators," Social Media Today, https：//www. socialmediatoday. com/news/twitter – launches – new-twitter-create-mini-site-to-highlight-monetization-o/624312/, May 24, 2022.

[③] "Instagram Expands access to Reels-focused Tipping Feature, Gifts," TechCrunch, https：// techcrunch. com/2023/02/08/instagram- expands – access – to – reels – focused – tipping – feature – gifts/, February 8, 2023.

[④] "TikTok to Launch LIVE Creator Subscriptions This Week," TechCrunch, https：//techcrunch. com/ 2022/05/23/tiktok-to-launch-live-creator-subscriptions-this-week/, May 24, 2022.

[⑤] "Instagram Launches Early Test of Creator Subscriptions in the US," TechCrunch, https：// techcrunch. com/2022/01/19/instagram-launches-early-test-of-creator-subscriptions-in-the-u – s/, January 20, 2022.

[⑥] "Tumblr Expands Its Tip Jar Feature to Enable Blog-level Tipping," TechCrunch, https：// techcrunch. com/2022/03/30/tumblr-tip-jar-feature-monetization/, March 31, 2022.

[⑦] "YouTube Brings Revenue Sharing to Shorts as Battle for Creator Talent Intensifies," MarketingDive, https：//www. marketingdive. com/news/youtube – shorts – revenue – sharing – creator-economy-TikTok/632272/, September 20, 2022.

TikTok 上拥有 10 万及以上粉丝量的创作者才有资格参与该计划。[①] Meta 则是加大对优质内容的奖励力度，宣布向创作者支付 Facebook Reels 中原创内容的费用，[②] 以鼓励创作者生产出更有共鸣的优质原创内容。为了留住创作者，YouTube 在 2023 年推出广告收益分成计划，YouTube Shorts 的创作者如果在 90 天内拥有至少 1000 名订阅者和 1000 万次 Shorts 观看次数，就可以申请加入该平台的收益分享计划。[③]

（三）开源拓展：建构多元化创收的盈利模式

2022 年，受全球经济不稳定性等因素的影响，社交媒体面临不同程度的广告收入下滑等困境。YouTube 的广告收入在 2022 年第三、四季度出现亏损，其原因是各品牌在经济不确定的情况下缩减了广告支出。[④] 而自埃隆·马斯克接任以来，Twitter 面临广告主大量流失的窘境，其排名前 100 位的广告商中有一半不再在该网站上投放广告。Media Matters for America 的一份报告指出，这 50 家广告商自 2020 年以来在 Twitter 广告上花费了近 20 亿美元，仅 2022 年就超过了 7.5 亿美元。[⑤] 因此，致力于"开源"的社交媒体在多元商业模式上下足了功夫。

1. 不断优化广告策略

据 Insider Intelligence 估计，2022 年谷歌、Facebook 数字广告份额合计

---

① "TikTok Introduces Its First ad Product to Offer a Revenue Share with Creators," TechCrunch, https：//techcrunch. com/2022/05/04/tiktok - introduces - its - first - ad - product - to - offer - a - revenue-share-with-creators/, May 5, 2022.

② "Meta Says it will Now Pay Creators for Original Content in Facebook Reels," TechCrunch, https：//techcrunch. com/2022/05/05/meta- says - it - will - now - pay - creators - for - original - content-in-facebook-reels/, May 5, 2022.

③ "YouTube Shorts Creators Will be Able to Earn Share of Ad Revenue in 2023," Variety, https：// variety. com/2022/digital/news/youtube - shorts - ad - revenue - share - 2023 - 1235378181/, September 20, 2022.

④ "Susan Wojcicki to Leave YouTube," Campaign, https：//www. campaignasia. com/article/susan- wojcicki-to-leave-youtube/483331, February 19, 2023.

⑤ "Twitter has Lost 50 of Its Top 100 Advertisers since Elon Musk Took Over, Report Says," NPR, https：//www. npr. org/2022/11/25/1139180002/twitter-loses-50-top-advertisers-elon-musk, November 25, 2022.

为美国数字广告市场的48.4%。据《华尔街日报》报道，这是自2014年以来它们的合计市场份额首次跌破50%。Insider Intelligence预测，两家公司的合计市场份额将在2023年和2024年分别降至44.9%和43.9%。^① Meta表示，苹果隐私政策的调整影响了向用户精准投放广告的能力，导致其损失100亿美元的销售额。^② 为此，Meta不断调整广告战略，以减少苹果对其的负面影响。如推出Advantage+的自动生成广告系统，利用AI根据广告主的营销目的自动生成多个广告，并为其找到合适的受众。^③ Instagram推出全新的广告界面和创意工具，旨在让商家更轻松地创建广告、讲述品牌故事和发展业务。一是针对Reel广告优化音乐功能，为广告主提供免费优质歌曲，商家可从音乐库中手动选择歌曲，也可以允许应用根据广告内容自动为其选择最契合的音乐。二是允许在"发现"首页和主页动态中投放广告，从而增加广告触达用户的机会。三是利用人工智能技术向用户多次推荐其感兴趣的广告内容。四是推出AR广告的公开测试版，为用户提供沉浸式的广告体验。^④ 在增加广告收入方面，TikTok更是不断拓展业务。Insider Intelligence预测，TikTok的广告收入估计于2022年增长两倍，超过110亿美元，超过其竞争对手Twitter和Snapchat的销售额总和，^⑤ 其推出的"Follow Me"计划，便是聚焦挖掘中小企业潜力，通过免费培训中小企业使用TikTok来助

---

① "Google and Facebook's Dominance in Digital Ads Challenged by Rapid Ascent of Amazon and TikTok," MarketWatch, https://www.marketwatch.com/story/google-and-facebooks-digital-ad-dominance-challenged-by-rapid-ascent-of-amazon-and-tiktok-11672852915, January 4, 2023.

② "A Change by Apple is Tormenting Internet Companies, Especially Meta," The New York Times, https://www.nytimes.com/2022/02/03/technology/apple-privacy-changes-meta.html, February 3, 2022.

③ "Meta Launches Advantage+ Shopping Campaigns to Help Improve Campaign Performance," Social Media Today, https://www.socialmediatoday.com/news/Meta-Launches-Automated-Advantage-Plus-Shopping-Campaigns/635067/, October 26, 2022.

④ "Announcing New Instagram Ads Surfaces and Tools to Help Businesses Reach more Customers," Meta, https://business.instagram.com/blog/new-instagram-ads-help-businesses/, October 4, 2022.

⑤ "TikTok's Ad Revenue to Surpass Twitter and Snapchat Combined in 2022-Report," Reuters, https://www.reuters.com/technology/tiktoks-ad-revenue-surpass-twitter-snapchat-combined-2022-report-2022-04-11/, April 11, 2022.

力其发展公司，其中包括如何在该平台上做广告，① 为平台吸引更多客户。

2.重视订阅功能，用专享的优质服务和功能吸引用户付费

Twitter 重新推出"蓝 V 认证"（Twitter Blue）服务，在网页上注册的用户需每月支付 8 美元、在 iOS 上注册的用户需每月支付 11 美元则可享受到订阅者专享功能，如编辑推文、上传 1080p 视频等。自 2022 年 6 月下旬 Snapchat 推出 Snapchat Plus 以来，已经拥有 100 万付费用户。Snapchat Plus 订阅让用户以每月 3.99 美元的价格提前获得独家功能，包括更改应用程序图标、查看谁重新观看了您的故事等。② 而 Meta 在其广告业务受到苹果隐私功能影响而严重下滑后，成立了一支产品团队，专门为 Facebook、Instagram 和 WhatsApp 等探索开发"可能的付费功能"，这是 Meta 首次认真尝试在其主要社交应用程序中构建付费功能。③

3.大力发展电子商务

为了拓展新业务并增加传统数字广告以外的收入，Twitter 在 2021 年 7 月推出了 Shop Module，允许企业在页面上展示 5 种商品，并在圣诞购物季与沃尔玛合作举办电商直播活动。为了进一步和 Facebook 争夺社交购物市场，Twitter 在 2022 年推出 Twitter Shops 功能，可以让企业在该网页上最多展示 50 多种商品。④ YouTube 为其类似 TikTok 的短视频产品 Shorts 添加了购物功能，允许用户在滚动浏览 Shorts 时购买产品。⑤ Pinterest 则是在方便用

---

① "TikTok Offers Free Training to Court Small Businesses," The Verge, https://www.theverge.com/2022/7/11/23203719/tiktok - small - businesses - follow - me - educational - training-program-advertising, July 12, 2022.

② "Snapchat's Paid Subscription is Already a Hit," The Verge, https://www.theverge.com/2022/8/15/23306268/snapchat-plus-subscription-one-million-users-new-features, August 15, 2022.

③ "Meta is Planning more Paid Features for Facebook and Instagram," The Verge, https://www.theverge.com/2022/8/31/23331342/meta-plans-paid-features-facebook-instagram-whatsapp, September 1, 2022.

④ "Twitter Pushes Shopping: Let Companies Sell Products, Compete with Facebook for Social Commerce Market," Real Mi Central, https://www.realmicentral.com/2022/03/10/twitter - pushes-shopping-let-companies-sell-products-compete-with-facebook-for-social-commerce-market/#more-46964, March 10, 2022.

⑤ "YouTube Shorts begins Testing Shopping Features and Affiliate Marketing," TechCrunch, https://techcrunch.com/2022/11/15/youtube - shorts - testing - shopping - features - affiliate - marketing/, November 16, 2022.

户购物方面持续优化功能，如推出"您的商店"（Your Shop）等更加个性化的购物功能。[①] 此外，Pinterest 还收购了专注于时尚的人工智能购物服务平台 The Yes，以帮助 Pinterest 在内部建立一个新的战略组织来发展该平台的购物业务，包括为购物者和零售商开发功能。[②] 同时，在元宇宙浪潮推动下，各社交媒体平台致力于为用户提供更加沉浸式的虚拟购物体验。如 Snapchat 推出了全新的 AR 工具 Dress UP，用户可以在家试穿虚拟服装。同时推出新工具允许零售商在自己的移动应用程序和网站中使用 Snapchat 的 AR 试穿技术，将 AR 技术更直接地交到零售商手中。[③]

（四）用户导向：聚焦多样化社交需求

为了留住平台用户，社交媒体不断提升用户体验，从满足用户多样化信息表达需求、保护用户隐私等多方面调整功能设计和服务。

社交媒体除了在短视频方面趋于"TikTok 化"以迎合用户的观看习惯，同时在长视频领域也持续发力。2022 年上半年 TikTok 宣布推出允许用户上传 10 分钟视频的功能[④]，而到年底，TikTok 宣布测试水平全屏模式，该功能按钮与 YouTube 非常相似，用户点击按钮即可将视频切换为水平全屏模式，以满足用户不同的观看体验需求。[⑤] Pinterest 推出拼贴制作应用程序 Shuffles，用户可以将制作好的作品配上音乐发布到 TikTok 或

---

① "500+ Social Media Statistics You Must Know in 2023," SocialPilot, https：//www.socialpilot.co/blog/social-media-statistics, February 7, 2023.

② "Pinterest Acquires AI-powered Shopping Startup the Yes, Co-founded by Former Stitch Fix Exec," TechCrunch, https：//techcrunch.com/2022/06/02/pinterest-acquires-a-i-powered-shopping-startup-the-yes-co-founded-by-former-stitch-fix-exec/, June 3, 2022.

③ "Snap's New AR Tools Turn Photos into 3D Assets, Let Retailers Use Snap's AR Tech in Their Own Apps," TechCrunch, https：//techcrunch.com/2022/04/28/snap-further-invests-in-ar-shopping-with-dedicated-in-app-feature-new-tools-for-retailers/, April 29, 2022.

④ "TikTok Expands Max Video Length to 10 Minutes, Up from 3 Minutes," TechCrunch, https：//techcrunch.com/2022/02/28/tiktok-expands-max-video-length-to-10-minutes-up-from-3-minutes/, February 28, 2022.

⑤ "TikTok Starts Testing a Horizontal Full-screen Mode," The Verge, https：//www.theverge.com/2022/12/14/23508782/tiktok-full-screen-mode-test, December 14, 2022.

在 Shuffles 社区分享，满足了 Z 世代用户利用新的创意表达工具来制作、发布和分享视觉内容的需求。[①] 在苹果 2022 年度 AppStore 大奖中获评"年度最佳应用"[②] 的 BeReal，作为一款新兴的照片共享应用程序，因备受 Z 时代的欢迎而在 2022 年上半年实现真正起飞，在 AppStore 排行榜上不断攀升。其使用起来很简单：每天向用户发送一条通知，鼓励他们用手机的前置或后置摄像头拍一张照片，并将未经编辑的图片上传。与 Instagram 上精心拍摄与制作的图片相比，BeReal 旨在打造一种真实感，满足用户轻松向他人分享自己真实状态的需求。[③] 该应用的火爆引发了其他社交媒体的模仿，如 TikTok 推出 BeReal 克隆版 TikTok Now，"您每天都会收到拍摄 10 秒视频或静态照片的提示，以便轻松分享您的最新动态"。[④]

重建社交"边界"，致力于实现用户信息公开表达与保护隐私的动态平衡。过载的信息和社交不仅让用户"技术上瘾"，浪费了大量的时间和精力，还加剧了对用户隐私的入侵，这在一定程度上造成了用户的集体恐慌与对社交媒体的被动使用。为了重建用户信任，各社交媒体尝试推出各项新功能来建立反滥用（Anti-Abuse）机制，为用户营造清朗的社交空间。Instagram 于 2021 年推出了自动隐藏来自陌生人评论和私信请求的功能，以保护用户不受到骚扰。此外，Instagram 试图从源头上阻断冒犯性言论的产生，如当有人试图发布可能令人反感的评论时，Instagram 会向其发出警告，提醒他们遵守社

① "Pinterest Launches Its Collage-making App Shuffles to the General Public," TechCrunch, https：//techcrunch. com/2022/11/10/pinterest-launches-its-collage-making-app-shuffles-to-the-general-public/, November 10, 2022.
② "BeReal Wins 'App of the Year' in Apple's Annual App Store Awards in 2022," TechCrunch, https：//techcrunch. com/2022/11/29/apple-announces-winners-of-the-app-store-awards-for-2022/, November 29, 2022.
③ "BeReal：Hype or Hit? What to know about the Gen Z Photo-sharing App Climbing the Charts," TechCrunch, https：//techcrunch. com/2022/04/22/bereal-hype-or-hit-what-to-know-about-the-gen-z-photo-sharing-app-climbing-the-charts/, April 23, 2022.
④ "TikTok just Launched a BeReal Clone Called TikTok Now," TechCrunch, https：//techcrunch. com/2022/09/15/tiktok-just-launched-a-bereal-clone-called-tiktok-now/, September 15, 2022.

区规则。① 2022 年，Instagram 进一步拓展其反滥用机制，使用户不仅可以阻止单个账户，还可以阻止一个人可能创建的任何新账户，同时升级了其"隐藏词"功能，该功能有助于防止用户看到可能存在辱骂性的消息或评论。② YouTube 则是向发布辱骂性评论的人发出警告，如果收到警告后，用户仍继续发表辱骂性评论，平台将禁止他们在 24 小时内发表任何评论。③ TikTok 向全球所有用户推出评论"不喜欢"按钮，允许用户通过单击评论上的不喜欢按钮来关掉相关评论，评论者也不会收到他们的评论已不被喜欢的通知。TikTok 表示该功能的首要任务是为用户创造更好的体验，帮助用户建立一个良好的互动区。④ Twitter 则是推出了"取消提及"功能，允许用户将自己从他们不想参与的对话中移除，从而希望帮助用户"控制不必要的关注"。⑤ 其实，为了帮助用户免受网络喷子的骚扰，Twitter 于 2020 年开始测试"限制谁可以回复你的推文"的功能，给予用户更大的社交主动权，同时尽可能规避会受到的伤害。⑥ 2021 年 Twitter 测试"安全模式"功能，旨在为用户和恶毒网络攻击浪潮之间建立一道防线，减少有害言论的可见性和流行性。⑦

---

① "Introducing New Ways to Protect Our Community from Abuse," Instagram, https://about.instagram.com/blog/announcements/introducing-new-ways-to-protect-our-community-from-abuse, August 10, 2021.

② "Instagram's New Anti-Abuse Feature 'Nudges' Users to be Respectful," PetaPixel, https://petapixel.com/2022/10/20/instagrams-new-anti-abuse-feature-nudges-users-to-be-respectful/, October 20, 2022.

③ "YouTube will Send a Notification to Users if Their Comment is Abusive," TechCrunch, https://techcrunch.com/2022/12/13/youtube-will-send-a-notification-to-users-if-their-comment-is-abusive/, December 14, 2022.

④ "TikTok is Releasing Its Comment Dislike Button to all Users Worldwide," TechCrunch, https://techcrunch.com/2022/09/23/tiktok-releasing-comment-dislike-button-all-users/, September 23, 2022.

⑤ "Twitter Now Lets All Users 'Unmention' Themselves in Tweets," TechCrunch, https://techcrunch.com/2022/07/11/twitter-now-lets-all-users-unmention-tweets/, July 12, 2022.

⑥ "Twitter is Testing a Feature that Limits who can Reply to Your Tweets," TechCrunch, https://techcrunch.com/2020/05/20/twitter-is-testing-a-feature-that-limits-who-can-reply-to-your-tweets/, May 21, 2020.

⑦ "Twitter is Testing a New Anti-abuse Feature Called 'Safety Mode'," TechCrunch, https://techcrunch.com/2021/09/01/twitter-safety-mode-harassment/, September 2, 2021.

推出圈层化定制传播应用以满足不同用户的个性化需求。为满足用户对隐私的需求以及在小圈子内交流的表达欲望，Twitter 于 2022 年 8 月推出了 Twitter Circle 功能，用户在发布推文之前可以选择向谁展示，从而有效控制社交范围，让用户在表达自我时更自在，满足其向亲密朋友分享内容的需求。① WhatsApp 于 2022 年 11 月正式推出了新的讨论组功能"社区"，小组成员必须受邀才能加入，旨在供可能已经在现实世界中联系的成员使用。② Facebook 也在页面设计上满足用户多样化尤其是对亲密社交的需求，推出"主页"和"Feeds"选项卡，让用户能够对推荐内容和亲友发布的内容进行区分。③

二 西方社交媒体平台的治理与展望

2022 年 9 月，NewsGuard 发布的调查称，通过在 TikTok 中对重要新闻话题进行抽样搜索发现，近 20% 的内容包含错误信息。无论是俄罗斯入侵乌克兰、校园枪击事件，还是新冠疫苗等话题，TikTok 用户总是会收到虚假和误导性的信息。④ 同月，Instagram 因儿童数据处理不当被欧盟处以 4.05 亿欧元的创纪录罚款；⑤ 年底，Facebook 母公司 Meta 同意支付 7.25 亿美元

① "Introducing Twitter Circle, A New Way to Tweet to a Smaller Crowd," Twitter Blog, https：//blog. twitter. com/en_ us/topics/product/2022/introducing－twitter－circle－new－way－tweet－smaller-crowd, August 30, 2022.

② "WhatsApp Officially Launches Its New Discussion Group Feature, Communities," TechCrunch, https：//techcrunch. com/2022/11/03/whatsapp-officially-launches-its-new-discussion-group-feature-communities/, November 3, 2022.

③ "Facebook Bows to Pressure and Brings Back the Chronological Feed so You can See Updates from Friends in the Order They were Published-but Doubles Down on Algorithms on the 'Home' Page," Daily Mail, https：//www. dailymail. co. uk/sciencetech/article－11038623/Facebook－bringing－chronological-feed-apps. html, July 22, 2022.

④ "Beware the 'New Google：' TikTok's Search Engine Pumps Toxic Misinformation to Its Young Users," NewsGuard, https：//www. newsguardtech. com/misinformation－monitor/september－2022/, September 2022.

⑤ "Instagram Fined 405M in EU over Children's Privacy," TechCrunch, https：//techcrunch. com/2022/09/05/instagram-gdpr-fine-childrens-privacy/, September 5, 2022.

以解决与 Cambridge Analytica 数据收集丑闻相关的集体诉讼[①]新闻再次让人们回忆起其曾经的"丑恶"做派。

2022年，对西方媒体平台的争议依旧聚焦在网络虚假内容、未成年人保护、用户隐私、数据安全等方面。多个国家和地区纷纷出台相关政策法规，加强对平台的监管，敦促其严格履行在内容治理、网络安全等方面的义务。

在内容治理上，各国和地区加大了打击社交平台上的仇恨言论及虚假信息的力度。2022年6月，欧盟发布了《反虚假信息行为守则》，要求互联网平台为用户提供更好的工具识别、理解和标记虚假信息，打击虚假账户、机器人或恶意深度伪造传播虚假信息等。[②] 社交平台也在为打击虚假信息、承担社会责任而努力，如 Twitter 在全球范围内推出社区笔记功能，通过众包形式进行事实核查。[③] 在未成年人保护上，一方面社交平台试图通过与家长联手，共同守护青少年的网络安全，如2022年8月 Snapchat 制定了家长指南，旨在让监护人更深入地了解他们的孩子如何使用该程序，包括他们最近与谁交谈（不泄露对话内容）。[④] Meta 在 Instagram 上增加了父母监督功能，以限制孩子使用平台的时间。[⑤] 另一方面，社交平台建立内容分级机制，TikTok

---

[①] "Facebook Parent Meta to Settle Cambridge Analytica Class Action Lawsuit for ＄725M," TechCrunch, https://techcrunch.com/2022/12/23/meta-to-settle-facebooks-cambridge-analytica-class-action-lawsuit-for-725m/, December 23, 2022.

[②] 褚立文：《欧盟发布新版〈反虚假信息行为守则〉以加强平台内容监管》，https://mp.weixin.qq.com/s?__biz=MzIxMTc4Mzc2NA==&mid=2247487152&idx=1&sn=aa4be8e4ac0382da41a0bbc5a0253f1c&chksm=9751578ba026de9d48976d09b833553d05a943d726f4e976bc810e7c617146f6bf9d8cd57e96&scene=27，2022年8月30日。

[③] "Twitter Begins Rolling Out Its Community Notes Feature Globally," TechCrunch, https://techcrunch.com/2022/12/12/twitter-begins-rolling-out-its-community-notes-feature-globally/, December 12, 2022.

[④] "A Guide to Parental Controls on Social Media," CNN, https://edition.cnn.com/2022/11/13/tech/social-media-guide-for-parents-ctrp/index.html, November 16, 2022.

[⑤] "Meta Rolls out New Parental Controls for Instagram and Quest VR Headsets," TechCrunch, https://techcrunch.com/2022/06/14/meta-parental-controls-instagram-quest-vr-headsets/, June 14, 2022.

通过过滤对青少年用户可能有问题或过于成熟的内容①来为青少年打造健康的内容空间。为了加强对青少年隐私的保护，Meta 更新了隐私政策，所有 16 岁以下或某些国家、地区 18 岁以下的未成年人在加入 Facebook 时都将默认进行更私密的设置。而对于已经使用该应用程序的青少年，Facebook 鼓励他们选择更多隐私设置，包括谁可以看到他们的朋友列表、他们标记的帖子、他们关注的人和列表等。②

展望未来，社交媒体将会继续以其强大的渗透力、建构力，重塑全球的政治、经济、文化格局，显示出巨大的改造社会的能力，但其破坏力亦不容忽视，对社交媒体的监管与治理任重而道远。

参考文献

姚枝仲：《从动荡中涌起的全球通胀潮》，《光明日报》2022 年 12 月 28 日。

艾瑞咨询：《2022 年互联网创作者经济白皮书》，https：//mp. weixin. qq. com/s/ Ksf6WTDFAixZTY_ CiaeAGg，2022 年 10 月 25 日。

褚立文：《欧盟发布新版〈反虚假信息行为守则〉以加强平台内容监管》，互联网天地杂志公众号，2022 年 8 月 30 日。

---

① "TikTok Announces New Ways to Filter Out Mature or 'Potentially Problematic' Videos," CNN, https：//edition. cnn. com/2022/07/13/tech/tiktok-customize-content-updates/index. html, July 13, 2022.

② "Meta Rolls Out New Privacy Updates for Teens on Instagram and Facebook," TechCrunch, https：//techcrunch. com/2022/11/21/meta-rolls-out-new-privacy-updates-teens-instagram-facebook/, November 21, 2022.

B.11

新时代网上群众路线的媒体创新实践

——以南京报业"听语+"为例

马正华　丁辉宇　张　曦　苍淑珺*

摘　要： 本文以南京报业传媒集团推出的"听语+"实践为切入点，深入探索主流媒体积极走好新时代网上群众路线的实践路径，发挥示范效应，介入社会治理、传递民意民情、探索民生互动、参与资政决策，并基于此探讨媒体走好网上群众路线、构建社会治理创新的长效机制等，如推动媒体深度融合、技术驱动政策避险、加强政企数据合作、建立"一体化"协同机制等。

关键词： "听语+"　媒体融合　南京报业传媒集团

群众路线是中国共产党的生命线和根本工作路线。习近平总书记指出，走好新形势下的群众路线，善于通过互联网等各种渠道问需于民、问计于民，更好倾听民声、尊重民意、顺应民心。

近年来，南京报业传媒集团在推进媒体深度融合的过程中，不断提升"四力"，深入践行新时代网上群众路线。从2021年推出"听语"系列融媒行动到打造"听语+"融合应用平台，通过"新闻+政务+智库"服务介入社会

---

*　马正华，南京报业传媒集团党委书记、南京日报社社长，主要研究方向为新闻传播与媒介管理；丁辉宇，南京报业传媒集团党委副书记、总编辑，主要研究方向为新闻传播与舆论引导；张曦，南京报业传媒集团融媒体政务舆情研究院研究员，主要研究方向为舆情研判与媒介应用；苍淑珺，南京报业传媒集团融媒体政务舆情研究院主任助理，主要研究方向为应用新闻学。

治理，持续探索走好新时代网上群众路线的实践路径。截至 2022 年底，"听语+"平台征集到来自全市各界市民、网友的意见建议共 2.49 万条，其中有效建议共 1.75 万条；推动解决市民"急难愁盼"民生事项 3000 多件；形成各类智库专报 100 余篇；平台行动相关宣传覆盖网络阅读受众超 800 万，总体点击量及阅读量超 1 亿次，成为南京地区政务服务、问计于民的成功案例。

打造出具有强大影响力和竞争力的新型主流媒体，走好新时代网上群众路线，深入探索并创新社会治理举措，为南京建设社会主义现代化典范城市贡献更多媒体智慧与力量，是南京报业高效推进媒体深度融合的紧迫命题。

一　背景与现状

伴随着移动互联网的迅猛发展，我国的城市社会治理模式已从单向管理转向双向互动，政务信息沟通交流从单纯线下转为线上线下融合。这对我们的政府做好群众工作提出了与时俱进的新要求，也对主流媒体走好新时代群众路线提出了更高要求，亟须建立一套科学的方法论体系。

（一）网上群众路线的背景与现状

党的二十大报告指出，全党要坚持全心全意为人民服务的根本宗旨，树牢群众观点，贯彻群众路线，尊重人民首创精神，坚持一切为了人民、一切依靠人民，从群众中来、到群众中去。习近平总书记多次对坚持人民至上、改进群众工作方法发表重要讲话、作出重要指示。2022 年 3 月 1 日，习近平总书记在中央党校（国家行政学院）中青年干部培训班开班式上的讲话明确要求，深入研究和准确把握新形势下群众工作的特点和规律，改进群众工作方法，提高群众工作水平。这些重要讲话、重要指示鲜明地体现了人民立场和人民情怀，为在新形势下走好群众路线指明了方向、提供了遵循。

南京是一座拥有 755 万网民的互联网大市，网络成为市民群众日常表达诉求、反映意见的重要渠道之一。很多社会舆情风险点的爆发，往往从群众诉求得不到及时回应开始萌芽。坚持走好新时代网上群众路线，是为了更好践行"听政声、察民意、聚良策"的职能使命，推动社会治理模式转变，切实提升群众的幸福感和满意度。

（二）媒体介入网上群众路线的方式

走好新时代网上群众路线，是主流媒体发挥作用的重要法宝。作为主流媒体，有义务主动挑起担子，充分发挥渠道广、业务精、受众多等优势，积极探索和丰富网上群众路线的实践路径，实现媒体与党政机关、市民群众的"强链接"。

当前，媒体介入网上群众路线的方式主要包括：一是多渠道汇集群众诉求意见，做好群众服务工作，利用报刊、电视、广播等传统媒介，微博、微信等新媒体平台，以及小程序、客户端等互动端口，通过"新闻+服务"等方式走好新时代网上群众路线；二是联动政府职能部门解决问题，构建"政、民、媒"三方互动平台，形成"媒体负责搭台、宣传、监督，群众表达诉求，政府回复处置"的流程闭环，其中媒体作为政、民之间沟通的桥梁，借助自身传播资源提高诉求平台的普及度和知晓率，让更多群众知道在哪里发声、怎样发声，同时在协助、联动政府部门处理问题的过程中，发挥媒体监督、协调职能，促进群众难题解决；三是在面对突发性重大事件时，媒体依托现有平台优势，及时开设专门的、临时性诉求反映通道，组建专班不间断收集、第一时间解决群众的"急难愁盼"。在当前新形势下，主流媒体需要不断强化宗旨意识，提高政治站位，在做好宣传推广、为民解惑工作的同时，也要持续完善网民诉求办理、民智民意吸纳、网上问政监督的服务联动机制，引导群众和网友参与公共事务、发挥群策群力，推动民生实事项目从"为民作主"向"由民作主"转变。

二　实践与探索

走好新时代网上群众路线，需要打开大门，主动问计于民。南京报业传媒集团从推出"听语"融媒行动到打造"听语+"平台，从倾听到倾谈，从

疫情防控延伸至消费、民生、金融、城建规划等更多经济社会领域，以新平台发挥主流媒体优势，引导广大市民网友参与，并邀请相关领域的专家学者出谋划策，发挥群策群力，共同实践探索，走好网上群众路线的互动"主阵地"。

（一）南京报业传媒集团"听语+"的探索实践

"听语+"平台是南京报业传媒集团于2021年7月开始推出的融合创新产品，集客户端、小程序、热线等于一体，以"倾听民声 回应关切，汇聚民智 建言献策"为定位，通过"新闻+政务+智库"服务介入社会治理。市民、网友可通过文字、图片、音视频、LBS定位等提交诉求建议，专人定向反馈信息，专班沟通政府相关部门。

1. 回应关切，搭建政府百姓"连心桥"

2021年7月20日，禄口机场突发疫情，12345政务热线等方面接收到的市民诉求激增，平台不堪重负。面对市民的迫切需求，南京报业传媒集团积极响应市委领导点题，在市委宣传部领导、市委网信办指导下以最短时间筹备推出"听语"热线，以媒体力量介入，快速收集市民诉求、及时反馈政府声音、助力问题有效解决。随后，南京报业又进一步推出"听语+"平台，在集团旗下"两微一网一端"等全媒体平台发布《听语——倾听百姓声音 回应社会关切》专题，并联动南京江北新区和11个行政区的融媒体中心、以"南京发布"为龙头的200多个政务新媒体账号开展推广，以大流量服务更广阔的群众需求。

"听语+"平台集客户端、小程序、热线等于一体，市民、网友可通过文字、图片、音视频、LBS定位等提交诉求建议。依托紫金山新闻客户端，"听语+"平台实现了"24小时不打烊"，便于市民、网友随时随地可以提交诉求建议。面对群众"急难愁盼"，"听语+"平台由媒体介入协调、监督办理，每位留言者都可以追踪诉求进度、查询回复内容，实现诉求从提出到解决的无缝对接。"听语+"平台同步与南京市12345政务热线互补互联，形成工作专班；同时，12345政务热线向"听语+"平台开通数据，双方协同解决问题诉求，最大程度回应关切。

截至 2022 年 12 月底，"听语+"平台常态化推动解决市民"急难愁盼"民生事项 3000 多件，协同 12345 政务热线办理率达 100%。

2. 设置议题，探索民生互动"主阵地"

2022 年 4 月开始，"听语+"平台围绕省市重要部署，主动设置议题，介入全市经济社会发展多个领域，面向市民、网友公开征集群众建议，推出了"听语：征集市民好建议——抗疫'金点子'"以及征集"国际消费中心城市创建'金点子'"、征集"南京民生实事'金点子'"等多个系列活动。同时，分主题策划组织包括参观交流、圆桌会议、智库研讨沙龙等形式的线下活动，充分引导和发动社会力量建言献策，参与共治共建。

抗疫"金点子"征集得到了南京市民和网友的热烈响应、踊跃参与，先后收到 8000 多条诉求建议，有效建议超 3000 条。如"生活物资保供""三码一屏、一页通行""保障交通畅通""反向扫码"等接地气、有见地的建议，迅速得到了相关部门的重视和采纳，并及时推广应用，形成了具有南京特色的网络问政实践。"推广产业园区开办托育机构""构建居家、社区、机构三位一体化养老服务""培就一体助力新农人打造品牌 IP"等优秀建议，为 2023 年度南京市民生实事项目科学决策、有效施策提供了参考。

2023 年 4 月，"听语+"平台又发起了"推动南京高质量发展走在前列'金点子'征集"，邀请市民网友围绕科技创新、产业发展、城市建设、生态文明、民生保障、深化改革等方面建言献策，共同助力推动南京高质量发展。

虽然意见征集活动在"网上"，但"听语+"融媒行动从"网上"同步走到"网下"。通过线下座谈、现场体验交流等多渠道，让群众更加了解党委政府已经做了什么、正在做什么和还要做什么，增强"城市主人翁"责任感和参与度，形成群众智慧参与社会治理的强大合力，促进党委政府与市民之间的良性沟通互动。

比如在抗疫"金点子"征集期间，"听语+"行动组两次邀请专家学者、网络人士、市民网友代表和媒体记者，走进南京市城运中心"一网统管"

指挥组、南京电视台"我的大学"演播室、绕城高速栖霞收费站查验服务点、"我的南京"App 事业部、南京南站核酸检测方舱实验室等地，参观感受南京抗疫工作的各个环节。十余位市应急指挥体系相关职能部门负责人应主办方邀请参加圆桌会议，"面对面"听取市民代表意见建议，并当场回应解答群众关心的各类抗疫问题。

2023 年度南京民生实事"金点子"的征集活动中，首次运用"听语+"平台，邀请社会各界"码"上参政，还敞开大门将市民请进会场一起座谈，充分贯彻全过程人民民主。征集活动期间先后召开了 10 场专项座谈会，对象既有市人大代表、市政协委员和"南京市民生观察员"代表，也覆盖了新媒体从业人员、大学生、新农人、中小微企业负责人、物业工作者、基层社区工作者以及外卖小哥、出租车司机等各行各业的代表。他们在座谈会上敞开心扉、诉苦恼、提建议，也得到了相关部门的坦诚交流、关切回应。此外，"听语+"还组织了"市民热线""信访诉求"专项座谈会，关注民生痛点，聚焦百姓之忧；举办民生领域专家座谈会，邀请江苏省、南京市相关民生领域专家汇聚一堂，解难题、出实招，进而推动民生课题突破深化。每场座谈邀请相关民生部门参加，回应百姓诉求，形成良性互动，在一次次的真诚交流中，将一件件民生实事谋得更"实"。

3. 智库服务，做好党委政府"智囊团"

党的新闻舆论工作在推进社会治理能力现代化的过程中发挥着关键作用。南京报业传媒集团在做好新闻舆论传播工作的同时，积极探索"听语+"平台助力社会治理的有效路径。在"听语+"深入多个领域，征集到很多具有建设性、创造性的"金点子"后，通过凝练、总结，形成智库报告，围绕经济社会的重点、难点和堵点开展前瞻性研究，提出有新意、有创意并符合社会发展实际的建设性意见，为政府制定政策提供依据。

"听语+"平台运用大数据、AI 算法、NLP 技术，逐步打造"听语+"人工智能分析数据库、案例库，集团旗下智库南京政务舆情研究院组织专班，对全媒体平台收集来的各类市民意见建议信息进行大数据整理分类，在此基础上分析数据、撰写报告，为党委政府精准施策提供智力支撑。同时，依托大数据技术分析社会面舆论走势，实时掌握舆论动态、突发问题、社会心态，及时回应关切，有效引导舆论。

面对多元多样多变的社会思潮冲击，新闻媒体充分发挥媒体智库优势，关注舆论动态、重视网民意见，不断探索移动互联网时代新型社会治理的有效方式。作为市级新型智库之一，南京政务舆情研究院通过"听语+"平台，在疫情期间建立起新闻发布会实时舆情监测和分析研判体系，结合社情民意、发布会传播效果，及时评估、分析，形成智库日报、周报，并结合月报、复盘分析报告，用多重组合形式向市委市政府提供智库专报。对于"听语+"平台反映的较为集中性的问题和难点，南京政务舆情研究院多方寻找卫生、防疫、社会应急治理等领域专家请教经验、寻求舆论引导方法，不断丰富拓展智库专报内容，为政府相关部门有效引导舆论和精准靶向施策决策提供参考，及时有效将网络舆情风险提前化解。此外，协助主管部门，借助"听语+"平台数据库的分析结果，建立起涵盖微博、微信、今日头条的 24 小时网络辟谣平台"南京网络辟谣"以及矩阵发布体系，疫情期间的多次发布都成为全网现象级传播。

多份基于"听语+"数据分析的专项智库报告获得省、市领导批示，起到较好资政效果，让"听语"应用更充分并形成效果链。未来，随着技术引领"听语+"平台的建设，将为更多智库报告的撰写提供高质量数据支撑。如围绕拉动南京城市消费的课题，智库报告从"根据消费结构特色因城制宜、把握新时代消费群体细分特征、打造特色文商旅体创场景、塑造城市独有标识和竞争优势"等方面给出了决策参考。围绕 2023 年南京民生实事，智库报告从"加强事前调研论证和风险评估、聚焦百姓生活的细枝末节、注重撬动市场资源和社会力量"等方面给出了决策参考。通过"听语+"全过程参与，媒体智库以第三方视角，相对独立地、客观地思考问题，表达自己独特的声音和建议。

（二）"听语+"平台实践的影响及示范性

"听语+"平台实践不仅是政府与群众的"连心桥"、民生互动的"主

阵地"，也被社会各界和专家学者一致认为是未来媒体融合转型的又一个成功方向，将在社会治理中发挥更大作用。

1."听语+"平台服务性强，得到市民热烈响应

"听语+"平台应用服务性强、用户参与度高，推出以来得到广大南京市民、网友的热烈响应。截至2022年底，"听语+"平台常态化推动解决市民"急难愁盼"民生事项3000多件，协同12345政务热线办理率为100%；征集到的一批接地气、有见地的意见建议得到党委政府采纳并推广应用；形成各类智库专报百余篇，多份报告获得省、市领导批示，资政效果显著。市民、网友多次致电、留言表达对"听语+"的感谢。

"听语+"平台通过主动介入社会治理，充分发挥媒体在社会治理当中的独特功能和作用，实现了"新闻+政务""新闻+服务""新闻+智库"的充分应用，不仅疏通了政府"知民情、聚民意、解民忧"中的梗阻，也营造了"共建、共治、共享"的社会治理新格局。尤其100多篇智库专报，是基层媒体智库化转型更贴近群众的实践证明。

2.社会各界热评"听语+"，认可媒体融合新模式

在2022年5月13日"听语+"平台组织的一场圆桌会议上，不少市民代表表达了自己的感受。市民代表胡殿贺表示，他既意外于政府如此尊重民意，让普通市民的建议变成现实，又倍感踏实，因为亲眼看到了有关部门务实高效的抗疫行动，这些都令他深受鼓舞。其他多位市民代表均表示，能够发挥自己的微薄之力支持城市发展，既兴奋又感动，对"听语+"平台组织这样的征集和线下活动表示感谢。

"听语+"推出的"抗疫金点子""消费金点子""民生实事金点子"等多项征集活动，也得到了众多媒体关注。2022年9月30日，人民网记者以《民有所呼 "宁"有所应 走好新时代网上群众路线的南京实践》为题发表报道，对"听语+"推出的系列群众意见建议征集活动进行深入采访并点赞，"实践证明，用好网络'开门纳谏'，正在成为南京这座城市的常态操作"。民生实事"金点子"征集活动启动后，央视新闻、央广网、中新网、中国日报网等中央媒体在相关宣传报道中指出"南京开启有温度的民声通

道"，"'听语'平台的应用可以让市民建议的征集变得更加方便高效"，"此次围绕民生实事项目征集建议，将是南京市走好网上群众路线的又一次生动实践"。

专家学者普遍评价认为，"听语+"平台增强了主流媒体的传播力、引导力、影响力和公信力，真正做到了介入社会治理、倾听群众之声、解决群众之难。

中国社科院大学新闻传播学院副院长黄楚新教授认为，媒体的转型融合一方面依托政策引领，另一方面也离不开市场驱动。自 2014 年媒体融合上升到国家战略之后，各地纷纷落实推进，目前已经进入新阶段。中央提出了媒体深度融合的总体方向，这也要求当下融媒体做的"新闻"产品中不仅要加入"政务"，还要加"服务"或"商务"。关于未来媒体融合转型后的内容发展路径、目标去向如何，南京报业传媒集团通过"听语+"平台，交出了一份很好的答卷。"听语+"平台集政务服务功能、群众民生需求与媒体传播功能于一体，借助媒体传播的优势推动解决民生问题，不仅扩展了媒体功能、延伸了新闻服务，也实实在在地增强了用户黏性、延伸了媒体的影响力。通过在新媒体平台产品中注入主流媒体的传播力、公信力，传播党的声音，"听语+"将影响力扩展到年轻的网民群体，也是在切实走好党的网上群众路线。总体而言，在当下新媒体蓬勃发展的背景下，"听语+"平台对传统媒体如何吸引用户、留住用户的问题，给出了自己的答案；同时，南京报业传媒集团的探索，也为新型主流媒体向高端媒体智库的深度融合转型过程，探索出了一个非常清晰的路径。黄楚新教授期待"听语+"平台不断完善服务功能，加强与职能部门的交流对话，实现可持续性的发展和社会效益最大化。

《传媒》杂志社社长兼主编杨驰原表示，新闻热线、政务热线在各地媒体都有，但能够将新闻传播、政务服务和智库资政融为一体的创新平台并不多，"听语+"真正体现出了媒体融合发展的智媒化与融媒化。从"听语+"平台总结的 2022 年数据分析来看，有 92.6% 的参与群众是通过网络平台而非传统方式来表达诉求建议，这说明以"听语+"为代表的新媒体问政是广

受群众欢迎的。同时，"听语+"平台也是媒体智库化转型参与资政的一个成功案例，南京政务舆情研究院通过"听语+"提炼、形成了百余篇智库专报，为地方党委政府提供了施政参考。这也证明，和过往人们关注的高端媒体智库相比，基层媒体智库化转型资政的发展更实际、更有效，更能贴近城市居民群众，案例也更具有典型价值。

中国传媒大学国家传播创新研究中心副主任王宇教授认为，"听语+"平台的出现，非常符合我们党和国家对于主流媒体的要求。主流媒体建设既要求发展"新型媒体"，又提出了"主流"，因此是要打造"新型"的"主流媒体"而非"传统主流媒体"，更多要从"新闻+"出发，加入政务、服务、商务等内容。"听语+"平台目前已经做到了"新闻+政务+服务"，主动介入社会治理，发挥独特的媒体功能，符合整个新型主流媒体建设发展的路线和方向。"听语+"今后应继续强化平台建设，增强互动体验，提升用户友好度；同时联动政府部门，强化公共服务。

南京师范大学新闻与传播学院执行院长张晓锋指出，"听语+"平台牢牢把握了群众这个核心，扎根到市民群众中去倾听百姓心声，将社情民意及时转化成解决问题的责任清单。与此同时，"听语+"平台通过全媒体联动和政民互动，顺应了媒体融合发展大势，也挖掘出了媒体源源不断的发展潜力。

除了学术界专家的肯定外，"听语+"平台也得到南京地区主要领导、众多政府部门单位的认可。江苏省委常委、南京市委书记韩立明多次专题听取"听语+"各类"金点子"征集活动情况汇报，研究优秀意见吸纳和回应工作。韩立明指出，这一活动的开展正是走好新时代党的群众路线的有益探索。

三　对策与建议

数字时代，政府与社会大众通过新媒体纽带实现了更加充分的互动与合作。南京报业"听语+"平台发挥媒体优势及特点，深度介入社会治理，协助政府"知民情、聚民意、解民忧"的同时，也在深入探索媒体走好新时代网上群众路线、介入社会治理的有效策略与长效机制。

（一）探索媒体融合新模式，打造新型主流舆论平台

在全媒体时代环境下，舆论生态、媒体格局、传播方式发生深刻变化，但传统媒体并不能一味模仿照搬网络媒体的发展模式，而是要基于三个方面来建立比较优势，探索出适合传统媒体融合发展的新模式。一是"＋互联网"，建立连心桥优势，通过互联网听民声、察民意、聚民智、解民忧、惠民生、暖民心，针对群众在网上反映的热点焦点难点问题，推动做好线下问题解决、矛盾化解和线上舆论引导工作，走好网上群众路线，与社会大众共情共鸣。二是"＋媒体"，建立舆论引导优势，通过关注网民"聚焦热点"、百姓"急难愁盼"，及时了解舆论动态，便于主流媒体深入开展新闻报道，精准进行舆论引导，稳定网络情绪，打造与南京城市形象相契合的全媒体矩阵，助力城市高质量发展。三是"＋智库服务"，建立资政优势，"听语＋"平台积累的网民建议、市民诉求、舆论焦点、舆情隐患等大量数据，可供报业南京旗下市级新型智库南京政务舆情研究院进行分析研究，把百姓的民意与社会舆情深度对接，实现民意数据与舆情热点的有效研判与前置预警，形成资政报告，供市委、市政府决策参考，成为党委政府了解民情民意的有益窗口。

（二）构建全媒体传播体系，赋能社会治理现代化

在社会治理主体多元化发展的当下，主流媒体要努力做到以下三点，才能适应新的形势：一是思想领先、精品主导，以内容生产为根本，切实把握舆论导向；二是内容为王、渠道制胜，以媒体融合为牵引，切实把握舆论导向；三是移动优先、互联互通，创新传播形式，推动差异发展的全媒体格局，以"移动优先策略＋互联网思维"打造新型传播平台。

加快构建"新闻＋政务＋服务＋商务"的运营新模式。主流媒体充分发挥主流舆论阵地、社会信息枢纽等功能，不断升级平台建设、运营管理效能，将全媒体平台接入城市政务大数据资源中，从而充分融入智慧城市建设，拓展社会治理效能打造出共治共享的治理新格局。

另一个体现媒体融合深度的载体是城市形象。通过构建全媒体传播体系来呈现城市面貌，以大数据、AI、元宇宙等数字技术为城市形象建立模型，剖析城市特点，找准城市形象的差异化竞争优势，从而高质量推动城市发展和社会治理工作。

（三）创新驱动科技赋能，推动大数据治理能力迭代

想要使社会治理工作提质增效，关注网上群众言论，走好网上群众路线是关键。以舆情相关工作为着眼点，通过大数据技术来预判潜在的舆情风险，快速识别目标群体及相关诉求，并在舆情处置过程中进行精准导引，为社会治理添砖加瓦。同时，数据的采集分析需开阔眼界，挖掘出不同影响因子间的潜在逻辑关系，将大数据充分转化为政务决策的技术工具，为更多智库报告的撰写工作提供高质量数据支撑。还需应用 NLP 技术、AI 算法，开发智能语音交互、智能客服等功能，打造听语"数字人"，让"听语"活起来，更加高效、快捷地应对咨询、倾听民声、完善形象、提升影响力。

（四）强化数据合作，形成社会治理合力

习近平总书记强调，要加强政企合作、多方参与，加快公共服务领域数据集中和共享，推进同企业积累的社会数据进行平台对接，形成社会治理强大合力。深化政企数据合作，应突破现在各自为政的信息壁垒，整合政企各方的数据资源，建立健全城市信息共享平台，充分实现城市大数据的共建治共享，提升城市治理能力。在这个过程中，政府可与大数据技术公司合作，解决数据的有效整合、质量标准及管理体系建设等问题，并与拥有大量数据的数字平台、行业公司合作，开发用于社会民生等方面的大数据。如疫情中，万科物业利用信息化手段实时汇集项目运行、客户服务、员工防护等数据信息，建立的疫情信息平台不仅能够提供物业项目"实时疫情地图"，还能结合人行、车行、病例、物资使用动态等数据构建模型，通过人工智能和大数据分析等技术，提前做好预判预警，在疫情防控方案制定、物资和人员的协调等方面及时提供决策依据。

（五）夯实"一体化"协同机制，加强全媒体传播体系建设

党的二十大报告指出，加强全媒体传播体系建设，塑造主流舆论新格局。健全网络综合治理体系，推动形成良好网络生态。长三角媒体地域毗邻，且各省内四级融媒体矩阵建设已经初具规模，未来更应从长三角共同区域的协同发展出发，串联各地优势，进行经验学习与内容协作，在扎根本地特征的基础之上，发挥经济带沿线带动作用，做到优势互补、协同共进。区域间可制作学习方案、总结优质案例推广研习，形成独具长三角地区特色的媒体力量。同时，长三角地区媒体需建立"一体化"模式下的新运行机制，结合中国式现代化的传播语境，突破体制藩篱，创新管理方式，探索区域新媒体发展新思路，坚持以人民为中心导向，多维开发合作潜力。

（南京市委网信办、黄楚新文化人才工作室对此文亦有重大贡献）

参考文献

李晓燕：《市域社会治理现代化中基层治理的进阶式发展》，《北京社会科学》2022年第7期。

刘丽娟：《社会治理创新背景下社会组织发展研究》，《领导科学》2022年第8期。

杨解君、刘青：《社会治理的法治短板及其补齐——以社会"治疫"为例的分析》，《南通大学学报》（社会科学版）2022年第4期。

祝振强：《融媒体时代主流媒体的社会责任担当》，《兰州大学学报》（社会科学版）2019年第4期。

B.12
2022年中国地市级媒体融合发展报告

郭海威*

摘　要： 2022年，地市级媒体融合继续向纵深推进，融合深度与广度进一步拓展。地市级媒体融合的顶层设计日渐完善，融合范围不断扩大，资源整合持续优化，技术创新支撑有力，融合经营趋向深入。对意识形态风险认知不足，品牌建设活力不强，缺乏科学评价指标体系，数字版权保护机制滞后，运营管理模式亟须创新，是当前地市级媒体面临的重点和难点议题。锚定高质量发展，要推进地市级媒体深度融合发展，应着力推动内容输出提质增效，强化科技创新应用，完善效果评估体系，加快数据资产建设，扩大公共服务覆盖面，推动构筑健康可持续的融媒新生态。

关键词： 地市级媒体　媒体融合　科技创新　数字版权　公共服务

习近平总书记在党的二十大报告中提出，加强全媒体传播体系建设，塑造主流舆论新格局。推进地市级媒体融合发展，是加强全媒体传播体系建设的题中应有之义，亦是塑造主流舆论新格局的重要切入点和着力点。从媒体融合到媒体深度融合，地市级媒体的发展目标逐渐从建立全覆盖的传播矩阵走向惠及市域用户的智慧全媒体传播体系，致力于实现信息内容的全面、全域抵达。

2022年，中国地市级媒体融合继续向纵深推进，融合广度与深度进一

---

* 郭海威，博士，中国社会科学院新闻与传播研究所助理研究员，主要研究方向为媒体融合、互联网与社会治理。

步延伸。作为我国媒体深度融合的重要一环，地市级媒体积极响应国家在媒体融合领域的战略布局，依托自有比较优势、资源禀赋，在融合思路、模式方面大力拓新，在优质内容输出、主流价值引领、科技创新应用、经营管理变革等方面取得显著成效，用户覆盖面、社会影响力及市场竞争力获得提升。同时，面对新技术对传播底层逻辑的深刻改变，地市级媒体亟须思考如何破解传播力难题，以及如何在新的融合生态中找准发展方向。

一 中国地市级媒体融合发展现状及重要进展

2022 年，面向移动化、社交化、智能化、视频化发展态势，基于对新传播环境、新传播规律、新传播对象的准确把握与认识，中国地市级媒体融合步伐加快，在技术迭代、内容体质、用户拓展、机制创新中积极寻求并取得新突破，融合进程不断推进，融合实践持续深化，融合形态迭代升级。

（一）顶层设计日渐完善，融合方向清晰明朗

2022 年 3 月，国家发改委发布《市场准入负面清单（2022 年版）》，为主流媒体融合发展提供了规范性、方向性指引；4 月，中宣部、财政部、国家广电总局联合下发《关于推进地市级媒体加快深度融合发展实施方案的通知》，进一步明确地市级媒体深度融合发展的目标任务；5 月，中办、国办印发《关于推进实施国家文化数字化战略的意见》，为地市级媒体参与文化数字战略实施提出任务要求；8 月，中办、国办印发的《"十四五"文化发展规划》要求地市级媒体探索适合自身的融合发展模式；2023 年 2 月，中宣部、国家广电总局发布市级融媒体中心建设的系列技术标准规范，为地市级媒体融合发展提供了规范参考与标准遵循。整体来看，关于地市级媒体融合的顶层设计日益垂直、精准，更具可操作性，契合并匹配了地市级媒体深度融合的发展需求，如通过制定行业规范及标准，有助于规范引导媒体融合发展，提高新型主流媒体的传播力与影响力。政策布局的日渐完善有效增强了地市级媒体在新传播生态中的适应力和竞争力，融合方向与目标更加明

确，推动地市级媒体融入新发展格局、贯彻新发展理念、发掘培育新增长点，地市级媒体融合呈现出提质增效扩容的新发展态势，地市级媒体对媒体融合整体布局的支撑力更趋强劲，有效助力全媒体传播体系建设。

（二）融合范围不断扩大，构筑新型发展格局

2022年，基于政策布局、理念创新、新技术嵌入等因素驱动，地市级媒体融合扎实推进，融合范围不断扩大，跨层级、跨媒体、跨领域的融合愈发频繁，为地市级媒体转型升级注入新动力，构筑形成兼具区域特色与时代特色的地市级媒体融合发展新格局。从融合广度来看，定西、宜昌、三峡、红河、昌吉、毕节、赣州、鄂尔多斯、昆明等地市级融媒体中心相继挂牌成立，呈现出特色突出、差异发展的媒体融合新格局，各地市级媒体在融合进程中相互交流借鉴并尝试实现资源共享，有效提升了地市级媒体融合发展效能及表现力。从融合深度来看，地市级媒体在参照既有融合经验的基础上，逐渐超越和跳脱出形式融合的基础发展框架，致力于实现技术创新、矩阵构建、人才培养、内容产制的融通共享，跨部门、跨媒介、跨行业融合向纵深推进，各类要素间协同联动、优势互补，推动地市级媒体融合迈向高阶，如金昌市融媒体中心在挂牌成立后，对人才队伍进行调配重组，并建立系列人员考核及选用机制，探索激发更广泛、更深刻的创新创造活力。数字化、智能化时代的到来正为地市级媒体带来更多新的融合机遇，平台化、集团化、业务多元化等是新传播格局下地市级媒体深度融合的重要表征，地市级媒体融合持续向高质量服务供给进发。

（三）资源整合持续优化，延展综合服务边界

媒体融合的关键在于通过优化整合各类资源要素，汇聚形成协同合力，服务媒体转型升级与高质量发展。2022年，地市级媒体在融合发展进程中，关注并着力推动资源整合与优化配置，以切实提升资源利用效率，建立健全更为高效的生产流程与服务流程。鄂尔多斯市融媒体中心以"中心+公司"模式推进融合改革进程，基于对已有资源要素的盘活重组，探索开展业务机

制重塑、业务流程再造、发布渠道重构、运营模式创新，并尝试同央媒开展合作，形成资源的有效联动，致力于打造具有重要影响力的地市级媒体平台。基于对资源的整合优化，地市级媒体融合进程中发掘和摸索出更多有力抓手，服务范围与边界得以延展，服务质量得以提升，一定程度上满足了用户多样化、动态性的消费需求，如在传统新闻资讯服务基础上，地市级媒体通过整合集纳市域资源，为用户提供生活服务、文旅资讯、电商服务等多样化服务，为用户提供丰富多样的产品和服务选项。抚州市融媒体中心在成立之后，尝试将媒体内容服务与生活服务、商业服务等对接，为用户提供全媒体综合信息服务。2022 年，地市级媒体在资源整合与服务拓展方面持续发力，推动媒体服务实现创新升级，对于提升地市级媒体品牌影响力与行业竞争力带来重要驱动力。

（四）技术创新支撑有力，打造智能传播生态

随着人工智能、大数据、VR/AR 等技术在新闻传播领域的应用愈发广泛深入，技术、媒体与人的融合程度逐渐加深，技术创新成为新传播生态的重要组成部分。2022 年，人工智能、高清视频、区块链、5G、大数据等技术更加深刻嵌入地市级媒体内容生产与服务供给等环节，助力打造形成全媒体、智能型传播生态。2023 年 1 月挂牌的嘉兴市新闻传播中心在推动智慧融媒体数据平台建设的过程中，同时与市域内区县级媒体开展技术融合战略合作，旨在以技术创新为助力建成具有强劲支撑力和推动力的技术生态体系。基于前沿技术打造形成的传播大脑于 2023 年 1 月在浙江成立，旨在利用人工智能、大数据等技术赋能内容生产与传播，更好集聚流量，为包括地市级媒体在内的省内媒体融合提供了技术平台。地市级媒体在融合发展过程中，积极适应并拥抱智能传播的发展趋势，持续扩大与提升技术创新应用的覆盖面与垂直度，致力于内容的生动呈现、需求的高效满足、服务的精准匹配。技术创新深刻贯穿于地市级媒体融合全流程，为主流价值传播宣导提供了框架遵循，进而有效促成地市级媒体的技术创新、服务升级、内容提质同频共振、齐头并进，有效提升地市级媒体的内容传播力、品牌影响力、价值穿透力。

（五）融合经营趋向深入，形成差异发展布局

媒体深度融合背景下，用户对媒体内容及服务需求呈现出差异性、交互性、多样性等特征，由此敦促媒体融合应致力于准确理解和把握新的社交关系、消费需求与经营业态，加快推进探索融合经营。2022年，消费升级需求导向下，地市级媒体主动作为、积极求变，适应并匹配精准性、参与性、沉浸性的消费偏好，由内容生产向服务供给转变。烟台市融媒体中心着重整合重组既有经营资源，以"传媒+"创新拓展产业布局和经营领域，推动打造跨越多领域、覆盖全产业链的融合经营新生态。荆州日报传媒集团通过与地方政府联动打造楚文化数字产业园，形成集合设计、创作、出版等多元业务的传媒产业链，产业转型取得较显著成效。通过深度挖掘和融合既有资源禀赋，地市级媒体加快尝试将多元化业务或资源要素进行整合配置，确定和强化自身核心优势，进而建立独特的媒体品牌形象，共构形成差异化的发布布局。总体来看，2022年，地市级媒体坚持运用动态性、前瞻性、发展性思维，在融合经营方面持续发力，以全媒体传播体系为支撑、以地市级媒体自身内容生态为根基，深入推进垂类传播与垂直消费，进一步激发数字产业生态活力，探索构筑数字经济新增长点，为媒体深度融合发展提供新思路。

二 地市级媒体融合发展面临的重点难点议题

2022年，聚焦地市级媒体深度融合，有必要正视和厘清地市级媒体融合发展所面临的重点难点议题，理解新传播格局下地市级媒体的发展逻辑，进而找到跨越式发展的着力点与切入点，于高质量发展视野下寻求创新突破。

（一）意识形态风险认知不足，舆论阵地占领不够

地市级媒体作为全媒体传播体系的重要组成部分，肩负舆论引导、意识形态培育等重要使命任务。2022年，地市级媒体坚定履行主流媒体的职责

使命，在传播正能量、弘扬主旋律方面敢于担当，但在意识形态风险防范及斗争方面，不时出现认知不足、把握不准、本领不强等问题，导致主流意识形态被冲击和挑战风险增加，舆论引导难度加大。随着全球网络互联互通水平提升，国内国际的信息传递更加便捷，由此也为国际舆论场中的不良思潮涌入提供了可能，加之UGC在短视频、直播平台上愈发占据主流乃至主导地位，部分观点表达逐渐超出至主流价值框架之外，不时出现突破底线、红线现象。然而，对于舆论场中相关风险，地市级媒体缺位现象凸显，尤其在涉舆论安全、意识形态安全问题时，部分地市级媒体作为主流媒体未能对社会焦点、热点议题及时解读、回应、引导，造成主流媒体在重要舆情事件及舆论战中的失声现象，主流舆论阵地受到非主流思潮侵蚀、消解。面对视频化、强交互等信息传播发展趋势，地市级媒体需进一步增强风险意识和斗争本领，做好应急预案，时刻警惕、提前研判、及时消除意识形态安全风险。

（二）爆款内容难以持续涌现，品牌建设活力不强

2022年，地市级媒体在优质内容创作输出上持续发力，涌现出一批具有较强传播力和影响力的精品力作，如三明市融媒体中心充分调动策划及采编力量，精心打造融媒精品，2022年1~10月，在新媒体平台中有800余条作品收获百万+阅读量，26条作品的阅读量超千万。然而，对于部分地市级媒体而言，如何打造并持续输出爆款内容仍在艰难摸索之中，尤其面对传媒领域中快速变化的热点议题及用户需求，一些地市级媒体难以保障爆款内容的常态性输出，进而对地市级媒体品牌建设及提升的支撑力量则显薄弱。究其原因，一是创新意识不强制约优质内容产出，内容生产未能跟上消费需求变化，一些地市级媒体缺乏新内容、新服务、新体验，容易使用户失去兴趣；二是媒体特色不突出影响地市级媒体品牌脱颖而出，未能结合区域资源禀赋或体现媒体特有风格，容易使内容或服务陷入同质化困境；三是平台思维缺乏导致媒体内容创作难以匹配新媒体传播情境，部分地市级媒体在融合过程中将各类新媒体平台视为传播中介或工具，未能基于平台属性进行内容生产，导致内容与情境的适配疏离。锚定深度融合，地市级媒体需在爆款内

容打造及持续输出上下功夫，满足用户差异化、高标准的消费需求，从而为地市级媒体品牌建设注入源头活水。

（三）缺乏科学评价指标体系，制约融合发展成效

科学有效的评价指标体系，对于衡量地市级媒体融合发展成效具有重要意义，能够针对性地指导和引领地市级媒体融合方向。2022年，地市级媒体在内部绩效考核及激励机制方面进行适度优化调整，以期更好激发人才创新创造活力，并对外增加人才吸引力。齐齐哈尔市融媒体中心通过打破身份、职称及工资进行晋升、绩效及薪酬分配的机制改革，创新改革经营策略，推动干部选用实现能上能下、公开透明。邯郸市融媒体中心通过资源整合重组，创新绩效考核等管理制度，实现经营收益及人员待遇的不断提升。然而，地市级媒体目前仍缺乏对包括管理能力、传播能力、营收能力、创新能力等在内的地市级媒体融合成效综合性评价体系，进而难以对当前地市级媒体融合效能进行系统评估，因此未能立足全局视角对地市级媒体融合进行精准性、动态性和阶段性的效果评估，导致一些地市级媒体在融合发展过程中容易迷失方向或难以找准着力点，影响和制约融合效能。面向未来，聚焦地市级媒体融合评价体系构建，应探索将地市级媒体、网信部门、商业平台、行业协会、用户等多元主体纳入，建立健全融合成效评估维度，坚持点面结合、短期与中长期兼顾、横向与纵向并重，形成具有可操作性和现实指导性的评价指标体系，引导地市级媒体融合向上向好。

（四）数字版权保护机制滞后，扰乱网络传播秩序

地市级媒体作为主流媒体，在优质内容产制方面具有一定优势，加之媒体融合赋能，保障并有效强化了地市级媒体融合内容产品的常态化输出能力，一些优质原创内容也成为其他内容生产或传播主体的创意源头。2022年，围绕数字版权保护的应用试点、专项行动、指导意见等相继推进实施，多主体参与、多视角切入助力完善数字版权保护机制，为地市级媒体发展并壮大自身原创优势提供了有力保障。2022年1月，"区块链+版

权"应用试点单位公布，作为推动我国产业数字化转型的重要举措，旨在探索以区块链技术推动版权管理及保护提质增效。剑网 2022、青少年版权保护季、冬奥版权保护等行动相继开展，成效显著。2022 年 12 月，《关于建构数据基础制度更好发挥数据要素作用的意见》发布，为盘活数据要素、推动数据知识产权运行指明了发展方向。在此形势下，地市级媒体作为原创内容、主流舆论、用户数据等的重要来源主体，进一步迸发开拓进取活力，在数据运用、业态创新等方面有所突破。截至 2022 年 12 月，我国总体网民、网络视频用户、短视频用户规模分别达到 10.67 亿、10.31 亿、10.12 亿，在驱动网络内容生态共创共享的同时，也给数字版权保护带来潜在风险，进而对地市级媒体等原创内容主体造成困扰，亟须在数字中国建设大背景下，探讨健全更新数字版权保护机制，提振地市级媒体等主流媒体的创作信心。

（五）运营管理模式亟须创新，边际效用有待提升

2022 年，地市级媒体在运营管理方面加大创新力度，融合经营、高效管理成效显著。然而，从统筹布局、优化配置、集约发展等视角来看，一些地市级媒体仍有较大提升空间。从地市级媒体融合实践来看，融合投入不断增加，融合进程持续加快，人才、技术、资金等支撑较为充裕有力，但是融媒内容及产品时常陷入创新乏力、难以持续的困境，对用户的消费需求及偏好变化难以准确及时把握，边际效用亟待提升。面向平台化、数字化、交互性、跨界性的融合发展态势，地市级媒体在打造新型主流媒体过程中，既有管理思维定式对融合创新形成一定阻碍，导致融媒内容及产品对用户吸引力不足，用户满意度提升有限。基于此，地市级媒体在融合发展过程中需进一步对运营管理模式创新保持关注和思考，于动态变化的传媒环境、舆论环境、社会环境中保持本色、擦亮底色、凸显特色，将自身媒体融合发展议程融入以技术赋能、要素融通、协同共构为典型特征的新传播格局，发挥比较优势、协同优势，在推动内容汇聚、观点交互、建构认同过程中赢得用户关注及认可，不断提升融媒内容及产品的边际效用，助力主流舆论引导和主流

价值传播，支撑社会治理体系与治理能力现代化，为区域经济社会发展贡献媒体方案与智慧。

三　地市级媒体融合发展趋向及未来推进路径

立足新的内容生态、社交生态和技术生态，地市级媒体应在找准方位、把准方向的基础上，继续发挥、培育和强化既有优势，以改革创新为驱动，以价值引领为导向，以优质内容及服务为核心，推动构筑健康可持续融媒生态。

（一）增进主流价值引领，推动内容输出提质增效

地市级媒体融合以构筑健康优质的内容生态为指向，需要以高质量内容供给引领用户内容消费偏好，形成积极向上的内容供需良性循环，推进主流价值传播与引领。地市级媒体应依托自有或其他内容平台，着力推动跨场景的内容生产及消费，尝试利用新型视听平台等载体在创造跨时空消费场景方面的独特优势，以短视频、直播等为呈现形态，借助新传播格局下丰富多样的数字形态，构筑具有广泛覆盖度和影响力的内容品牌矩阵体系，提升地市级媒体对网络内容生态的贡献度，将主流价值贯穿渗透其中，让用户实现具身体验与离身认知的无缝衔接。同时，地市级媒体要将主流价值贯穿于内容生产与传播始终，基于新传播生态的深交互属性，探索实现“品牌化共情”，不断拉近媒体与用户的距离，使用户在情绪共鸣与共振中实现对主流价值的理解、认同与内化。聚焦深度融合，地市级媒体应充分用好各类传播平台，建成立足社交关系与消费偏好的主流价值传播网络，深化内容生产供给侧结构性改革，推进优质原创内容的接地性传播，实现内容供需的新转变，使主流价值传播简单明了、通俗易懂、清晰可辨，助力提升用户对主流价值的认可度。

（二）强化科技创新应用，驱动生产传播范式变革

当前，与5G技术相伴的新媒介技术日益成熟，人工智能、大数据、

区块链、VR/AR 等技术为地市级媒体融合带来新的动力和机遇。推进地市级媒体深度融合，应紧盯技术创新发展趋势，探索厘清和强化新技术应用对地市级媒体内容生产、传播与消费的赋能机制，创新拓展传播情境，驱动地市级媒体的内容生产与传播范式变革。一方面，地市级媒体应探索推进内容产品的智能化定制，以数据和技术体系为支撑，及时精准抓取用户关注的热点、焦点议题，把握用户需求，有效筛选和配置内容传播的关键要素；另一方面，要尝试以新技术为依托创新内容形态，尤其面向可视化、交互性的消费需求，地市级媒体应着力探索推动内容传播向虚实结合、协同共创转变，用好虚拟数字人等新兴传播形态，强化内容输出过程中的技术含量，以契合新传播生态中的内容消费新偏好。同时，地市级媒体需加快探索开展跨行业的深层次合作，利用内部或外部技术力量，开展跨机构、跨领域、跨媒介的融通合作，衍生云旅行、云课堂、云政务等新型融合业态。基于技术创新所衍生的融媒内容产品，既是对用户新消费需求以及行业转型升级的合理回应，也是推进地市级媒体深度融合的突出表征。

（三）完善效果评估体系，引导提升传播力影响力

围绕地市级媒体深度融合，应探索建立健全具有现实指导性和可操作性的评价指标体系，进而找寻促进地市级媒体深度融合发展的关键点与实现路径。要结合地市级媒体融合发展现状及实际，明确评估目标、指标、方法、标准等内容，从传播扩散、价值引领、运营创新、服务供给等多视角对融合成效进行系统性、综合性考察，同时要以动态性、前瞻性思维及时更新评价指标体系，以准确、全面、及时评估地市级媒体融合效果。以评估体系为参照，地市级媒体要着力夯实融合传播的渠道、人才、内容等基础，推进实现各类资源要素的协同联动，形成融合发展合力，不断扩大主流价值影响力版图，从而更好连接民心、凝聚共识。同时，基于评估维度及指标，地市级媒体应在叙事模式方面加大创新力度，适应场景化、深交互、跨媒介的新型叙事需求及特征，加快向舆论场供给输出更具传播力、引导力和影响力的融媒

内容产品，以提升用户内容消费的在场感、参与感、沉浸感，进一步缩短媒介场景与用户的距离。

（四）加快数据资产建设，挖掘释放数据要素价值

新传播格局下，内容生产与分享的广域连接打通了人际传播与大众传播，面向公众发布的内容同时基于人际关系而实现精准推送，基于兴趣形成的社群突破朋友圈汇集于内容的转赞评区域，形成具有较强社交属性的垂类消费。人工智能、大数据、物联网等技术与媒体内容的深度融合，不断拓宽媒体内容的应用范围和使用场景，在此过程中，技术对于用户需求的洞察与捕捉将助力激发媒体产业发展的内容动力，垂类传播背后的价值增值，已然成为数字经济发展升级的新风口。基于此，地市级媒体应以自主或合作方式加快数据资产建设，整合、挖掘和盘活数据要素，以此为支撑打造并利用好垂类传播及消费场景，释放并放大数据要素价值。以数据为驱动，地市级媒体在融合进程中将能够更精准把握和满足用户个性化消费需求，促进以往冷门小众的尾部内容市场展现出更强劲的变现能力，加之协同联动或利用社交媒体等平台的流量扶持等激励政策，地市级媒体融合经营模式将进一步延展，进而不断扩大数字消费的发展空间。围绕数据资产建设，地市级媒体的变现模式将更趋多元，由此将有效推动全媒体经营体系构建，构筑媒体产业生态发展新图景，助力增强数据经济的发展韧性。

（五）扩大公共服务覆盖面，增强服务的均衡性和可及性

党的二十大报告提出，提高公共服务水平，增强均衡性和可及性。地市级媒体作为提高公共服务水平的重要抓手，加快融合进程正是对这一要求的积极响应。地市级媒体在扮演好内容生产者、传播者角色的同时，要不断强化和凸显工具作用、中介作用和桥梁作用，助力做好政府与社会的沟通连接，增加公共服务供给接口，同政府部门、社会组织、用户等一道探索内容与服务融合的解决方案，提供媒体的公共服务水平，更好履行社会责任。地市级媒体要发挥好主流意识形态培育、主流价值传播的载体作用，汇聚和输

出优质内容、发出主流声音，为营造积极向上的舆论氛围与社会氛围彰显媒体担当。同时，应深化同社交媒体等平台的连接、合作，引导用户参与内容生产传播，鼓励差异性、建设性表达，推动形成人人可参与、人人可连接的开放式叙事新景观，通过讲好和展现个体故事，汇聚形成讲好中国式现代化故事的巨大合力，进而有助于在全社会范围内建立和增强文化自信。基于深度连接、广泛覆盖的传播网络，以满足人民群众的内容消费、服务消费等需求为出发点和落脚点，地市级媒体应探索进一步优化服务供给与配置，通过引入第三方专业力量助力提升内容服务、政务服务、商务服务水平。

参考文献

胡正荣、李荃：《把握历史新机遇，擘画融合新图景——从党的二十大精神看我国主流媒体的未来》，《编辑之友》2022年第12期。

黄楚新、胡正荣、牛睿、徐亚楠、贾跃斌、章丹：《地市级媒体迈出整合融合新步伐》，《广播电视网络》2022年第9期。

B.13
2022年中国县级融媒体中心发展报告

李一凡*

摘　要： 2022年，我国县级融媒体中心建设锚定"引导群众、服务群众"之目标导向和全媒体传播体系建设的重要方向，不断强化顶层设计、推进内容创优、发力数智融合、赋能基层治理，然而在体制机制、平台服务、人才队伍、产业发展等方面依然存在差距与面临困境。步入高质量发展阶段，县级融媒体中心应坚持媒介化发展思路，筑牢基层舆论阵地、赋能数字乡村建设、提升基层治理效能，为乡村振兴发展注入活力。

关键词： 县级融媒体中心　媒体融合　全媒体传播体系　乡村振兴

　　在党的二十大报告中，习近平总书记立足世界百年未有之大变局，擘画以中国式现代化全面推进中华民族伟大复兴的宏伟蓝图，并提出"加强全媒体传播体系建设，塑造主流舆论新格局"，对新阶段我国媒体融合工作提出新的目标任务。在媒体融合和全媒体传播体系建设的大格局中，县级融媒体中心发挥着重要的底层支撑作用。《中国数字乡村发展报告（2022年）》显示，截至2022年8月，全国已建成运行2585个县级融媒体中心。[①] 当前，我国县级融媒体中心锚定"引导群众、服务群众"之目标导向，围绕主流舆论阵地、综合服务平台、社区信息服务枢纽三大核心定位，不断强化内容

---

* 李一凡，中国社会科学院新闻与传播研究所博士后，主要研究方向为新媒体、媒体融合。

① 《中国数字乡村发展报告（2022年）》，http：//www.cac.gov.cn/2023-03/01/c_ 16793097 18486615.htm，2022年3月2日。

建设、优化平台功能、丰富基层服务、推动技术赋能，在传播党的声音的同时，以平台优势、数据优势、资源优势深度融入基层社会治理、数字乡村建设、乡村振兴发展的大格局之中，成为基层经济社会高质量发展的重要推动力量。

一 我国县级融媒体中心发展现状

（一）政策制度体系强化引领，样板单位示范效应凸显

2022年，中央有关部门的规划文件自上而下系统部署，各县级融媒体中心自下而上总结规划，共同构筑起了县级融媒体中心高质量发展的顶层引领力和基层支撑力。一方面，国家政策层面以全局视角谋篇定向，强化全媒体传播体系建设之于中国式现代化推进的重要意义，并结合网络强国、数字中国、乡村振兴、社会主义文化强国等重大议题，高屋建瓴地阐释媒体融合赋能经济社会发展的理论逻辑、现实目标与实践路径，形成系统性、连贯性的理论体系，明晰了全媒体传播体系和县级融媒体中心建设的道路方向。2022年2月，中央一号文件《中共中央 国务院关于做好2022年全面推进乡村振兴重点工作的意见》明确县级融媒体中心作为创新农村精神文明建设的有效平台载体，应突出其在乡村治理现代化以及乡村振兴工作中的重要地位；4月，《关于推进地市级媒体加快深度融合发展实施方案的通知》为地市级媒体融合提供了政策机遇；8月，《"十四五"文化发展规划》提出"加快推进媒体深度融合发展……打造一批具有强大影响力、竞争力的新型主流媒体"，倡导发挥主流媒体对于社会主义文化强国建设的重要作用。这一系列文件的出台完善了全媒体传播体系的政策版图，以更加系统的制度体系引领县级融媒体中心走向高质量发展之路。

另一方面，各县级融媒体中心不断强化顶层设计，深入推进体制机制、组织架构、管理制度等多维融合创新，尤其是部分改革先行单位主动承担起行业探路者角色，出台相关顶层规划，以自身探索赋能同行业创新发展。如

浙江省长兴县融媒体中心发布《2021年媒体社会责任报告》，围绕政治责任、阵地建设责任、服务责任等多方面强化县级融媒体履行社会责任的做法和成效。浙江省安吉县融媒体中心发布《安吉县融媒体中心发展战略规划（2023~2028）》，以系统性规划方案引领未来五年深度融合。两家融媒体中心借助具有前瞻性、系统性、科学性的顶层规划文件，在复盘和总结自身融合经验的同时，为全国县级融媒体中心高质量发展提供了一定的路径参照。与此同时，县级融媒体中心样板单位的示范效应愈加凸显。浙江长兴、福建尤溪、江西分宜等县级融媒体中心经多年探索，形成一套可借鉴、可复制的融合发展模式，从建设模式输出到技术平台、应用产品、经营模式的复制输出与协同开发，更多细分领域的帮扶联动正在全国县级融媒体中心悄然兴起。例如浙江省安吉县融媒体中心自主研发的"爱安吉"App在充分服务本土的同时，积极进行技术输出，已在全国范围内成功复制推广至107家单位，被中宣部确定为全国7个示范项目之一。

（二）内容创优动能持续激发，广泛凝聚基层社会共识

发挥融媒体内容创作和传播渠道优势，推动内容创新创优，巩固和壮大基层主流舆论阵地，是县级融媒体中心建设的核心要义，也为践行中国式现代化道路筑牢思想根基。2022年，各县级融媒体中心坚持以内容建设为根本，以精品输出为目标，借助多视角、多模态、多渠道的融媒体传播手段，推出诸多富有时代感、正能量、泥土味的优质内容作品，极大地丰富了主流价值传播的基层内容版图，在创优创先方面亦呈现突围之势。据统计，在第32届中国新闻奖（2022年）评选中，共有41件区县级媒体作品入围，其中3家县级融媒体中心最终获评中国新闻奖三等奖。[①]例如浙江省余杭区融媒体中心原创作品《一条"机器鱼"遨游万米深海》聚焦我国深海探索领域重大成果，以形象生动的表达诠释了我国在前沿科学领域的追求与钻研，

---

① 《第32届中国新闻奖、第17届长江韬奋奖评选结果揭晓》，http://www.zgjx.cn/2022zgx wjjgjx/index.htm，2022年11月8日。

引起读者对重大科技新闻的共鸣，取得良好的融合传播效果。青海省门源县融媒体中心原创作品《全国首例！获救雪豹"凌蛰"佩戴卫星项圈后放归》则入选国际传播类别，展现雪豹从救助到放归的全过程，展示我国在生态文明建设进程中取得的显著成效。这些参评项目不仅在数量上呈现增长趋势，还覆盖新闻、消息、国际传播等多种参评类别，具有多视角、多样化的特征。

党的二十大报告提出，全面建设社会主义现代化国家、全面推进中华民族伟大复兴，关键在党。作为全媒体传播体系深入基层的"神经末梢"，县级融媒体中心由"优质内容+特色活动"双轮驱动，深入推进基层党建，在舆论阵地建设、红色文化宣传、基层精神文明建设方面成效显著。福建省尤溪县融媒体中心深挖本地红色资源，围绕党建主题推出一系列红色作品和走基层进社区党史教育活动，发挥了基层党群关系的"润滑剂"作用。山东、内蒙古、江苏、四川等省份持续推动县级融媒体中心与新时代文明实践中心、党群服务中心、便民服务中心融合发展，实现线上宣传、线下阵地、实践站点统筹联动，深入推进新时代基层精神文明实践入户、入脑、入心，广泛凝聚起基层社会思想共识、文化共识。

（三）传播体系建设稳步推进，跨界跨域融合多维发力

随着媒体融合向纵深推进，加强全媒体传播体系建设，形成资源集约、结构合理、差异发展、协同高效的全媒体协同联动格局，成为各级主流媒体的重要任务。2022年，各地以央地联动、省域联动、市县联动等模式有效推动了县级融媒体中心融入我国四级媒体生态，并借助内容共享、传播协同、技术联动、资源共享、人才帮扶等方式持续激发基层融合传播效能，聚力打造上下联通、资源协同的全媒体生态效应。新华社新闻信息中心联合海南省文昌市委宣传部、文昌市融媒体中心共建的海南省首个县级国际传播中心，以央媒平台和资源优势助力基层媒体发力国际传播；江苏广电总台借荔枝云平台，将全国两会内容"一键推送"至全省64家县级融媒体中心的新媒体平台，并为近20个县级融媒体中心提供定制化采访服务，实现省域内

的传播联动、资源共享；黑龙江龙广电 MCN 吸纳数十家市县融媒体中心账号入驻龙广电 MCN，建构"龙江有好货"账号矩阵，并联合省内高校建立融媒研修学院，向社会输出新媒体人才，形成"媒体电商+供应链+培训+新媒体账号孵化+人才输出"生态链条。全媒体传播体系建设不仅意味着不同层级媒体的贯通联动，也指向不同区域、不同属性的媒体平台之间形成一体化、协同性发展趋势。例如香河融媒体指挥平台加入中央级媒体智慧平台，并与省、市两级融媒体端口对接的同时，在区域内构建"互联网+广播电视+报纸+网站+客户端+智能户外+楼宇社区"的多平台传播矩阵，有力践行了中央媒体与地方媒体、主流媒体与商业平台全方位联动的全媒体传播理念。

全媒体时代，县级融媒体中心建设逐渐破除"媒体本位"的视野局限，以基层社会重要组织单元的角色，成为区域经济社会发展的重要参与者和推动者。2022 年，部分产业基础相对扎实的县级融媒体中心着力拓展产业经营模式，以区域共生的理念将媒体产业链条向文化创意、教育培训、项目研发等多领域延伸，借融媒体平台优势、资源优势、技术优势助推区域产业经济高质量发展。例如深圳龙岗区融媒体集团与当地高校、美术馆、博物馆等机构跨界合作，助力城市形象塑造和推广，并尝试吸引文创企业入驻或与入驻企业（项目）成立混改企业，探寻区域产业经济发展的新模式、新思路；福建省尤溪县融媒体中心下属的朱子文化公司将经营范围拓展至全国，业务涉及影视制作、活动策划执行、电商直播、职业培训等领域，并积极参与智慧城市建设、3D 影院经营、农旅产品开发等项目，以多元产业驱动新闻事业良性发展。与多元社会主体的广泛联动与深度合作，不仅破除了县级融媒体中心自身发展局限，也形成融媒事业与区域产业经济协同发展的良好氛围。

（四）技术要素潜力不断释放，数智融合赋能基层治理

2022 年，各县级融媒体中心挖掘技术要素潜能，积极运用新技术拓展应用功能、提升平台服务，探索深度融合的新模式、新路径、新业态。一方

面，创新技术研发与应用，不断提升基层媒体内容生产效率，放大融合传播效能。福建省尤溪县融媒体中心以技术赋能节目创新，积极探索 4K、8K 超高清节目技术应用，研发推出"极存"超高清节目制作存储系统，有效解决了多轨剪辑卡顿、多终端组网共享速度慢、数据存储不安全等超高清节目制作问题，助力市县融媒体以较低成本实现超高清节目创作，并实现在媒体机构、企业、高校、行业部门的广泛应用。另一方面，打破技术壁垒，以融媒体平台为依托推动区域公共服务走向网络化、智慧化、人性化，有效发挥基层治理主体作用。如北京大兴区融媒体中心依托《言之有理》栏目和"北京大兴"App 实现"一端通办"功能，"面对面""键对键"回应基层群众关切；成都双流区融媒体中心优化"云上双流"客户端，围绕生活消费、人才就业、便民服务、校园管理开发、美丽街区等开发一系列智慧化管理系统，为群众提供智慧便捷的城市服务；江西省大余县融媒体中心依托省级云平台"赣鄱云"，与县大数据中心"城市大脑"建立后台链接，在客户端开设"智慧政务""智慧教育""智慧交通""智慧旅游""智慧医疗""智慧社区"等板块，打造集新闻、娱乐、旅游、商务、学习、生活、交易等功能于一体的融媒体服务圈。

加强数字社会、数字政府建设，推动社会治理走向数字化、智能化、精细化，是创新政府治理理念和方式、推进国家治理能力和治理体系现代化的重要举措。为提升基层治理数智水平，县级融媒体中心着力发挥技术优势，拓展数字化应用场景和服务场景，联动地方政府、职能部门、企事业单位以合作研发、联合共建、平台入驻等方式开发便民数字平台、应用系统，推动政府决策、便民服务实现一网统管、一网通办，打造共享共建共治的基层数字治理新格局。例如，安吉县融媒体中心全方位嵌入区域治理现代化进程，依托媒体智库建设，独立研发"智管家""云计算""一张图"等数字产品和基层治理模式，对县域治理需求进行实时监测、及时跟进、快速解决，有效提升了政府科学决策能力和基层公共服务质量，为县域数字化改革提供了技术支撑、平台支撑和智库支撑。

（五）平台服务功能优化完善，全面激发乡村振兴活力

2022年，各县级融媒体中心以新闻主业为依托，不断完善融媒体平台服务功能和服务场景，优化服务质量，力图实现信息服务多元化、政务服务便捷化、民生服务人性化。北京市大兴区融媒体中心与区人社局、政务服务局等职能部门联动，在疫情期间为企业和就业者提供复工复产、企业招聘信息等服务；安吉县融媒体中心推出"指惠家"线上服务平台，提供本地生活、严选特供、数字电视线上开户、缴费订购、报修咨询等线上服务功能，全方位覆盖本地13万数字电视用户的生活需求，将"有线"网络延伸为"无限"服务。

围绕乡村振兴、农业农村共同富裕等国家重大战略目标，县级融媒体中心探索"媒体+文旅""媒体+直播""媒体+电商"等融合模式，构建多样化的基层信息服务生态，推动融媒体服务与基层社会发展、乡村振兴建设相融共促。山西广电局联动省内100个县级融媒体中心和重点景区，开展"百融直播——千名主播秀山西"活动，推介当地文旅资源，带动土特产营销，并借助一系列网络主播培训活动，助力实现乡村产业振兴和人才振兴；四川省古蔺县融媒体中心联合人社部门推出"农民工之家"专栏，解决了当地农民工招工、务工的难题，仅2022年专栏就成功吸引5000余名农民工应聘本地酒企。推进乡村振兴建设，物质文明和精神文明处于同等重要的位置。满足基层群众多样化、高品质的精神文化需求，提升群众思想觉悟和精神风貌，树立乡村文明新风，是县级融媒体中心赋能乡村振兴发展的应有之义。在探索乡村振兴实践中，江西省分宜县融媒体中心尝试建立"村主播"平台，打造直播团队，常态化开展"村主播"直播工作，推介当地优势产业、风景民俗、特色文化，推动乡村产业振兴、人才振兴、文化振兴、生态振兴，同时将"村主播"作为基层文化宣传的"最后一公里"，推动党的理论飞入寻常百姓家，有力助推乡村精神文明建设与物质文明建设实现双重飞跃。

二 当前县级融媒体建设存在的问题挑战

（一）顶层设计有待完善，体制机制束缚尚存

媒体融合是一项系统性、接续性的媒体改革工程，从"相加"到"相融"必然意味着顶层设计需随改革进度做出适时的调整与修正。步入改革深水期，我国县级融媒体中心在顶层设计方面仍需进一步完善，平台定位模糊、组织结构不合理、体制机制灵活度不足等问题在各县级融媒体中心普遍存在。一些改革起步较早、进度较快的县级融媒体中心，虽在体制机制改革等方面取得一定成效，但随着发展步伐加快，不同程度地面临着平台同质化、业务边界不清、社会效益与经济效益难以平衡等问题，在资源整合与配置方面仍需持续优化。而在部分发展滞后地区，"合而不融"的现象依旧十分普遍，不少融媒体中心在改革中沿用"套模版"思路，致使自身发展定位模糊、发展路径僵化，难以实现对县域各类资源的深度挖掘和统筹联动。尤其在中西部等地区，县级融媒体中心多为公益一类事业单位，享受财政全额拨款等政策倾斜，虽无生存之忧却有发展之虑。面对深度融合和高质量发展的目标，体制因素带来的束缚较为明显，大多数县级融媒体中心无法开展媒体经营活动，事企分离等政策落实缺乏可行机制，长此以往可能会造成供血能力不足、组织活力不够等棘手问题，对财政的过度依赖和僵化的薪酬分配制度也使人才流失成为发展中的一大难题。

（二）服务水平参差不齐，平台特色未能凸显

以"新闻+政务服务商务"的发展路径为参照，2022年，各县级融媒体中心在强化新闻主业的同时积极推进平台服务能力建设，对接基层政府发展所需、群众所盼。但从整体来看，各县级融媒体中心在平台服务水平上参差不齐，服务形式单一、技术支撑不足、用户留存困难等问题多见，在服务广度、服务水平、服务质量等方面存在一定欠缺。一方面，融媒体客户端交互

性不足、体验感不佳、用户黏性低等问题较为突出，一些地区借助行政力量
或活动开展等方法实现了融媒体客户端的初期用户积累，但因后续服务质量
难以及时跟进，不能满足用户个性化需求，致使用户活跃度和留存率较低，
甚至"用完即走"成为常态。与此同时，相较于上级媒体机构，县级融媒体
有着天然的贴近性和在地性优势。但实践发现，部分融媒体中心虽尝试拓展
平台服务，却未能与本地特色资源相结合，凸显平台特色。例如一些地区在文
化、旅游、生态、产业等方面具有先天优势和发展潜力，而融媒体中心的业务
却局限于媒体服务的传统视野范围内，难以形成融媒体平台的区域特色和品
牌效应。此外，技术应用落后、数字化程度不高的现状，也对县级融媒体中
心融入区域现代化建设形成一定掣肘，使其难以满足智慧城市、数字乡村以
及新时代基层治理战略需求，难以真正实现区域信息枢纽的功能定位。

（三）人才队伍尚需强化，融合人才缺口犹存

随着县级融媒体中心步入融合"深水区"，对人才尤其是融合型人才的
需求就愈加迫切。目前，全国县级融媒体中心都存在不同程度的人才支撑不
足问题。一是在队伍构成上，现有人员多来自传统媒体部门，从事内容采编
的人员占大多数，新媒体运维、技术研发、平台运维等相关岗位人员较匮
乏，且整体上知识层次不一、融合理念相对滞后，缺乏平台思维、用户思
维、产品思维，难以迅速形成队伍合力。二是因受到体制机制因素影响，现
有人员身份属性不一，编内编外人员同工不同酬问题依然存在。大多数融媒
体中心虽建立了绩效考核机制，但受制于事业单位属性，绩效考核与员工收
入脱钩现象明显，[①] 导致编内人员创新意识不足、危机意识不强，编外人员
积极性不高、思想不稳定，长此以往形成严重的人才流失隐患。三是随着业
务范围的不断拓展，融合程度较高的县级融媒体中心对经营、技术、产业、
法律等领域的跨界型复合型人才需求也不断增加。但受到政策支持力度不够

---

① 李一凡、黄楚新、田锋、植勇、张健英：《基层治理视域下县级融媒体中心建设研究——
对云南省 7 家县级融媒体中心的实地调研》，《中国记者》2023 年第 2 期。

以及薪资水平竞争力弱等因素影响，复合型人才尚处于稀缺状态。如安吉县融媒体中心在探索多元产业发展中，亟须吸纳技术、内容、经营、法律等方面的优秀人才，但因岗位管理、薪资等条件限制，依然面临着人才引进困难的问题。

（四）平台造血能力不足，产业发展层次不一

拓展经营范围，推动融媒产业发展，提升平台造血能力，是县级融媒体中心实现可持续发展的关键。就现状来看，大多数县级融媒体中心虽认同事业企业并行发展的建设思路，并注册成立市场化的公司，但受各方因素影响，仍未摆脱财政供养的路径依赖和传统思维。一些地区的政府部门为支持县级融媒体中心建设，给予其大量的政策倾斜，甚至调动区域资源支持融媒体中心实现经营起步，但在一定程度上也加剧了媒体"等靠要"的思想隐患。与此同时，在产业化经营方面，我国县级融媒体中心也多处于起步阶段，整体呈现步调不一、层次不一、结构松散等特征，产业化程度与区域的政策环境、经济水平以及媒体改革进度紧密相关。产业开发程度上，对区域特色资源挖掘不够、技术支撑不足、融合程度不深的现象较为突出，一些开展产业经营的融媒体中心多局限于联动宣传、活动策划等媒体推广业务，未能调动融媒体平台的内容、技术、人才、数据等资源同区域优势产业资源进行深层次对接和联动开发。产业链布局上，不少实现产业化运营的县级融媒体中心存在产业布局松散、产业项目孵化不成熟、新闻事业与产业发展脱钩等突出问题，需充分调动新闻单位独有的制度优势和平台资源完善融媒产业链布局，助推区域产业高质量发展。

三 县级融媒体中心高质量发展的实现路径

步入高质量发展阶段，县级融媒体中心应坚持媒介化发展思路，以建强基层舆论阵地、综合服务平台、基层治理主体为重要方向，重构县域传播生态与治理格局，为基层数字化建设、乡村振兴发展注入动力和活力。

（一）筑牢基层宣传阵地，构建全媒体传播体系

县级融媒体中心作为基层舆论引导的主阵地，承担着传播基层主流声音、凝聚基层社会共识的重要作用。步入高质量发展阶段，县级融媒体中心应始终坚持"引导群众、服务群众"的使命担当，发挥贴地性优势，以优质内容宣传党的主张，以全媒体话语启迪基层民智，推动党的理论飞入寻常百姓家。尤其是面对互联网传播环境，要充分建立用户思维，积极对接不同年龄层次、文化水平、职业属性用户的需求及偏好，打造多样化、分众化、精准化的全媒体内容体系和服务体系，契合不同用户群体偏好，将互联网这一传播中的最大变量变为党的舆论传播的最大增量。

在立足自身发展的同时，县级融媒体中心也应以全媒体传播体系建设为重要方向指引，融入国家、省、市、县四级传播体系，积极联动不同属性、不同优势的媒体平台形成合力，推进平台自身转型与传播体系建设双向驱动、一体发展。全媒体传播体系的建设路径不仅指向传播机构以及传媒行业的升级转型，更指向社会的深度媒介化。① 县级融媒体中心作为基层社会的重要组织单元，势必将与基层政治、经济、文化发展深切关联，因此更应顺应媒介化趋势，发挥内容、技术、平台、人才等多方优势，联动基层政府部门、社会组织、企事业单位打造覆盖全域的全媒体传播生态和服务系统，真正为基层民生福祉助力赋能。

（二）深化体制机制改革，夯实融合人才根基

面对传播格局的日益变化，县级融媒体中心要想实现高质量发展，需着力推进体制先行、理念先行、政策先行，从源头上理顺融媒体中心的体制机制，建立适于新型主流媒体运转的组织架构、管理制度、业务流程，为融媒体改革释放活力、注入动力。尚处于起步阶段的县级融媒体中心应积极向政府争取政策倾斜与扶持，借政府性公共资源为平台提供基础运转

---

① 黄楚新、李一凡：《构建媒体深度融合新图景》，《新闻论坛》2023 年第 1 期。

保障，以"早期输血"带动"后期造血"。具有一定发展基础的县级融媒体中心则应持续深化体制机制改革，在保障新闻主业的基础上探索市场化转型，增强融媒经营能力和产业发展实力，解决高质量发展过程中的资金紧张问题，破除财政依赖困境，反哺融媒体中心各项事业发展。与此同时，要打破组织管理屏障和人才融合壁垒，制定灵活用人机制，营造宽松的人才培养环境，为优质人才畅通发展通道和晋升渠道，夯实融媒体事业发展的人才根基。在体制允许的范围内，尽可能发挥机制优势吸引优质人才参与融媒体中心的内容生产、技术研发、市场经营等业务板块，联动编内编外不同身份人才共同构建跨界共融、资源互通的稳定协作关系，形成人才合力，持续提升县级融媒体中心可持续发展能力。例如河北省赞皇县融媒体中心打破传统媒体用人的思维定式，以组建开放式影友工作室的形式创新人才选用机制，将全县32名优秀摄影爱好者组织起来，打造融媒"编外劲旅"，为县级融媒体中心灵活用人探索出一条新路。香河融媒体中心借助政府购买服务方式引进小视频制作人才，有效解决短视频制作领域的人才缺失问题。

（三）发力数字乡村建设，提升基层治理效能

数字乡村建设是建设数字中国以及全面建设社会主义现代化国家的重要面向。2022年1月印发的《数字乡村发展行动计划（2022—2025年）》中针对农业生产经营数字化、乡村网络文化发展、数字治理体系建设等关键环节提出了明确要求。2022年9月，中央网信办等四部门印发《数字乡村标准体系建设指南》，将县级融媒体中心建设标准纳入数字乡村标准体系，指明了县级融媒体中心助力数字乡村建设的路径方向。步入数字化时代，着力推动公共服务智能化、基层治理精细化、政府决策科学化，发挥基层信息总汇和社区治理枢纽的职责使命，是县级融媒体中心高质量发展的应有之义。一方面，应立足区域数字化转型的大方向大格局，推动融媒体中心建设与区域数字化建设相融并举，积极对接数字乡村、智慧政府、智慧党建、智慧农业等重点项目，以承接、共建等模式加速区域数字化步伐。另一方面，要发

挥融媒体平台数据优势和技术优势，构建智能化、一体化、人性化的服务平台和应用场景，推动政务服务、社会服务"走向云端"，同时协助当地政府搭建覆盖县、乡、村多级覆盖的服务体系，全面提升基层治理数字化、智能化、便捷化水平。例如尤溪县融媒体中心以数字乡村小程序构建串联"县—乡镇—村（社区）—党支部—微网格"的分级管理体系，为基层群众提供新闻资讯、便民服务、农事咨询等贴地性服务，以数字化工具拓展党群沟通渠道，有效畅通社情民意。

（四）融入基层社会发展，增添乡村振兴活力

实施乡村振兴战略是践行中国式现代化、推动全体人民共同富裕和精神富足的重要路径。随着乡村振兴战略的实施，县级融媒体中心将聚合内容、技术、资源等多方优势，深度参与乡村经济发展、产业创新、乡风建设、人才振兴等乡村现代化建设，为乡村振兴发展注入更多活力。首先，要积极融入基层社会发展，助力农业农村现代化建设。发挥融媒体平台技术要素优势，借助5G、大数据、物联网等新技术参与推动乡村信息基础设施优化升级以及数字化改造，推动农业农村大数据建设，助力乡村基础设施智慧升级、乡村智慧农业创新发展。其次，拓展"融媒+"服务范围，带动乡村产业振兴。联动地方政府、企事业单位、社会组织等发展乡村创意农业、健康养生、智慧文旅等新业态，打造高品质的地方特色产业品牌，贯通生产端、销售端、消费端全产业链条，带动农民增产、农业增收、产业增效。同时丰富农村信息消费新场景，为村民提供优质的数字文化消费内容，推动乡村特色文化产业发展。最后，加强乡村精神文明建设，推动乡村文化振兴。定期策划推动多元化、互动性、沉浸式的全媒体宣传内容和精神文明实践活动，带动基层群众主动融入乡村精神文明建设，以优质内容启迪民智，以文化服务温润人心，树立基层文明新风，推动社会主义文化融入人民精神血脉。

参考文献

黄楚新、李一凡：《构建媒体深度融合新图景》，《新闻论坛》2023年第1期。

黄楚新、李一凡：《县级融媒体中心建设要行稳致远》，《北方传媒研究》2023年第1期。

传 播 篇
Communication Reasearch

B.14
2022年中国视听新媒体技术
应用创新发展报告[*]

高红波 郭 京[**]

摘 要: 2022 年，我国视听新媒体技术应用创新实现了技术能力与思维模式的双重突破。目前，我国信息网络与算力网络建设稳步推进、政策方案多维布局，新媒体技术能力迈入高质量发展阶段。广电网络公司尝试转变发展思路，积极利用自身技术优势与数据优势，开拓智能服务场景，推动行业走向"服务型"媒体的差异化发展之路。在 5G、AR、XR 等技术应用愈发成熟的背景下，网络视听行业在文娱、体育等方面创新开展元宇宙技术布局。未来，视听新媒体技术应用创新将走向"未来电视"概念的高级

* 本文为教育部人文社科基金规划项目"技术哲学视域下的视听媒介进化研究"（项目编号：21YJA860004）、河南大学研究生教育创新与质量提升计划项目（项目编号：SYL20050103）阶段性成果。
** 高红波，博士，河南大学新闻与传播学院教授、广播电视系主任、硕士生导师，主要研究方向为广播电视与新媒体、传媒经济与文化产业；郭京，暨南大学新闻与传播学院，主要研究方向为视听新媒体传播。

形态，突破技术、思维、产业原有的界限与壁垒，实现行业的新生与共荣。

关键词： 视听新媒体　技术　5G　AI　元宇宙

2022年，党的二十大胜利召开、"十四五"发展规划步入实践阶段，以科技创新为驱动，建设更高质量、更高水平的视听新媒体方阵是时代对于传媒业发展提出的新要求。视听新媒体生于技术，也兴于技术。新技术、新应用的出现不断开拓着视听媒体行业业务创优、服务创新的道路与空间，技术应用能力越来越成为视听新媒体创新发展的关键动能。在创新驱动发展战略从"坚持实施"转向"加快实施"的新时期，视听新媒体技术应用创新步履不停，5G、人工智能技术的研发与应用更加成熟，行业的服务场景更为丰富，视听环境的数字化程度加深，各平台对元宇宙的想象与设计也更加具体。本文将从技术研发、媒体实践、企业布局、行业环境等视角出发，全面梳理2022年5G、人工智能等新技术在我国视听新媒体领域内创新应用的具体动向，同时将对其发展趋势予以分析和展望。

一　视听媒体技术迈向高质量发展阶段

2022年，我国5G基站建设数量超200万个，达到5G、千兆网建设标准的城市过百，数据中心产业发展迅速，算力规模位列全球第二。行业发展规划方面，征集科技发展方案、出台人才发展计划、发布核心技术标准等从不同维度为行业发展提供指导意见。此外，新视听技术格式的进步提升了内容呈现的质量，新视听产品的出现也丰富着人们感受内容的维度。技术能力的发展进步与方案政策的科学部署不仅为视听新媒体技术应用创新塑造了优越的成长环境，也为我国视听新媒体技术迈向高质量发展阶段提供了有效的证明。

（一）通信层：基础网络步伐坚实

数字化时代，信息基础设施的建设是所有数字化产业快速发展的重要基点。2022年，我国基础电信网络覆盖方面，5G基站建设数量稳步增长，千兆网络服务端口数量翻倍。工信部《2022年通信业统计公报》显示，截至2022年底，我国移动通信基站总量共1083万个，其中5G基站总数为231万个（见图1），全年新建5G基站数量共88.7万个，全国5G基站数占移动基站总数的比重超20%。另外，2022年，我国10G PON具备千兆网络服务能力的端口量达1523万个，相比2021年末增长了737.1万个。[①] 总体来看，我国5G网络覆盖能力与千兆网络服务能力均呈现稳步增强的发展态势。

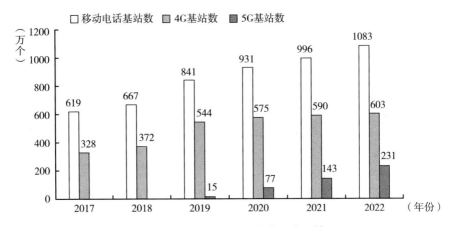

图1 2017~2022年移动通信基站发展情况

资料来源：中华人民共和国工业和信息化部。

具体到地区建设的情况，各省区市政府及各类官方网站公开发布的相关资料显示，全国各省份5G基站建设步伐不一。累计基站建设数量最多的是广东省，截至2022年底，广东省5G基站数量已超20万个，江苏、浙江、山东等地紧随其后，数量均达15万个以上，其余中西部地区建设步伐

[①] 中华人民共和国工业和信息化部：《2022年通信业统计公报》，https://www.miit.gov.cn/gxsj/tjfx/txy/art/2023/art_ 77b586a554e64763ab2c2888dcf0b9e3.html，2023年1月19日。

相对较缓。各省份基站建设情况虽不一，但在其发布的未来规划中能够了解到，各省份对5G基站建设数量、城乡全域覆盖面积均有着科学且积极的规划。[①]

（二）算力层：算力网络建设升级

算力，意为计算能力，是指对于数字化时代海量数据流进行资源整合的基础网络。由5G、千兆网组成的基础电信网络的广覆盖为视听新媒体行业数字化发展奠定了坚实的基础，而依托于5G、云计算等技术形成的核心算力网络的新升级则打通了行业智慧化转型的大动脉。

核心算力网络升级方面，自2020年国家发改委联合中央网信办等部门发布《关于加快构建全国一体化大数据中心协同创新体系的指导意见》并于2021年发布实施方案后，各省区市纷纷开展行动，结合地区特点及优势，积极进行规划和方案部署。截至2022年2月，国家发改委先后发布了同意京津冀、长三角、粤港澳大湾区等八大区域启动建设国家算力网络枢纽节点的复函文件，[②] 至此，全国一体化大数据中心协同创新体系正式完成了宏观布局，"东数西算"工程随之启动。国家大数据中心体系的建设目的在于推动以新一代信息技术为核心的新型基础设施高质量发展，对于包括传媒业在内的各行业的数字化转型升级而言意义重大。

截至2022年6月底，我国正在使用的数据中心机架数量近6000万个，服务器总体规模达2000万台，算力已超150EFlops（每秒15000京次浮点运算次数），算力规模位列全球第二。[③] 除数据枢纽节点外，电信运营商也是我国算力网络建设的重要力量，截至2022年12月，我国三家电信企业为算力建设提供服务的互联网数据中心机架数量共计81.8万个，全年增长量为

[①] 《31省5G基站建设数排行（2022）》，5G产业圈微信公众号，2022年12月29日。

[②] 《国家发展改革委等部门关于同意京津冀地区启动建设全国一体化算力网络国家枢纽节点的复函》，https://www.ndrc.gov.cn/xwdt/ztzl/dsxs/zcwj2/202202/t20220223_ 1316678.html，2022年2月23日。

[③] 中华人民共和国中央人民政府：《我国算力总规模居全球前列》，http：//www.gov.cn/xinwen/2022-08/05/content_ 5704300.htm，2022年8月5日。

8.4万个。① 不仅如此，各大电信运营商在协同落实数据中心建设、"东数西算"工程中也积极地贡献着自己的力量，以电信运营商官方网站新闻动态为依据，对其2022年所展示的有关算力建设的内容进行了梳理，三大运营商均发布了相关行动方案，积极参与国家一体化数据协同体系建设（见表1）。

表1　2022年我国电信运营商算力网络建设进展情况一览

运营商	2022年算力网络建设进展关键词
中国移动	发布"算网服务1.0"开创算网服务新模式、启动算力网络试验示范网（CFITI）、构建"连接+算力+能力"的新型信息服务体系、落实全国8个算力枢纽节点建设要求、优化"4+3+X"数据中心布局、成立算力网络开源社区
中国联通	优化"5+4+31+X"资源布局、加快国家东数枢纽节点数据中心建设、建设国家西算枢纽节点、建设"31"省新型数据中心、部署"X"边缘数据中心、提供"联接+感知+计算+智能"一体化算网服务、落地"云原生"实践项目
中国电信	安徽智算中心正式启动、青海新型大数据中心顺利接火供电、中部大数据中心（武昌基地）正在施工中、2022年在算力（云资源）方面的投资约140亿元

资料来源：据电信运营商官网资料整理。

中国广电作为新入局的第四大运营商，始终积极进行广电5G建设，致力于搭建特色鲜明的广电媒体传播网，这在中国广电算力网络建设方面也有所体现。在算力建设方面，不同于三大运营商的建设逻辑，中国广电以构建国家文化专网和国家新型基础设施网为目标，坚持"云网联动""算连数聚""产业协同"，力图通过构建坚实的网络基础与一体化服务体系，创造专属于文化领域的算力新生态。②

① 中华人民共和国工业和信息化部：《2022年通信业统计公报》，https：//www.miit.gov.cn/gxsj/tjfx/txy/art/2023/art_ 77b586a554e64763ab2c2888dcf0b9e3.html，2023年1月19日。
② 中国广电：《宋起柱出席"西部数谷"算力产业大会》，http：//www.cbn.cn/art/2022/9/19/art_ 93_ 39956.html，2022年9月19日。

（三）管理层：方案部署紧密多维

视听新媒体领域相关方案、规划的及时发布与多维部署，为新一代信息技术浪潮下摸索前行的视听新媒体行业提供了更加明确的发展思路和更加细致的行动方案。2022年，国家广电总局及全国各省区市结合当下视听媒体发展状况，发布了诸多促进行业健康发展的指导性文件，包揽了从宏观到中观再到微观的多个层面。

宏观层面，发布规划指导行业发展方向。一是行业发展思路的科学指引，2022年9月，国家广电总局首次开展针对广播电视和网络视听行业的中长期科技发展项目的申报工作，通过征集、筛选具备创新能力的发展方案，引导行业科技创新与产业实际需求精准匹配。[①] 二是行业后备力量的提前规划，2022年底总局还发布了《全国广播电视和网络视听"十四五"人才发展规划》，强调要培养一批掌握关键技术的科技创新人才，并提出了优秀科技人才的培养思路。该规划的提出是从更细化的视角为行业健康发展作出重要指引。[②]

中观层面，设定标准明晰行业运行逻辑。一是规范视听新内容，为了规范和促进5G引导的新视听内容、新交互场景更好地发展，2022年12月，广电总局在综合考量行业意见与社会需求的基础上发布了《5G频道技术白皮书》，详细介绍了5G频道这一新生事物的功能与应用场景，并对其整体架构搭建、关键技术攻坚及平台布局建设等作了重点阐述，从官方层面针对5G频道的开发与建设制定了指导性规划。[③] 二是研发技术新标准，2022年是我国《超高清视频产业发展行动计划（2019—2022

---

① 《国家广播电视总局办公厅关于申报广播电视和网络视听中长期科技计划2022年度项目的通知》，http：//www.nrta.gov.cn/art/2022/9/8/art_113_61538.html，2022年9月7日。

② 《国家广播电视总局关于印发〈全国广播电视和网络视听"十四五"人才发展规划〉的通知》，http://www.gov.cn/zhengce/zhengceku/2023-01/11/content_5736343.htm，2022年12月30日。

③ 《国家广播电视总局办公厅关于印发〈5G频道技术白皮书〉的通知》，http://www.nrta.gov.cn/art/2022/12/8/art_113_62979.html，2022年12月8日。

年）》的收官之年，这一年我国在超高清视频编码格式、标准体系方面都有了新突破。2022 年 7 月，国际数字视频广播组织（DVB）① 宣布具备我国自主研发的 AVS3 视频编码解码技术标准将被添加为 DVB 的核心标准，AVS3 是面对超高清应用出台的编码标准，具备我国自主知识产权，AVS3 的入选是我国超高清音视频产业科技成就在国际层面得到的认可与肯定。② 世界超高清视频产业联盟（UWA）③ 继发布了 HDR Vivid 视频标准体系后，于 2022 年 8 月发布了 Audio Vivid 音频标准体系，并于 12 月举办了超高清音视频技术标准生态成果展，集中展示了由上述音视频技术标准构建的双 Vivid 标准体系的研究进展，是我国超高清视频产业发展中的一个重要里程碑。④

微观层面，锚定重点引领行业技术实践。一是关键赛道成熟布局，2022 年 6 月国家广电总局发布了《关于进一步加快推进高清超高清电视发展的意见》，提出要加快提升超高清音视频制播能力，推动有线电视、直播卫星、IPTV 及地面无线电视向超高清方向发展，力争实现到 2025 年底全面关停标清频道、全国范围内地级以上电视台向高清化发展的总目标。⑤ 二是新兴赛点逐步展开，虚拟数字人是在 5G、AI、VR 等技术不断成熟的基础上发展而来的新视听产品形态，为视听内容制作开辟了新的技术生长点，国家广电总局紧跟行业发展新需求，在第二届广播电视网络创新人工智能应用创新大赛中，创新开启了"虚拟数字人技术应用"赛道，着重考察参赛虚拟数

---

① DVB（Digital Video Broadcasting Project）意为国际数字视频广播组织，成立于 1993 年，主要工作内容为设计、推广传输转换方式最为简便的通用数字电视系统，为行业提供适用于不同媒介的系统规范标准。

② 《国际数字视频广播组织正式将我国的 AVS3 添加为 DVB 未来核心标准》，http://www.dvbcn.com/p/132904.html，2022 年 7 月 11 日。

③ UWA（UHD World Association）意为世界超高清视频产业联盟，成立于 2022 年 1 月。该联盟是第一家由中国牵头成立的视听科技领域国际性标准组织，专注于超高清音视频产业的发展，汇聚了世界各国从事超高清音视频制作、传输、应用的诸多相关企事业单位。

④ 《双 Vivid 标准落地，超高清视频产业迎来视听消费新体验!》，流媒体网，https://lmtw.com/mzw/content/detail/id/221474/keyword_id/9，2022 年 12 月 30 日。

⑤ 《国家广播电视总局关于进一步加快推进高清超高清电视发展的意见》，http://www.nrta.gov.cn/art/2022/6/21/art_113_60739.html，2022 年 6 月 21 日。

字人功能的多样性与形象的写实度。该赛道的开辟为行业发展虚拟数字人提供了优质的参考样本。[1]

二 广电网络公司构建差异化竞争格局

2022 年 1 月，中国广电发布了《中国广电"十四五"发展战略和 2035 年远景目标纲要》，在充分领会国家、广电及信息通信行业"十四五"发展规划精神后，结合集团自身与广电行业状况，提出了中国广电未来发展战略愿景，表示中国广电的成长目标应该是通过理念、目标、业务的协同创新，打造成为具备公信力的智慧广电网络运营商、业务一流的数字生活服务提供商及关键的国家媒体融合传播网。[2] 中国广电作为广电 5G 网络建设的主导力量，其所行所思无不体现着各广电网络企业及传统有线电视行业转型发展的新方向。

面对网络视听等新媒体内容对传统广电用户量的挤压，改变发展思路成为行业转型升级的关键。通过观察中国广电集团官网 2022 年度新闻动态、研读我国广电网络上市公司 2022 年半年度报告能够看出，2022 年，广电网络行业正在积极进行技术创新，深耕差异化发展之路，"提升业务能力"与"拓展服务场景"成为行业发展的两个年度关键词。一方面，积极进行技术创新，变革视听产品形态的同时做好基本业务。另一方面，利用行业技术优势、数据优势，开辟智能服务新场景。强调智慧化转型的差异化发展之路，既是帮助广电网络行业摆脱焦虑的最佳方式，也是传统广电行业具备国家发展全局观与整体观站位高度的良好体现。

在产品形态创新与基本业务运转方面，中国广电有所行动。2022 年

---

[1] 《国家广播电视总局办公厅关于举办第二届广播电视和网络视听人工智能应用创新大赛（MediaAIAC）的通知》，http://www.nrta.gov.cn/art/2022/2/25/art_113_59629.html，2022 年 2 月 25 日。

[2] 《中国广电印发"十四五"发展战略纲要》，http://www.cbn.cn/art/2022/1/25/art_93_28332.html，2022 年 1 月 25 日。

6月，中国广电举办5G网络服务启动仪式，广电5G网络服务的正式启动标志着我国"有线+5G"融合发展新格局的初步形成。① 随着5G网络服务的发展，中国广电聚焦广电与通信融合服务领域的新产品、新平台也纷纷取得了突破性进展。2022年7月，中国广电"192"号段正式步入放号运营阶段，中国广电副总经理曾庆军在2022通信产业大会上介绍中国广电工作成果时表示，从7月开始放号至年底，中国广电"192"号段用户量已超500万户。2022年9月，中国广电上线了"中国广电"与"直播中国"两款App，前者为中国广电网络集团有限公司的移动端手机App，意在为用户办理业务提供方便，后者则是中国广电倾力打造的一款5G融合视听服务App，"直播中国"汇聚了直播、点播、应急广播、第三方视听板块等多重视听体验。② 整体来看，中国广电正在以"有线+5G"双轮驱动的思路，突破传统广电网络固有的服务体系与业务格局，朝着融合、开放、创新的方向迈步前进。

除中国广电外，我国各广电网络上市公司也在积极地对自身业务结构、产品形态进行优化与创新。通过对各企业半年报的逐一研读，选取了4家在基础业务创新与实践上较有代表性的广电企业进行解读，具体如下。①东方明珠（股票代码：600637）。东方明珠在2022年半年度报告中表示我国数字化经济程度加深，技术应用能力进入深度发展、规范应用与普惠共享的新阶段，视听媒体领域也正在推进数字化网络建设，媒体业务实践能力的提升显得尤为重要。对此，东方明珠积极应对，为稳住核心用户，坚持把好业务基本盘，在行业相关政策的引导下，稳步推进5G频道建设，同时重点实施了中视频、云演艺、社区电视及乡村电视等项目，着力推动视听媒体领域数字化场景探索。②江苏有线（股票代码：600959）。2022年，江苏有线科学规划、积极布局，克服技术问题，加快推进广电5G网络建设相关工作的发展，率先与省内三家电信运营商完成网络互联互通测试工作，并表示将加快

① 《中国广电5G网络服务启动》，http：//www.cbn.cn/art/2022/6/27/art_93_38680.html，2022年6月27日。
② 《"中国广电"与"直播中国"两款App上线公测》，广电网，http：//www.dvbcn.com/p/134130.html，2022年9月7日。

推进5G千兆入户、高新视频边缘云等关键项目的创新。此外，江苏有线表示，用技术力量确保广电视听内容的安全播出是广电行业的本职工作，公司将会以最高的技术标准与极强的责任意识做好党的二十大安全播出工作。③歌华有线（股票代码：600037）。2022年，歌华有线坚持稳中求进的总基调，配合中国广电顺利完成了北京地区广电5G网络及相关产品的落地运营工作，与此同时，歌华有线持续提升视听内容品质，引进丰富频道资源、强化超高清内容建设、上线"快点"优质超高清点播产品、建设"歌华云"平台，力图在5G、广电、视听媒体优势资源共同加码的基础上，优化业务实践、丰富视听产品，快速融入新发展格局，为广电行业高质量发展赋能。④广电网络（股票代码：600831）。面对处在新旧动能转换时期的广电行业，广电网络坚持技术引领，发展广电大屏业务，推动5G、人工智能、大数据、云计算、区块链等新技术与广电行业发展深度融合。报告期内，广电网络积极建设"秦岭云"平台、制作特色视听内容、发展超高清视频、推广"云网融合"解决方案等，聚力大屏领域开发多元化视听产品与新应用，发展"电视+宽带+应用"的融合视听业务。广电网络表示将持续用优质的产品服务满足用户需求。

2022年国家文化数字化战略、东数西算工程等一系列政策文件出台，能够清晰感受到广电行业在基本网络覆盖度与用户数据丰富性方面的优势，这为广电网络行业转型发展提供了难得的机遇。2022年，广电企业紧随政策导向，发掘自身优势，推动行业走上智慧化转型与服务场景创新之路，用差异化服务带动行业走出发展困局。以下5家广电企业在2022年8月的定期报告中明确了与智慧化转型、创新服务场景相关的新举措。①吉视传媒（股票代码：601929）。面对广电行业竞争加剧和用户流失的外在风险，吉视传媒将公司产业升级与业务创新的方向定位于基础性网络光纤入户与多场景社会信息化应用，依托"混合云构架"设计的云计算大数据服务平台，为政府、企业、行业提供云计算数据资源、高质量存储、高密保护等服务。除此之外，公司还向各级政府及相关单位提供智慧教育、智慧医疗等方面的业务服务，在做好基础网络建设工作的同时，充分发挥公司资源优势为

社会提供信息服务。②广西广电（股票代码：600936）。2022年，广西广电以建设兼具文化宣传、信息服务功能的媒体文化传播网和数字信息传输网为核心，不断强化5G、大数据、高新视频等新技术与有线电视网络的融合应用，建设应急广播云平台、与城市签订合作框架协议并开展智慧停车及综治视联等一系列重要项目。在网络、技术与用户优势的加持下，广西广电努力创新，深入社会不同场景为政企事业提供广电特色信息网络服务。③华数传媒（股票代码：000156）。2022年，华数传媒大力发展集客业务与智慧城市业务，围绕"科技、智家、新媒体"三个重要方向，创新服务场景、调整业务结构，具体建设或参与的重点业务有"数字浙江"、杭州"城市大脑"工程、智慧教育、智慧政务等，力争将公司建设成为慧民、慧政的新型广电技术服务商，推动公司智慧化转型升级。④湖北广电（股票代码：000665）。2022年，湖北广电围绕"两翼齐飞，多措并举"的新发展战略，探索产业多元化发展之路。报告期内，湖北广电统筹建设了数字乡村一体化云平台、推出"广电看家"等智能家居新产品、推进公司业务平台与智能终端等技术一体化发展，可以看出湖北广电正在以综合信息服务商的新身份，拓展自身服务场景与业务能力，为行业发展注入新动能。⑤贵广网络（股票代码：600996）。贵广网络坚持以技术创新为第一动力，利用智能机顶盒高渗透率的数据优势和公司深圳研发中心的技术优势，将优质服务融入更多的社会场景。2022年，贵广网络主动融入贵州"旅游产业化"创新发展方案中，建设"长征数字科技艺术馆"项目，促进文化与科技融合发展。另外，公司积极推动中国（贵州）智慧广电综合试验区建设，以国家文化大数据体系、乡村振兴融合发展等重点项目为抓手，进一步完善公司业务体系。

三　网络视听平台展开元宇宙空间想象

中国互联网络信息中心发布的第51次《中国互联网络发展状况统计报

告》显示，截至 2022 年 12 月底，我国网民规模已达 10.67 亿，互联网普及率 75.6%。[①] 以上数据在佐证我国网络基础能力与覆盖率显著提升的同时，也展示了我国网络视听领域强大的用户基础，网络视听巨大的影响力使其逐渐从视听新媒体"生力军"的身份转而成为媒体内容生产传播不可忽视的"中坚力量"。

网络视听作为生长于网络技术领域的"原住民"，在保证优质的内容资源的基础上，以技术创新为手段，丰富内容表现形式，是平台提升用户喜爱度的重要方式，也是网络视听的"技术基因"所带来的先天优势。易观分析发布的《2022 年中国在线视频用户观看行为洞察》显示，爱奇艺是用户观看网络视听内容的首选平台，其用户选择偏好度为 70.4%，腾讯视频以 66.1 的偏好度紧随其后，芒果 TV 与优酷视频的用户偏好度分别为 58.7% 和 50.7%（见图 2）。而在用户满意度方面，咪咕视频成为近几年满意度提升较快的视频平台，用户满意度为 50.4%。在影响平台满意度因素调查中，平台内容资源的丰富程度是首要影响因素，然而值得注意的是，画面高清程度、视频呈现质量及社交互动程度等技术相关能力，也成为影响用户平台满意度判断的重要因素，[②] 由技术因素所影响的内容呈现质量、视听体验越来越受到关注。

综合以上数据内容，本部分试选取用户使用偏好度最高的爱奇艺与用户满意度增长最快的咪咕视频作为主要研究对象，并结合其他视频平台的部分业务实践，对网络视听行业 2022 年度技术应用实践动向进行考察与分析。

2022 年，在 5G、AR、XR 等技术应用愈发成熟的背景下，元宇宙概念在网络视听领域集中爆发。网络视听的核心业务是进行视听内容传播，而元宇宙空间场景的建设能够深度融合 5G、AR 等一直以来呈单点突破状态的技术，为网络视听内容呈现提供从二维场景到三维空间的全新拓展。因此，网

---

① 《CNNIC 发布第 51 次〈中国互联网络发展状况统计报告〉》，https://www.cnnic.net.cn/n4/2023/0302/c199-10755.html，2023 年 3 月 2 日。

② 易观分析：《2022 年中国在线视频用户观看行为洞察》，https://www.analysys.cn/article/detail/20020832，2022 年 11 月 30 日。

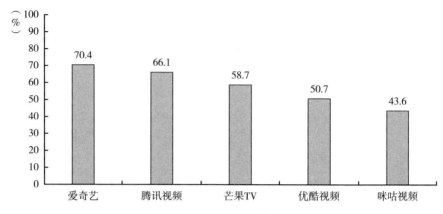

图 2　在线视频用户偏好平台 TOP5

资料来源：易观分析。

络视听领域的各大平台纷纷开展元宇宙相关技术布局，并尝试应用于业务实践。

　　秉持"以科技创新和高品质内容赋能大众美好生活"理念的在线视频平台爱奇艺，2022 年继续保持前沿科技与优质内容双轮驱动、融合发展的思路，尝试开辟元宇宙赛道，赋能视听体验新升级。总体来看，爱奇艺的元宇宙布局可以被归纳为关键技术产品研发与文娱场景实践两个方向。在技术产品研发方面，爱奇艺成果丰富：①奇遇 VR 再推新品。2022 年 2 月 22 日，北京梦想绽放科技有限公司（爱奇艺旗下子公司）宣布推出全新 VR 一体机设备——奇遇 Dream 尊享版。与 2021 年推出的奇遇 Dream 相比，尊享版在存储容量、流畅度、免费权益等方面实现全新升级，进一步深化了爱奇艺 VR 生态布局。[①] ②与 Nreal 合作发布 AR 应用。2022 年 8 月 23 日，爱奇艺在 Nreal AR 眼镜中国场发布会上，与 Nreal 联合发布了爱奇艺首款定制版 AR 应用，将自制内容融入 AR 终端，为用户带来更加沉浸的视听体验，"海量内容+无限屏幕与空间"是爱奇艺在科技浪潮下对虚拟现实更大可能性的

[①] 《爱奇艺奇遇 VR 再推新品：发布奇遇 Dream 尊享版　深化消费级市场布局》，https：//www. iqiyi. com/kszt/news20220222. html，2022 年 2 月 22 日。

全新探索，也是爱奇艺布局下一代娱乐科技之路的重要一环。① ③ "帧绮映画 MAX" 完成移动端部署。2022 年 8 月，爱奇艺影院级高品质视听认证标准 "帧绮映画 MAX" 顺利完成移动端部署，包括 TV 端、PC 端及移动端在内的多个端口已有约 600 款不同品牌、不同机型的设备通过认证。自此，爱奇艺高品质观影体验成功在移动端实现规模化落地。②

在文娱场景实践方面，爱奇艺大胆创新：①自制元宇宙综艺《元音大冒险》。2022 年 11 月底，爱奇艺上线了自制综艺《元音大冒险》，开创了全球首个虚拟现实闯关游戏类综艺节目类型，参与节目的嘉宾将身着动捕服、佩戴 VR 一体机进入 "元音大陆"，进行音乐闯关游戏。节目运用顶级光捕设备，打通 XR、全息制作、虚拟拍摄等不同链路技术，为观众提供呈现听、看、唱、玩深度结合的沉浸式、立体化娱乐内容。③ 为使观众更好地与节目进行互动，爱奇艺还将 "元音大陆" 虚拟空间留存为数字资产，在爱奇艺 App 中上线，观众可以在 "元音大陆" 虚拟空间中体验 "直接参与" 节目的乐趣。④ ②创新打造元宇宙虚拟影视城。2022 年 1 月，爱奇艺在其虚拟制作官网上推出了国内首个 4K 影视级虚拟制作测试作品《不良井之风云再起》和为虚拟偶像小茉莉制作的 4K 虚拟 MV《心念》。这两部作品的独特之处在于，两支短片均以数字资产 "不良井" 为虚拟环境，串联了数字场景扫描、重建、拍摄、精修、业务复用的流程。数字资产在视听媒体领域的业务实践，不仅开拓了影视制作的新场景，还为行业降本增效提供了新思路。⑤ 爱奇艺 CEO 刘文峰曾表示，元宇宙更像是一种创作理念，连

---

① 《爱奇艺 AR 应用亮相，联合 Nreal 探索内容新玩法》，https：//www.iqiyi.com/kszt/news202 20824.html，2022 年 8 月 24 日。

② 《爱奇艺 "帧绮映画 MAX" 完成移动端部署》，https：//www.iqiyi.com/kszt/news202 2081802.html，2022 年 8 月 18 日。

③ 《在虚拟现实中 "听看唱玩" 爱奇艺全新自制综艺〈元音大冒险〉11 月 30 日上线》，https：//www.iqiyi.com/kszt/news20221130.html，2022 年 11 月 30 日。

④ 《元音大陆数字资产在爱奇艺 App 上线实现边看边云游》，https：//www.iqiyi.com/kszt/news20221226.html，2022 年 12 月 26 日。

⑤ 《数字资产+虚拟制作：爱奇艺正在从 "虚拟影视城" 驶向元宇宙》，https：//www.iqiyi.com/kszt/news2022012504.html，2022 年 1 月 25 日。

接虚拟世界，每一个节目 IP 的制作，都要有自身独特的世界观，世界观越完整便越具有生命力，未来，元宇宙概念的发展将为综艺市场开辟全新的内容赛道。

作为新媒体平台国家队、沉浸式媒体先锋队，咪咕视频致力于通过"内容+科技+融合创新"打造文化全场景沉浸体验生态，提供包括体育、娱乐、文博等在内的优质视听产品。2022 年，坐拥中国移动技术优势与头部体育版权资源的咪咕视频，围绕体育垂直领域与社会服务方向，创新发展元宇宙新场景，面向平台用户与社会推出了丰富的元宇宙视听产品。在体育元宇宙建设方面：①赛事直播。从 2018 年的俄罗斯世界杯到 2022 年的北京冬奥会，咪咕视频在经历多项头部体育赛事直播的积累与沉淀后，逐渐成为网络视听领域用户沉浸式观赛的优选平台。2022 年 7 月，在咪咕举办的咪咕资源推介会上，咪咕公司首席内容官甘雨青表示，卡塔尔世界杯期间咪咕将推出首个元宇宙观赛互动空间，依托 5G、XR、超高清等技术为用户搭建一个互动及时、视听沉浸的虚拟赛场，给人以身临其境之感。[1] 元宇宙虚拟赛场的相关技术，在 2022 年 8 月、9 月举办的五大联赛、欧冠等体育赛事的咪咕直播中也实现了落地应用，咪咕体育赛事直播元宇宙在一次次场景实践中变得更加成熟。②衍生综艺。卡塔尔世界杯赛事直播期间，为了丰富球迷们的观看体验，咪咕视频以王濛为创意圆心推出了赛事衍生综艺《濛主来了之我的眼睛就是尺》，通过足球竞猜、足球冷知识等内容，提升观众对世界杯赛事的观看体验与认知程度。在嘉宾设置方面别出心裁，除邀请苏醒、黄健翔等大家耳熟能详的嘉宾参与节目外，咪咕还推出了一位 AI 数智人嘉宾"王小濛"，"王小濛"是对王濛真身、声音等多维度的等比复刻，王濛与王小濛的跨时空对话使节目更具科技感的同时，也为节目增添了许多笑点。[2] ③互动体验。为了使体育元宇宙的概念与场景更加丰满，咪咕在完成

① 《中国移动咪咕 5G+全体育升级　打造品牌营销新元力》，https：//www.migu. cn/about/news/detail/11768. html，2022 年 7 月 20 日。

② 《两个"王濛"惊喜同框！中国移动咪咕世界杯综艺全程高能不断》，https：//www.migu. cn/about/news/detail/11921. html，2022 年 12 月 18 日。

体育赛事直播的同时，于2022年12月底创新推出元宇宙互动新场景——星际广场。所有球迷、玩家、感兴趣的网友都可以通过咪咕系列App登陆星际广场，开展一场跨越时空的惊喜派对。星际广场共设有五大互动空间，包括主舞台、商城、展厅、游戏及欢乐现场，进入星际广场，用户不仅可以按照自己的喜好打造专属虚拟形象，还可以与星际广场中上万名用户同屏观看赛事内容，星际广场的出现让元宇宙观赛的热烈气氛被再次拉升。①

在社会场景的多元应用方面：①人文关怀。2022年北京冬奥会期间，咪咕推出了名为"为了听不到的你"AI智能字幕功能。北京冬奥会后，咪咕又于8月27日联合北京市聋协开展了一场信息无障碍产品体验活动。此次活动邀请了一些听障群体，通过AR字幕眼镜和AI智能字幕等产品，现场体验北京冬奥会的精彩瞬间，不少听障人士表示自己拥有了如健听人士般的感受，他们也为咪咕进行产品改进提供了建议。咪咕用科技力量做有温度的冬奥传播，让更多人能够在赛事狂欢中"同频共振"。② ②城市发展。2022年7月22日，咪咕公司与厦门市政府签订了元宇宙建设合作协议，并将咪咕元宇宙总部落户于厦门。未来中国移动咪咕公司将与厦门市政府通力合作，利用咪咕T.621+5G+XR技术与厦门独特优势结合，完成建设素质与颜值均在线、现代化与国际化程度双高城市的发展目标，将厦门打造成为元宇宙生态样板城市，高规格构建厦门城市数字化发展体系。③

四 中国视听新媒体技术应用创新发展趋向研判

2022年7月15日，全国广播电视和网络视听工作年中会议在京召开，聚焦视听媒体的主业内容、创新路径及服务能力等方面，对广播电视和网络

① 《"星际广场"正式开放 加入超时空派对一起嗨》，https：//www.migu.cn/about/news/detail/11912.html，2022年12月8日。
② 《沟通无障碍·城市更有爱 中国移动咪咕携手北京西城聋协举办科技公益活动》，https：//www.migu.cn/about/news/detail/11904.html，2022年8月27日。
③ 《中国移动咪咕牵头发起厦门市元宇宙产业联盟》，https：//www.migu.cn/about/news/detail/11765.html，2022年5月31日。

视听行业的未来发展作出规划和指导。在创新路径的工作部署中，会议强调，要坚持创新驱动战略，增强前瞻性，加快推进"未来电视"战略部署，强化对技术路线、未来发展模式的研究，以科技力量赋能行业创新发展，着力打造大视听发展格局。[①] 此次会议首次提出了"未来电视"的概念，结合会议内容能够看出，"未来电视"是指更宽泛语境下的视听概念，既是从视听内容呈现、形态发展、服务体验及场景应用等多个角度对视听新媒体技术应用思路的革新，也是对视听产业发展趋势与未来图景的宏观展望。有学者表示，"未来电视"是一种无处不在、多元呈现、介质丰富的综合性音视频媒体，精髓在于"前沿技术+电视"，在技术赋能背景下对视听媒体发展理念、生态布局的系统性、革命性迭代升级，其服务范畴将会从视频服务拓展到网络服务、公共信息服务等领域。[②] 简而言之，便是"未来电视"应不止于"电视"。

综合广电行业的规划方向与实践动向，未来我国视听新媒体技术应用创新将走向"未来电视"这一概念的高级形态，具体会呈现出以下发展趋势。

（一）技术破壁，跨点共通

综观视听新媒体技术的演化历程可以发现，在追求视听内容生产质量和效率提升的过程中，媒介技术的演进逻辑始终围绕着技术应用能力和技术协同能力的突破展开。提升媒体对5G、AI、XR等新一代技术的应用能力，能够达到提升视听呈现效果的目的，而突破技术与技术之间"点与点"的壁垒，促进技术协同能力发展，决定了媒介内容生产效率与成本的高低，也是打通"未来电视"所引导的发展方向和关键环节。比如，2022年7月20日，中广电设计研究院开发的"国信云发布"平台成功在第二届海南消费博览会上落地应用，"国信云发布"系统能够为不同城市的会场连线提供安全稳定且质量较高的音视频信号传输，并能够向各大主流媒体实时传输媒体

---

① 国家广播电视总局：《2022年全国广播电视和网络视听工作年中推进会在京召开》，http://www.nrta.gov.cn/art/2022/7/15/art_3825_61090.html，2022年7月15日。

② 李雪昆、杨雯：《展望2023》，《中国新闻出版广电报》2023年1月11日。

公共信号。① 该技术的成功应用不仅代表一次会议的顺利完成，更代表了中广电设计院拥有了举办跨空间、跨地域、可管可控的"云"发布会的关键技术系统。又如，爱奇艺正在践行的"影视工业化"发展思路。2022 年 9 月 22 日在北京互联网大会上，爱奇艺副总裁兼智能制作部负责人朱梁表示，为顺应数字化发展潮流，爱奇艺正在积极利用科技力量，走影视行业的数字化发展之路。爱奇艺面向影视行业决策层、管理层、生产层分别推出了 PBIS（制作商业智能系统）、IIPS（智能集成制作系统）、IPTS（智能制作工具集）三大影视制作系统，致力于以优质的技术平台为影视制作行业提供"智慧中台"，简化影视制作复杂度、优化影视制作全流程。② 就当下视听媒体领域业务实践的具体动向来看，在媒体技术自身不断发展的同时，突破技术壁垒，为媒体内容生产搭建"技术中台"，实现技术链条的跨点连通，是视听新媒体领域技术创新的重要方向。

（二）思维破界，跨屏共生

平台是互联网时代视听新媒体最常见的组织形态，除传统广播电视网络外，PC 端的网站、移动端的 App 等都是随着移动互联网时代的到来而诞生的视听媒体新平台。各类网络视听平台所带来的新路径、新渠道，在很长一段时间内都被视作媒体内容传播的流量增长极，然而媒体内容与传播渠道长期分布于各平台所带来的"副作用"也渐渐浮现，平台与平台之间的网络、数据及业务均呈割裂状态，媒体触点分离，内容资源分散，以上种种是平台时代视听媒体行业亟待解决的传播壁垒。进入 5G 时代，为使媒体资源发挥更大的价值，行业开始通过技术创新与业务合作对平台的割裂状态进行不同程度的弥合，视听新媒体突破平台思维、实现跨屏共生的生态布局已初见端倪。2022 年 9 月 30 日，中国广电创新推出的有线电视智能推荐频道服务，

---

① 《我院"国新云发布"系统成功完成首次应用》，中广电设计研究院微信公众号，2022 年 7 月 22 日。

② 《爱奇艺朱梁：打通影视制作环节的信息孤岛，数字化提质增效》，https：//www.iqiyi.com/kszt/news2022092302.html，2022 年 9 月 23 日。

不仅能够根据用户的使用偏好，通过 AI 计算，从海量资源中自动选取内容进行编排并持续推送，还可以实现播出内容在电视大屏与手机移动端的异网协同、无缝切换，① 有线电视智能推荐服务与异构网络的协同传输，能够有效激发内容资源的活力。网络视听领域的跨屏合作也在火热进行中。2022年 3 月 20 日，搜狐宣布与抖音合作；同年 6 月 30 日，乐视视频宣布与快手进行战略合作；爱奇艺与抖音紧随其后，于 7 月 19 日宣布正式达成合作意向，长、短视频平台纷纷走向跨屏联合，是双方对网络视听生态优化的积极探索。另外，2022 年 12 月，国家广电总局在短剧的发展部署中也提及了建立短剧跨屏播出生态体系的重要性，鼓励各级电视台、各大网络视听平台以日播、周播、季播等不同模式播出短剧，建立短剧多元的跨平台播出体系。② 2022 年底，学者胡正荣在中国电视大会上发表观点指出，"视听平台将经历从单屏、多屏到跨屏，直至无屏的生态演变"，③ 目前我国正处于由多屏向跨屏演进的重要阶段，按照"未来电视"战略规划中的行业上下、内外大融合发展思路，未来我国视听新媒体技术应用将以打破平台壁垒为阶段性目标，推动行业走向网络畅通、业务联通、数据共通的全新传播生态。

（三）产业破局，跨链共赢

"视听行业的共生谱系具有多元性与动态性特征，在不同时期与外部行业的共生关系有所不同，发展环境与产业逻辑是影响这一关系呈现状态与发展趋势的重要因素"。④ 在新一代信息技术深入发展的背景下，视听媒体行业所处的技术环境、政策环境发生较大变化，在不断提升技术水平、调整内部结构以快速适应新发展环境的过程中，视听行业与外部行业连接所发挥的

---

① 《有线电视服务升级智能推荐频道试点上线覆盖京沪杭 60 万用户》，http：//www. nrta. gov. cn/art/2022/9/30/art_ 114_ 61993. html，2022 年 9 月 30 日。

② 《国家广播电视总局印发〈关于推动短剧创作繁荣发展的意见〉的通知》，http：//www. nrta. gov. cn/art/2022/12/26/art_ 38_ 63197. html，2022 年 12 月 26 日。

③ 《胡正荣："无屏生态"是全媒体传播体系中的电视未来》，http：//www. dvbcn. com/p/135712. html，2022 年 11 月 25 日。

④ 王润珏：《基于共生理论的大视听产业融合共生发展路径探析》，《视听界》2022 年第 2 期。

产业价值日益凸显。视听行业的价值不仅在于大众娱乐范畴，更在于凭借独特的媒体技术优势融入百业、与更多行业建立良好的共生关系，这将会同时赋予双方新的产业增值空间。为加快视听新媒体技术融入百业的进程，我国以政策规划、项目带动等方式进行助力。比如，2022 年 11 月，工业和信息化部联合教育部、文化和旅游部、国家广播电视总局、国家体育总局等五部门联合发布了《虚拟现实与行业应用融合发展行动计划（2022—2026年）》，针对虚拟现实这一视听新媒体领域的关键技术，提出了要实现虚拟现实技术在经济社会各重要领域规模化应用的发展目标，力图打造技术能力、产品形态、服务水平和应用场景共同繁荣的新产业格局。[①] 此外，为加快提升关键技术研发能力与融合创新能力，全国已有半数以上省份发布了地区元宇宙技术路线图和相关产业政策，并纷纷建立了地区元宇宙示范区、元宇宙产业聚集地、元宇宙产业基地等项目园区，对元宇宙相关技术进行提前布局与重点攻关，寻找并培育元宇宙技术融入百业的商业价值。不局限于娱乐范畴的视听媒体，拥有着赋能多行业、多领域发展的独特技术优势。未来我国视听媒体将会不断打破旧的生产结构与行业划分，在新技术与新理念的碰撞中建立新的产业格局，进而实现融入百业并与百业共赢的发展目标。

参考文献

李雪昆、杨雯：《展望 2023》，《中国新闻出版广电报》2023 年 1 月 11 日。
王润珏：《基于共生理论的大视听产业融合共生发展路径探析》，《视听界》2022 年第 2 期。

---

① 《〈虚拟现实与行业应用融合发展行动计划（2022—2026 年）〉解读》，https：//www. miit. gov. cn/jgsj/dzs/gzdt/art/2022/art_ 1205ff1c19b841ccb06d9af83c59c38c. html，2022 年 11 月 1 日。

B.15
2022年中国中视频发展报告

雷霞 孙睿璠*

摘　要： 2022 年，中视频制作端全新升级，PUGC 和 MCN 机构等优质力量不断涌现。随着细分领域的纵深化发展及生活化内容的带动，中视频流量激增，社交属性凸显。同时，因核心用户群年轻化，加之政策助力创作生态，中视频在营销方式和网络短剧方面也呈现出新亮点。中视频行业蓬勃发展的同时，面临着内容质量不高、主流价值成色不足和变现手段仍不成熟等突出问题。未来，中视频行业需要突破时长和屏幕的限制，进一步提高技术水平以打造精品内容，强化和提升平台责任，实现经济收益和社会效益双赢。

关键词： 中视频　技术赋能　PUGC　网络微短剧

中视频作为短视频和长视频的中间样态，拥有更多折中的属性，紧跟短视频的火爆而渗透至用户的媒介使用习惯之中，呈现出与既有视频生态截然不同的市场表现，于 2022 年引起行业内外广泛关注。

一　中视频成为发展新契机

从海外的 YouTube 到国内的土豆网、优酷等视频网站的出现，中视频的

---

* 雷霞，中国社会科学院大学新闻传播学院副教授，中国社会科学院新闻与传播研究所副研究员，数字媒体研究室副主任，主要研究方向为新媒体传播、谣言传播和组织文化传播等；孙睿璠，中国社会科学院大学新闻传播学院，主要研究方向为新媒体文化。

创作群体存在已久。国内的"爱优腾"（爱奇艺、优酷、腾讯）在早年对中视频就有所尝试，并涌现过一批相对火爆的视频作品，只是当年未明确提出"中视频"这一概念，也未对其进行厘清和明晰。

2020年，西瓜视频总裁任利锋首次提出中视频概念，将其定义为时长1~30分钟，横屏视频，以PGC内容为主。[①] 刘俊将中视频定义为大致是介于短视频和长视频之间，内容时长在5~30分钟，以横屏为主，PGC（专业生产内容）和UGC（用户生产内容）相结合且PGC多于UGC，比短视频更有深度，比长视频更为凝练，并常常具有一定的专业门槛、体现一定的专业水准的视频样态。[②] B站CEO陈睿指出，不能简单地用时长来划分视频业务，视频长度也不是用户选择内容的关键要素，用户喜欢才是王道。[③] 从整体上看，近年来围绕中视频概念的讨论，并非单一地以视频时长以及呈现形式进行划分，而是更注重内容、运营意义。国内中视频内容传播平台发展脉络与生态如表1所示。

当前，长、短视频市场发展放缓，许多网络平台开始发力寻求新的视频消费增长点。以"爱优腾"为代表的长视频平台逐步试水短内容，以满足移动化、碎片化的场景需求；以抖音、快手为代表的短视频平台不断延长时间上限，以更包容的姿态支持创作者实现完整、深入的作品表达。百度于2020年10月推出的百度看看App主打1~5分钟的视频，知乎于2020年10月推出的视频专区主打3~5分钟的视频。TikTok于2021年7月将短视频长度从1分钟扩展至3分钟，抖音和快手也开放了5~10分钟或更长的视频时长。2021年10月31日虚拟人物"柳夜熙"在抖音发布了化妆视频，以优质的内容画面、紧张紧凑的剧情和令人耳目一新的创作手法取得了一夜涨粉百万的骄人战绩，其三条作品时长分别为2分7秒、3分59秒、3分40秒。

① 宋婉心：《腾讯视频宣布布局中视频，采用纯分账模式》，https：//www.sohu.com/a/439212703_115565? spm=smpc.author.fd-d.1.1608354455957d5b07Vw，2020年12月19日。
② 刘俊：《中视频：概念、基点与媒介规律》，《中国电视》2022年第6期。
③ 张信宇：《我们迄今为止对"中视频"的理解，可能都是错的》，https：//finance.sina.com.cn/tech/2021-09-17/doc-iktzqtyt6578928.shtml，2021年9月17日。

表 1　中视频内容传播平台发展脉络与生态

平台名称	创立年份	创立者	视频类型	内容特点	用户相关数据	用户画像
B站	2009	徐逸	中视频长视频	内容以二次元和长视频为主，原创内容较为多元。其中，二次元内容主要涉及版权视频、动漫、影视剧、综艺和纪录片等领域，原创内容主要涉及游戏、泛知识、美食和音乐等领域	2022年第四季度月活跃用户3.26亿	整体用户学历较高（本科/硕士及以上占41%），过半为18~24岁的具有较高潜力的年轻消费群体（66.28%）
快手	2011	宿华	短视频中视频	以美食、旅行、歌舞、舞蹈、段子等生活内容为主，聚焦乡镇内容创作	2022年12月月活跃用户4.49亿	31岁以上的人群为主（53.3%），三、四线下沉用户流量红利大（40.7%）
小红书	2013	毛文超、瞿芳	短视频中视频	以彩妆、穿搭、护肤等内容为主进行营销种草，以露营、滑雪等代表的小众户外运动内容热度走高	2022年月均活跃用户1.63亿	女性用户为主（74.4%），24岁以下学生党居多（42.4%），集中于新一线、一线城市（32.3%）
抖音	2016	张一鸣	短视频中视频	热门内容与人们时下关注点呈正相关，贯穿社会事件、时政与娱乐话题（59.2%），视频内容成为用户"种草"信息宝地，引领生活服务实体经济与线上内容形成新的融合方式	2022年月均活跃用户6.93亿	一线及新一线城市用户多（35%），30岁以下年轻用户多，关注本地生活服务信息（90%）
西瓜视频	2017	张一鸣	中视频	内容丰富多元，聚集游戏、VLOG、三农、军旅、国际等二十一大领域，注重深挖内容价值，唤起用户和用户的情感共鸣	2022年12月月活跃用户1.33亿	男性用户为主（75.98%），30~39岁用户多（42.04%），三线城市用户多（20%以上）
视频号	2020	张小龙	短视频中视频	以时政咨询为主，泛知识内容分布较多，泛生活、泛资讯、泛娱乐。2022年生活领域流量增速快，供用户展现自我鲜活的一面	2022年6月月活跃用户8.2亿	用户以一线、新一线城市年轻人群为主；男性用户数量与女性用户数量相对一致（各占50%）

资料来源：微信、哔哩哔哩、新榜、抖音、卡拉研究院、QuestMobile、易观千帆、巨量算数、新瓜数据、克劳锐指数研究院、百度指数、快手大数据研究院。

与此同时，即便是未曾涉足过视频领域的平台，也开始积极推出视频专区，以适应网络用户的内容和形态需求大势。目前，中视频市场细分出 50 多个内容赛道，包括泛生活类的 VLOG、泛兴趣类的时尚、泛知识类的健康科普等。在短视频行业的竞争日趋激烈、长视频行业日趋稳定的背景下，平台纷纷探索未来新的发展可能，中视频便是这种可能性的代表。

二　2022年中视频行业基本态势

（一）技术赋能生产：制作端全新升级，社交属性显现

在视频制作端，"5G+AI"技术的落地使视频制作成本不断降低，在提高视频生产效率的同时，进一步提升了视频的制作质量。目前，我国各大视频平台都着力推出与平台特点相符合的独立视频剪辑工具。如 B 站的必剪、微信视频号的秒简、抖音的剪映等，这些软件都为各自平台的视频创作者提供了更加便捷、高效的生产渠道。创作者使用这些工具进行视频剪辑，不仅可以一键上传到相应平台，还可以使视频生产的效率和视频最终的画质得到提升。值得一提的是，B 站必剪移动端和 PC 端版本自上线以来吸引了超过 900 万名创作者。适配平台的专业创作工具进一步降低了内容的创作门槛，有助于实现从"人人都有麦克风"到"人人都是 UP 主"的转变。与此同时，一键字幕、智能粗剪、HDR 全链路编辑、快捷操作栏等功能的出现大大降低了创作者剪辑视频的时间成本，平台提供的专业工具为创作者带来了更人性化的体验。

中视频相较于短视频内容表达空间较大，能够承载的情感元素也更为多元和厚重，更容易引发创作者和用户之间、用户和用户之间的共鸣和互动，进而建立社交关系。随着 Web3.0 时代的到来，商业平台的社会化属性不断显现，商业平台在其社交属性上的发力不仅满足了用户的社交需求，也进一步以圈层的形式提升了视频内容的传播力和影响力。目前，抖音、快手、B站等视频平台都逐步向用户社交网络拓展，通过一键转发、私信等方式拓展

视频的传播路径。同时，弹幕、评论等形式加强了用户和用户之间、用户和创作者之间的连接，而不同节点之间的互动既能提升节点之间的隔屏亲昵感，也能提升用户对平台的归属感，更能有效打造社区化的平台文化。B站互动视频不同于其他视频平台推出的互动玩法，B站"互动视频"按播放量排序，播放量最高的前十个视频总播放量超过1亿次，看似用户观看视频的时长缩短，但互动性却大大提高。与此同时，在5G技术的支持下，云端制作渲染、实时视频等技术的入场也进一步催生了交互性更强的视频互动形式。

（二）内容价值高地：细分领域深度挖掘，人间烟火成流量密码

根据《2021中国网络视听发展研究报告》，超五成的受访者认可中视频这种新的内容形式。[①] 中视频制作门槛以PUGC内容为主，其内容本身具有信息密度大和情感浓度高的特点，为用户提供更加专业、深度的信息内容。

垂直领域成为中视频创作者进行精细化创作的主要方向。互联网信息爆炸、文化泛滥和圈层异化等特征使文本生产与分发呈现分众化特征。短视频平台更多使用智能算法为受众进行不间断的既定内容推荐。以抖音、快手等为例，用户打开软件即面对文本，只需滑动屏幕接受推荐，鲜少主动进行领域选择。长视频一般领域划分明确，包括影视剧、综艺节目、纪录片等领域，受众在观看时往往带有目的性与针对性，平台内容分类以半隐性向用户呈现。中视频的平台内容分发则在兼具平台算法推荐与用户精准选择的基础上，进一步注重细分领域对生产内容的下沉作用。B站和西瓜视频都对用户进行分区选择的习惯培养。B站共有科技、鬼畜、VLOG等32个分区，分区下有进一步细化的标签，用户需要通过选择获取文本标签将自己归类。西瓜视频也拥有独特的内容形式，其主站分为影视、游戏、音乐、VLOG等26个栏目，并正在尝试培养属于自己的社区文化。与此同时，创作者在上传内容时也需要选择与内容相符的分区与标签，细分领域既为创作者提供框架，

---

① 中国网络视听节目服务协会：《2021中国网络视听发展研究报告》，http://www.cnsa.cn/attach/0/2112271351275360.pdf，2021年6月5日。

又激励专业生产者在某一领域进行深度生产。

中视频的内容生产，无论是测评还是科普、学习等内容，都体现出实用性、专业性与垂直性。B站2016年上传央视纪录片《我在故宫修文物》受到用户追捧，此后逐步在泛知识领域发力。2022年5月1日，B站联合半月谈、人民日报数字传播等40余家媒体宣布将把每年5月第一周定为Bilibili纪录片开放周，全国人民在此周内可以免费观看B站所有纪录片。B站于2020年5月增加学习分区，目前知识区已经发展成为B站流量最大的分区，细分为商业财经、科学科普、人文历史、创意设计、社科/法律/心理、校园学习、职业职场及野生技能协会类8个泛知识领域，无论用户处于什么圈层，都能在B站触碰到自己领域的相关知识。《2021 B站创作者生态报告》显示，2021年泛知识内容占B站视频总播放量的45%。① 2021年以来，1.83亿人在B站学习，超过300位名师学者入驻B站，覆盖近百个学科专业。在视频进行内容下沉、增优提质的同时，各大视频平台相继推出自制短剧、拍摄花絮、情景剧等，拓展视频纵深。另外，还有创作者推出了"段子+知识""故事+内容"等模式的中视频，如以"法外狂徒张三"出名的法考视频和"思维实验室"等。

除了专业性较强的知识类内容，充满人间烟火气息的情感类视频也在中视频场域颇具影响力。知识类中视频用完整、专业的叙事为受众提供"质"的消费，而情感类中视频则用独特的"人间烟火气"满足用户的情感需求。2021年，B站情感创作者规模增长105%，相关内容征稿活动视频总播放量2.76亿次。② 创作者不仅通过分享普通人不普通的故事给用户带来情感体验，还通过专业的情感指导绘就当代婚恋新图鉴。2022年7月25日，B站UP主"衣戈猜想"发布的视频作品《回村三天，二舅治好了我的精神内耗》在各大平台实现破圈传播，其情感色彩浓重的故事化叙述引起人们强烈的情感

① 洞见研报：《2021 B站创作者生态报告》，https：//www.djyanbao.com/report/detail？id＝2948893&from＝search_list，2021年12月10日。
② 哔哩哔哩创作中心：《2021情感年度榜单》，https：//t.bilibili.com/604462066476922026？spm_id_from＝444.42.0.0，2021年12月15日。

共鸣。截至 2023 年 3 月 2 日，该视频在 B 站的点击量已经突破 4500 万次。2021 年 10 月，农村生活题材的抖音账号"张同学"多条视频点赞破百万，单条内容播放量最高达 2 亿余次，两个月内收获约 1600 万粉丝。2022 年，"张同学"持续火爆，多条视频点赞破百万，83 条视频点赞破 20 万，收获超过 1841 万粉丝。区别于利用扭曲、夸张的表达手法歪曲乡村生活来博取流量的乡村博主，"张同学"发布的作品主要以较为真实的方法记录自己做饭、养小动物、赶集等农村日常生活，成功唤起用户对田园生活的向往或回忆。从西瓜视频"2021 金秒奖——中视频影响力榜单"可以看出，泛生存、泛情感已经成为爆款中视频的流量密码。比如"年度最好乡野田园中视频"《妹子把拖拉机来回开了三遍，帮大爷家秋收，结果村里人都在看她》，该作品由"95 后"三农创作者"麦小登"创作，还原她务农劳动的生活现状。又如"年度中视频温情故事"《水管冻爆了，只能用冰块炖个牛排吃》，该作品由藏族男子@洛桑和小志玛创作，表现了雪域高原的父女情深。洛桑曾是留守儿童，外出打工 10 年回乡陪伴女儿成长，他的作品通过分享他和女儿的生活现状，激发网友的情感共鸣，引出用户对"父女亲情""打工返乡"等话题的思考。

（三）创作者人数猛增：优质力量不断涌现，政策助力创作生态

随着中视频创作者数量不断增长，中视频作品的生产数量也与日俱增。B 站财报显示，2022 年第四季度 B 站月均活跃 UP 主数量达 380 万，同比增长 25%，月均投稿量同比增长 62%。

1. PUGC 和 MCN 机构成为中视频内容生态的基石

相较而言，短视频内容简短、制作成本低、制作门槛低，通常由 UGC（用户生成内容）可以完成创作，甚至实现日更。而中视频生产则需要创作者在 1~30 分钟内完整并有吸引力地呈现内容，这对创作者在其创作领域内的专业知识和视频领域的创作能力有着双重要求。与此同时，中视频内容制作周期较长，这也需要更为专业的职业内容创作者进行系统性的输出、审核和优化。

虽然中视频有一定制作门槛，但仍吸引了很多优质创作者"跨界"加盟

而助推 PUGC（专业用户/专家生产内容）的生成。如奥运冠军吴敏霞、复旦社会学院教师沈奕斐都是当前中视频创作平台中粉丝众多、影响力巨大的优质跨界创作者。与此同时，中视频创作也成为返乡年轻人的选择，如@滇西小哥、@林晨同学、@林果儿等都是回到家乡，成为职业中视频创作者。

此外，专业机构生产者正在成为中视频的又一生产主力。作为资本代表的 MCN（多频道网络）机构由于拥有较强的内容制作、红人孵化、流量获取和组织变现能力，收编了大量 PUGV（专业用户制作的视频）或网络红人。在 MCN 机构下孵出的 OGV 内容不仅丰富了现存的 PUGV 内容生态，还助力创作者拉动粉丝增长，进一步提升平台和社区的影响力。如薇龙文化公司的游戏直播视频双栖达人@陈大白粉丝已达到 2286 万；papitube 公司的美食创作者@滇西小哥在公司的助力下，粉丝从几十个增长到 329 万，成为头部中视频创作者。2022 年第二季度，B 站携手迪士尼等知名机构共同打造众多高质量中视频作品，助推用户付费增长，截至 2022 年第四季度 B 站月均付费用户数量已达到 2810 万，同比增长 15%。

2. 官方机构与主流媒体的入场为中视频带来生机

官方机构产出的中视频权威性更强，公信力和传播力都远超"草根"创作者。如"共青团中央""新华社"等官方账号在 B 站粉丝群庞大，一方面有助于主流声音在新媒体平台的传播，另一方面有助于提升官方账号的亲民性与亲和力，从而拉近与用户的距离。

3. 平台政策扶持创作者，激发中视频创作活力

B 站持续在内容生产、传播曝光、商业变现等多个环节为 UP 主提供服务与支持，先后推出包括创作激励计划、悬赏计划等在内的多种奖励机制。2021 年 6 月 7 日，西瓜视频联合抖音、今日头条共同发起"中视频伙伴计划"。《中视频 2021 发展趋势报告》指出，该计划自开展以来，成功帮助 50 万名创作者人均收入增长 3.5 倍，超 4000 人年入 50 万元。[①] 由此可见，中视频在当下发展潜力巨

---

① 西瓜视频 & 抖音：《中视频 2021 发展趋势报告》，https://www.xdyanbao.com/doc/xey5yk107q，2022 年 1 月 10 日。

大，正处于快速发展期，新人或头部创作者在政策扶持下活力十足。

4. 核心用户年轻化：Z世代话语风格明显，用户群变现潜力大

在当前信息传播环境下，Z世代已成为移动互联网的新生用户群。根据QuestMobile发布的《2022 Z世代洞察报告》，视频已经成为Z世代群体排名第一的主要线上活动，视频使用时长占Z世代群体使用网络总时长的37.4%。[①]中视频的兴起和发展既契合信息传播整体形势，又符合Z世代群体追求平视与对话的传播方式。作为和互联网同步成长的数字原住民，Z世代群体的网络实践行为具有鲜明的个性化特征和独特的语言风格，他们拒绝千篇一律和被定义，并勇于展示自我、表达自我。如@共青团中央等媒体号在B站将主流声音与青年文化进行结合，打造了符合Z世代特色的话语内容生态。同时中视频的弹幕、评论等互动也体现出Z世代独具特色的话语风格。

与短视频用户较为下沉、整体学历偏低不同，中视频用户年龄结构相对较为年轻，在受教育程度上呈现学历相对较高的特点，大学生和白领成为中视频的核心消费群体。统计数据显示，中视频用户中，中学生和白领人群占比高于互联网网民整体的7%，[②] 以B站中视频用户为例，本科及以上比例高出全网10个百分点；[③] 以西瓜视频用户为例，文化教育在2022年西瓜视频用户兴趣中排第三位。由此可见，中视频的用户普遍有着良好的教育背景和求知欲望。此外，新冠疫情培养了用户通过视频学习的消费习惯，加速了知识付费的进程。

三　2022年中视频行业突出亮点

（一）营销方式更加多样，经济价值日益凸显

中视频作为内容密度与情感价值双高的视频新赛道，近年来越来越受到

---

① QuestMobile：《2022 Z世代洞察报告》，https：//www.questmobile.com.cn/research/report-new/257，2022年8月16日。

② 新榜：《中视频创作人职业发展报告》，https：//weibo.com/ttarticle/p/show？id=230940456
2401872969815，2020年11月21日。

③ 蓝狮问道：《B站用户画像分析，bilibili用户群体特征分析》，https：//zhuanlan.zhihu.com/
p/513274967，2022年5月12日。

品牌的青睐，逐渐成为品牌进行内容营销的新蓝海。以 B 站为例，品牌方通过与 UP 主合作、植入微综艺、主题活动创办等多种方式展开营销，诞生了《［何同学］挺稳的　华为 Mate 30 Pro 深度体验机》《极速快跑》《洁柔#新学期花式 flag 大赛#》等优秀营销作品，均获得较高点击量和参与度。

场景化营销也成为生活流创作者进行流量变现的有效途径。许多创作者通过商品在生活场景里多次软性出现，场景化地呈现商品的使用方法、使用体验等，以"体验者"的口吻打动用户，从而完成对商品的宣传推广，实现创作者、平台和广告主的三方共赢。如 B 站 UP 主宝剑嫂于 2022 年 7 月 8 日发布视频《不节食！极速减肥 20 斤！100%成功减肥方法分享！》，讲述其通过动感单车有氧运动减重 20 斤的故事。这一视频不仅播放量达到 235 万次，还在三天内为合作品牌方带货单价 1700 元的动感单车 1000 台。2022 年，B 站全年增值服务和广告业务营收分别同比增长 26%和 12%，商业化进程持续加速。[1] 中视频的创作者作为垂直领域的关键意见领袖往往在用户群中拥有较高的可信赖度，创作者的信任背书使得用户对产品推广的接受度大大提升。

（二）网络微短剧异军突起，爆款产品破圈传播

2020 年 8 月，国家广电总局将网络微短剧定义为网络影视剧中单集时长不足 10 分钟的剧集作品。快手大数据研究院数据显示，2022 年快手短剧暑期档，有 22 部精品短剧播放量破亿次。[2] 随着多款网络微短剧的破圈传播，微短剧成为当下中视频领域的新风口。当下网络微短剧的火爆得益于微短剧本身的特点。首先，微短剧虽体量短小，但故事紧凑，迎合用户在移动网络平台上的碎片化观看习惯。其次，微缩的剧情集中展现了一部剧的精华部分，短时间之内带给用户极大的心理满足感。2022 年 2 月 5 日，快手推

---

① 哔哩哔哩：《Bilibili 第四季度和 2022 财年财务业绩》，https：//ir. bilibili. com/en/news-and-events/？ tab = news-releases#news-releases，2023 年 3 月 2 日。

② 快手大数据研究院：《2022 快手年度数据报告》，https：//mp. weixin. qq. com/s/RFhEp8H YWStXZWF1shDvmA，2023 年 1 月 17 日。

出短剧《长公主在上》受到极大关注，在完结前收获了 3.3 亿+的播放量，话题热搜转发量达到 11 亿，成为微短剧市场破圈传播的爆款作品。腾讯在"2022 腾讯在线视频 V 视界大会"上表示，将重点开发 10 分钟左右 1 集的中视频短剧内容。《悬崖下的妻子》《重返 1993》《双世萌妻》等都是腾讯视频 2022 年微短剧内容中的佼佼者，为中视频的内容样态探索提供了新的空间。

四 2022年中视频行业发展问题透视

（一）内容质量不高 VS 用户倦怠

在内容生产层面，中视频存在内容质量不高的问题。短视频爆火的背后是对人类懒、惰心理的顺从和回应，而中视频作为"拉长的短视频"，需要提供更高质量的内容，从而给用户带来持续的愉悦感。这要求创作者在 1~30 分钟时间内持续、密集呈现有足够吸引力的内容。但现实状况是，多数生活类 VLOG 普遍存在故事性不足、素材不连贯等问题，其生产内容容易沦为碎片化流水式拼凑，传播效果和吸引力有限。随着视频的长化，由于许多中视频创作者自身能力不足，中视频市场中存在内容质量供给低于质量需求的问题，使得用户在观看时产生倦怠心理，互动意愿不强，同时不易产生社区归属，成为"浏览性"用户。如何保证创作者的创作质量，是中视频亟待解决的问题。

（二）主流价值成色不足

在思想价值层面，中视频存在主流价值成色不足的问题。相比于短视频的速食化消费，中视频能够随着时间的沉淀，在其发布几个星期，甚至几个月后继续触达用户。优质的中视频可以承载厚重的文化底蕴和主流价值，肩负起特有的社会角色和使命，成为传播文化精神、参与公共话语叙事的载体。但以西瓜视频栏目顺序编排为例，"小康""新知十讲""十四五""春暖中国"等反映主流价值观的内容被排在 26 个栏目中的最后 4 位。可以看出，当下中视频内容主要集中在泛知识、泛娱乐和泛生活领域，对于传统文化和主流价值的承载力较弱。随着技术的进步、视频的普及，带有主流价值成色的中视频也应发挥生命力，承载"重文化"和"重内容"，在国内外传播市场上起到积极的开拓和价值引领作用。

（三）变现手段仍不成熟

在经济效益层面，当前中视频变现对平台扶持依赖度高，自我造血能力不足。从视频行业市场现状来看，长视频的变现手段主要为付费会员和品宣类广告，短视频则借力信息流广告和直播带货实现营收。而中视频则未形成与短、长视频平台相抗衡的门户平台，在变现手段和渠道上都处于探索阶段。作为中视频的头部平台，B 站 2022 年净亏损为 75 亿元人民币，较 2021 年 68 亿元增加约 10%。① 从长期看，中视频平台的持续亏损势必会影响平台对内容生产者的扶持、反哺，中视频赛道仍需探寻属于自己的变现抓手。如何利用新的形式和手段增强自身造血功能，是中视频亟须思考的问题。

（四）侵权问题屡见不鲜

独创性是视频创作成功与否的关键，中视频市场抄袭与被抄袭的现象层出不穷。奥迪"人生小满"广告被指抄袭自媒体博主"北大满哥"、腾讯《云南虫谷》电视剧在抖音平台被切条盗播等侵权事件频发。下载的便利和剪辑技术的发展，使用户对原创视频作品进行复制、二次创作和二次传播的成本都大大降低，为著作权人维权带来了困扰。12426 版权监测中心发布的《2021 中国短视频版权保护白皮书》显示，2019 年 1 月至 2021 年 5 月，12426 版权监测中心对 1300 万件原创短视频及影视综等作品的二次创作短

---

① 哔哩哔哩：《Bilibili 第四季度和 2022 财年财务业绩》，https：//ir. bilibili. com/en/news-and-events/？ tab＝news-releases#news-releases，2023 年 3 月 2 日。

视频进行监测，累计监测到 300 万个侵权账号。① 视频领域的知识产权侵犯问题不容乐观。

（五）广告植入生硬浅层

中视频相较于短视频来说时长较长，创作门槛较高，在内容呈现上，横屏的呈现方式为创作者提出更加精深的质量要求。由此，中视频的广告营销也应深挖品牌文化，讲好品牌故事。但中视频的广告植入多为浅层娱乐化的广告硬植入，容易打断作品原本的叙事节奏，品牌营销转换率较低。与此同时，众多创作者为同一品牌在同一时期进行推广，容易激起用户的反感情绪，不利于同品牌产品后期的推广宣传。长远来看，品牌方布局中视频不能只是将产品"塞入"视频之中，而要注重企业文化的传播，通过讲故事的方式使用户产生共鸣，在潜移默化中激发用户的认同与消费欲望。但大多数广告植入比较生硬，并且脱离视频叙事，影响用户观看视频。如何让内容驱动商业，已经成为中视频创作者在广告植入时应该思考的问题。

（六）泛娱乐化 VS 青少年沉迷

B 站的用户群是中国互联网用户群里最年轻的群体，其主要用户群体为"90 后"和"00 后"。目前，B 站已经形成 200 万个文化标签、7000 个核心的文化圈层，随着多元文化在中视频平台社区中不断聚集和发展，以二次元为代表的青年亚文化与年轻的用户需求相适配，青年亚文化在中视频土壤中得到很大的发展。青少年在多元的文化空间会大大提高与不同社群、圈层接触的机会，而 B 站的文化服务脱不开游戏、番剧等娱乐化的"外衣"。夸张、鬼畜的视频特效也增强了中视频的感染力和趣味性，对于缺乏社会经验和全面认知的青少年，容易被各种信息误导，对娱乐化的中视频内容产生依赖。与此同时，以 B 站为代表的中视频平台带有弹幕的丰富性、分享的社

---

① 12426 版权检测中心：《版权检测能避免奥迪小满短视频文案侵权事件吗?》，https：// mp. weixin. qq. com/s/1SPWqxPEw21D_ DZBkJN5xQ，2022 年 5 月 25 日。

交性，在视频播放量到达一定数量之后，还会有下一集相似的内容推荐或解锁彩蛋，这些行为会增强创作者与用户之间、用户与用户之间的互动性，同时容易使青少年在其中投入大量时间，甚至沉迷。

五　中视频发展对策建议和前景展望

（一）突破限制：联动短视频，共创内容高地

中视频的发展，应该突破时长限制，与短视频联动，回归视频的工具性作用，增强优质内容的传播力。从中视频创作者角度来说，在内容传播渠道上需要打开思路，在不同平台输出优质内容，实现内容流量最大化，提升内容的曝光率；从市场角度来说，短视频用户不仅数量庞大，而且增量客观，短视频用户仍是中视频抢占注意力的主要来源；从用户角度来说，满足需求永远是争取注意力的焦点。短视频可以利用短小精悍的优势在 5~10 秒内抓住用户的眼球，并且通过定制化、精准化的算法为用户推送符合用户趣缘的、高品质的垂直化内容，成为其触达用户的传声筒和桥梁。创作者可以将中视频内容进行截取，在短视频平台传播，也可以在微博、微信、小红书等媒体平台通过图文的形式进行内容宣传，扩大其影响力。未来，不同时长的视频应在联动中发挥独特属性，打好组合拳，共创内容高地。

（二）沉淀价值：打造精品内容，布局多元场景

1. 加强创作者人文意识引导

相较于短视频，中视频具备天然的时长优势，可以承载更为深度的内容叙事。西瓜视频"2022 金秒奖——中视频影响力榜单"中多部获奖作品颇具人间烟火气、体现社会主流价值。其中，@一朵北漂作品《我们的一天》展示了一名丈夫送外卖、妻子开网约车赚钱养家的真实生活，@我是樊医生作品《医院凌晨 3 点接核酸采样任务，30 分钟集结 100 人》记录了一名医生的抗疫时刻，@洛桑和小志玛作品《水管冻爆了，只能用冰块炖个牛排

吃》体现了雪域高原的父女亲情等。由此可见，充满人文关怀的高质量作品与用户需求相契合，平台可以通过颁奖、发起话题等形式加强对创作者的人文意识引导。

2.突破小屏传播渠道

大屏趋势的发展，为中视频突破场景限制提供了启发。现阶段，无论是视听体验沉浸的"竖屏"，还是传递信息快捷的"横屏"，都是手机小屏端进行内容展示的视频样态。而从小屏重归中屏乃至大屏又成为一种新趋势。当下，使用电视端观看中视频的人数不断增加。据"中国视听大数据"（CVB）统计，2022年央视和地方卫视频道共播出电视节目50.8万小时，较2021年提升7.2%。① 相比小屏，中屏和大屏在视听体验感方面有着沉浸感、现场感更强的天然优势。但是这也对中视频的画质提出更高要求，以适应不同的播放界面。早在2020年6月，西瓜视频就为用户提供4K画质的免费观看服务。2021年8月，抖音也宣布支持2K画质播放。平台在播放端的技术支持为中视频迈入中屏、大屏时代提供了良好的支持，创作者在未来需要根据中屏、大屏的特点进行研究和改进，在内容叙事和技术设备上打造适用于多种场景的精品内容。

（三）走进社区：释放社群经济潜力，创造协同价值

中视频社区化发展有利于释放社群经济潜力。中视频平台的文化社区由创作者、消费者和平台三方共同构成。B站为消费者设置了34个不同的文化分区，基于用户偏好的内容形态设置为B站聚拢了一批忠诚度极高的消费者。文化社区当中的消费者在社区内进行分享、交流，并在长时间的互动中强化自身作为社区成员的主人翁意识。在社区文化的影响下，消费者从单打独斗的个体转化为集体关系中的个体。处于集体关系中的消费者容易受到群体压力、社交压力的影响，触发购买行为。因此，社区成为品牌生产和传

① 中国视听大数据：《中国视听大数据2022年收视年报》，https://mp.weixin.qq.com/s/UzPOkKosatKy2vJ5pbc2Aw，2023年1月11日。

播环节的重要节点。基于中视频市场的品牌营销应贴合社区文化，抓住不同社区用户的核心需求，吸引社区用户参与品牌的消费、推广，创造协同价值。

（四）携手探索内容：长短合作，规范版权

以抖音和快手为代表的短视频平台与长视频平台频频牵手，携手探索内容版权规范化。2022 年 3 月 17 日，抖音宣布与搜狐达成合作，获得搜狐全部自制影视作品二次创作相关版权；2022 年 7 月 19 日，抖音和爱奇艺宣布达成合作意向，爱奇艺将向抖音集团授权其内容资产中拥有信息网络传播权及转授权的长视频内容，用于短视频创作。快手也于 2022 年 6 月宣布与乐视视频就乐视的独家自制内容达成二创相关授权合作意向。长、短视频平台的合作，不仅对长视频平台盘活片库资源、辅助新内容宣发有所裨益，还对短视频平台创作者的创作素材增添了活力。除此之外，长、短视频平台还可以在合作的基础上共建知识产权审查机制，引入数字指纹等更高效的识别技术，进一步实现二次创作过程中所使用的素材正版化，更好地实现双赢。未来，对于相关内容的"二度创作"，平台可以借鉴"先授权后使用"的原则，打通版权人、长视频平台与短视频平台、制作者等多方授权渠道，使创作更具活力。与此同时，中视频创作者在进行剪辑创作中需要提高创作素养，在《著作权法》明确规定"合理使用"范围内对视频进行二次包装。

（五）搭乘元宇宙：打造虚拟偶像与代言人，助力中视频沉浸式营销

柳夜熙作为国内视频平台上的首位虚拟数字形象，截至 2023 年 1 月，其抖音账号共发布作品共 30 个，累积点赞超过 2500 万，几乎每一条都成为爆款视频，其视频时长为 20 秒至 5 分钟，部分视频属于中视频范畴。以柳夜熙为代表的虚拟数字人不仅符合中视频用户中较为年轻群体在剧情、悬疑、美妆等方面的兴趣，还带有虚拟、沉浸、互动等"元宇宙"要素，这为中视频桥接元宇宙进行营销带来了新思路。目前，品牌探索元宇宙进行营销的主要路径体现在虚拟偶像和 NFT 上，其中服饰箱包为主要应用行业，

奢侈品品牌合作尤为主要。

《QuestMobile 2022 年营销热点事件盘点》显示，2022 年品牌应用虚拟人物营销行业分布前三名分别为服饰箱包业（30.8%）、网络购物业（15.4%）和食品饮品业（15.4%）。未来，虚拟偶像与代言人的"联合"或将成为中视频的主流营销方式之一。

（六）多方合力：防止青少年网络沉迷，打造清朗网络空间

目前，B 站、西瓜视频等各类视频平台和网络软件先后推出了青少年模式，致力于通过限制青少年用网时间、规范青少年用网内容等方式来解决青少年网络沉迷的相关问题。但青少年直接忽视青少年模式或通过他人身份证登录软件的现象屡见不鲜。有关部门应加大监管力度，落实相关政策的推广；互联网平台应积极承担社会责任，更新完善平台机制，规范青少年用网内容和时间；家长应与青少年积极沟通，制造良好的家庭氛围，增加家庭活动降低青少年网络使用时长。多方合力，为青少年营造一个清朗的网络空间，在有效防止青少年网络沉迷的同时，提升青少年中视频使用时间段的满足感和获得感，提升其网络素养和人文素养。

参考文献

宋婉心：《腾讯视频宣布布局中视频，采用纯分账模式》，https：//www.sohu.com/a/439212703_ 115565？spm＝smpc.author.fd-d.1.1608354455957d5bO7Vw，2020 年 12 月 19 日。

刘俊：《中视频：概念、基点与媒介规律》，《中国电视》2022 年第 6 期。

B.16

2022年乡村健康类短视频传播发展报告

郭　淼　胡政豪　邓斐扬*

摘　要： 伴随移动短视频社交平台的兴起，乡村短视频成为推广乡村健康政策、普及乡村健康知识的重要媒介形态。本报告从"健康乡村"战略背景出发，对比分析代表性短视频平台在2022年关于乡村健康类短视频的传播现状，总结归纳乡村健康类短视频的传播特点、渠道、规律及存在的薄弱环节，分析该类型短视频传播效能与大规模的健康信息诉求之间不匹配的原因，包括优质创作主体缺位、专业内容供给规模和质量不足、对乡村健康传播的政策倾斜以及平台扶持相对有限等，并从健康类短视频制作的复合型人才培养、多元创作主体队伍的建设，健康类主题的供给侧改革及专业内容流量覆盖面的增加，平台流量专项扶持计划优化以及乡村个体用户数字素养提升等方面着手，共同推动乡村健康传播类短视频传播良性发展，更好地纾解专业优质内容供给和广大农村地区用户健康类信息诉求之间的矛盾。

关键词： 乡村短视频　健康传播　数字素养　数字乡村

---

* 郭淼，西北政法大学新闻传播学院副教授、副院长，硕士研究生导师，主要研究方向为网络政治传播、新媒体与社会治理；胡政豪，西北政法大学新闻传播学院，主要研究方向为政治传播与网络舆情；邓斐扬，西北政法大学新闻传播学院，主要研究方向为政治传播与网络舆情。

乡村短视频是指时长在 5 分钟以内，以乡村生活、乡村文化、乡村景观、农产品销售为创作主题的视听作品。① 乡村短视频作为展现乡村风貌、提振乡村经济、普及健康知识、丰富村民生活的重要方式，在乡村振兴战略中发挥着重要作用。2022 年 1 月，《国务院联防联控机制 中央农村工作领导小组印发〈加强当前农村地区新型冠状病毒感染疫情防控工作方案〉》指出，要深入推进农村地区爱国卫生运动，结合健康乡村建设开展形式新颖、农村居民喜闻乐见的科普宣传活动。作为媒介技术演进的最新样态，短视频广泛纳入了文字、图片、声音、综合视频等前置媒介的优良特性，以充分的内容可供性和关系可供性促进了乡村健康传播与医疗健康共同体的发展。本报告立足于健康乡村战略实施的关键之年，从创作主体、发布内容、传播逻辑、影响效果等角度，对 2022 年两大代表性短视频平台中乡村健康类短视频的传播发展现状进行研究，分析造成该类短视频平台数量和规模不足的原因，对于促进乡村健康传播、满足乡村网民的健康诉求，实现数字化时代的技术红利普惠于民、造福于民具有重大现实意义。

一　乡村健康类短视频的界定与特点

第 51 次《中国互联网络发展状况统计报告》显示，截至 2022 年 12 月，我国短视频用户规模达 10.12 亿，较 2022 年 6 月增长 5000 万，是除即时通信外的第一热门互联网应用，占网民整体使用的 91.5%。② 与此同时，我国农村地区网民规模已达到 3.08 亿，占网民整体的 28.6%；2022 年 8 月，全国已累计建成并开通 5G 基站 196.8 万个，5G 网络覆盖所有县城城区和 96% 的乡镇镇区，"县县通 5G"基本实现。伴随低使用门槛、强呈现效果、广传播范围等特点，短视频逐渐成为乡村网民社交互动、分享生活、创造价值

---

① 曾润喜、莫敏丽：《面向乡村振兴战略的"乡村短视频+"可持续发展路径研究》，《中国编辑》2021 年第 6 期。
② 《CNNIC 发布第 51 次〈中国互联网络发展状况统计报告〉》，https://www.cnnic.net.cn/n4/2023/0302/c199-10755.html，2023 年 3 月 2 日。

的主要媒介。在创作主体增加、创作内容拓展、短视频平台以及相关部门政策扶持的共同努力下，乡村三农类短视频持续繁荣发展，同时也为乡村健康传播类短视频的兴起创造了条件。

（一）创作主体类别

平台统计数据显示，2022 年快手原创三农短视频超 2.6 亿条，三农创作者生产的短视频日均播放量超过 18 亿次。① 相较专注于记录乡村生活、原创乡村故事、乡村产品带货等短视频创作主体，乡村健康传播类短视频的创作主体类别呈现出多元性特点，包括官方媒体、商业媒体、意见领袖及乡村个体四大类。官方媒体层面，包括以健康中国（国家卫健委）、央视网、《新京报》、环球网、《新闻联播》、《中国新闻周刊》为代表的全国性健康传播主体，其主要内容为国家重大乡村健康医疗政策发布与解读；与之相对是湖北日报、陕西 1 频道、河北新闻网、农林卫视以及各地县级融媒体等面向地方的健康传播主体，其内容聚焦各地乡村健康问题、现状以及政策解读，如云南大理白族自治州的巍山县融媒体中心通过短视频形式向当地民众普及疫苗接种知识以及医疗资源状况；除面向全国的中央级媒体以及各地方媒体，乡村健康类短视频创作的官方主体还包括中国三农发布、主播说三农、央视三农、农民日报、微观三农、乡村治理等专注三农问题的官方媒体账号，其内容涵盖乡村生产生活中的健康知识科普以及在重大环境风险来临时的应对方法。商业媒体层面，包括春雨医生、好大夫等医疗类商业媒体，其以专业的医疗、内容制作、分发团队面向乡村地区通过知识科普、线上问诊、线下诊所相结合的方式进行健康传播。如某商业媒体采用短视频形式开展女性宫颈癌科普宣传并在三月八日妇女节期间免费为 300 位 9～14 岁的乡村女童接种 HPV 二价疫苗。面向乡村开展健康传播的自媒体主体多数为专业医生账号，包含发布相关内容的城市医院在职医生以及扎根乡村地区的乡

---

① 《快手启动"村播计划"，推出 30 亿流量、四大 IP 赋能乡村创作者》，https：//baijiahao. baidu. com/s？id＝1754264927826627925&wfr＝spider&for＝pc，2023 年 1 月 6 日。

村医生，其通过短视频方式进行健康知识科普以及记录下乡问诊情况。个体账号层面，大量非专业医疗健康传播主体占比最高，多数为乡村当地居民，其发布内容包括健康养生分享或医疗健康信息的二次传播，影响范围较小。

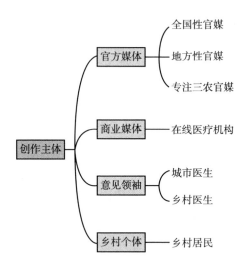

图 1　乡村健康类短视频创作主体分类

（二）创作内容主题

医疗卫生知识的普及事关全民整体健康水平，我国是农业人口超过70%的人口大国，乡村居民的健康知识直接影响国民医疗卫生状况。因此，健康传播的目的在于将医学研究成果转化为大众可以接受的健康知识，并通过态度和行为的改变降低患病率和死亡率，从而有效提高人们的生活质量和健康水平。索福瑞媒介研究的《2022 年短视频用户价值研究报告》表明，短视频用户对期待作品类型为"健康养生"与"涉农"的占比持续上升，分别为 23.4%和 17%。[①] 目前，通过短视频形式面向乡村的健康传播作品主题涵盖医疗问题、医疗政策、日常养生、绿色食品、心理健康等方面，并呈现出不同作品主题与各类创作主体相对应的特点，官方权威媒体偏向于乡村

---

① 中国广视索福瑞媒介研究（CSM）：《2022 年短视频用户价值研究报告》，2022 年 12 月。

医疗宏观政策信息的发布与解读；由专业机构背书的意见领袖对乡村地区健康问题进行阐述与科普；广大乡村短视频用户以记录个人生活的方式参与平台健康话题互动。比如国家卫健委官方账号"健康中国"以短视频的方式发布国务院联防联控机制新闻发布会中涉及乡村健康的相关内容；北京中医内科医生"刁宏"结合专业背景和中医知识针对农村地区肺病多发现象进行讲解；河北"三农老道"长期关注国家最新出台的三农政策，并以通俗易懂的方式解读乡村医保补贴新规。为鼓励用户丰富创作内容，各短视频平台通过举办专题活动进行议题设置，在快手平台中，"守护乡村儿童心理健康"和"关爱陪伴乡村孤寡老人"话题下的视频播放量分别高达 5.7 亿次和 20.9 亿次。此外，伴随疫情防控进入新阶段，乡村地区医疗资源薄弱问题加剧，以乡村疫情防控为主题的相关短视频作品数量激增，引起社会各界的共同关注。大量主题丰富的乡村健康类短视频内容持续激发广大用户的使用动机，不论是通过短视频获取医疗健康信息还是主动分享健康知识与养生经验，短视频作品在承载健康信息的同时也契合乡村用户群体对短视频媒介的期待和需求，[1] 乡村用户在短视频媒介的使用中持续提升自身健康意识。

（三）传播语态类别

"传播语态"为传播者所持有的理念、思维、态度或情感，是传播者在传播活动中表现出的态度立场和话语表达方式，也是传播者思想内容、情感倾向、叙述手法、语言风格等方面的综合表现，受到传播者、传播语境、受众等多重因素作用，对传播效果有重要影响。随着互联网及新兴数字技术的发展，短视频以表达力强、创作门槛低、影响力广泛等特点吸引了众多乡村网民的使用。乡村短视频的创作市场日益活跃、创作者与作品数量大幅增加。受到新冠疫情的影响，乡村健康类短视频为 2022 年用户关注度较高的视频类型，并且传播主体主要是官方媒体、商业媒体、意见领袖及乡村个体

四大类。官方媒体在乡村健康类短视频语态形成过程和建构中扮演着主导者的角色并展现出专业化语态和权威语态。专业化的传播语态表现为对新闻报道时机的把握。以健康中国（国家卫健委）、央视网、新京报、环球网、新闻联播、《中国新闻周刊》为代表的全国性健康传播主体和面向各地的县级融媒体在春节返乡潮期间都发布了对农村地区疫情防控政策的解读。如健康中国（国家卫健委）多次发布"加快构筑基层保健康防线""怎样降低春节期间人员流动带来的疫情传播风险""如何第一时间满足农村空巢老人的紧急就医需求"等相关短视频。官方媒体对乡村地区的健康传播侧重于及时解读国家出台的重大政策措施，把握新闻时机并普及健康知识，但视频内容基本为电视节目片段的简单剪辑，未能进行创新表达。权威语态则表现为官方媒体向用户传达原创权威的信息，其内容表达形式多以加大字幕信息量的方式进行传播，字幕出现在画面正中央并使用艺术字体加强渲染效果，实现了视觉符号的独立叙事，如健康中国（国家卫健委）创建"数说健康"合集，跟踪新冠疫情形势。

商业媒体在乡村健康类短视频中的传播语态较多表现为民生化和人格化。如好大夫、春雨医生等商业媒体的健康类视频内容大多与民众日常生活相关。如一些专业的运营账号，将内容分为"医生怎么说""疫情防护合集""听皮肤的话"等合集，但聚焦乡村健康传播的内容则多为微信推文，以短视频形式进行乡村健康知识传播的内容较少。人格化的传播语态则表现为商业媒体在不削减信息有用性和重要性的同时，找到契合短视频平台传播逻辑的话语形式。如春雨医生以医护人员的视角进行健康科普，还采用医生自述的方式向民众介绍医护人员的工作环境和工作趣事。从视频内容到语言风格、叙事方式等外在形式方面与官方媒体存在较大差异。商业媒体的"去电视化"倾向较为鲜明，其内容的视听元素除了单一的文字，还插入动画和多样的镜头调度。在语言风格上，商业媒体内容以轻松活泼的方式将晦涩的医学知识转化为通俗易懂的语言，在满足民众知识性需要的同时也构建起人格化的语态特征且满足民众的情感需要，如"假如食物会说话"合集中将食物拟人化并以情景小短剧的形式进行健康科普。

自媒体在乡村健康类短视频的语态形成和建构中扮演着坚守者的角色并营造贴近性语态。以抖音号"医路向前巍子"为例，其作品合集中就有"乡村医疗科普"板块，目的是让医学科普走进农村，让更多的人正确认识疾病，关注自己及家人的健康。非专业医疗健康传播主体的话语形式则较多地表现为人格化语态和社交化语态。该类传播主体的语言风格以方言为主，增强了与广大民众的情感联结和视频内容的真实性。同时，非专业医疗健康传播主体的社交化语态则是通过接受主体间的关注、点赞、转发、评论等行为而产生。

表1　健康中国（国家卫健委）抖音号的传播时机统计

单位：条，%

传播时机	数量	占比
医疗政策解读	99	28.9
农村地区或春节期间疫情防控工作有关情况	43	12.6
健康知识科普	100	29.2
乡村地区医护人员工作事迹报道	100	29.2
合　计	342	100

注：统计时间截至2023年3月4日。
资料来源：根据抖音App平台数据，由报告团队集体汇总编辑。

（四）内容传播平台

伴随头部短视频平台采取用户市场下沉、智能内容推送等运营策略，移动端短视频日益代替广播、报纸、电视等传统媒介，成为乡村居民休闲消遣、信息获取的主要渠道。目前，乡村健康类短视频广泛传播的平台有"抖音""快手""西瓜视频""好看视频"等独立短视频平台以及"新浪微博""微信视频号"等社交媒体平台。调查数据显示，独立短视频平台的用户使用率最高，使用抖音、快手、微信视频号、央视频平台的用户占比达74.9%。① 依托于"抖音"与"快手"两大短视频平台的市场定位策略以及乡村振兴战略

① 中国广视索福瑞媒介研究（CSM）：《2022年短视频用户价值研究报告》，2022年12月9日。

背景下大量"三农"类流量扶持计划的推出，乡村健康类短视频得以起步发展，如抖音平台计划投入总计 12 亿的流量资源全面扶持平台三农内容，推出"2022 新农人计划""乡村振兴 dou 行动"等项目，其中涉及健康类话题包括"西部计划健康乡村""乡村康养""乡村医生守护者"等。《2022丰收节抖音电商助力乡村发展报告》显示，过去一年抖音新增乡村相关短视频 4.3 亿条，乡村题材短视频播放量增长 77%，384 亿人次为乡村短视频内容点赞。[①] 2022 年快手平台推出"幸福乡村带头人计划"，计划在未来三年发掘和扶持超过 1000 名乡村创业者，开展超过 100 万人次的"短视频+直播"乡村人才培训，在扶持计划的激励下，跨收三农创作者数量较上年增加 60%，三农类短视频日均播放量超 10 亿次。除日常三农内容运维以外，快手平台在疫情期间特别上线"新冠疫情防治""银铃心愿单"等健康类专题，结合医生、专家、普通用户等不同视角为乡村用户提供丰富的健康信息和医疗救助。

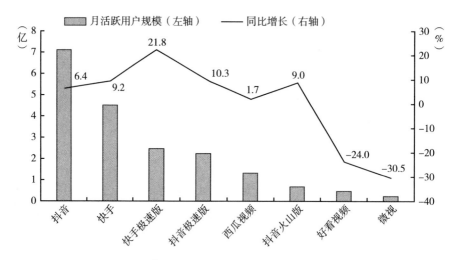

图 2　2022 年 12 月短视频行业活跃用户规模头部平台

资料来源：QuestMobileTRUTH 中国移动互联网数据库，2022 年 12 月。

---

① 《2022 丰收节抖音电商助力乡村发展报告》，抖音 App 微信公众号，2022 年 9 月 23 日。

二　乡村健康类短视频在头部平台的传播现状

（一）抖音平台的乡村健康类短视频

1. 创作主体

抖音平台乡村健康类短视频的创作主体可按照性质、年龄和地域三个维度进行划分。在性质层面，抖音平台乡村健康类短视频创作主体分为政府机构与官方媒体、权威医学专家、专业健康团队以及乡村个体用户。其中官方媒体和权威医学专家是创作和传播健康内容的引领者。如北京大学第一医院密云医院急诊外科医师"医路向前巍子"吸引了2404.3万粉丝关注，并且他的"乡村医疗科普"获得1880.4万次的播放量。同时，抖音开放"医疗健康新作者激励计划"，鼓励更多医疗健康创作者加入，创作优质的医疗健康科普内容。但是，在抖音平台上有接近40个细分基本领域的医生KOL入驻的情况下，超过1/5的医生并没有明确自身所属的疾病领域。[①] 在年龄层面，通过对三农达人账号进行人群画像后发现，"80后"是乡村内容的创作者，[②] 但乡村短视频的主体受众年龄层却集中在"银发e族"。2022年上半年，50岁及以上的老年群体占比达到28.1%。根据抖音公布的首份三农数据报告显示，抖音三农创作者中54%为返乡创业青年，以农民工、大学生、退役军人、妇女四类人群为主。相较于上一代农民，这一代新农人熟练使用智能手机和互联网，成乡村类短视频创业主力军。在地域层面，河南、四川、广东、贵州、云南等省份成为乡村创作者最集中的地方，来自河南、山东、四川、贵州、广东5省的"80后"乡村健康类短视频创作者占比较大。国家卫生健康委员会发布的《中国居民健康素养监测报告》显示，东、中、

---

① 《抖音医疗健康扩大认证范畴，医生KOL入局正当时》，蚂蚁星球MCN微信公众号，2022年11月9日。

② 《三农行业分析报告：三农自媒体无处不在的今天，还有机会崛起吗?》，蝉妈妈微信公众号，2022年4月9日。

西部地区居民健康素养水平分别为30.40%、23.83%和19.42%，西部地区缺乏乡村健康类短视频的优质创作者。

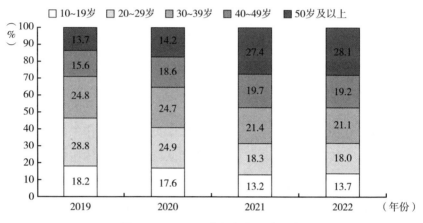

图3　2019~2022年短视频用户画像

资料来源：CSM媒介研究院"2021短视频用户调查"。

2. 发布内容

随着国家对乡村医疗健康的政策支持以及互联网+健康医疗产业的迅速发展，抖音平台迅速成为乡村健康传播的新阵地。数据显示，2022年抖音新增乡村相关短视频4.3亿条，乡村题材短视频播放量增长77%，有384亿人次为短视频里的乡村点赞。与此同时，受众对健康类信息的需求逐渐增加。抖音联合巨量算数发布的《2022抖音知识数据报告》显示，从用户播放量来看，医疗健康类内容列2022年知识细分类别内容兴趣用户规模增长的前三名。抖音平台中主要包含乡村健康政策解读、乡村健康知识普及、乡村养生和乡村康养四个方面的乡村健康类传播短视频。乡村健康政策解读方面的内容主要集中在新冠疫情期间，包括"怎样加强基层医疗机构的医疗救治能力?""通报各地疫情新冠肺炎确诊病例""抗疫期间发生的感人故事"等，承担这类乡村健康知识传播的账号有"健康中国""新闻联播""中国三农发布"等。乡村健康知识普及方面的内容包括"心肌梗死的自救方法""农村常见的剧毒植物""农产品中农药残留较多的蔬菜"等。乡村养生方面的内容主要包括"90岁老人长寿秘诀""农村96岁奶奶养生吃法""农村常见的养生小妙招""农村治病土方"等。乡村康养方面的内容多从经济角度出发，开发乡村资源发展乡村旅游、乡村民宿和乡村养老院等。实际上，抖音平台上的乡村健康类短视频的内容多为宏观层面的政策法规解读和告知式疾病科普，相较于乡村生活记录类短视频和乡村直播带货类视频来说，其数量和对乡村地区的健康传播关注度都较低。如"潘姥姥"主要记录农村美食生活，她的粉丝量高达2208.4万，作品数量436个，播放量达到近3亿，而"医路向前巍子"的粉丝量有2404.3万，乡村医疗科普作品合集的播放量为1880.4万次，乡村医疗科普作品数量14个。相较于其他传播媒介，抖音独特的渠道优势和形式优势有利于健康信息在农村地区广泛传播。但由于抖音平台上的海量内容趣味性强，其也成为乡村用户进行休闲娱乐的渠道之一，这会使乡村用户形成"信息茧房"，无法有效关注健康类信息。数据显示，中国城市居民健康素养水平为30.70%，农村居民为22.02%，乡村用户的健康素养还需提升。

3.传播逻辑与影响效果

以算法机制为基础，抖音平台乡村健康类短视频的传播逻辑主要为基于人设塑造的传播和基于爆款内容的传播。"人设"最早来自二次元文化，后与现代网络技术和平台结合在一起，成为助推网络明星、网红等的工具和手段。[1] 基于人设塑造的传播主要表现为有关乡村健康类传播的账号主体头像多为身着"白大褂"的职业照，账号的标签和账号简介多为账号主体对自我身份信息和账号定位的披露。在抖音平台输入"乡村医疗科普"关键词，抖音号"医路向前巍子"的粉丝数量居抖音平台首位，该账号的成功运营一定程度上增强了乡村医疗科普的"可见性"，也激励更多医生KOL进行乡村健康类短视频创作。值得注意的是，根据2022年抖音新农人TOP20榜单中，粉丝量越多，排名靠前的大V们都将自己的品牌进行人设塑造，从而更好地进行流量变现。新榜研究院的《2020短视频医生KOL生态分析报

---

① 徐强：《"人设"：新现代性的自我生成及其未来走向》，《求索》2022年第3期。

告》显示，抖音平台个人医生类 KOL 共计 941 个，活跃账号占比 78.5%，累计发布视频超过 3 万条，并获得 4.4 亿次点赞。

表 2　抖音平台部分医疗健康类传播账号粉丝数量

账号名称	粉丝数（万）	视频数（条）	点赞（万）
医路向前巍子	2404.3	1396	32000.0
仙鹤大叔张文鹤	1941.0	1064	13000.0
心血管王医生	892.6	1192	6626.3
骨往筋来	885.5	388	8504.2
邱医生说	716.1	129	91.3
李瑛	644.2	711	4858.5
陈勇医生	6.8	35	1.4

注：统计时间截至 2023 年 3 月 4 日。
资料来源：根据抖音 App 平台数据，由报告团队集体汇总编辑。

　　数据显示，2022 年上半年万人以上乡村创作者平均拥有粉丝 44.47 万人。农民群体逐渐涌入互联网意味着乡村健康类短视频的传播主体更加多元，农民将个人健康经验上传互联网进行分享，不仅契合抖音平台的传播逻辑，而且能够形成独特人设进行传播。如一些商业媒体运维的专业抖音账号发布的作品合集"太医驾到啦！健康知识竟然可以这样科普"就通过将视频主角"田太医"塑造成一个博学、爱工作的医生形象并赋予标志性的语言和动作，将健康知识融入生活场景进行科普从而达到良好的传播效果，该作品集的播放量达到 1.8 亿次。除此之外，抖音平台还有"分享农村养生保健知识""农村养身食谱""农村健康""乡村儿童健康守护计划""农村老人健康观念"等有关乡村健康类的话题，但是此类话题中包含的乡村健康类短视频数量较少，平均每个话题包含 6 条视频内容。

　　抖音平台爆款内容的传播依托于复杂的算法推荐机制使海量内容与用户个性化需求实现精准契合。乡村健康类抖音爆款短视频是通过账号标识、视频封面以及视频制作等方面进行打造。2022 年抖音发布的《乡村数据报告》显示，78 万人发布了"乡村游"主题视频，视频累计播放 63 亿次。抖音平台中与乡村相关的热门话题有"我的乡村生活""乡村味道""乡村守护人"等。其中,"我的乡村生活"话题有 1043 亿次播放量。相较于乡村风景、乡村生活和乡村美食等短视频,乡村健康类短视频的爆款内容较少。在众多乡村短视频内容中,乡村生活和乡村美食题材最受网友们关注。在影响效果方面,抖音平台上的乡村健康类短视频的传播主体多是医疗健康政策解读和简单科普,专业化和权威性较强的传播主体的传播效果较好,头部医生KOL 相较于个人媒体来说更具有传播优势。乡村健康类内容在抖音平台中仍属于蓝海领域,行业内从业者相对较少且优质账号的比例不高,乡村健康类内容仍具有细分优化的潜力。

(二)快手平台的乡村健康类短视频

1. 创作主体

快手平台乡村健康类短视频的创作主体可按照性质、年龄和地域三个维度进行划分。首先,在性质层面,快手平台乡村健康类短视频创作主体分为政府机构与官方媒体、商业媒体、网络意见领袖、乡村个体用户,其中网络意见领袖和乡村个体用户是活跃的健康内容生产的主力军。在年龄层面,《2022 快手年度数据报告》显示,三农类短视频发布者主要为"70 后"用户,而乡村短视频的主体受众年龄层集中在 40 岁及以上的中年群体,其中"60 后"用户在快手平台偏好农村政策动态内容,三农类短视频创作者与受众的大部分人都拥有乡村生活经历或对乡村情况较为熟悉,同时也具备一定的健康意识与健康需求,是推动乡村健康类短视频发展的主要力量。在地域层面,快手用户调查显示三农类短视频分享用户最多的省份依次为山东、辽宁、河北、吉林、内蒙古、云南;三农创作者最多的五个县(区)则分别为山东省嘉祥县、江苏省赣榆区、江苏省沭阳县、贵州省威宁彝族回族苗族自治县以及辽宁省昌图县;三农兴趣用户超过 2.4 亿,其中超过 29% 的用户来自一、二线城市。[①]

---

① 《拥抱幸福乡村——2021 快手三农生态报告》,快手微信公众号,2021 年 12 月 24 日。

2. 发布内容

作为面向大量下沉用户的短视频平台，快手中的乡村健康类内容主要包含乡村健康政策解读、乡村健康知识普及、乡村健康现状呈现以及乡村健康问题求助四类基本方向。其一，乡村健康政策解读方面包含权威媒体或官方账号发布对国家最新出台乡村医疗卫生政策的官方解读以及其他网络意见领袖或个体用户对相关政策的理解分享，在快手平台"农村合作医疗保险政策"相关话题下，大量用户发布"是否缴纳农村合作医疗保险""如何缴纳、报销农村合作医疗保险"等个性化内容，平台内多元意见的呈现充分展现农村居民对国家乡村医疗健康政策的差异化认知与态度。其二，乡村健康知识普及方面主要分为医生、健康类账号，针对乡村地区健康问题的专业化讲解、持续性输出以及乡村个体的生活、养生经验分享；医生、健康类账号内容相较于个体账号具有更高专业性，但其传播语态以及呈现方式较为单一，通常为固定场景下的内容陈述。其三，乡村健康现状呈现方面的叙事主体分为官方视角与民间视角，两类内容共同构筑各地乡村健康状况的真实样态，2022年末防疫政策调整期间，快手平台的短视频作品通过官方叙事与民间记录的方式共同将赤脚医生在乡村治疗新冠过程予以呈现。其四，乡村健康问题求助方面主要为乡村个体用户对乡村或自身健康问题、诉求的呈现，如"新冠疫情期间农村药品紧缺""感染高峰期农村老人生病"等诉求。值得注意的是，目前乡村个体用户诉求在短视频平台呈现度普遍较低，一方面与其自身制作、使用短视频媒介的能力有关，另一方面也反映出社会对乡村健康状况的关注仍显不足。

3. 传播逻辑与影响效果

依托于快手平台的算法推荐机制，乡村健康类短视频的传播逻辑主要分为基于关系的粉丝向传播以及基于内容的在地式传播。基于关系的粉丝向传播逻辑主要为账号主体在大量用户共同关注下进行的群体传播，如快手平台"医路向前巍子""心血管王医生""孙洪涛医生"等专业医疗意见领袖，其健康类内容通过快手平台推荐或粉丝线上、线下推广被更多用户可见，由认知到认同进而与账号主体建立粉丝关系，促进账号规模与影响力不断向外延伸拓展。基于内容的在地式传播背后是快手平台的去中心化推荐算法，一般的内容推荐机制为根据短视频播放量、点赞量、评论数等指标进行流量分配，而快手平台注重挖掘长尾市场需求并坚持一定的普惠原则，通过对最广大的普通用户进行话语赋权，在人人平等发声的基础上建构起去中心化的"同城内容生态圈"，帮助用户增强线上与线下的社会互动。同时，去中心化、低门槛的内容传播逻辑也会带来相应问题，包括信息泡沫稀释下专业化内容的可见性降低；创作主体能力不足导致账号内容定位不清晰、大量低质健康类内容的出现以及健康类谣言信息的传播，最终影响用户对乡村健康类短视频作品与平台的整体观感与印象。在影响效果上，乡村用户通过粉丝关系或在地去中心化的传播过程逐渐形成社会支持社群（Social Support Group），在健康问题或疾病上有共同体验的用户相互理解与产生共情，个体通过与社群成员的互动提供工具性支持、情感性支持与信息性支持，帮助自己或他人缓解疾病等因素带来的焦虑情绪，促进身心健康。[①] 新冠疫情期间，快手平台乡村类短视频中出现"大喇叭宣传防疫作用大""致敬乡村防疫人员""农村疫情防控不传谣不信谣"等积极内容，大量乡村用户以健康类短视频为媒介进行互动，形成对医疗健康共同体的身份认同，实现乡村疫情防控情感动员。

（三）小结

抖音与快手两大短视频平台在 2022 年中期分别以 6.8 亿与 6.26 亿月活用户跻身短视频行业前列，[②] 成为引领该赛道的头部佼佼者，具有代表性研究的价值。在对比两大平台的乡村健康类短视频发展现状后发现，该类短视频的内容生产、呈现状况与传播效果各有异同。首先，无论是基于人设塑造、爆款内容的抖音平台还是基于粉丝关系与在地内容的快手平台，个体用

---

① 孙少晶、康静诗：《社会支持视角中的健康传播：对患者网络社群的经验考察》，《山西大学学报》（哲学社会科学版）2022 年第 1 期。

② 《QuestMobile2022 中国移动互联网年度大报告》，https://www.questmobile.com.cn/research/report/1627881652360417282，2022 年 12 月。

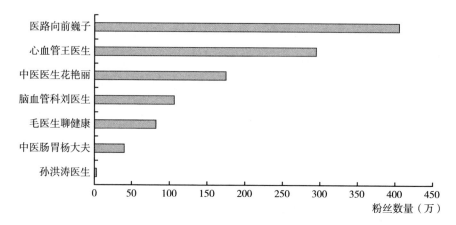

图4 快手平台部分医疗健康类传播账号粉丝数量

注：统计时间截至2023年3月4日。
资料来源：根据快手App平台数据，由报告团队集体汇总编辑。

户始终是乡村健康类短视频传播的重要主体，包括专业自媒体医生账号以及在乡村地区生活的个体用户。其次，从两大平台的乡村健康类内容横向对比发现，平台用户下沉度越高，乡村健康类短视频的丰富程度以及传播效果越好，更多用户青睐在快手平台发布相关内容或参与互动。最后，面对短视频行业的商业化转型与娱乐化功能，两大平台对乡村健康传播类内容可见性的有效分配普遍有限，现有短视频作品的播放量、点赞量及评论数量远远低于其他类别的乡村短视频内容，且与非乡村类健康短视频相比仍有差距。国家统计局第七次全国人口普查数据显示，居住在城镇的人口为90199万人，占比63.89%；居住在乡村人口为509979万人，占比36.11%。相较于乡村地区，城镇地区在受教育程度、媒介素养、人口年龄结构以及医疗资源状况上更具优势，进而在平台可见性资源分配的优先级更高；然而在互联网普及率为58.8%的乡村地区，大量弱势群体在接触、动机、使用以及内容方面依旧存在数字鸿沟，其对健康类信息需求及可见性需求不容忽视，特别是在重大公共卫生事件期间。因此，目前乡村健康类短视频的传播效果与信息诉求之间存在矛盾。

三 乡村健康类短视频传播效果与信息 诉求之间存在矛盾的原因

（一）主体缺位：优质乡村健康传播主体数量不足

乡村健康类短视频传播效果与信息诉求之间存在矛盾。首先，体现在主体层面。在抖音、快手等短视频平台中，头部乡村短视频创作者热衷于发布乡村生活、美食等内容，如"李子柒""潘姥姥""蜀中桃子姐""康仔农人""张同学"等现象级三农网红博主。乡村振兴战略背景下，短视频平台中乡村生活内容的高可见性以及流量变现开辟的高收益路径导致乡村健康类短视频内容在流量逻辑至上的商业化平台中不具优势，包括乡村健康传播内容的低"娱乐化"以及低商业价值。因此，相较于其他类别的乡村短视频领域，乡村健康传播类短视频的优质传播主体数量明显不足，一方面，乡村头部网红受关注者内容期待、短视频作品收益与账号未来发展影响，其对自身内容创作边界的框定趋于固化，导致高影响力的乡村账号主体在健康传播领域集体性"失语"；另一方面，多数专业健康传播主体侧重于城镇健康传播，专精于乡村健康传播的短视频账号数量稀少且传播影响力较为有限。此外，少数面向乡村人群的健康类短视频账号为博取关注生产谣言与虚假信息，对用户认知、态度与行动造成误导，如部分个体账号将无科学依据或未经实验验证的"民间土方"在短视频平台进行传播，对健康素养相对较不高的乡村群体形成误导；少数账号主体在涉及"2022 年农村新农合"缴费建议中使用夸张、造谣等方式，干扰用户个体进行理性决策。

（二）供需矛盾：健康内容供给与用户需求不匹配

内容供需不匹配是乡村健康类短视频传播效果与信息诉求之间存在矛盾的直接原因。目前，公共医疗卫生资源在城市与乡村地区之间分配存在不均衡现象，且全国乡村地区人口的知识文化水平、信息接受能力、综合媒介素

养普遍低于城镇地区，因此乡村用户对专业化、针对性、在地性的健康类内容需求更加迫切。但是，现阶段短视频平台中的乡村健康类内容供给与广大乡村用户的实际需求还存在较大落差，体现为健康类短视频质量的参差不齐，包括部分内容专业性低、供给稳定性弱、同质化严重等。首先，乡村个体用户是健康类短视频生产与传播的主体，相较于权威媒体或专业医生账号，其建议对策的普适性与可行性较低，易促成用户的刻板印象；其次，医疗健康问题与乡村生活密切相关，尤其是重大公共卫生事件期间，稳定持续的乡村健康内容供应是帮助用户及时了解外界环境以及提升自身健康素养的良好途径，现有乡村健康科普短视频往往以突发健康风险为导向，缺乏稳定的日常健康内容供应；最后，面对受众主体年龄在 40 岁及以上关心健康的乡村中年群体，现有健康类短视频内容对传染病、消化道疾病、心血管疾病、妇科疾病、泌尿系统疾病、骨骼运动系统疾病等乡村地区常见病症缺乏系统性呈现，结合地域差异、乡村健康情况、受众特点的短视频内容仍然较少，重大公共卫生事件期间大量碎片化健康知识的"井喷"与"堆叠"导致部分选题与内容严重同质化，增加用户搜寻成本与信息焦虑。

（三）流量稀缺：政策关注以及平台扶持相对有限

流量资源分配稀缺是制约乡村健康类短视频传播效果的重要因素。政策关注层面，《"十四五"国民健康规划》要求构建全媒体健康科普知识发布和传播机制，鼓励医疗机构和医务人员开展健康促进与健康教育；在保障相关重点人群健康服务时强调巩固拓展健康扶贫成果与乡村振兴有效衔接。政策落实层面，国家宏观政策为健康传播类短视频的兴起赋能，伴随健康中国战略的提出，以城市为主要策源地，各大医院、医生相继以短视频形式参与健康信息的发布；然而，在广袤乡村地区由于医疗资源的薄弱以及医疗人才的相对稀少，以新媒体形式进行健康科普知识传播的难度较大，同时也存在健康知识在乡村（用户实际生活）的可见性较低等问题，亟待相关决策主体予以重点关注。对短视频平台而言，平衡商业利益与承担社会责任是一项系统性难题。一方面，短视频平台响应《乡村振兴战略规划（2018—2022

年）》，通过流量扶持农产品电商销售帮助乡村地区全面脱贫的同时自身也获得大量商业利益，如抖音平台在过去一年销售 28.3 亿单农特产，三农电商达人同比增长 252%，农货商家同比增长 152%；对比之下，乡村医疗健康类短视频的商业价值较低，由此导致短视频平台在综合考虑政策要求、平台利益与社会公益时易产生倾斜，商业化与娱乐化内容流量资源分配高于公益性内容，乡村健康类流量扶持计划相对较少。

四 建议对策

（一）助力乡村健康传播，政府培植复合人才

乡村健康传播的中坚力量是兼具医疗专业与大众传播能力的复合型人才。作为侧重公益属性的乡村健康类短视频，其发展的核心在于政府引入和培养优质内容创作者，一方面，现有乡村短视频领域的头部账号中涉及健康内容的主体较少，通过相关政策倡导优质乡村短视频主体参与健康传播话题能够吸引大量资源进入乡村健康传播领域，同时也帮助账号提升社会认可度。值得注意的是，引入非医疗专业的乡村网红账号，其过程与目的在于推动该类传播主体在专业性要求较低的健康话题或与医疗专业账号的合作中进行内容制作、传播、互动，引导广大用户关注乡村健康问题。另一方面，打造乡村健康传播主力军是践行"健康中国"战略的重要一环，为培养健康传播复合型人才，决策主体需要持续加大资源投入与政策支持力度。2022年初，《国务院关于印发"十四五"推进农业农村现代化规划的通知》要求，加强乡村医疗卫生和疾控人才队伍建设，加大农村基层本地全科人才培养力度，推动乡村医生向执业医师转变，落实乡村医生待遇。县级层面上，政府持续完善省市县乡村五级远程医疗服务网络，推动优质医疗资源下沉；2022 年 5 月发布的《"十四五"国民健康规划》提出，强化卫生健康人才队伍建设，深入实施全科医生特岗计划、农村订单定向医学生免费培养和助理全科医生培训，有条件的地区探索实施"县聘乡用、乡聘村用"，加强乡

村卫生人才在岗培训以及职业卫生复合型人才培养。在落实环节，保障并提高乡村基层医疗卫生工作者收入是培植乡村健康传播人才的基础；通过官方媒体的宣传报道与平台流量曝光，能够帮助乡村健康传播者得到一定数量的可见性资源，在人才与政策的相互协同下共同助力乡村健康传播。

（二）聚焦乡村健康需求，媒体承担社会责任

在地化乡村的健康需求是乡村健康类短视频内容创作的源泉。短视频平台现有的健康类短视频多数是基于"第三人效果"机制进行创作，以自身对乡村主观认知替代了实际乡村的健康需求，忽略了各地乡村的差异化健康问题以及个性化需求。按照媒介使用情境进行划分，乡村健康需求可划分为日常状态下的健康需求以及突发健康风险时的健康需求。日常状态下的健康需求为基础性常识信息，目的在于预防疾病与培养健康生活习惯，包括各地不同时期、不同季节的易患疾病，乡村地区妇女、老人、儿童等弱势群体的健康防护，各地最新出台医疗卫生政策信息。突发健康风险时的健康需求包括个体患病时的医疗、信息需求和群体性风险需求，如传染病时期的防治方法、医疗资源紧缺时期的救济需求，其目的在于解决当下紧迫的健康问题。面对不同情境下的乡村健康需求，主流媒体与短视频平台（自媒体）应当积极承担社会责任，将健康传播的重点方向由城市拓展至乡村地区，主动发掘各乡村地区的健康需求；增加对乡村地区健康状况的报道并制作针对性、系统性的健康类短视频；积极策划线上线下相结合的乡村健康服务活动，帮助乡村弱势群体，如快手平台在2022年9月发起"银铃心愿单"计划，通过"专业医生直播答疑+医疗物资捐赠"的模式保障乡村老龄群体的健康防护需求。

（三）设置乡村健康议题，平台优化扶持计划

短视频作为健康知识科普的重要载体，已经成为用户获取健康知识、促进疾病预防的主要渠道。优质的平台资源是推动乡村健康议题传播效能提升的保障，截至2022年底，抖音平台中经过认证的医疗政务号、医疗机构和

健康新媒体共计 4000 多家，覆盖 30 个省份，粉丝数累计超过 10 亿。① 伴随重大公共卫生政策的转向，乡村健康议题逐渐成为全社会共同关注的重点议题，《"健康中国 2030"规划纲要》《"十四五"国民健康规划》提出，到 2030 年国民健康素养水平的普及率需努力达到 30%。健康素养水平包括安全与急救素养、科学健康观素养、健康信息素养、传染病防治素养、慢性病防治素养和基本医疗素养，相较于教育和医疗资源较为充沛的城市，乡村地区的健康教育仍旧薄弱，尤其是针对不同地区的乡村传染病以及慢性病防治。短视频媒介的出现重塑了内容生产与传播的过程，能够在用户下沉平台中发挥良好的健康教育作用。作为以用户使用消费为核心的短视频平台，应当让渡部分商业利益、充分承担社会责任并结合乡村健康议题优化流量扶持计划，一方面在助农类扶持计划中优先推荐个人类健康短视频账号，将短视频带货、直播带货与健康知识讲解相结合，打造一批乡村健康食品品鉴官、乡村健康生活引导人，发挥平台的健康教育优势。2022 年 12 月国家卫生健康委健康教育中心联合抖音发布《健康科普短视频行业科普行为指南》，在短视频科普逐渐规范化的背景下，乡村健康类议题逐步实现良性发展。

（四）凝聚乡村健康共识，个体提升数字素养

乡村个体的受教育程度以及人口年龄分布很大程度上影响其媒介接触和媒介使用能力。在乡村地区，青年群体使用短视频媒介的主要功能为娱乐消费，对医疗健康类短视频的关注较为缺乏；相较于青年群体，40 岁以上的中年群体具有更强的健康意识和一定的媒介使用能力，是健康类短视频的主要受众，对自身健康状况或家庭健康状况的关注是该群体关注健康养生内容的根本动因；而老年群体因媒介接触较少与媒介使用能力偏低而难以通过短视频获取健康信息或寻求相应救济。由此可见，乡村居民的数字素养问题是乡村健康类短视频发展的基础，在媒介接触与使用层面仍旧有较大的提升空

---

① 《国家卫健委中国健康教育中心与抖音启动战略协议，共建医疗健康科普标准》，https：//baijiahao. baidu. com/s？id=1753602454044463033&wfr=spider&for=pc，2022 年 12 月 28 日。

间。同时，在移动互联网时代下，短视频的低制作成本与高传播速度导致大量健康类谣言以及虚假信息频出。面对数字素养较低群体时，不良健康信息易造成更大范围的误导与次生问题，通过线上社交媒体平台的大众传播以及乡村地区线下的人际传播引发焦虑和恐慌情绪。因此，提升乡村个体数字素养是从国家战略到有关部门、社会教育、平台媒体以及家庭个人的综合性体系。首先，作为健康类短视频的传播平台和分发中介，短视频平台应大力监管信息内容，对健康类谣言及时进行事实核查与下架处理；其次，具备专业性的权威媒体应当在推广健康类短视频内容时正确引导乡村用户接受、处理信息的态度与行为，结合当地县级融媒体中心、乡镇政府和村级微信群等数字平台进行辟谣，积极在乡村地区宣传爱国卫生运动；再次，对乡村健康类意见领袖而言，在保证内容专业性的基础上推进健康传播内容的本地化与形式的多样化是提高自身账号价值与实现自我价值的有效方法；最后，乡村个体网民应当发挥家庭代际数字反哺的作用、通过小组等形式增强数字媒介使用的技能培训，提供关系网络带来的社会支持，做好健康类信息的人际传播与代际互动。在多方主体共同努力下，推动乡村居民数字素养不断提升，健康类短视频作品能够达到良好的传播效果，凝聚乡村健康共识。

参考文献

曾润喜、莫敏丽：《面向乡村振兴战略的"乡村短视频+"可持续发展路径研究》，《中国编辑》2021年第6期。

徐强：《"人设"：新现代性的自我生成及其未来走向》，《求索》2022年第3期。

孙少晶、康静诗：《社会支持视角中的健康传播：对患者网络社群的经验考察》，《山西大学学报》（哲学社会科学版）2022年第1期。

2022年中国少儿融合出版发展研究报告

曹月娟　王志豪*

摘　要： 综观2022年中国出版市场，少儿图书继续成为图书零售市场码洋比重最大的细分板块，稳居图书零售市场第一的位置，是中国出版市场销售增长主动力。本报告对2022年中国少儿融合出版发展进行研究，了解少儿融合出版发展现状面临的困境及其深层原因，从内容、技术、渠道、机制体制、人才培养等方面为少儿融合出版发展转型提供有益参考和建议，助力少儿出版走上高质量融合发展道路，开辟下一个"黄金十年"。

关键词： 中国少儿出版　媒体融合　融合转型

《中华人民共和国国民经济和社会发展第十四个五年规划和2035年远景目标纲要》发布以来，我国传媒格局发生了深刻变革，在5G、大数据、人工智能、云计算、区块链等信息技术驱动赋能下，传媒行业正实现从"技术叠加"走向"深度融合"的跨越式发展，不断巩固全媒体传播体系下的传播主阵地。出版行业相对于新闻传媒行业在融合转型发展道路上起步稍晚、步伐较为缓慢，但近两年，出版行业也开始加速布局融合出版，大力推进出版行业数字化发展。自2016年少儿图书跃升为中国图书零售市场码洋比重最大的板块之后，少儿图书占有率已经持续六年居中国图书市场第一

---

* 曹月娟，时代出版传媒股份有限公司博士后，浙江传媒学院新闻与传播学院副教授，主要研究方向为媒体融合、传媒经济；王志豪，浙江传媒学院新闻与传播学院，主要研究方向为数字媒体与智能传播。

位，中国也成为全球最大的童书市场，少儿出版行业成为观察出版行业发展的风向标，少儿融合出版发展也成为出版行业融合转型发展的典范。

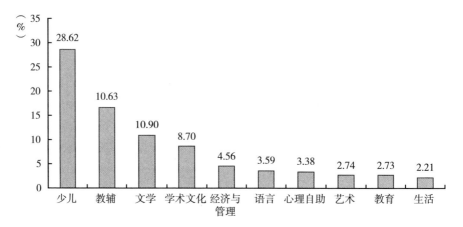

图1 2022年各类图书的码洋比重TOP10

资料来源：北京开卷信息技术有限公司。

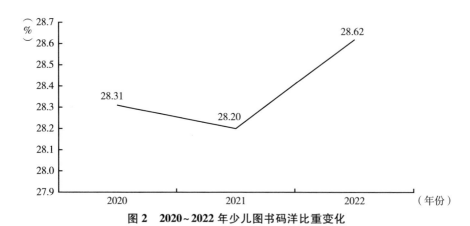

图2 2020~2022年少儿图书码洋比重变化

资料来源：北京开卷信息技术有限公司。

2022年是"十四五"规划实施的第二年，出版管理部门大力推动传统出版业转型，不断健全少儿融合出版发展政策体系，指明少儿融合出版发展方向，为其提供了有力保障。2021年12月30日，国家新闻出版署印发《出版业"十四五"时期发展规划》，旨在推动出版业高质量发展，深入推进出版强国建设，从任务要求、出版主题、内容精品、出版产业等多个方面擘画出版业"十四五"时期发展蓝图。① 在"打造新时代出版精品"部分，强调要"推出一批少儿读物精品"，明确要求培育时代新人，通过创新方法及手段，推出一批立德树人、启智增慧的学习读物，引导青少年树立正确的价值观。2022 年 3 月 22 日，国家新闻出版署印发《关于组织实施 2022 年度出版融合发展工程的通知》，进一步巩固壮大数字时代网上出版主阵地，启动实施数字出版优质平台遴选推荐计划和出版融合发展优秀人才遴选培养计划。② 2022 年 4 月 24 日，中共中央宣传部印发《关于推动出版深度融合发展的实施意见》的通知，从顶层设计、内容建设、技术支撑、重点项目、人才队伍和机制保障六个方面，为新时代出版深度融合指明了发展方向，对加快构建数字时代新型出版传播体系具有至关重要的思想引领作用，着重强调要打造"引导青少年健康成长"的精品项目。③ 党的二十大报告指出，要"繁荣发展文化事业和文化产业，推出更多增强人民精神力量的优秀作品"，"深化全民阅读活动"，为少儿出版打造优质读物提供了良好契机和政策环境。

少儿，是少年和儿童的简称，根据联合国《儿童权利公约》和医学角度对少儿年龄的界定，本报告中的少儿是指年龄在 0~14 岁的少年儿童。根据我国第七次全国人口普查公报统计，我国 0~14 岁年龄段人口超过 2.5亿，占全国总人数的 17.95%。④ 随着三孩政策的出台，我国少儿人口占比将持续增长，以"80 后""90 后"为主的家长群体更加重视少儿的素质教育。尤其是受新冠疫情影响，知识科普得到前所未有的重视，少儿阅读需求

① 《国家新闻出版署关于印发〈出版业"十四五"时期发展规划〉的通知》，https：//www. nppa. gov. cn/nppa/contents/279/102953. shtml，2021 年 12 月 30 日。
② 《国家新闻出版署关于组织实施 2022 年度出版融合发展工程的通知》，https：//www. nppa. gov. cn/nppa/contents/279/103637. shtml，2022 年 3 月 22 日。
③ 《中共中央宣传部印发〈关于推动出版深度融合发展的实施意见〉的通知》，https：//www. nppa. gov. cn/nppa/contents/279/103878. shtml，2022 年 4 月 24 日。
④ 《第七次全国人口普查公报（第五号）》，http：//www. stats. gov. cn/sj/tjgb/rkpcgb/qgrkpcgb/202302/t20230206_ 1902005. html，2021 年 5 月 11 日。

愈加庞大。另外，在少儿出版物供给端，数字技术应用愈加普遍，少儿读物内容呈现更加数智化、营销渠道更加多元化、用户推广更加精准化，阅读门槛不断降低、购买通道逐渐完善、用户个性化需求得到满足，少儿融合出版生态构建持续向好。

一 2022年中国少儿融合出版发展现状

2022年，在宏观政策引领和技术赋能下，少儿出版物呈现出图书内容数智化、营销平台多元化、线上服务跨界化等特点，产业模式也由过去的粗放型转变为精品化，少儿融合出版全面进入提质增效时期。

（一）图书内容数智化：满足用户沉浸式阅读需求

在"双减"政策背景下，"80后""90后"家长更加重视提升孩子的综合素质，少儿的阅读需求量迅猛增长，少儿拥有更多时间去阅读自己感兴趣的图书。功利性图书销量大大减少，而一些有利于孩子身心健康的功能性图书销量持续增长，这将有利于满足少儿的差异化、多元化阅读需求，全面提升少儿综合素质。[1] 北京开卷信息技术有限公司发布的数据显示，2022年少儿图书细分市场中，码洋占比最大的是少儿科普类图书，超过26%。伴随着人工智能、VR、AR、音频、直播等技术在少儿出版领域的应用更加广泛，少儿科普读物可以将深奥晦涩的科学知识以通俗易懂的形态呈现出来，进而激发起少儿的好奇心和学习兴趣，让少儿在课余时间能够拓宽视野、丰富阅历。因此，2022年科普类图书成为少儿图书市场新技术应用最广泛的品类。

2022年，技术赋能使少儿出版行业智能化、场景化、交互式特征凸显。在出版商与技术商强强联手下，有声读物、AR图书等成为最具代表性的数字产品。在碎片化信息传输时代，音频技术不断成熟，"耳朵经济"蓬勃兴

---

[1] 孔倩：《"双减"政策下少儿出版的发展路径》，《出版广角》2022年第4期。

起，不少出版机构开始涉足音频领域。人工智能技术商在优质的纸质内容基础上，进一步助推有声读物生产流程的数字化革新，通过模拟各种人性化声音，提升少儿认知效果。例如，由少年儿童出版社联手喜马拉雅打造的少儿科普剧《十万个为什么》，利用喜马拉雅 AI 音频技术，推出 AI 讲读版音频广播剧，少儿在听读过程中可以进行互动提问，充分激发少儿学习科学知识的热情，实现"声"临其境。

此外，伴随着 VR 和 AR 技术在少儿出版物中的应用更加成熟稳定，用户逐渐进入超感体验时代，书本知识样态由平面、单一转化为立体、多元，纸质图书"活"了起来，延伸了少儿的视觉、听觉、触觉等感官，为少儿提供了沉浸式的阅读场景体验。不少出版商与 AR 技术厂商合作，依托书本内容利用 VR 和 AR 技术打造出逼真场景，打破物理空间局限，增强少儿学习过程中的互动性，使少儿化被动学习为主动参与，拓展少儿的想象空间，降低专业知识的阅读门槛，大幅提升孩子的学习兴趣与认知能力。例如，长江少年儿童出版社联合幼教内容服务商、海尔家电生产商共同打造 AR 绘本读物《上知天文　下知地理》，实现手机、电视等多终端跨屏观看，立体化呈现阅读场景，让少儿沉浸式探索宇宙星空的奥秘。数字技术赋能之下，少儿融合出版产品形态更加丰富，充分满足少儿多元化的阅读需求。

（二）营销平台多元化：短视频、直播电商营销平台突围

受疫情影响，2022 年图书零售市场同比下降 11.77%，少儿出版传统零售市场遭受较大冲击，线下实体书店和线上传统平台电商销售份额均有所下滑。北京开卷数据显示，2022 年，少儿图书传统的线上与线下销售渠道纷纷失灵，而短视频、直播电商平台却表现优异，同比上升 42.86%，抖音、快手等平台逐渐成为少儿图书线上直播销售的主要渠道。2022 年，在短视频、直播电商渠道的图书品类中，少儿品类码洋占比为 54.70%，达到历史新高。

5G 技术为直播和短视频传输提供坚实保障，大幅提高短视频观看效果，

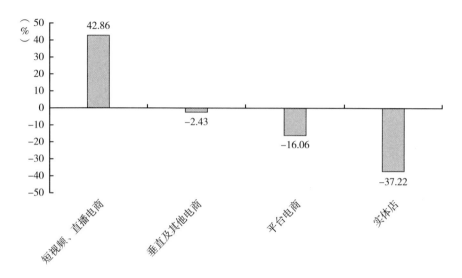

图3 2022年各渠道零售图书市场同比增长率

资料来源：北京开卷信息技术有限公司。

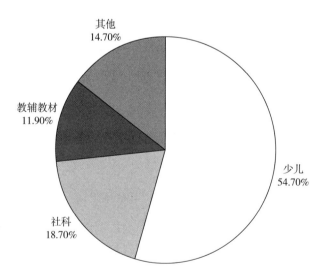

图4 2022年短视频、直播电商渠道图书品类码洋占比

资料来源：北京开卷信息技术有限公司。

短视频也已成为用户获取资讯、娱乐交友的重要形式。2022 年，出于疫情防控需要，线上经济发展势头迅猛。而直播带货具备用户线下接触少、优惠力度较大等优势，逐渐成为主流营销模式。对于少儿图书而言，直播能够为少儿和家长更加细致地讲解图书内容，也为家长购买产品提供了参考和优惠，极大地提升了购买效率。为此，一些少儿出版商着力布局直播带货这一宣发渠道，抖音、快手、小红书成为出版社新品发售、活动促销的首发平台。如接力出版社官方抖音直播间在 8 月开展"暑期阅读季"直播活动，活动期间其登上少儿读物带货榜第一，取得了不错的经营效益。接力出版社还曾邀请旗下签约作家曹文轩等做客直播间，与少儿和家长共同探讨读物内容，分享创作故事，获得极高热度，观看量超过 200 万人次。抖音电商发布的《2022 抖音电商图书消费数据报告》显示，在销量增长最快的图书类目TOP5 中，少儿图书排名第四，抖音平台已经成为少儿出版社销售图书的首要渠道，所产生的效益远远高于线下门店与传统电商平台。为此，随着移动互联网的普及，短视频、直播平台用户规模持续增长，直播电商在未来一段时期将成为少儿读物销量增长的重要着力点。

（三）线上服务跨界化：以特色化服务提升个性化阅读效果

数字技术作为少儿融合出版市场发展的原动力，带动少儿融合出版市场生产、营销、服务等全方位革新，构建少儿融合出版产业新生态。不少出版行业传统企业纷纷加强与技术供应商、平台商、服务商的合作，各方主体相互赋能、优势互补，逐渐形成"出版+N"的新格局。因此，少儿出版社的角色已经由传统的知识供给商转变为内容服务商，通过整合内容资源，集内容、产品、服务于一体，在融合发展中实现"双效俱佳"。例如浙江教育出版集团旗下的"青少年科学素养提升整体服务平台"涵盖全学习场景，为少儿提供个性化的学习服务，有效拓宽少儿视野，唤起少儿的科学热情，成功入选 2022 年度数字出版优质平台。

除传统出版商外，一些网络自媒体、在线教育平台结合流量经济与知识付费模式，不断打磨垂直细分领域内容，形成个人 IP 品牌形象，具有较强

的市场竞争力，成为少儿内容服务领域的重要主体，满足少儿差异化的阅读需求。例如以"凯叔讲故事""婷婷诗教"为代表的少儿有声读物品牌，以及"洪恩识字""瓜瓜龙启蒙""少年得到""喜马拉雅儿童""伴鱼绘本"等少儿数字内容平台，涵盖故事、识字、英语、儿歌、思维训练多个方面，具有独特的品牌优势，获得大量家长粉丝的信赖，并推出专属App，目前形成完整的少儿内容生态闭环，不断进行市场化、商业化运作。此外，还有以班班有读为代表的社群打卡学习服务平台，根据不同阶段少儿阅读爱好、阅读能力等，推介符合其能力和需求的少儿出版物，并为少儿用户规划阅读时间，由老师带领少儿共同阅读，定期在社群内打卡分享，并举办线下读书活动，提供全方位的个性化阅读服务。

整体而言，2022年少儿融合出版呈现"百花齐放"的局面，线上服务形式新颖，各具风格特色，共同探索着少儿内容的供给与服务。

二 2022年我国少儿融合出版发展困境

2022年，在新媒体技术加持下，少儿出版行业表现出色，在融合出版发展道路上持续深耕拓展，引领出版行业的融合化、多元化转型。但同时，少儿出版也面临着内容呈现技术应用不足、复合型专业技术人才缺失、网络技术降低盗版侵权成本等诸多问题，尤其是2022年上半年"毒教材"事件，将社会焦点汇聚在少儿图书内容审核规制上，为少儿图书行业内容审核制度规范化升级，以及数字经济时代少儿融合出版的产业生态优化提出警示。

（一）内容创新滞后于技术应用，融合深度不足

少儿图书出版缺乏创新力，在2022年少儿图书零售市场销量TOP10中，仅有《小学生超喜爱的漫画科学（全4册）》《漫画小学生心理（全4册）》《这才是孩子爱看的漫画数学（全6册）》是2022年出版的新书，其他均为2022年之前出版，少儿图书类原创新书数量持续下降。市场上较

为畅销的"米小圈"系列、"屁屁侦探"系列少儿图书,都是面世多年的经典系列图书。此外,在 2022 年少儿图书零售市场销量 TOP10 中,外国作家作品有 8 种,本土作家作品仅 2 种,国外作品占比达到 80%,我国少儿图书原创作品匮乏。

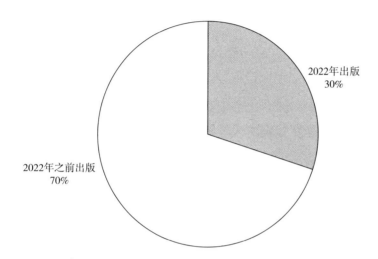

图 5 2022 年少儿图书 TOP10 中新书作品占比

资料来源:北京开卷信息技术有限公司。

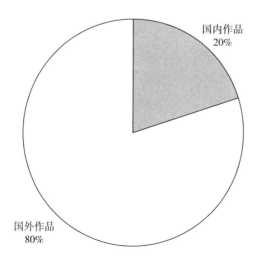

图 6 2022 年少儿图书销量 TOP10 中国内外作品占比

资料来源:北京开卷信息技术有限公司。

随着数字技术深度融入中国少儿图书出版行业，少儿图书内容形式不断创新，用户阅读体验不断升级。但内容创新赶不上技术应用创新，难免会使少儿出版行业发展略显动力不足。目前VR、AR等新兴技术开始在少儿图书阅读中较多使用，但是，将少儿图书内容与技术呈现形式深度融合的经典案例较少，"炫技"大于"共生"，未实现将少儿图书用户沉浸式代入图书内容场景以取得全情融入的效果。因此，少儿出版未来还需持续探索尝试内容与技术共生的路径，可以从内容创作之初就进行技术应用设计，真正实现"1+1>2"的用户阅读效果最大化。

（二）复合型专业技术人才匮乏，产业要素联动不足

2022年上半年人教版"毒教材"事件持续发酵，折射出少儿出版业审核把关方面存在的不足，将全社会的焦点汇聚在少儿出版物审核规制方面，这引起了整个少儿出版行业的反思。《中国儿童发展纲要（2021—2030年）》提出，要加强对儿童出版物的审读、鉴定和处置。因此，在整个少儿出版流程中，内容审核环节至关重要，直接影响少儿出版物的发行面世，同时也是提升我国少儿文化认知水平的关键所在。"毒教材"事件反映了当下少儿出版行业中人员队伍专业素养缺失，也反映了少儿出版行业队伍考核机制不健全，内容把关不严，更说明了出版行业还没有将自身发展融入全媒体传播体系建设中，因此需要多元主体参与少儿图书内容审核，并邀请专家进行网络匿名审核，以共同监督少儿图书出版内容质量的提升。

另外，数字化转型已经成为少儿融合出版生态的主流趋势，要求少儿出版行业必须培养具备跨学科专业思维和学科专业技术的复合型人才。在数字经济发展背景下，推动少儿融合出版发展内容、技术、渠道、形式、营销、服务、产品等产业要素有机链接、高效联动。

（三）营销渠道失衡，为融合出版生态健康发展埋下隐患

2022年，短视频、直播电商平台的发展也带动了少儿图书销量大幅增

长，其优势在于短视频、直播平台的折扣力度较大。短视频、直播平台、实体店、传统电商、垂直电商是少儿出版物的重要销售主体，其中短视频、直播平台提供的折扣力度最为显著。对于用户而言，他们更青睐价格最低的短视频或直播平台。直播带货虽凭借价格优势突出重围，但只能换取短暂的销量回暖，难以实现少儿图书销量长期平稳发展。全媒体时代到来，传媒行业应致力于打造全媒体传播平台矩阵，实现深度融合发展，提升自身传播力。少儿图书营销过于依赖短视频、直播平台，将会造成用户触达面过于窄化、低制作成本作品充斥市场、高质量原创作品稀缺等问题，造成少儿融合出版生态无法健康发展。

（四）网络技术降低少儿图书盗版侵权成本，扰乱行业发展规范

随着智能传播时代的到来，少儿出版社正在进行全方位融合创新，利用数字技术将纸质版少儿读物转化为电子书、视频、动画、有声读物等多种形态。这些作品通过互联网发布后并迅速被传播，因此一些盗版商便能够轻易录制、篡改内容，且盗版内容也形式多样，难以追踪溯源，为版权保护工作带来极大困难，同时也加剧了出版业盗版侵权问题的严重性。例如，目前少儿图书以直播、拼团为主要销售渠道，这些新兴销售形式传播面广、转化率高、购买流程短、销售链接难以查找，很难锁定侵权行为，出版社难以采证维权。

全国"扫黄打非"办公室公布的数据显示，2022 年上半年全国累计查缴各类盗版非法出版物达到 820 万件。[①] 长久以来，出版业的侵权现象屡禁不止，少儿出版也深陷盗版侵权泥淖。原创作品是少儿出版行业的核心竞争力，在精品意识驱动下，少儿图书出版遵循着高标准、高品质要求，然而，技术应用低成本渗透至内容盗版生产领域后，不可避免地出现内容质量低劣、错字白字频现、印刷排版不清等问题，不仅侵犯了出版社的合法利益，扰乱了出版行业市场环境，还影响了少儿阅读体验，损害了少儿用户身心健

---

① 《2022 年上半年"扫黄打非"工作扎实有力推进》，https：//baijiahao.baidu.com/s？id＝1738691010882634765&wfr＝spider&for＝pc，2022 年 7 月 18 日。

康，误导了少儿用户认知。

此外，当前我国社交媒体用户仍秉持着免费使用网络资源的思维惯性，版权保护意识薄弱，较易在低价诱导下购买盗版图书，这无疑进一步加剧了侵权现象。以二十一世纪出版社集团为例，该社一年有约500多种图书被盗版侵权，包括《大中华寻宝系列》等畅销书，每年造成的损失超过3亿元。与此同时，少年儿童出版社旗下的《十万个为什么》一直受到盗版侵权的困扰，市场上衍生出"儿童十万个为什么""中国学生想知道的十万个为什么"等各种版本，给少年儿童出版社造成巨大经济损失。2022年8月，少年儿童出版社的"十万个为什么"商标首例维权案终审获胜，为少儿出版业界进行合法维权树立了典范，但仍存在维权周期长、成本高、取证难等问题，对于绝大多数出版商而言，少儿出版未来的版权保护道路依旧艰难。

三 我国少儿融合出版未来发展路径

随着我国少儿融合出版市场用户数量不断增加，技术应用更加广泛和深入，生态愈加完善，未来还需从内容创新、技术优化、营销整合、IP打造、机制创新和对外合作六个方面进行创新改革，推进少儿融合出版迈入高质量发展新阶段。

（一）树立精品意识，注重主题创作

《中华人民共和国国民经济和社会发展第十四个五年规划和2035年远景目标纲要》强调，要加强少儿题材创作。国家新闻出版署印发的《出版业"十四五"时期发展规划》提出，做强做优主题出版，强调主题出版要坚持围绕中心、服务大局的意识，利用主题出版物为建设社会主义现代化强国凝聚力量、统一思想。少儿出版物的用户是少儿群体，是中华民族的未来和希望，通过做精做细少儿图书相关内容主题，为青少年提供丰富的精神食粮，树立中华文化自信，具有重要的价值。为此，少儿主题内容得到国家相关部门前所未有的重视，近些年来，一些头部少儿出版单位将主题出版视为重要

发展方向，培育出一批少儿出版精品。在中宣部公布的 2022 年度主题出版重点出版物选题名单中，《中国少年》《游过月亮河》《三江源的扎西德勒》等十余种少儿读物入选。

打造内容优质的作品是少儿出版行业的宗旨与使命。尽管数字技术已被广泛应用于出版业的创新融合，为少儿出版注入了新的活力，但形式创新要建立在优质的内容基础上，抛去内容谈形式会使行业发展失去核心动力。未来，少儿出版应更加重视内容的把关审核，健全少儿读物多主体参与网络审核机制，打磨精品主题，深耕特色内容。一方面，可以充分挖掘中华文化特色内容，如地方民俗、人文历史等，加深广大青少年对中国历史与传统文化的认知，不断增强文化自信，如在国家新闻出版署推进的 2022 年中国经典民间故事动漫创作出版工程中，《百鸟朝凤》《瑶姬》等一批具有民族特色的少儿读物入选名单。另一方面，应摒弃市场上的通俗题材，加强人与自然、生命哲学等有深度的主题创作，启迪少儿对于生命真谛的思考。例如，福建少年儿童出版社推出的《勐宝小象》，将新时代生态文明建设的宏大主题与少儿视角相结合，深入探讨人与自然的和谐关系，其入选了中宣部 2022 年度主题出版重点出版物选题。因此，少儿融合出版内容要紧扣时代主旋律，彰显主流价值，承担起立德树人的育人使命。

（二）技术优化升级，赋能产业革新

随着新一轮数字技术蓬勃发展，5G、物联网、大数据、人工智能、区块链、虚拟现实等智能技术将被广泛应用于出版领域，加之元宇宙概念的持续火爆，也使得"元宇宙+出版"成为学界、业界探讨的热点。在技术赋能创新的推动下，传统少儿出版模式将彻底颠覆，少儿出版迎来全新生态转型，少儿出版机构由原本的知识供应商转变为内容服务商，实现少儿内容生产流程再造。

少儿出版具备优质的内容基础，在数字经济时代，要进一步抢占技术高地，不断实现技术优化升级，释放出版产业最大发展潜力。5G 技术的高速率、低时延等特点，使得出版内容传输更加高效、视频画面呈现更加高清，

为少儿读者带来极佳的视听体验。未来，少儿出版可以利用人工智能技术参与内容审核，对作品中存在的问题进行初步筛查、纠正。此外，少儿出版机构应利用大数据、云计算技术整合庞大的数据资源，按照少儿读物的类别建立数据库，并对少儿用户进行画像，结合少儿个性化需求，为其从海量图书中快速推荐所需读物，这也是依据少儿需求优化选题策划，使出版理念真正回归到少儿本位。

随着 VR、3D、AR 技术日益成熟，一些出版商开始联手科技公司尝试打造元宇宙书店，将科技力量与优质内容相结合，为读者提供沉浸式阅读场景，探索线下实体书店未来发展趋势，打破传统书店客流量日益下滑的窘境。2022 年 11 月，福建新华发行集团与中图云创智能科技有限公司在福州安泰书城联手打造国内首个"书店中的元宇宙"，将裸眼 3D 屏幕与 VR、MR 技术设备相结合，打造虚拟仿真的体验式阅读场景，少儿用户通过佩戴VR 设备即可遨游在丛林海洋中，开创行业全新阅读方式，也为少儿出版未来发展提供方向。与此同时，少儿出版业应秉持着谨慎理性的态度来对待虚拟现实技术，根据少儿用户审美偏好搭建沉浸式场景，对于一些血腥暴力等逼真画面内容进行规制，营造良好的内容生态。除了少儿内容体验方面的革新，少儿出版商未来还应联手科技公司开发游戏、在线课程、平台应用、硬件设备等一系列数字产品，集内容与服务、软件与硬件等于一体，形成品牌效应，尝试探索数字发展新模式。

（三）拓宽营销渠道，与用户建立深度关系

据第 51 次《中国互联网络发展状况统计报告》，当前我国网民达到10.67 亿，互联网普及率达到 75.6%。[1] 伴随我国经济高质量发展，目前互联网从增量时代进入了存量时代，社交媒体流量市场日益接近饱和，这意味着很难再有大流量从线下向线上转移，[2] 出版业数字化转型面临极大挑战。

---

① 《第 51 次〈中国互联网络发展状况统计报告〉》，http：//www.cnnic.net.cn/n4/2023/0323/c88-10226.html，2023 年 3 月 23 日。

② 刘璐：《少儿出版知识服务的路径探究》，《出版广角》2020 年第 14 期。

面对流量红利日益消失的市场环境，获取新用户变得艰难，少儿出版业要创新营销方式，通过建立出版品牌与用户之间的长期关系，深入挖掘流量的潜在价值，增强用户的品牌忠诚度。

在全媒体时代，抖音、快手、小红书等新媒体平台将成为销售少儿出版物的首要渠道。少儿出版需要不断创新话题营销、社群营销、跨界营销等互联网营销模式，使流量触达更大的范围，提升少儿出版机构的自我造血能力。以社群营销为例，少儿出版社粉丝社群为家长提供售后服务，还为家长搭建沟通桥梁，家长之间的交流分享能有效提升社群活跃度，有利于维系家长与出版社之间的关系。例如，希望出版社通过创建微信书友群，邀请家长和孩子阅读有声音频《张桂梅和她的孩子们》打卡并转发朋友圈，打卡 5 ~ 10 天即可获得一本纸质图书。该活动吸引了众多家长与孩子的参与，充分发挥了私域流量价值，利用朋友圈熟人关系网由点到面从而获取更多潜在用户。

除了线上营销活动外，线下活动也需同步开展，从而打通线上线下渠道，搭建营销生态闭环。例如，在线下开展亲子阅读活动、童书展览等，让家长参与孩子的阅读学习过程，在增进亲子关系的同时，也进一步加强读者与出版社之间的联系，提升读者黏性，增加复购行为。

（四）强化少儿IP，开发资源价值

少儿融合出版本质是对内容服务的延伸，即围绕少儿出版内容进行系统性开发，深入挖掘潜在价值，无限延长作品生命周期。[①] 少儿 IP 是少儿出版业的核心竞争力，拥有版权意味着掌握少儿出版市场的主动权。因此，少儿出版机构需要通过深耕原创资源、收购优质内容版权、加强机构间合作等，不断汇聚优质资源和版权，加强优质内容输出。出版社通过掌握大量少儿出版资源版权，对一些经典著名的少儿形象、文学故事进行不断深耕细

[①] 刘雅铭：《新媒体时代儿童文学IP品牌的传播路径和发展趋势——以"皮皮鲁总动员"为例》，《出版广角》2019年第22期。

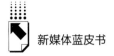

化，围绕IP形象打造图书、漫画、游戏、文学等数字化产品，同时，在线下开设主题书店、主题展览、主题乐园等，使线上线下联动起来，构建大IP产业生态圈，进行产业化运作，打通少儿融合出版产业链条，不断扩展出版产业规模。此外，少儿出版机构只有结合自身图书资源，进行精准定位，推出品牌特色产品，寻求差异化发展，才能在竞争激烈的少儿融合出版市场中脱颖而出。

在元宇宙的时代风口下，少儿出版商拥有版权优势，可充分借助人工智能、VR等智能技术将经典少儿IP形象转化为虚拟数字人、数字藏品，与元宇宙书店场景相结合，满足少儿陪伴式阅读、个性化荐书等需求，探索打造全新阅读体验。2022年，人民文学出版社、长江文艺出版社等多家出版社依托图书版权先后推出数字藏品，掌阅科技也推出了旗下虚拟人形象"元壹梦"，作为数字阅读领域首位阅读推广虚拟代言人。出版业纷纷入局全新赛道，原创IP在未来将成为行业的核心资源。

（五）完善体制机制，打造专业人才队伍

党的二十大报告指出，必须坚持科技是第一生产力、人才是第一资源、创新是第一动力，深入实施科教兴国战略、人才强国战略、创新驱动发展战略。进入融合出版时代，人才是出版业发展的重要资源，也是企业在市场中保持核心竞争力的活力源泉。少儿出版是少儿学习知识、了解世界、提升能力的重要窗口，少儿出版人才则是少儿成长道路上的引路人。少儿出版行业要顺应融合出版发展趋势，打造复合型人才队伍，引导新时代青少年树立健康、积极、向上的思想价值观。一方面，要具备扎实的专业功底，能够深度参与少儿内容开发、策划、营销、发行等出版全链路环节，并且要掌握先进的数字技术，培养"一专多能"的融合出版发展人才；另一方面，少儿出版人员思想素质要过硬，需要保持一颗纯真、善良的"童心"，强化内容编辑核查力度，为少儿出版注入精神力量。此外，出版单位还需不断健全绩效评估机制，参照互联网企业灵活的运作模式，打破传统编辑部建制方式，对企业内部进行改革创新，进一步激发少儿精品内容生产，实现少

儿出版机构的可持续发展。例如，二十一世纪出版社集团在 2022 年推出职业经理人制，借鉴行业"异地办社"先例，通过整合资源在北京成立出版中心，同时，以事业部制、项目部制、工作室制三种制度开展经营工作，充分激发人才队伍活力，取得了良好效益，为少儿出版体制改革提供了参考。

（六）"引进来"与"走出去"并进，开拓深耕国际市场

近些年，国家宣传部门为推动中国图书"走出去"，开展了"经典中国国际出版工程"、"丝路书香翻译工程"、"一带一路"出版合作典型案例等一系列重大工程。《神话中国绘》《故事里的中国·墨童》等优质少儿读物的版权被输出到多个国家，并入选 2022 年度"经典中国国际出版工程"。在我国实行高水平对外开放的时代背景下，国际交流合作日益紧密，少儿出版业要不断加快"走出去"步伐，加强各国少儿之间的文化交流，通过少儿读物讲好中国故事，利用数字技术赋能中华文化，提升中国文化软实力。少儿出版机构要立足中华优秀传统文化，以符合国外少儿的文化习俗、话语体系来讲述中国故事，传递向上向善的人类共同价值观。国内少儿出版社要与国际出版社加强合作，对一些优质少儿读物进行版权输出，重点布局"一带一路"沿线国家，针对不同国家风俗，对出版物内容进行本土化改造，继而开拓更广的国际市场。例如，江苏凤凰少年儿童出版社推出的"美丽童年国际儿童小说书系"，每期邀请不同国家的作者进行创作，随后将作品授权到更多国家，融合多国文学特色进行跨文化传播，拓展了不同国家少儿用户的视野。

为深入开展少儿用户国际文化交流，少儿出版业不仅要大步"走出去"，同时也要大胆"引进来"。国内少儿出版机构要加大投资力度，购买优质国外读物版权，进行翻译、改编等，以满足我国少儿的阅读需求，丰富我国少儿用户的知识体系。此外，还可以举办国际童书展览，以及少儿出版交流研讨活动。在引入优质少儿出版物版权的同时，还要引入一批国外优秀少儿出版人才，加快与国际市场接轨的步伐。

四 结语

2003~2012年，少儿出版市场规模实现年均两位数的增长，被称为出版行业的"黄金十年"，然而，自2012年之后，随着媒介环境的演变，整个出版业都遭受冲击，少儿出版市场进入平稳增长期。2022年是少儿融合出版迈向高质量发展的关键一年，少儿出版迎来了巨大变革与转机，融合出版步伐不断加快。回顾2022年的少儿融合出版市场，既有亮点，也有不足。未来，少儿融合出版应加快纵深推进，在技术、政策、市场等优势条件下，通过调整产业模式，强化融合思维，持续打磨精品，蓄势待发，力争开启下一个"黄金十年"的新篇章。

参考文献

孔倩：《"双减"政策下少儿出版的发展路径》，《出版广角》2022年第4期。
刘璐：《少儿出版知识服务的路径探究》，《出版广角》2020年第14期。
刘雅铭：《新媒体时代儿童文学IP品牌的传播路径和发展趋势——以"皮皮鲁总动员"为例》，《出版广角》2019年第22期。

B.18
媒体融合背景下短视频内容
创新传播研究报告

李一凡　余新春　龙瀚*

摘　要： 构建全媒体传播格局，形成全媒体传播体系，是习近平总书记围绕推进媒体深度融合发展提出的明确要求。随着新技术新应用的发展，互联网传播呈现出移动化、社交化、视频化的趋势。短视频形式与受众碎片化及短时注意力集中的信息接收特性不谋而合，短视频正在成为信息传播领域的重要阵地。本文阐述了主流媒体借助短视频与直播形态践行媒体融合理念的主要含义，并以微信视频号为例，从内容生产、叙事方式与技术应用等方面详细分析了短视频与直播形态促进主流媒体内容创新传播、助推主流舆论传播效果升维的主要媒介逻辑与实践表现，并对未来激发主流媒体公共治理参与潜能，助力主流媒体智能化、高质量发展，推进市县级媒体视频化融合等方面进行了趋势展望。

关键词： 媒体融合　微信视频号　内容创新　短视频

党的十八大以来，习近平总书记多次就媒体融合主题给出方向指示，强调加快推动媒体融合发展，使主流媒体具有强大的传播力、引导力、影响力、公信力。以习近平总书记关于推动媒体融合发展的系列论述为指引，我

---

* 李一凡，中国社会科学院新闻与传播研究所博士后，主要研究方向为新媒体；余新春，企鹅有调研究员，主要研究方向为网络传播、网络调研；龙瀚，企鹅有调研究员，主要研究方向为新媒体与互联网研究。

国媒体融合智能化程度不断加深，媒体融合向纵深发展的进程加快，移动化、视频化、社交化特征日益明显。中国互联网络信息中心（CNNIC）第51次《中国互联网络发展状况统计报告》显示，截至2022年12月，我国短视频用户规模为10.12亿，较2021年12月增长7770万，占网民整体的94.8%。《中国网络视听发展研究报告（2023）》显示，短视频已成为吸引网民"触网"的首要应用，向各类网民群体渗透，用户黏性增长明显。顺应时代要求，把握传播规律，加强内容建设，注重短视频、直播等新型传播形式的应用，在媒体融合中更好地发挥短视频、直播载体的作用是未来工作的重要抓手。

本研究将从主流媒体借助短视频践行媒体融合理念的主要含义着手，基于微信视频号的实例，着重分析当下短视频与直播形态助力主流媒体融合、提升主流舆论传播力与影响力的具体逻辑、实践表现。

一 主流媒体借助短视频践行媒体融合理念的主要含义

"主流媒体"概念是一个舶来词，国内的专家学者分别从经营角度、受众角度、影响力角度等对"主流媒体"进行界定，但从整体看，国内关于该概念尚无统一认知。为便于理解，研究团队采用由新华社舆论引导有效性和影响力研究课题组于2004年提出的评判主流媒体的六条标准：具有党、政府和人民的喉舌功能；体现并传播社会主流意识形态与主流价值观；具有较强公信力；着力于报道国内外重要动向；基本受众是社会各阶层的代表人群；影响较广泛受众。在此标准指引下，《人民日报》、新华社、中央广播电视总台等中央级新闻媒体、各省（自治区、直辖市）代表性的区域性媒体、各大中城市代表性的城市媒体、国家重点扶持的大型新闻网站等均属于主流媒体。

与传统媒体及一般性的互联网媒体不同，短视频"短、快、准"的信息传播特性给用户提供了几乎零延迟的沉浸式与在场式体验，吸引了巨量的用户群体。主流媒体也依托内容优势纷纷入驻、布局短视频领域，不断拓展优质内容供给，推动媒体融合的供给侧改革，"短视频成为媒体深度融合的'主战场'"。① 一方面，《人民日报》、新华社、央视新闻等主流媒体在短视频、直播平台开通账号，通过平台聚集的流量传播主流舆论的声音，实现"借台唱戏"；另一方面，在主流媒体与短视频、直播平台的融合互动中，主流媒体对新闻模式视频化的创新表达助推了主流媒体内容生产，践行"内容为王"。

结合行业实践经验与学界已有研究成果，以上两个方面也基本体现出主流媒体布局短视频与直播业务、推动媒体融合的主要方向，即内容融合与平台融合。

在内容融合层面，以内容为根本是推动媒体融合的基础生命力。主流媒体需调整与适应短视频形态的内容生产模式，更加注重用户需求，科学认识互联网传播规律。第一，短视频时代是由"大屏"向"小屏"的转换，不仅传播载体发生变化，传播对象所能选择的媒介、信息渠道也更加丰富，只有获得用户认可的优质内容才更易凸显。第二，在短视频与直播产品中，用户对内容的多元化需求不断增长，PGC、UGC 同台产出的内容规模不断扩大。面对更多内容对用户注意力的争夺，想要获得最佳的传播效果，需更加贴近短视频的信息传播规律，如拉近与用户的心理距离、增强用户黏性等。

在平台融合层面，通过成熟的传播平台将短视频内容分发至用户是构建媒体融合传播矩阵的重要举措。除了入驻第三方短视频与直播平台外，主流媒体也在积极尝试自主构建平台，思考能够平衡内容与技术关系的算法体系，以掌握内容分发与舆论战场的主导权。不仅如此，时刻关注技术变革，特别是 5G 传输、网络直播、AR 等技术的发展，增强技术创新能力，也是主流媒体与传播平台深度融合的题中之义。

二 主流媒体运用短视频推动媒体融合的媒介逻辑

当前，面对互联网传播移动化、社交化、视频化的趋势，虽然主流媒体

① 黄楚新：《我国移动短视频发展现状及趋势》，《人民论坛·学术前沿》2022 年第 5 期。

已普遍入驻短视频、直播平台，但受不同平台调性与用户群体差异的影响，主流媒体在短视频内容融合与平台融合方面仍面临瓶颈，如用户连接、内容打造等问题。同样作为视频和流媒体直播的承载形态，微信视频号①在一定程度上为突破这些瓶颈提供了新的可能。

如前文所述，将短视频承载的内容分发至用户是融合效应发挥的关键之一。分发机制是短视频"世界"运行的基本规则，当前最受短视频行业青睐的是算法分发，平台基于内容标签、用户画像、互动数据等实现高效的个性化推荐，但该种手段产生的马太效应明显，符合算法规则时易出"爆款"，反之则可能被淹没于海量的内容池中。视频号依托于微信生态，其"前台"的关注、朋友、推荐分别对应三种后台分发逻辑：订阅分发、社交分发、算法分发。此种独特的"社交推荐+算法推荐"意味着主流媒体将获得更优质的内容生态、更友好的创作环境与更长远的影响力积累。

（一）用户黏性增强，触达各个圈层

新型主流媒体建设围绕"四力"即传播力、影响力、引导力和公信力展开。传播力是基础，影响力是根本，引导力是关键，公信力是旨归。首先，视频号在技术上提供新闻媒体认证推荐支持，包括官方媒体入驻认证、运营编辑内容指引、曝光推荐等。比如微信平台的"新闻媒体成长计划"，媒体发布实时热点和新闻资讯，在视频号可获得算法的优先推广曝光。其次，新闻媒体早期的视频化试水积累了大量专业化内容生产与传播的经验，包括专业采编播团队和专业设备参与等，使新闻媒体在视频号的发展中具有相对优势。最后，需要特别指出的是视频号的优势之一，其与微信公众号承接良好，大部分新闻媒体均参与、创建了微信公众号，尤其是部分头部账号经过近十年的运营，已经形成了强大的品牌效应，并在视频号得以延续体

---

① 微信视频号由微信团队于2020年开启内测，自运营以来日活用户数量不断增加，使用功能逐步完善，产业价值日益凸显。它并非是一个独立运行的短视频与直播平台，而是内嵌于微信生态体系，打通并连接微信生态内部的公众号、小程序、搜一搜等功能组件，基于"熟人社交+算法推荐"的双重模式，实现私域与公域流量的流转互通。

现。以"央视新闻"为例，自 2022 年 2 月 11 日起，其在视频号每晚 7 点准时直播《新闻联播》，得益于视频号和公众号的打通，直播不仅吸引了公众号粉丝观看，公众号"直播中"的醒目标志，也极大地提升了用户对公众号图文内容的打开率，实现了公众号与视频号的融合发展。

同时，平台调性与用户群体差异也深度影响着新闻媒体内容传播的实际效果。通常而言，短视频平台用户群体的覆盖越全面越均衡，主流声音越能够最大化地触达不同圈层的个体。相对而言，视频号用户群体的分布较为符合该需求特征，各年龄段受众分布较为均衡。视频号不仅在 30 岁以下青年群体中被广泛使用，也在中青年、老年群体中具有后发优势。课题组通过在线调研平台"企鹅有调"进行的一项研究①发现，在主流短视频产品的日常使用中，不同短视频产品的受访用户普遍呈现年轻化特点，30 岁以下用户平均占比超过 42%；其中，日常使用视频号的受访者中，30 岁以下占比为 35.9%，接近于中国互联网络信息中心（CNNIC）2023 年 3 月发布的第 51 次《中国互联网络发展状况统计报告》中显示的全国 30 岁以下网民占比（32.9%），可以预见，视频号依托于微信的用户生态，在对各年龄段受众的触达上，拥有更贴近整体网民结构的覆盖优势。这有助于避免短视频产品因过度迎合年轻群体口味而充斥泛娱乐化内容，适用于主流媒体分发严肃、正向的信息资讯，并依托视频号的社交传播更有效地触达各类群体。视灯研究院数据显示，2022 年视频号 TOP100 账号发布的内容中，时事新闻、影视娱乐和民生类内容占据百强榜 45% 的份额。从品类增速看，视频号资讯类信息增速惊人，新榜统计了 2021 年下半年各平台创作体量增长最多的品类，视频号中民生类、时事政务类内容分别增长 41%、34%。以华商报为例，其微信视频号坚持"以信息的价值来帮用户解惑"。在疫情期间，密集突发的信息容易使网民信息过载，华商报结合本地受众实际需求，配合职能部门做

---

① 通过网络问卷，企鹅有调于 2022 年 7 月对全国范围内手机用户展开定量调研，共收集 4339 份样本，调研覆盖全国 31 个省、自治区、直辖市。其中，视频号用户样本为 1939 份。本次调研样本量，超过在 95% 的置信度和 3% 的误差率条件下所需的最低样本数量，样本符合统计学有效性要求。

好二次精筛发布——涵盖交通政策、管控政策、物资采购/配发、风险区升降级、疫情通报、流调轨迹等信息。截至 2022 年 5 月 30 日，月均浏览超1.4 亿次，产出千万级播放量的视频超 100 条。

（二）催化强社交传播，高质量内容破圈

在功能特性方面，视频号的工具属性超过娱乐属性，服务特性更为突出，故视频号并非一个单纯的"平台"，而更接近于一种工具，是进入视频化表达的时代后，微信为丰富用户交流方式而提供的基础能力，与公众号、朋友圈、小程序、微信支付等共同构建起微信的底层能力。相比短视频平台对沉浸感的营造，视频号更多的是用户获取定向内容的渠道。

在视频号的内容生态中，用户点赞推荐的内容被认为代表着个人品位，具备社交货币属性，因而用户会更倾向于推荐正能量、高价值、有深度的内容。"视频号中的熟人社会是一个与现实社会紧密相连的圈层，这种现实因素和熟人社会的面子因素对信息的传播无形起到把关人与过滤器作用，可自动防御垃圾低俗内容，尽可能保障信息传播的知识性、趣味性和时效性"。[1]不仅如此，社交分发对平台流量的调节使创作者对内容创作方向有更强的掌控感。微信团队曾表示基于社交机制"朋友点赞"，每次点赞都可能裂变到三重好友，"用户之间拥有情感的维系……在情感因素的引导下，视频号用户之间的黏性极大增强，情感维系的成本降低，互动范围更广，强度更大"。[2]基于此，视频号更适合作品化而非情绪化的优质短视频，带动高质量内容的破圈传播，这也是视频号的独特之处。

基于视频号的强工具属性与熟人社交的传播路径，新闻媒体的内容创作与受众之间可建立起深度联系，增进媒体创作者与用户之间、用户与用户之间的关系，有效提高传播影响力。研究团队近期通过在线调研平台"企鹅有调"测量了视频号用户对视频号产品中主流媒体正向内容的关注、传播及认

---

① 周飞伶、赵雪域：《微信视频号的差序格局传播》，《传媒》2022 年第 2 期。
② 刘睿翔：《从"广场"到"近邻"——强关系视角下微信视频号传播策略探析》，《视听》2022 年第 5 期。

同情况,① 结果如图1所示,84.2%的受访者认同"我在视频号看到的主流媒体发布的正向内容更多",这表明相较于其他类型的内容,主流媒体传递的正能量与优质内容能够更多地出现在视频号用户的视野中,从而被更广泛的人群看到;83.0%的受访者认同"在视频号,当看到主流媒体发布的正向内容时,我经常会点赞以分享给更多的微信好友",这符合上述提到的视频号在内容生态层面凸显主流媒体高质量内容的逻辑,即出于熟人社会树立、维护个人形象等心理需要,用户点赞并分享给更多微信好友的行为机制更易发生作用,主流媒体发布的正向内容因而传播范围更广;此外,同样是主流媒体发布的正向内容,83.4%的受访者认同"相比其他渠道,微信好友点赞分享的主流媒体发布的正向内容,更能引起我的关注与共鸣",在社交认同的驱动作用下,当用户看到社交关系亲密的人点赞或分享时,也更倾向于巩固并增强对主流舆论核心价值的认同感。2021年3月20日,"川观新闻"为三星堆新出土文物制作时长2分29秒的视频在视频号"火"出圈,该片集合青铜大面具等文物动画效果、电音和四川方言等要素,经由朋友推荐、朋友圈转发的热度发酵,随即获得10万+的点赞量和转发量。

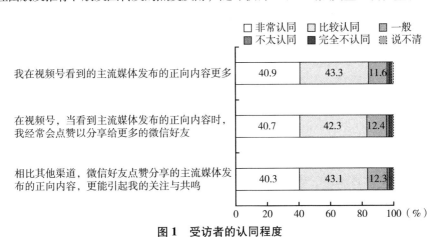

图1 受访者的认同程度

资料来源:企鹅有调。

---

① 通过网络问卷,企鹅有调于2022年8月对全国范围内手机用户展开定量调研,共收集6096份样本,调研覆盖全国31个省、自治区、直辖市。本次调研样本量,超过在95%的置信度和3%的误差率条件下所需的最低样本数量,样本符合统计学有效性要求。

三 主流媒体运用短视频探索创新传播的主要表现

主流媒体通过短视频在内容生产、叙事方式与技术应用等方面创新发展，为优质内容创造宽广的"出口"，合力提升传播效果，构建良性的媒体融合生态。视频号正通过此路径发挥作用，成为主流声音的扩音器、形态创新的助推器、转型升级的工具箱。

（一）主流价值观引领舆论

微信视频号中，主流媒体入驻数量可观，时事新闻类账号的聚集效应明显。研究团队根据对比 2022 年 1~7 月点赞、转发、浏览 TOP200 的视频号媒体作品发现，中央媒体、地方报社、地方广电等权威媒体的视频号内容占比较高，主流舆论阵地不断发展壮大。如图 2 所示，地方广电、地方报社与中央媒体在 TOP200 视频号媒体作品中的占比最高，居前三位，分别达到32%、27% 与 26%。另据视灯数据显示，2021 年 12 月时事新闻和民生政务账号的比重较 1 月提升 20.8 个百分点。① 这表明，近两年在视频号的建设发展中，主流媒体、时事新闻类账号主体积极入驻短视频平台，与其他类型的短视频账号相比，主流媒体、时事新闻类账号在短视频平台上呈现出明显的聚集效应。

媒体视频号的聚集效应也促进了媒体议题多样化、主流化，在重大主题宣传报道上亮点纷呈，媒体融合深度推进。如香港回归 25 周年期间，央媒、地方媒体视频号聚焦"习近平出席香港回归祖国 25 周年大会""霍启刚谈香港回归祖国 25 周年"等内容，多数获得 10 万+点赞。"央视新闻""中国军事网""中国网"等央媒视频号报道"中国人民解放军建军 95 周年"一事，从不同角度反映新时代强军事业取得的历史成就、发生的历史性变革，

---

① 《视灯：2021 视频号发展白皮书》，https：//view. inews. qq. com/a/20220306A06D4C00？star textras=undefined&from=ampzkqw，2022 年 3 月 6 日。

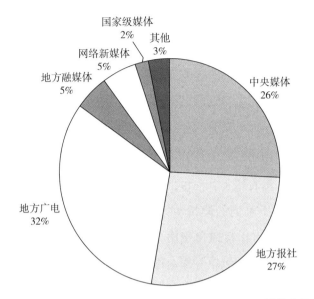

图 2　2022 年 1~7 月点赞、转发、浏览 TOP200 视频号媒体作品分布

资料来源：依据视频号团队公布数据所得。

真诚抒发全军官兵忠诚维护核心、矢志奋斗强军的共同心声，专题累计收获超 611 万次观看、654 万次点赞。

（二）叙事场景化、互动化、创新化

依托短视频载体，媒体账号更加注重场景化体验和视觉化互动，生产具有共情力、公信力和影响力的视频内容，使主流价值观深入人心。2023 年中央广播电视总台"春晚"累计超 1.9 亿人观看，网民点赞喝彩逾 3.79 亿次，在共享文化盛宴之余传递浓浓年味。河南卫视自春晚《唐宫夜宴》在网络视频平台爆火之后，又凭借《端午奇妙游》《中秋奇妙游》多台晚会及综艺节目，频频"出圈"，而"河南卫视""大象新闻"等河南本土视频号发布"河南卫视大美中国""河南卫视鸿门夜宴"等相关视频宣传中华传统文化，引发连锁反应，其中视频号"大象新闻"发布的"《龙门金刚》完整版"视频转发量、阅读量均达到 10 万+，引发网民情感共振，拓宽文化传

递渠道;"看看新闻 Knews"发布黄浦江主题灯光秀《永远跟党走》,单条时长 6 分钟的视频短时间内获得近亿次播放、超过 300 万次点赞。

近年来,媒体试水场景创新与演艺活动直播,成为探索主题宣传融合传播的新形态。以央视新闻与微信共同发起的"全球日出·追光 2023"视频号直播活动为例,直播应用了微信视频号最新的多视角直播功能,用户能够自由切换,在长达十四个半小时的慢直播中领略全球 50 多个国家和地区的绝美日出;另有祖国边关哨所的日出、战斗机拍摄的空中日出与远洋科考船带来的海上日出等稀有镜头,捕捉记录了中国"正能量",还记录了运动健儿的拼搏进取与艺术家们的倾情演绎。借助于深度盘活微信生态全链路,"追光"直播有效扩大了传播覆盖面,直播间观看人数超 3600 万人,实现了双向共建的情感共鸣和价值凝聚。除了全面提升新媒体的直播观看体验,视频号也逐步拓展传播渠道,积极向新闻资讯、戏剧戏曲等其他垂类直播延伸,为媒体融合"出圈"创造条件。2022 年 2 月 11 日,中央广播电视总台打通了《新闻联播》与视频号的联动,《新闻联播》直播首秀得到用户充分肯定,直播的第二周,《新闻联播》视频号用户观看人数便超过 100 万,2022 年 2~7 月《新闻联播》视频号直播总观看量 2.29 亿,总点赞喝彩 2894 万次。自此,广电媒体与微信视频号开启了大小屏直播联动的新纪元,在微信生态圈形成新闻内容与主流价值传播的新气候。为了更进一步地加深用户的沉浸式观感和社交互动体验,视频号还依托微信生态破圈,打造了西城男孩、罗大佑、李健等多次现象级演唱会,传统媒体随后亦在视频号上试水同类演唱会,舆论认为视频号对媒体融合创新、传递社会正能量带来了独特的价值。如央视"这 young 的夏天——2022 夏日歌会"吸引 3223 万粉丝观看,点赞量达 2080 万次;河南广播电视台"2022'老韩'线上演唱会"观看人数达 1864 万,点赞量 1746 万次;而广东卫视节目"许巍、萧敬腾——少年有梦音乐会",粉丝互动性较强,获得 1304 万次点赞量。

与此同时,主流媒体在微信视频号中不断探索主线宣传融合叠加造血效应。人民日报社原副总编辑马利认为,传统媒体在融合发展中必须要有市场意识,注重市场开发和市场运营能力的培育,"新媒体发展,关键是能不能自我造血"。①有舆论认为，受媒体自有价值的影响，媒体账号所举办的演唱会将对赞助商有显著吸引力。2022年4月14日某品牌赞助视频号线上演唱会后，该品牌4月15日微信指数为780万，比前一日增长747.45%。由表1可见，据不完全统计，2022年1~8月，媒体账号在视频号上共计开播演唱会9场，其中赞助商参与了4场。这也为媒体融合带来双重价值，在探索主线宣传融合传播新形态的同时，增强了自主造血能力。

表1　视频号部分媒体账号演艺直播的传播影响力

节目	直播账号	观看量（万）	点赞量（万次）	赞助商
"你好小朋友"小红花公益音乐会	深圳电视台壹深圳等	245	161	
为人民而歌　与时代同行——北京人艺建院70周年直播活动	《人民日报》等	200	367	
许巍、萧敬腾——少年有梦音乐会	广东卫视	602	1304	有
追光向未来·2022毕业歌会	《人民日报》	44	84	有
"我们的紫荆花"庆祝香港回归祖国25周年云歌会	《人民日报》	357	305	
明天会更好，港乐回响——《流淌的歌声》特别精选	广东卫视等	432	280	
2022"老韩"线上演唱会	河南广播电视台大象新闻等	1864	1746	有
军歌嘹亮——《流淌的歌声》特别精选	广东卫视等	289	114	
这young的夏天——2022夏日歌会	央视文艺等	3223	2080	有

资料来源：依据视频号公开的直播数据，进行资料整理所得。

（三）信息来源真实可靠，传递文化价值

在直播层面，视频号严格按照国家主管部门要求，"开展互联网新闻信息服务的互联网直播发布者，应当依法取得互联网新闻信息服务资质并在许

---

① 《走媒体融合发展之路引领信息传播新变革》，http://www.rmzxb.com.cn/c/2015-05-11/497277.shtml，2015年5月11日。

可范围内提供服务"，① 在技术上为符合资质的主体提供新闻媒体认证支持，切实助力官媒账号聚焦全球时政热点事件，保障信息内容的及时性、权威性、准确性。2022年2月22~23日，俄乌局势变化吸引全球关注，CCTV4第一时间将王牌栏目《中国新闻》《今日亚洲》《今日关注》《海峡两岸》接入视频号直播，自此持续对俄乌局势变化进行实时关注，以直播的形式邀请专家解读局势、连线前方记者，第一时间向观众传递热点权威新闻内容。俄乌冲突期间，CCTV4相关报道直播观看人次超9000万，其中超过300万人次的场次有12场，单场最高887万人次。在纷繁复杂的国际热点事件中，CCTV4在国际报道方面的丰厚资源，保证了直播报道的及时、权威、准确，让传统媒体的报道优势在视频号焕发新的生命力。

遇到突发事件、重大事件时，主流媒体往往需要第一时间精准报道，其主要价值在于及时传播重要信息，传递核心正向价值，发挥重要舆论导向功能的同时，激发网民正能量的情感表达。以"神舟十四号载人飞船成功发射"事件的报道为例，2022年6月3~5日，视频号有超过495个神舟十四号发射的相关直播，超过5942万人在关注这一举国盛事，借特设的火箭点赞图标，助力网民表达浓厚的自豪之情，送出点赞超1亿次。其中央视新闻的专题直播间，一共进入2277万人，点赞超过6457万次。5日，央视新闻视频号"赴九天 探苍穹 神舟十四号载人飞船今日发射"主题直播，观看人次达到1773万。神舟十四号点火发射成功后，央视直播间又陆续涌入641万人，重温激动人心的发射过程。同时，多位航天专家也在线讲解航天知识，使线上观众更加了解神舟十四号的技术攻坚难度，直播间观众得以学习更多的航天知识，感受到我国对航天事业的重视，了解航天工作的进展。这不仅是一场举国欢庆的航天直播，也是一场科学知识直播。

同时，视频号嵌套在微信的生态体系中，用户不用额外下载软件或App，在不同微信生态场景接收信息均可通过视频号观看具体内容。以疫情

---

① 《国家网信办发布〈互联网直播服务管理规定〉》，http：//www.cac.gov.cn/2016-11/04/c_1119846202.htm，2016年11月4日。

发布会为例，因各地实际情况不同，通过发布会实现信息传递的效果有所差异，视频号社交关系链的"贴近性"传播能够将与公众切身利益相关的有效信息，在朋友圈、群聊等多场景中及时有效地传递给更多用户。2022 年 4 月，广州疫情反复，"广州新闻发布"通过视频号直播疫情发布会，并预警"可能已发生社区传播"。有网民称，收悉该消息后，随即就地响应政府抗疫行动，立即核酸。舆论认为该提示大大提高了当地居民的"警惕"，是当轮广州疫情迅速得到有效防控的有力措施之一。

四　主流媒体使用短视频助力媒体融合趋势展望

根据以上分析，主流媒体通过短视频进一步发展媒体融合、拓展舆论阵地的实践路径已有迹可循，成效初显。同样以视频号为例，未来短视频将在激活主流媒体公共治理参与，助力主流媒体智能化、高质量发展，推进市县级媒体视频化融合等方面释放更多潜能。

（一）创新内容表达形态，占领网络舆论阵地

首先，主流媒体运用视频号"短视频+直播"等形式推动重要事件多层级、多平台联动展播，进一步拓宽了"互联网主流阵地"。一方面，借助视频号创新内容表达形态，以视频化内容弥补公众号视觉化表达的不足；另一方面，通过视频号拓展媒体平台转向，在自建平台与借力平台的双轮驱动下，视频号成为主流媒体进一步拓宽"互联网主阵地"的重要举措。同时，网民也对部分政媒账号的正向引领予以积极响应和反馈，呈现出极强的舆论凝聚力。例如，在应急救援领域的抗洪、暴雨救灾、拯救宁波搁浅抹香鲸等热点社会事件中，借助视频号在微信内社交传播的优势，中央主流媒体、地方融媒体能够深入基层播报，较好地引导了网民情绪。在 2022 年 6 月南方汛情紧张的时刻，央视新闻、广东台触电新闻、韶关发布、广东经视等多家媒体第一时间通过视频号直播粤北抗汛现场实况，6 月 14～21 日，有近1800 万人关注着韶关、清远、梅州、桂林等多地乡亲抗汛，一同为他们加

油。在抹香鲸救援的第一现场，超35万名网民通过"浙江消防"的直播信号，共同见证了这场"云救援"。

其次，助力走好网上群众路线，视频号有望成为政务机构视频化转型的有力方向。以国家反诈中心、共青团中央为代表的一批主流政务机构已经在视频号上褪去"高冷"面纱，显现出"内容姓政、表达姓网"的新面貌。其中，"国家反诈中心"微信视频号积极践行"互联网+政务服务"的理念，以形式新颖、群众喜闻乐见、有广泛传播力的反诈作品丰富宣传视角。2021年，公安部依托"国家反诈中心"视频号，联合教育部、外交部、中国驻外使领馆等多家单位共同举办"2021年留学第一课"网络直播活动、"无诈校园"反诈防骗系列宣传活动、"1107天下无欺"全民反诈系列宣传活动；截至2021年底，已累计发布短视频2500余条，总播放量达22亿次，关注人数超1100万。2022年恰逢中国共产主义青年团成立100周年，共青团中央联动20家各级团委，在微信视频号上以"青春心向党　建功新时代"为主题，奉献了一场精彩纷呈的网络直播，累计观看人次达192.5万、点赞超1575万次；共青团中央还利用视频号的直播间专题聚合能力，携手全国30余个省（区、市）、高校团委、企业共青团，以及《人民日报》新媒体、中国青年报社，展播52个原创作品，用年轻人喜爱的方式献礼百年青春。

（二）助力主流媒体智能化、高质量发展

近年来，5G技术为互联网生态带来了变革与机遇，视频直播、4K/8K高清视频、AR/VR等视频业务领域迎来井喷式发展。针对5G时代的媒体融合与转型发展，视频将成为独立的移动网络社交语言，视频流将成为重要的信息表达与社会交往方式。此外，适用于信息传播领域的新技术不断迭代出新，随着大数据、云计算、人工智能等多种数字化技术的纵深发展，虚拟与现实的边界不断被打破，"元宇宙"等虚实互动下的技术创新将更多的涌现。技术推动下的虚实现实也将为媒体深度融合发展带来更广阔的空间。正如美国马萨诸塞州理工大学传播学者浦尔在《自由的技术》一书中所提到

的"媒介融合"概念，即原有的媒介形态划分界线在新技术下逐渐消融，由此造成的多功能一体化趋势（即融合）。

媒体深度融合是在先进技术驱动下的新闻传播领域的探索与开拓。微信一直紧跟技术发展革新升级，早期依托 4G 宽带与网速升级，微信快速发展，推出包括公众号、小程序在内的创新应用，实现互联网应用从文字时代向图文时代的跨越。视频化时代，微信视频号也一直在探索各种前沿技术，切实提升用户的信息获取体验。例如，2021 年 10 月，视频号开通了 VR 直播功能，希望通过创新的 VR 直播，为用户营造真实的在场感、提升沉浸感。主流媒体能够通过视频号紧跟互联网信息技术的发展前沿，将沉浸式传播、虚拟数字人带动人机交互等新的传播形态用于常态化的媒体传播实践，从而推动主流媒体取得深度融合传播的效果，为主流媒体智能化、高质量发展提供更多的可能。

（三）融合格局逐步打开，主流媒体传播力提升

在我国"中央—省—市—县"四级媒体机构格局中，通常而言，中央级媒体、省级头部媒体融合的传播力与影响力较大，而市县级媒体受技术发展、平台资源等方面短板的制约，媒体融合成效相对不足，不同层级、不同区域媒体的媒体融合发展不平衡现象较为突出。2020 年 9 月，中共中央办公厅、国务院办公厅印发的《关于加快推进媒体深度融合发展的意见》明确要求，完善中央媒体、省级媒体、市级媒体和县级融媒体中心四级融合发展布局，努力打造全媒体传播格局。

当前，在不同层级媒体视频号中，中央媒体的传播影响力依然突出，地县级媒体的传播影响力也已崭露头角。其中，为具体对比、分析不同层级的新闻媒体视频号的传播影响力，研究团队采集了 2021 年 1 月至 2022 年 5 月 100 个网络热点事件的新闻媒体视频号的视频数据（N＝25221），并以体现传播影响力的两个关键指标"点赞量"与"转发量"为参考进行分析。结果显示（见表2），中央级新闻媒体视频号内容的平均点赞量、转发量均居第一，远超其他类型，其后依次为省级、地县级、全国性行业媒体。虽然

K-W检验和控制变量后的回归分析结果也证实了中央级新闻媒体视频号在传播影响力方面的显著领先性，但省级与地县级新闻媒体视频号内容的点赞量、转发量也有较好的发力表现，尤其是地县级与省级媒体的传播影响力指标数据差距较小，呈现出省级、地县级媒体视频号传播影响力的良好提升态势。

表2　不同层级新闻媒体视频号的传播影响力

所属层级	媒体数样本	视频数样本	点赞量均值（标准差）	转发量均值（标准差）	统计检验（K-W检验）
中央级	24	1568	4920.01（15788.62）	1731.65（9320.24）	p<0.001（回归分析结果显著）
省级	159	15798	618.93（4793.79）	195.10（2412.85）	
地县级	179	7481	511.40（4219.44）	139.79（1575.06）	
全国性行业媒体	20	374	136.37（458.674）	39.25（153.25）	

资料来源：依据视频号公开的视频数据进行分析所得。

相对于在互联网浪潮中具有丰富、专业化软硬件基础的中央及省级媒体，部分市县级媒体受制于客观条件，视频化融合进程较慢。未来，基于视频号独特的社交传播逻辑，市县级媒体能够借此进一步增强新闻报道的"贴近性"，使主流声音贴近实际、贴近生活、贴近群众，解决好信息传播"最后一公里"的问题。例如，2022年6月全国多地发生汛情，广东省肇庆市封开县融媒体中心进行"封开江口实时水情"直播，累计超过150万人次观看；梅州微闻联播"直击大埔高陂抗洪一线"直播累计超过百万人次观看。在短视频层面，市县级媒体的发展模式也颇具特色。以民生软性题材的报道为例，此类新闻短视频通常由"视频/图片+配乐"两大要素构成，一些地方新闻媒体视频号的制作，采用短视频、网民评论截图等形式，多在15秒内，甚至无人声，仅凭后期添加的文字提供信息。这种新闻短视频生产模式简单，生产流程便捷，同时具有本地特色，有效补齐了市县级媒体客观上存在的短板。中央、省、市、县级媒体视频号的聚集形成了矩阵效应，并使不同层级媒体的传播影响力均有所提升，同时公众对视频号上各级媒体正向内容的感知与接受程度也表现不俗，媒体、视频号与公众三者形成了良性互动，对全媒体传播格局的构建起到了积极的推进作用。

参考文献

黄楚新：《我国移动短视频发展现状及趋势》，《人民论坛·学术前沿》2022年第5期。

周飞伶、赵雪域：《微信视频号的差序格局传播》，《传媒》2022年第2期。

刘睿翔：《从"广场"到"近邻"——强关系视角下微信视频号传播策略探析》，《视听》2022年第5期。

B.19
2022年网络传播中公众
参与状况研究报告

徐 滔*

摘　要： 党的十八大以来，习近平总书记多次强调科学认识网络传播规律，提高用网治网水平，使互联网成为构筑各民族共有精神家园、铸牢中华民族共同体意识的最大增量。作为网络传播的直接参与者，公众参与网络传播的特征及其对网络信息传播生态建设的看法值得关注。本报告聚焦公众侧参与网络信息传播的调研分析，厘清新媒体技术推动下公众眼中网络传播的生态特征，探讨"沉默的螺旋""把关人"等经典传播学理论在网络媒体时代的演化，为促进网络传播健康发展、更好地凝聚共识提供一些建议参考。

关键词： 网络传播　公众参与　生态特征

随着互联网技术的迭代更新，网络媒体与传统媒体的深度融合进一步推进，网络媒体愈发深刻地影响着人们的信息获取方式及价值取向；与此同时，公众的信息获取、发布与传播渠道大大丰富，参与的积极性也显著提高。疫情期间，公众对网络新媒体的依赖性提升，信息交流由线下向线上转移现象增多，融媒体环境下的网络传播获得更多关注。为此，本研究结合2022年度的热点事件，对公众在网络新媒体发展背景下的信息关注和传播

---

* 徐滔，北京大学新媒体研究院，主要研究方向为网络传播。

参与情况开展调研，借此梳理公众参与网络传播的特点与趋势，并对未来构建和谐健康的网络生态提供建议。

研究主要采用定量问卷的调研方式进行，通过在线调研平台"企鹅有调"于 2022 年 4 月、8 月、12 月在全国范围内开展上万样本网络问卷追踪调研，收集全国范围内 18 周岁及以上网民的意见。在置信度水平 95%、抽样误差±3% 的标准下，第一期样本为 21544 份、第二期样本为 15532 份、第三期样本为 13106 份，样本符合统计学有效性要求，并采用 SPSS 26.0 进行数据分析。三期调研均是针对同一批网民开展的追踪研究，通过匹配分析发现，每一期调研均有响应的合格样本达到 11370 份。

一 受众视角下2022年网络传播生态特征

2022 年，网络传播呈现总体平稳向好的发展趋势，网络正能量充沛、主旋律高扬、爱国热情高涨。从受众视角来看，网络传播的生态特征也有了一些新发展新变化，以下将从受众传播意愿、传播话题内容、传播渠道使用及传播效果感知等方面展开详细阐述。

（一）受众参与处于流动状态，网络传播参与意愿略有降低

公众在网络信息传播中的参与状况并非一成不变，受公众自身状况、一定时间范围内的事件类型及热度等因素影响，不同时间段内公众参与网络传播情况呈现差异化。通过询问网民在网络空间中针对热点事件或感兴趣事件的多种行为[1]频率[2]，使用 K-means 聚类算法对所有网民样本进行进一步聚类分析，经过数据迭代与收敛，本研究将网民参与网络传播的行为分为三类：①绝对沉默者：此类网民在热点事件或感兴趣事件中的多种行为频率均很低，是网络空间信息传播中的"边缘者"；②相对沉默者：此类网民在热

---

[1] 既包括点赞、转发、评论等互动行为，也包括浏览、搜索等行为。

[2] 包括"从未""很少""有时""经常""总是"五类依次递增的行为频率。

点事件或感兴趣事件中以浏览、搜索居多，偶尔点赞、转发或留言评论，是网络空间信息传播中的"观望者"；③显著活跃者：此类网民在热点事件或感兴趣事件中的多种行为频率均很高，是网络空间信息传播中的"活跃者"。

基于同样的数据分析方法，将2022年度追踪分析网民参与行为的三期调研结果进行对比分析发现，如图1所示，"绝对沉默者"类型比例的增长较为明显，在三期调研中的占比分别为20.3%、25.0%与27.5%；相较于第一期网民参与类型的分布，"绝对沉默者"类型比例在第三期提升了7.2个百分点；相比之下，"显著活跃者"的类型比例在第二期调研中下降了4.6个百分点，在第三期有所回升，但整体比例（32.5%）仍低于第一期（34.5%）。此外，另一个不容忽视的变化趋势是，"相对沉默者"类型比例在前两期相对稳定，但在第三期出现部分分流，说明网络信息传播的一些"观望者"退回到"边缘者"的状态，而另一些则成为网络传播场景中转发及评论更为频繁的"活跃者"。

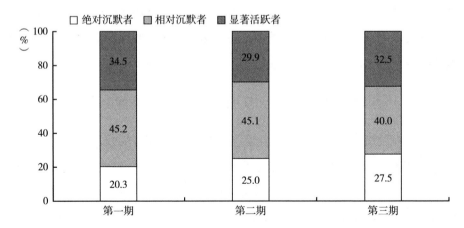

图1　网民参与网络传播的类型变化

资料来源：企鹅有调。

（二）社会民生与时政话题更受关注，彰显网民家国情怀

通常而言，使用大数据分析方式来研究热点事件的网络传播热度是综合

了普通网民、专业媒体及自媒体等多个参与主体传播量的结果，而从调研的实证角度来探测公众如何参与热点事件的传播，尤其是参与评论的比例，则相应代表了热点事件在更广泛的社会个体中的关切程度。通过对比分析2022年55个热点事件的网络传播热度指数[①]与问卷调研得出的公众参与评论的比例，如图2所示，有如下发现。

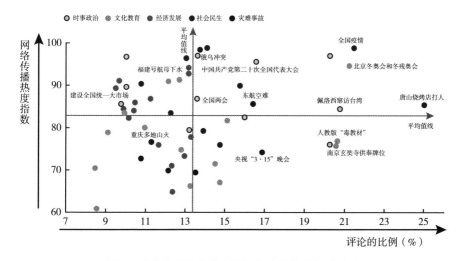

图2　受访者网络关注和评论行为的议题领域分布

资料来源：企鹅有调。

　　首先，北京冬奥会、党的二十大与全国疫情凸显网络传播与公众关切的"同频共振"。北京冬奥会与冬残奥会成功举办、党的二十大胜利召开，提振全国人民的精神与信心；同时，全国多地疫情反复影响民众基本生活，疫情形势变化牵动公众神经。与此同时，灾难事故、社会治安与台海局势同样处于这一"双高"区域，充分展现了网民关心国家发展与社会进步的家国情怀。

　　其次，涉及民族感情与贴近公众日常生活的事件在社会层面关切程度更

---

①　统计各事件在报刊、新闻网站及其客户端、微信公众平台、QQ空间、微博、论坛等全网公开场景中的传播，按月对各渠道传播量进行加权并归一化，得到各事件网络传播热度指数。

深。例如，南京玄奘寺供奉牌位事件、央视"3·15"晚会、健身操爆火等事件都处于网络传播热度指数相对较低但问卷调研公众评论的比例较高的区域，体现出公众朴素的爱国情感与真实的日常生活。

再次，国际资讯和航天经济等专业领域仍具有较高门槛，呈现出网络传播热度指数高但公众评论的比例低的状态。公众对芬兰和瑞典申请入约等国际新闻的评论程度较低，GDP 增长率、建设全国统一大市场等经济金融话题及空间站梦天实验舱成功发射等航天话题的专业性较强，受众有限。

最后，人文艺术、财经科技等垂直领域话题通常争议点较少或限于一定圈层，网络传播热度指数与公众评论的比例"双低"。如莫言青年寄语、多所学校退出世界大学排名等人文艺术类话题及美国对华芯片战等财经科技话题均呈现出此类特点。

（三）网络热词创新传播叙事符号，青年群体应用尤为明显

网络热词作为公众在网络信息传播中的具体内容表现，从不同视角反映出时代风貌、传递着时代脉搏。通过词云分析①发现，热词折射社会心态稳中向好，网民期待走出疫情阴霾、国家发展步入新征程。

在复杂多变的国际局势中，我国发展攻坚克难、砥砺前行，"二十大"获高度认可，"中国式现代化""新征程"等成为网络热词；公众高度关注疫情防控步入新阶段，"核酸""疫苗""动态清零""健康码"等词的热度稳居前列；北京冬奥会、卡塔尔世界杯点燃全球运动激情，冰墩墩甫一亮相便呈现"一墩难求"的局面；"稳经济"信号强烈，网民对我国经济向好满怀期待，除了一贯看好"数字经济"，高层释放出的"稳经济"态度有效稳定公众预期。同时，"村镇银行"叠加"停贷潮"加深公众对金融风险的担忧。

---

① 通过统计 2022 年 1 月 1 日至 12 月 31 日微信公众平台、新浪微博、QQ 空间、新闻网站等公开场景热词传播量并加权计算获得传播热度，结合政治、经济、文化、医疗等话题，分析相关热点词语、表达形式等，总结梳理相关特点。

图 3　2022 年主要领域热词的词云图

尤为明显的是，作为在网络社会中成长起来的青年一代①，他们是网络热词传播的重要主体，既是创造者也是传播者。调研数据显示，对于 2022 年各种不同类型的网络热词内容，98% 的青年群体明确表示有所了解。在有所了解的基础上，85% 的青年群体在日常生活与交流中予以使用。受互联网大环境的影响，青年群体使用网络用语表达思想情感的比例较高，也使得网络流行语呈现出求新、求变、求简、求快的特征。

如图 4 所示，青年群体最喜欢使用的网络热词来源丰富，流行起来后又不断衍生出二次创作及新的用词语境，既有"栓 Q""我真的会谢""退退退""人生无常，大肠包小肠"等源自微博、抖音等平台的"搞笑梗"，借以表达对某事件的无语或无奈情绪，也有"摆烂""老六"等出自 NBA 比赛、游戏领域的"贬义梗"，含义消极还夹杂着自嘲与调侃，还有来自朋克文化等亚文化背景的"emo"，同样带有自我调侃、自我纾解的意味。除此之外，部分青年热词与 2022 年疫情防控形势紧密相连，包括在疫情防控政

---

① 根据中共中央、国务院印发的《中长期青年发展规划（2016—2025 年）》中的界定，青年群体的年龄范围是 14~35 周岁。

策优化调整背景下的高频使用词"阳过""阳康",疫情防控时期依旧能够正常上班与未感染新冠病毒的青年均自嘲为"天选打工人",呈现黑色幽默。

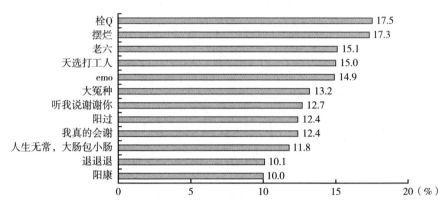

图4 青年群体最喜欢使用的主要网络热词

注:受篇幅所限,本图只列入选比例不低于10%的网络热词。
资料来源:企鹅有调。

网络话语也成为探索青年社会心理与价值取向的"窗口",进一步追问青年受访者使用网络热词的原因发现,如图5所示,"容易表示幽默感,增加生活乐趣""简单便捷,表达言简意赅""大家都在使用,增进沟通与交流"三项位居前三,占比分别为46.0%、40.0%和34.0%。从青年群体最喜欢使用的主要网络热词可以看到,表达自嘲、调侃、无奈等情绪的热词占据多数,这在一定程度上反映出青年群体面临着较大的生存与发展压力,在此背景下,青年群体追求创造性与个性化的表达方式释放压力、稳定情绪。不仅如此,青年群体的"圈层化"特征仍较为明显,他们在日常交流中分享情绪感受,追求认同和归属感、渴望情感的共鸣。

(四)各类新媒体平台与社交媒体互嵌,推动信息高速流动

与早期信息单向的传播形态相比,互联网的信息内容生产不再只能由专

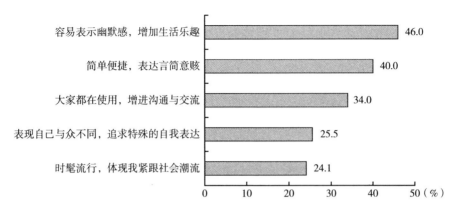

图5 青年群体使用网络热词的主要原因

注：本题为多选题，所有选项之和大于100%。
资料来源：企鹅有调。

业网站、权威媒体或特定人群完成，而是由整个互联网生态内的用户参与生成。习近平总书记指出，全媒体不断发展，出现了全程媒体、全息媒体、全员媒体、全效媒体，信息无处不在、无所不及、无人不用。这一趋势在2022年的网络信息传播中也表现明显，各类新媒体平台与社交媒体的互嵌式发展，降低了内容创作的门槛，形式也更加简洁和多样化，提高了信息传播的速度与效率。相对于传统的"集中化"的媒介内容生产过程，互联网具备的这种"去中心化"与"低门槛"的社会关系和内容生成的新形式，为个体提供了更多的表达机会。

通过询问公众参与网络信息传播的行为渠道可以发现，整体而言，社交媒体、短视频平台与中央网媒的使用程度相对更高，占比分别达到26.9%、22.9%与16.4%；其后是商业门户网站，占比为13.3%；中长视频平台、新闻聚合平台与专业新闻资讯平台的使用程度相对略低，占比均低于一成。需要引起重视的是，短视频形式与受众碎片化及短时注意力集中的信息接收特性不谋而合，正在成为信息传播领域的重要阵地。尤其是2019年为5G商用元年，借助5G大带宽、高速率的优势，视频语言逐渐成为社会交流的主要表达形式，也深度改变了网络传播生态和新闻传播形

态。社交媒体也与短视频相互促进、互相补充，短视频丰富了社交媒体的内容表现形式，社交则增强了短视频内容的互动传播，二者共同助力 5G 时代的媒体融合与转型发展，满足了公众对内容娱乐和社交的多样化需求。

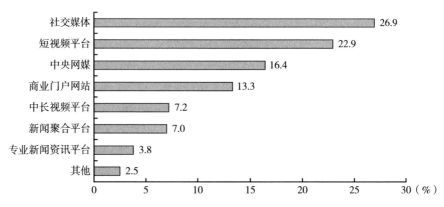

图 6　受访者网络关注和评论行为的最主要渠道分布

资料来源：企鹅有调。

（五）网络空间氛围总体感知良好，主流媒体重要性突出

2022 年国内舆论场中，北京冬奥会成功举办、党的二十大胜利召开、香港回归 25 周年、问天实验舱发射成功、福建舰正式下水等系列成就助力增强公众对主流意识形态的认同感、归属感与践行力。如图 7 的调研结果所示，虽然每个网民作为社会个体具有不同的立场和思考问题的角度，但 56.5% 的受访者表示整体网络空间的讨论氛围友好，能够求同存异；仅有 12.4% 的受访者认为不够友好，还有一定提升空间。

在互联网空间氛围的培育中，主流媒体发挥影响力与引导作用的重要性突出。数据显示，网民在网络信息传播中的关注点受到主流媒体报道影响的占比最高，为 38.4%，其次是受到网络大 V 或公众人物观点的影响，占比达到 21.9%。可见主流媒体在引导传播走势方面有非常大的影响力，多数受访者会受到网络主流声音或者有影响力的声音影响。另外，15.9% 的受访

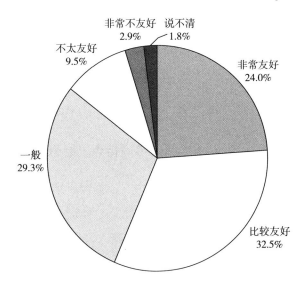

图7 受访者对网络空间氛围友好程度的感知

资料来源：企鹅有调。

者会坚持个人价值观对信息进行判断。调研还发现，仅有8.2%的受访者是受到网友观点的影响，占比不足一成，意味着普通网民在网络传播讨论中对整个事件舆论关注点的影响力较为有限。

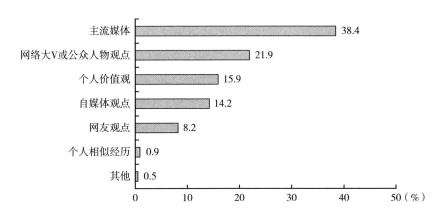

图8 网络信息传播中受访者关注点的最主要影响因素

资料来源：企鹅有调。

二 受众视角下网络传播生态的主要问题

在受众视角下，网络传播中也存在一些情绪化、从众化传播现象及部分网民自律意识有待增强等问题，在一定程度上影响了网络生态的健康发展。

（一）后真相时代现网络情绪化传播特点，易忽略事件本身真实性

在网络信息传播中进行评论的人群中，依据调研结果对其参与网络评论的原因进行了分类，分为"说服与影响他人""社交互动需求""社会讨论参与""信息纠偏与较真""表达情感与情绪""利益相关性驱动"六类主要动机。

其中，排首位的是"表达情感与情绪"，占比达到35.9%，说明网络情绪化传播特征较为明显。除了这一原因外，网民对网络空间中其他网民观点的认同、释放自我表达需求、参与群体讨论等原因也是驱动网民参与网络传播的主要因素。出于"社交互动需求"的原因在网络空间中寻求共鸣与支持、网络社交关系连接的比例为26.9%，排第二位。对于参与相关话题在网络空间中的讨论的需求占比达到23.0%，表明部分网民比其他群体更注重讨论互动过程。分别有21.7%与21.3%的受访者是出于"信息纠偏与较真""利益相关性驱动"的原因，这类网民追随、跟风式评论更少，而更注重在网络空间中去纠正和反驳他人观点、维护自身利益。"说服与影响他人"的原因占比最低，为12.5%，相较而言，这部分群体更加注重自我表达和产生影响力。

（二）网络空间中的受众行为与现实存在差异，"把关人"作用有待加强

受自身经济状况、社会地位、受教育程度、个体素质等差异性因素影响，不同网民在互联网上的传播互动行为也有所差异、分化。除个体间的行为差异外，由于网络虚拟社会与现实社会生活的深度融合，同一个人在网络世界与现实社会的行为也易形成反差。如图10所示，对比网络空间行为与

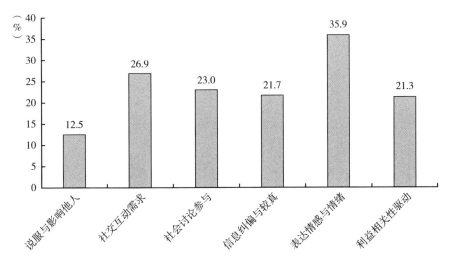

图9　网络信息传播中受访者参与评论的原因

注：本题为多选题，所有选项之和大于100%。
资料来源：企鹅有调。

现实生活的差异，分别有47.0%和48.6%的受访者认为相比现实生活，自己在网络空间行为中的真实性和包容性有所增强，与此同时，分别有37.9%、35.6%和33.4%的受访者在网络空间行为中增强了攻击性、随意性和负面性。

在匿名化的网络环境中，"把关人"作用有待加强，"网络传播中把关人的信息筛选权已经被淡化……把关的标准由于每个网络信息参与者都可以随意地复制、传播信息而趋于个人化和随意化，把关人的功能也因此而弱化"，① 没有了现实世界中各种框架与规则的制约，网民能够接触到宏大的信息流，从利好方面来说，公众在网络空间中的行为表现更加真实、对他人观点能够予以包容；但从弊端来说，公众在网络公共空间信口开河、随意攻击及发泄负能量的可能性也随之提升，可能造成网络舆论场中不理性的声音甚至滋生网络暴力等网络安全风险。2022年发生的个别热点事件中，当事人及相关观点持有者被人身攻击、恶意举报、扣帽子，给涉事人造成不可修

---

① 杨蕾：《论网络传播中新把关人角色》，《社会科学辑刊》2009年第4期。

复的心理压力和创伤，轻则造成"社会性死亡"，重则酿成伤亡，典型如刘学州事件、上海姑娘因对外卖员打赏 200 元被网暴跳楼等。部分网民高度依赖互联网，但又相对缺乏独立思考问题的能力，易在众说纷纭的信息洪流中迷失方向，被不理智的舆论声音裹挟，受到更加直接而深刻的网络风暴影响，不自觉地成为网络暴力漩涡的推动者或受害者。

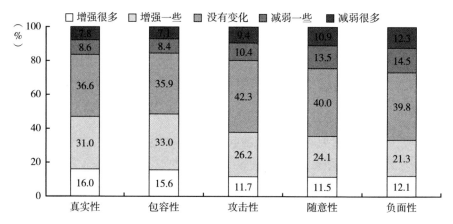

图 10　受访者网络空间行为与现实生活的差异情况

资料来源：企鹅有调。

（三）"相对沉默者"始终居于主体地位，"沉默的螺旋"效应或仍存在

公众参与网络信息传播的状态在不同时间段具有一定的延续性，相对稳定。本研究将每一期调研均有响应的合格样本进行对比分析发现，对于三种类型中的任何一种，在第一期调研中显示为"绝对沉默者"的受访者，在第二期与第三期调研中的参与互动行为仍主要倾向于"完全沉默者"的特征，"相对沉默者"与"显著活跃者"同理；不仅如此，"相对沉默者"的类型在网民中始终为多数，这种"沉默的大多数"现象折射出在社会舆论压力下传播学经典理论——"沉默的螺旋"效应或在当前网络传播中持续存在。纽曼提出的沉默螺旋理论认为大众意见的表明和"沉默"的扩散是

一个螺旋式的社会传播过程，"沉默螺旋理论最根本的假设是个人具有对社会孤立的恐惧感（当然，纽曼也提到，这种从众的动机有时候并不只是因为恐惧，还出于其他的心理需要或者利益驱动）"，[①] 网络传播中的受众虽然因网络的匿名性而呈现素不相识的交流状态，但群体交流仍然是在一个个具体的场景下产生的，群体中多数人的行为仍然可能作为一种压力传导给个人从而产生从众行为，进而发生少数人的意见演变为多数人认可的舆论。

三 构筑网络传播健康生态的措施建议

网络空间是亿万民众共同的精神家园。构筑健康的网络传播生态，需要政府、媒体、平台及广大网民共同参与。政府规范精细管理、媒体专业把关引导、平台强化责任担当、网民自觉尽责参与，将共同促进网络传播趋利避害、良性发展。

（一）政府切实发挥监督疏导作用，净化公共信息空间

依法管网是政府职责所系。随着网络传播环境的变化，万物皆媒、传播主体与渠道愈加丰富的趋势也在一定程度上考验着政府部门的管网治网水平。在现代法治背景下，确保规范治理的科学化与精细化决定着网络传播环境建设的基础与可持续发展的空间。一方面需明确边界，坚持并筑高法治底线。对网络信息空间的治理需依法合规而行，通过依法治理，增强管理措施的权威性，既增强政府公信力，也有利于提高各主体对政府发挥监督疏导作用的认可度。在加大违规内容的处罚力度时，也需注重提高相关流程的透明度，帮助公众认清网络空间行为的权利边界。另一方面还要根据实际情况及时制定、不断完善有利于规范网络管理、促进网络发展的法律法规和政策措施，并在社会不同主体之间进行充分的意见咨询，为有理有据行使网络管理职能提供法律基础。

---

① 刘海龙：《沉默的螺旋是否会在互联网上消失》，《国际新闻界》2001年第3期。

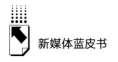

（二）主流媒体发挥引领作用，带动提升网络内容质量

融媒体时代，网络信息传播速度快、影响范围广，一旦形成热点，很容易在极短的时间内迅速发酵扩散。对于一些突发性事件尤其如此，传播热度快速升高快速降落，留给处置应对的时间窗口往往非常短。其间各种小道消息很快不胫而走，这些消息真假难辨、混淆视听，容易引起民众的不安和焦虑，甚至影响社会安定团结。在这种情况下，主流媒体强化责任担当，及时跟进报道，多渠道发布权威信息引导舆论十分有必要。充分发挥主流媒体的舆论引导作用，把握"时度效"原则，客观真实地报道事件进展，挤压各种谣言的生存和传播空间，激浊扬清、明辨是非，提高权威声音的公信力，抢先占据舆论高地。此外，主流媒体作为专业把关人，通过推动主流媒体与商业网站、短视频平台及广大自媒体的交流合作，有助于带动提升社会整体内容生产者的社会责任与专业素养。

（三）平台企业强化责任担当，发挥新技术优势优化内容生态池

"互联网平台的崛起，是现阶段传播生态的最重要改变之一"，① 为确保网络空间健康、规范发展，平台企业也需进一步强化责任担当，筑牢内容生态安全防线，同时创新奖励机制，鼓励更多自媒体内容创作者生产更多正能量内容，形成以主流媒体为核心、自媒体账号积极参与的正能量内容传播矩阵。同时，平台企业还应发挥新技术优势加强自身的内容净化能力。例如，通过运用内容文本技术加强识别并过滤虚假信息。又如，构建正能量内容资源池。在传统主流媒体内容来源的基础上，对自媒体内容创作者创作的正能量内容通过算法等技术进行准确抓取和识别，共同构建正能量内容资源池，并进行人工标注，将其作为平台重点推荐内容的基础，提升正能量内容传播的到达率和精准度。

---

① 喻国明：《互联网平台：传播生态的巨变及其社会治理》，《新闻论坛》2021 年第 5 期。

（四）公众提高网络素养，文明理性共建网络家园

公众是网络传播的重要参与者，加强公众，特别是青少年等重点人群网络素养教育，帮助其提升识网、用网能力十分重要。青少年是网民群体的有生力量，也是近些年网络传播圈层化、情绪化背后的主体动因之一。将网民素养教育与学校教育结合起来，同时营造政府、学校、企业、社会和家庭相结合的网络素养教育共同体，以价值观教育引领青年提升信息分辨和解读能力，以人文教育培养青年理性思考能力。对于普通公众而言，只有增强对不良信息的识别能力才能尽可能保持独立思考而避免被"带节奏"。此外，应培养公众作为网络空间共建主体的社会责任意识，鼓励公众参与健康网络传播的主体监督，共建共享良性发展氛围。

参考文献

杨蕾：《论网络传播中新把关人角色》，《社会科学辑刊》2009 年第 4 期。

刘海龙：《沉默的螺旋是否会在互联网上消失》，《国际新闻界》2001 年第 3 期。

喻国明：《互联网平台：传播生态的巨变及其社会治理》，《新闻论坛》2021 年第 5 期。

产业篇

Sector Reports

B.20

2022年中国新媒体产业发展报告

郭全中　朱　燕*

摘　要： 受2022年国内外复杂形势的影响，我国新媒体产业主要细分行业出现明显下行态势，但直播电商、声音经济等细分产业依然保持着良好的增长态势。面对互联网红利殆尽、进入存量竞争时代等突出问题，互联网平台企业积极布局新兴科技产业、深化出海布局。展望2023年，我国对互联网平台的监管将常态化，加快出海进程、紧抓科技风口、推动产业数字化落地成为互联网产业发展的新趋势。

关键词： 新媒体产业　数字经济　互联网平台

---

* 郭全中，中央民族大学新闻与传播学院教授，江苏紫金传媒智库高级研究员，主要研究方向为传媒经济与管理、平台经济等；朱燕，中央民族大学新闻与传播学院，主要研究方向为新媒体产业。

受多重因素影响，2022 年我国新媒体产业发展遇冷，主要细分产业鲜见地出现了负增长。但是，我国新媒体产业发展的外部宏观环境整体向好，新兴产业发展势头迅猛，加上疫情防控进入新阶段，我国新媒体产业将稳步复苏。

一　新媒体产业发展遭遇较大困难

2022 年，受俄乌冲突、欧洲能源危机、疫情反复等超预期因素影响，我国新媒体产业遭遇了较大困难。尽管我国经济基础稳固，各产业的韧性与抗风险能力较强，但新媒体产业主要细分行业仍出现下行态势。

（一）经济持续恢复

根据国家统计局数据，经初步核算，2022 年全年国内生产总值 121 万亿元，同比增长 3.0%，总额破 120 万亿元，但增速未达预期，有所下滑。其中，第三产业增加值 638698 亿元，同比增长 2.3%。全年人均国内生产总值 85698 元，同比增长 3.0%。[①] 面对复杂严峻的国内外形势和各类不确定性因素，我国经济顶住压力持续恢复，尽管增速放缓，但也为新媒体产业发展提供了坚实、稳定的经济基础。

（二）互联网平台治理转为常态化监管阶段

目前，我国已进入强监管互联网时代，互联网治理政策转变为以数字经济和平台治理为重点，对数字经济的治理强调反垄断和防止资本无序扩张，对平台的治理则注重商业利益和公共利益相结合。2022 年 4 月 29 日，中共中央政治局会议提出，完成平台经济专项整改，实施常态化监管，为下一阶段的互联网行业监管定调，这标志着对互联网企业的监管政策边界逐渐清晰，常态化监管是未来的主要基调。

---

① 国家统计局：《中华人民共和国 2022 年国民经济和社会发展统计公报》，http://www.stats.gov.cn/tjsj/zxfb/202302/t20230227_ 1918980.html，2023 年 2 月 28 日。

（三）网络基础设施持续优化

根据中国互联网络信息中心（CNNIC）发布的第51次《中国互联网络发展状况统计报告》（以下简称《网络报告》），5G建设加快推进，万物互联基础不断夯实。截至2022年12月，我国5G基站总数达231万个，占移动基站总数的21.3%，较2021年12月提高7个百分点；我国移动网络的终端连接总数达35.28亿户，移动物联网连接数达到18.45亿户。① 我国网络基础持续优化，为互联网普及率的提升及互联网产业的发展提供了良好的基础。

（四）传统领域应用线上化进程加快

《网络报告》数据显示，2022年我国互联网应用用户规模基本保持稳定。截至2022年12月，我国线上办公用户规模达5.40亿，较2021年12月增长7078万，占网民整体的50.6%；我国互联网医疗用户规模达3.63亿，较2021年12月增长6466万，占网民整体的34.0%。② 尽管互联网面临着流量增长瓶颈，但是，我国线上办公市场快速发展、互联网医疗规范化水平持续提升，我国传统领域应用线上化进程不断加快。

（五）数字经济逐步"脱虚向实"

党的二十大报告指出，加快发展数字经济，促进数字经济和实体经济深度融合，打造具有国际竞争力的数字产业集群。近年来，我国大数据、区块链、人工智能等新兴数字产业取得显著发展成效，数字经济与实体经济加快双向赋能、深度融合的进程，数字技术改变着传统经济的生产模式，为实体经济发展提供了技术支持与数字化解决方案；而具有深厚现实基础的实体经

---

① CNNIC：《第51次〈中国互联网络发展状况统计报告〉》，https：//www.cnnic.cn/n4/2023/0302/c199-10755.html，2023年3月2日。

② CNNIC：《第51次〈中国互联网络发展状况统计报告〉》，https：//www.cnnic.cn/n4/2023/0302/c199-10755.html，2023年3月2日。

济又反过来为数字经济提供"脱虚向实"的应用场景,助力数字技术更好地为现实需要服务。2022年初,国务院印发《"十四五"数字经济发展规划》,部署了"十四五"时期数字经济的重点任务,为我国数字经济的健康发展提供了良好支撑。

二 新媒体产业主要细分行业出现下滑

受疫情等因素的影响,2022年我国新媒体产业的发展受到严重冲击,增速放缓,主要细分产业出现近几年来的首次负增长。

(一)互联网广告营销市场规模同比下滑3.19%

根据中关村互动营销实验室等发布的《2022中国互联网广告数据报告》(以下简称《互联网广告报告》),从整体上来看,2022年我国互联网广告营销市场遇冷,行业增速大大放缓。

1. 互联网广告营销市场规模出现回调

我国互联网广告市场经历了多年的高速发展,但2022年市场规模是近七年首次出现负增长。《互联网广告报告》显示,2022年中国互联网广告市场规模预计约为5088亿元,同比下降6.38%(见表1);2022年中国互联网营销市场规模预计约6150亿元,同比下降0.37%;2022年中国广告与营销市场规模合计约为11238亿元,同比下滑3.19%。① 除了复杂多变的国际形势带来的不良影响外,我国互联网广告与营销市场全年受疫情影响较大。根据《互联网广告报告》,2022年第一季度,我国互联网广告市场规模保持正增长,3月呈现了16.30%的良好增长态势,随着4月全国各地出现新一轮疫情,第二季度成为2022年市场下滑最明显的季度。经国家政策的科学调整与引导,互联网广告市场规模下滑幅度于第三季度开始收窄,并

---

① 中关村互动营销实验室等:《2022中国互联网广告数据报告》,https://max.book118.com/html/2023/0119/8050116020005031.shtm,2023年1月12日。

于第四季度出现单月正增长的情况。整体来说，虽然 2022 年互联网广告市场规模仍超过了 5000 亿元，但受短期波动影响较大，产业恢复进程缓慢。

表1　2018~2022 年我国互联网广告市场规模及同比增速

单位：亿元，%

年份	市场规模	同比增速
2018	3694	24.17
2019	4367	18.22
2020	4972	13.85
2021	5435	9.31
2022	5088	-6.38

资料来源：CNNIC 和中关村互动营销实验室的数据资料整理。

2. 互联网广告收入与经济结构调整密切相关

在消费市场整体遇冷的情况下，关乎民生的品类成为新兴热门消费品类。根据《互联网广告报告》，食品饮料与个护及母婴品类合计市场占比从 2021 年的 62% 提升至 2022 年的 64%，个护及母婴品类继续超越食品饮料，保持互联网广告市场第一大品类的位置；受行业调整和监管政策等因素影响，房地产品类、家电装潢品类和教育培训行业的广告收入出现断崖式下跌，房地产品类的收入降幅从 2021 年的 51.44% 扩大至 83%，教育培训行业的广告收入持续下滑 72% 至 23.78 亿元，其市场规模也萎缩至 2020年的 1/10 左右；而与此同时，受"双碳"战略红利、国内新能源汽车市场蓬勃发展等多项利好因素影响，近年来广告投放持续呈现低迷状态的交通行业较上年新增 66.54 亿元，增幅达 14.30%；疫情期间，零售物流行业的市场规模大增 54.69% 并破百亿元，服装服饰品类相关广告收入大涨 59.35% 有余。从数据上看，互联网广告和营销市场与经济结构调整等密切关联。

3.互联网公司广告市场集中度高，行业巨头增速放缓

第一，互联网公司广告市场集中度高。近几年，我国互联网公司广告收入排位不断迭代更新，2022年，阿里巴巴、字节跳动、腾讯、百度居前四位，其互联网广告收入均超过500亿元。受疫情和经济基本面下行影响，互联网广告市场集中度较2021年进一步提升，头部效应明显，行业巨头的市场垄断程度高。行业前十大公司的市场份额占比由2021年的94.85%上升至96.46%，为近七年来最高，行业前四的巨头公司市场份额占比为77.54%，与2021年基本持平。第二，行业巨头增速放缓。在行业TOP4企业中，除了短视频布局成熟的字节跳动外，BAT均出现了较大幅度的规模下滑，三家合计下降355亿元，各家降幅均超过9%。我国互联网广告市场集中度高，行业巨头的收入波动成为2022年市场总体下降的主要原因。

（二）游戏产业多项市场指标下滑，移动游戏仍为市场主流

1.我国游戏市场实际销售收入出现负增长

根据中国音数协游戏工委（GPC）与中国游戏产业研究院发布的《2022年中国游戏产业报告》（以下简称《游戏报告》），2022年中国游戏市场实际销售收入2658.84亿元，同比下降10.33%（见表2），标志着我国游戏产业发展已进入存量市场时代。[①] 其背后的深层原因有：一是受国内外各类超预期因素影响，我国宏观经济仍处于恢复阶段，用户的消费意愿和消费能力相对不足；二是受疫情反复的影响，游戏产业面临团队工作效率低、项目储备不足等多重挑战；三是版号发放较少、行业立项与投资谨慎、新上线的游戏数量较少。

---

① 中国音数协游戏工委（GPC）、中国游戏产业研究院：《2022年中国游戏产业报告》，http://app.myzaker.com/news/article.php? pk = 63eb31c28e9f096a2029377f，2023年2月15日。

表 2 2014~2022 年中国游戏市场实际销售收入及同比增速

单位：亿元，%

年份	实际销售收入	同比增速
2014	1144.81	37.65
2015	1407.02	22.90
2016	1655.66	17.67
2017	2036.07	22.98
2018	2144.43	5.32
2019	2308.77	7.66
2020	2786.87	20.71
2021	2965.13	6.40
2022	2658.84	-10.33

资料来源：根据中国音数协游戏工委（GPC）与中国游戏产业研究院发布的《2022 年中国游戏产业报告》整理。

2. 我国游戏用户规模出现近十年来的首次下降

根据《游戏报告》，2022 年中国游戏用户规模为 6.64 亿人，同比下降 0.33%。继 2021 年用户规模增速大幅放缓后，2022 年用户规模出现了近十年来的首次下降。由于新型游戏产品上线较少，用户流失严重，我国游戏用户规模也进入了存量市场时代。

3. 中国自主研发游戏海外市场收入有所下降

受疫情影响下全球市场普遍低迷、海外市场运营成本上升、汇率波动、海外当地政策限制性增强等因素影响，我国游戏市场的出海路径受到阻碍。根据《游戏报告》，2022 年中国自主研发游戏海外市场实际销售收入为 2223.77 亿元，同比下降 13.07%。但是，该降幅明显低于同期国内市场收入降幅，且仍保持着超过百亿美元的市场规模。

4. 移动游戏仍为市场主流，客户端游戏市场抗风险能力更强

根据《游戏报告》，在中国游戏市场中，移动游戏市场实际销售收入占总收入的 72.61%。这个比重低于 2021 年移动游戏所占比重（76.06%），也低于 2022 年上半年相应比重（74.75%）。尽管移动游戏仍为市场主流，但占比减少。值得一提的是，移动游戏、网页游戏和主机游戏市场的实际销售收入均呈现下滑趋势，唯有客户端游戏市场实际销售收入呈增长态势。在游戏行业整体发展不景气的环境下，客户端游戏由于其核心用户具有相对稳定的付费习惯和游玩习惯，近三年来市场实际销售收入逐年增长，具有广阔的增长空间，呈现出较其他类型游戏更强的抗风险能力。

5. 头部游戏产品固化

随着游戏市场逐步发展成熟，新品创新难度大、头部游戏产品固化成为游戏行业的新问题。目前，我国头部游戏产品的收入主要来自忠诚度较高的老用户，难以为市场提供有效增量，且部分产品正步入生命衰退周期。根据伽马数据发布的《2023 中国游戏产业趋势及潜力分析报告》（以下简称《游戏产业趋势报告》），2022 年，中国头部企业的新品产出量较 2021 年减少超四成，远高于产业平均水平，而头部企业的新品对市场的影响作用更大。[1]

6. 云游戏高速增长

根据中国信息通信研究院和 IDC 发布的《全球云游戏产业深度观察及趋势研判研究报告（2022 年）》，2021 年，中国云游戏市场收入达到 40.6 亿元，同比增长 93.3%，月活用户达到 6220 万人，同比增长 64.1%。[2] 艾瑞咨询预测，云游戏市场规模将于 2024 年突破百亿，且市场整体复合增长率将于 2022~2025 年达到 76.6%。

（三）直播电商销售额超过5140亿美元

市场研究公司 eMarketer 的数据显示，2022 年，中国直播电商销售额超过 5140 亿美元，并以 19% 的速度增长，占中国所有电子商务销售额的 17% 以上。[3] 根据艾媒咨询的《2022~2023 年中国直播电商行业运行大数据分析

① 伽马数据：《2023 中国游戏产业趋势及潜力分析报告》，http://science.china.com.cn/2023-02/15/content_ 42260192. htm，2023 年 2 月 14 日。
② 中国信息通信研究院、IDC：《全球云游戏产业深度观察及趋势研判研究报告（2022 年）》，http://news.sohu.com/a/530579745_ 121124361，2022 年 3 月 17 日。
③ eMarketer：《直播电商规模中美鲜明对比：5140 亿美元 VS 170 亿美元》，https://i. ifeng.com/c/8NhcJOxZNie，2023 年 2 月 25 日。

及趋势研究报告》，预计到 2025 年我国直播电商行业规模将达到 21373 亿元，价格优惠是 58.8% 的用户选择直播电商的原因，其次则是便捷采购和商品的直观真实性。① 在新媒体产业主要细分行业明显下行的态势下，直播电商行业持续保持较高增速。

（四）电影产业下滑严重且复苏缓慢

根据国家电影局数据，2022 年度全国电影总票房为 300.67 亿元，较 2021 年减少 171.33 亿元，较 2020 年增加 96.5 亿元。其中，国产电影票房为 255.11 亿元，在总票房中占比为 84.85%；全年城市院线观影人次为 7.12 亿；在春节档影片的拉动下，2022 年 2 月 10 日，我国年度票房突破 100 亿元大关，刷新中国电影市场年度票房最快破百亿纪录。② 3 月受新一轮疫情扩散的影响，影院关停数量增加，加上年底新型变异病毒的扩散，我国影院经营遭受重创，电影产业下滑严重且复苏缓慢。

（五）MCN 市场规模超过 430 亿元

1. MCN 市场发展前景广阔，但行业问题逐渐凸显

由于以短视频为代表的新兴网红经济的快速崛起，MCN 机构如雨后春笋般涌现，形成了稳固的商业模式和丰富的内容矩阵。目前，我国 MCN 机构的盈利方向主要有以下两个：一是面向 C 端用户的商业合作、流量分成等，二是面向 B 端商家的产品售卖、直播打赏、知识付费等。根据艾媒咨询发布的《2022~2023 年中国 MCN 行业发展研究报告》（以下简称《MCN 行业发展报告》），2022 年我国 MCN 机构数量超 40000 家，2025 年将超过 60000 家；2022 年市场规模达 432 亿元，预计 2025 年达 743 亿元。③ 尽管

---

① 艾媒咨询：《2022~2023 年中国直播电商行业运行大数据分析及趋势研究报告》，https：//www.iimedia.cn/c400/86233.html，2022 年 6 月 24 日。
② 国家电影局：《2022 年度全国电影总票房超三百亿元》，https：//www.chinafilm.gov.cn/chinafilm/contents/142/4465.shtml，2023 年 1 月 4 日。
③ 艾媒咨询：《2022~2023 年中国 MCN 行业发展研究报告》，https：//www.iimedia.cn/c400/87027.html，2022 年 7 月 20 日。

MCN市场发展前景广阔，但随着流量红利的消退，MCN机构在内容营销层面也迎来了激烈竞争，网红孵化机制不成熟、内容同质化现象严重、维权和监管困难等问题凸显出来。

2. 细分赛道存在大量潜在用户

根据《MCN行业发展报告》，2022年排名前三的受欢迎直播/短视频内容分别为影视音乐（62.4%）、综艺节目（56.7%）、游戏电竞（55.0%），而2021年排前三的是综艺节目（64.8%）、影视音乐（57.3%）、新闻资讯（49.6%）。[①] 随着电竞赛事热度的提升和宣传力度的加大，游戏电竞类型的受众规模明显扩大，这类细分赛道的粉丝黏性强，存在大量潜在用户。

（六）声音经济产业市场前景广阔

根据艾媒咨询发布的《2022年中国声音经济数字化应用发展趋势报告》（以下简称《声音经济报告》），声音经济产业是指围绕声音进行信息消费而引发的一切经济现象及行为。声音经济产业主要市场分为线上和线下，线上市场包括有声书、广播剧、播客、在线K歌、直播等领域，线下市场则包括配音解说、节目主持、脱口秀、相声等。《声音经济报告》显示，2022年中国声音经济产业规模达3816.6亿元，同比增长23.8%，保持着较高增速，预测2023年将超过5100亿元（见表3）；在线直播和在线音频用户规模分别达7.2亿和6.9亿。[②] 随着用户对声音内容的付费习惯的养成和国民文娱需求的多样化，加上5G、AI等技术赋能音频质量的提升，音频应用场景呈现多元化，预计中国声音经济市场规模未来将进一步扩大，发展前景广阔。

---

① 艾媒咨询：《2022~2023年中国MCN行业发展研究报告》，https://www.iimedia.cn/c400/87027.html，2022年7月20日。

② 艾媒咨询：《2022年中国声音经济数字化应用发展趋势报告》，https://www.iimedia.cn/c400/91728.html，2023年2月20日。

表3 2018~2022年中国声音经济产业规模及同比增速

单位：亿元，%

年份	产业规模	同比增速
2018	472.4	53.6
2019	1369.9	190.0
2020	2215.2	61.7
2021	3083.6	39.2
2022	3816.6	23.8

资料来源：根据艾媒咨询发布的《2022年中国声音经济数字化应用发展趋势报告》整理。

（七）电竞产业收入五年来首次下降

根据中国音数协电竞工委联合伽马数据发布的《2022年中国电竞产业报告》，2022年我国电竞产业收入1445.03亿元，同比下降14.01%，为五年来首次下降（见表4）；国内电竞用户规模约为4.88亿，同比下降0.33%；电竞游戏收入占比81.52%，内容直播、赛事活动、俱乐部经营收入共计占比18.48%，电竞游戏收入占比极高，行业需深入拓展其他业务，才能助力电竞产业更合理地发展。① 总的来说，受疫情影响，部分线下赛事停办，赞助商与观众热情减弱，但我国电竞产业依然呈现出较强的韧性与良好的发展前景。

表4 2018~2022年我国电子竞技产业收入及同比增速

单位：亿元，%

年份	收入	同比增速
2018	922.09	19.32
2019	1102.20	19.53
2020	1584.87	43.79
2021	1680.44	6.03
2022	1445.03	-14.01

资料来源：根据中国音数协电竞工委联合伽马数据发布的《2022年中国电竞产业报告》整理。

---

① 中国音数协电竞工委、伽马数据：《2022年中国电竞产业报告》，https：//www.guancha.cn/economy/2023_02_17_680232.shtml，2023年2月17日。

（八）元宇宙持续升温

第一，元宇宙投资规模扩大，各大巨头加速布局。根据财联社创投通联合 IT 桔子发布的《2022 年全球元宇宙投融资报告》（以下简称《元宇宙报告》），2022 年全球元宇宙产业共发生了 704 笔融资事件，总金额达 868.67 亿元。[①] 其中，中国（包括港澳台）完成 125 起，融资总额为 127.82 亿元，且诞生了 Animaoca Brands、小冰、Soul 和魔珐科技四大中国元宇宙企业"独角兽"。以阿里巴巴、字节跳动等为代表的互联网巨头相继布局元宇宙，2022 年 11 月，阿里巴巴以 4000 万美元巨额投资元宇宙平台 YAHAHA；2022 年 6 月，字节跳动收购研究元宇宙社交领域的公司"Vyou 微你"。元宇宙有望进一步提升线上化率，长期来看将带来行业总量增长。

第二，元宇宙政策扶持力度大。根据《元宇宙报告》，截至报告发布前，我国已有 15 个省区市政府出台了 29 项元宇宙专项扶持政策，部分实施方案对元宇宙产业的引进、补贴等作出了详细规定，包括上海徐汇、合肥、武汉等在内的九个地方政府还将元宇宙写进了政府工作报告。[②] 元宇宙作为未来数字经济发展的重要载体，获得了较好的政策扶持。

（九）中国互联网行业总收入十年来首次出现同比下滑

根据工业和信息化部运行监测协调局发布的《2022 年互联网和相关服务业运行情况报告》，2022 年，中国规模以上互联网和相关服务企业总收入达 1.46 万亿元，同比下降 1.1%，这是自该数据统计以来（2013 年）首次出现同比下滑。截至 2022 年 12 月底的第四季度财报显示，阿里巴巴集团收入 2477.56 亿元，仅同比增长 2%；腾讯 2022 年第三季度财报显示，其总营

---

① 财联社创投通、IT 桔子：《2022 年全球元宇宙投融资报告》，https://finance.sina.com.cn/blockchain/roll/2022-12-28/doc-imxyfcvh3683802.shtml，2022 年 12 月 28 日。

② 财联社创投通、IT 桔子：《2022 年全球元宇宙投融资报告》，https://finance.sina.com.cn/blockchain/roll/2022-12-28/doc-imxyfcvh3683802.shtml，2022 年 12 月 28 日。

收 1401 亿元，同比下滑 2%。① 随着互联网红利殆尽、对互联网平台常态化监管政策的出台，存量市场逐渐代替增量市场，我国互联网企业高增长阶段结束，进入增速放缓的结构调整阶段。

（十）新媒体产业投融资步调放缓

第一，互联网巨头是投资新媒体产业的核心力量。2022 年，尽管腾讯、阿里巴巴、字节跳动等互联网巨头在新媒体产业投资事件数量较 2021 年大幅减少，如腾讯单年对外投资数量首次跌破 100 笔，2022 年累计对外公开投资仅 90 笔，阿里巴巴共投资 33 家公司，为近十年投资最低值，但是，互联网巨头依然是投资新媒体产业的核心力量。IT 桔子数据显示，一是腾讯投资了文娱传媒领域的"冠声文化"及影视领域的"卡布姆""更号三"等，二是阿里巴巴投资了广告营销领域的"喜屏传媒"和游戏公司"Unity 中国"等，三是字节跳动收购电影票务服务平台"影托邦"和漫画阅读平台"漫迹"等。

第二，海外投资布局深化。在互联网市场增量空间越来越小的情况下，互联网巨头纷纷推进投资出海，深化海外投资布局。腾讯 2022 年的 90 次投资中，海外投资占比达 41.6%，值得一提的是，腾讯的海外投资项目占比从 2021 年的 16.3%增长至 2022 年的 41.6%，实现了陡增；以电商零售行业为例，阿里巴巴仅 2022 年一年就向其自 2016 年开始扶持的东南亚电商平台 Lazada 先后三次注资，总计投资超过 16 亿美元，且于 11 月底在西班牙推出了新平台 Miravia；拼多多、字节跳动也分别以 TEMU 和 Tik Tok Shop 为抓手，发力跨境电商；② 腾讯投资印度最大电子商务零售商 Flipkart（见表 5、表 6、表 7）。

---

① 工业和信息化部运行监测协调局：《2022 年互联网和相关服务业运行情况报告》，https：//www. chinaz. com/2023/0206/1493769. shtml，2023 年 2 月 6 日。
② 融资中国：《投资有边界，互联网大厂不再"买买买"》，https：//baijiahao. baidu. com/s? id=1755785445245596370&wfr=spider&for=pc，2023 年 1 月 23 日。

表5　2022年阿里巴巴新媒体产业投资版图

投资时间	公司名称	领域	轮次	金额
2022年11月	YAHAHA	元宇宙	A+	4000万美元
2022年3月	喜屏传媒	广告营销	B轮	数千万元人民币
2022年6月	单立人喜剧	喜剧	战略投资	未透露
2022年8月	Unity中国	游戏	战略投资	数亿美元
2022年3月	KICKS CREW	电商零售	A轮	600万美元

资料来源：IT桔子。

表6　2022年字节跳动新媒体产业投资版图

投资时间	公司名称	领域	轮次	金额
2022年1月	漫迹	元宇宙	A+	4000万美元
2022年1月	影托邦	广告营销	B轮	数千万元人民币
2022年8月	Unity中国	游戏	战略投资	数亿美元
2022年6月	Vyou微你	元宇宙社交	收购	数千万元人民币
2022年1月	李未可	元宇宙虚拟人	战略投资	数千万元人民币

资料来源：IT桔子。

表7　2022年腾讯新媒体产业投资版图

投资时间	公司名称	领域	轮次	金额	所在区域
2022年1月	卡布姆	影视	天使轮	未透露	国内
2022年1月	更号三	影视	战略投资	未透露	国内
2022年1月	侦侦日上	影视	战略投资	数千万元人民币	国内
2022年2月	冠声文化	文娱传媒	战略投资	数千万元人民币	国内
2022年3月	七印象	影视	战略投资	数千万元人民币	国内
2022年3月	日谈公园	影视	A轮	数千万元人民币	国内
2022年7月	天津动漫堂	动漫	已被收购	未透露	国内
2022年10月	米橙子	综合文娱	已被收购	未透露	国内
2022年2月	ShareChat	社交网络	战略投资	1亿美元	海外
2022年1月	Aones心域科技	虚拟人	收购	数千万元人民币	国内
2022年1月	乐动卓越	游戏	已被收购	未透露	国内
2022年1月	四维八方	游戏	A轮	未透露	国内
2022年2月	Inflexion Games	游戏	已被收购	数百万美元	海外
2022年2月	1C Entertainment	游戏	已被收购	数千万美元	海外
2022年3月	Tequila Works	游戏	战略投资	数百万美元	海外

续表

投资时间	公司名称	领域	轮次	金额	所在区域
2022 年 6 月	Sybo	游戏	已被收购	未透露	海外
2022 年 9 月	From Software	游戏	战略投资	364 亿日元	海外
2022 年 9 月	Guillemot Brothers	游戏	战略投资	3 亿欧元	海外
2022 年 9 月	Triternion	游戏	战略投资	数百万美元	海外
2022 年 10 月	Gruby Entertainment	游戏	战略投资	数百万美元	海外
2022 年 12 月	Shift Up	游戏	战略投资	数百万美元	海外
2022 年 6 月	Flipkart	电商零售	战略投资	2.64 亿美元	海外

资料来源：IT 桔子。

三　新媒体产业未来的发展趋势

随着我国对互联网平台常态化监管政策的施行，互联网平台将朝着规范、健康的方向发展，并持续开拓海外市场。人工智能产业随着 ChatGPT 的爆火开始复苏，新媒体产业数字化趋势进一步加强。

（一）互联网平台监管进入常态化阶段

自 2021 年国家出台一系列互联网监管政策以来，我国对互联网平台的监管政策不断更新、完善。2022 年 7 月 28 日，中共中央政治局召开会议，会上指出，要推动平台经济规范健康持续发展，完成平台经济专项整改，对平台经济实施常态化监管，集中推出一批"绿灯"投资案例。此次会议再次强调"常态化监管"，并着重强调"绿灯"，即公平竞争，鼓励资本在公平竞争和高质量发展的基础上进入。2022 年 3 月 1 日，国家网信办等四部门联合发布的《互联网信息服务算法推荐管理规定》正式施行，我国积极布局人工智能领域法律体系与制度建设，算法与人工智能领域将是下一阶段网络治理的重点。可以预见，我国对互联网平台的常态化监管预期在一定时期内相对稳定。

（二）互联网公司继续向海外市场纵深挺进

第一，互联网公司出海进程加速。一是互联网公司加速探索出海业务。与国内新业务收缩的状况相比，互联网公司的海外业务又是另一番景象。根据 36 氪出海的数据，2022 年，互联网大厂在海外上线的非游戏类产品有 30 多款，其中，阿里巴巴位居榜首，共推出 20 余个海外业务新产品，其次是字节跳动的 6 个新海外产品，其后是网易、快手、B 站，相关数据较上年明显增加。二是跨境电商发展势头迅猛。中国出口贸易的强劲态势促进了跨境出口电商的持续发展，在 2022 年的最后三个月里，阿里巴巴国际零售业务收入约为 146 亿元，同比增长 26%，占集团总收入的 6%。此外，阿里巴巴的 ALLYLIKE 和 Miravia、拼多多的 TEMU、字节跳动的 Demonstudio 和 ifyooou 等业务也在 2022 年横空出世。[1]

第二，游戏行业出海前景广阔。在游戏投资方面，以投资频率相对较高的腾讯为例，2022 年，腾讯的游戏投资以海外研发为主，海外企业占比约为 85%。腾讯以 3 亿欧元收购法国游戏开发商育碧的最大股东吉列莫特兄弟 49.9% 的股权，在育碧持股比例翻倍，增至 9.99%；腾讯和索尼共斥资 364 亿日元，入股角川集团旗下游戏开发商 From Software（FS 社），腾讯由此成为 FS 社第二大股东，持股比例达 16.25%；腾讯收购推出知名 IP《夜莺》的加拿大游戏公司 Inflexion Games。此外，网易游戏也于 2022 年 8 月宣布收购法国游戏开发商 Quantic Dream。在游戏出海效果方面，以米哈游旗下游戏产品《原神》为例，2022 年《原神》的流水表现在中、美、日、韩等多个头部市场均位列 TOP20，根据 SensorTower 数据，《原神》于 2020~2021 年仅在 App Store 和 Google Play 的收入便已达到 37 亿美元。

（三）ChatGPT 资本活跃度上升，人工智能产业复苏

ChatGPT 是一款由人工智能研究实验室 OpenAI 发布的自然语言处理工

---

[1] 《押注电商、游戏、社交，大厂能否讲好出海新故事?》，https://mp.weixin.qq.com/s/v9Z9Y4bGGE-OyeVGg-FudA，2023 年 1 月 3 日。

具，它可以在学习人类语言的基础上和用户聊天互动，并能完成翻译、撰写文案和代码等工作。2022 年 11 月，ChatGPT 推出后不到一周，用户数便突破 100 万，月访问量高达 2100 万人次。ChatGPT 的爆火获得了资本市场的关注，我国相关概念股也持续走高。根据艾媒咨询数据，2020 年中国人工智能核心产业规模达 1500 亿元，预计 2030 年将达 10000 亿元，未来有望发展成为全球最大的人工智能市场。在 ChatGPT 爆火后，我国头部互联网公司也争相入局。百度宣布将于 2023 年 3 月推出类似 ChatGPT 的智能聊天程序——"文心一言"，消息一出，百度港股当日收涨 15.33%。继百度后，腾讯、阿里巴巴也相继放出在相关方向已有布局的消息。随着 ChatGPT 资本活跃度的上升，我国人工智能产业也迎来了复苏契机，在 5G 基础技术和国家政策等的加持下，人工智能产业将进入爆发式增长阶段。

（四）新媒体产业数字化趋势明显

第一，新媒体发展与数字中国建设紧密结合。党的二十大报告指出，要加快建设网络强国、数字中国。近年来，我国媒体纷纷建设内容聚合平台、媒体资源库及媒体智库，打造集咨询服务、生活服务、政务服务等于一体的当地"治国理政新平台"，推动"媒体+政务"运作模式的落地。2022 年 10 月，新华智云推出"中国农民丰收节共享媒资库"，依托语音识别（ASR）、人脸识别、自然语言处理（NLP）等多项新华智云自主研发的 AI 算法模型，智能聚合此次活动相关媒资，通过"智能标签+人工运营"的方式进行专题分类，为各媒体提供一站式媒资获取、使用服务。此外，多地政府、文旅局、消防局等创建的官方账号也收获了大量关注，政务新媒体凭借创新内容与形式频频出圈，助力营造数字政府形象。2022 年 11 月，江西南昌发布"赣服通"5.0 版，打造全国首个政务服务数字人"小赣事"，通过语音播报、智能找服务、多轮对话+边问边办三大创新举措打造一对一全流程服务，并与线下的大厅帮办代办"小赣事"一起为民众提供便捷的服务。在未来，数字中国理念将不断深度融入中国建设的顶层设计，新媒体将成为国家重大议题、政策、举措出台前的重要考虑因素。

第二，数字经济和实体经济加速融合。随着 5G、人工智能、物联网数字技术的发展与创新，"互联网+"持续推动传统经济形态的演变，并在创新驱动的作用下加速数字经济和实体经济的融合。传媒产业积极推进数字化改造，提高数字经济比重，产业数字化趋势明显。首先，传统媒体的策划、采编、发布将迈向集云计算、大数据、5G 技术于一体的全周期升级，同时打造贴合业务流程与应用场景的 AI 中台架构;[①] 其次，媒体行业不断整合互联网思维，推动传统广告模式朝着电商广告、信息流广告等以流量转化为导向的广告经营新模式发展。

参考文献

田智辉、王丹、黄楚新：《下一代互联网：中国新媒体发展的新变局》，《传媒》2022 年第 18 期。

郭全中、袁柏林：《传媒产业：积极寻求破冰之道》，《青年记者》2022 年第 24 期。

[①] 田智辉、王丹、黄楚新：《下一代互联网：中国新媒体发展的新变局》，《传媒》2022 年第 18 期。

B.21
2022年中国网络广告发展报告

王凤翔*

摘　要： 2022年，我国网络广告产业呈现回暖态势，互联网媒体平台公司大有所为，新技术赋能促使广告营销发生质变跳跃，网络广告相关法律规制、市场监管和舆论监督等方面进一步完善。面对各种问题与挑战，要坚持服务中国式现代化，以优化政策环境提振市场信心，以人才建设与资源优势促进可持续发展，推动我国网络广告产业向专业化和价值链高端延伸。

关键词： 网络广告　技术赋能　互联网平台

一　现状与趋势

2022年，我国网络广告市场尽管受到新冠疫情与国内外形势影响，而在技术创新上有新发展、新突破，互联网公司积极有为，网络广告市场不断回暖，推动了广告产业创新与发展繁荣。

（一）网络广告呈现回暖态势，市场规模依旧占据媒体产业龙头地位

第三方数据显示，我国网络广告发展相对优势依在，正在稳步前进。2020年以来，我国网络广告市场规模占全国媒体广告市场规模的一半以上，其媒体传播优势深受广告主认可与市场青睐，至今依然占据媒体产业的龙头

---

* 王凤翔，中国社会科学院大学新闻传播学院教授，中国社会科学院新闻与传播研究所研究员，主要研究方向为数字广告、网络营销。

地位。艾瑞咨询数据显示，2018～2021年我国网络广告市场规模分别为4965亿元、6464亿元、7666亿元、9343亿元；2022年突破万亿元规模，达到11101亿元，年增长率为18.8%。QuestMobile数据显示，2022年我国网络广告市场规模为7237.9亿元，年增长率为8.9%。其中，上半年网络广告市场规模为2903.6亿元，同比降低2.3%；下半年广告市场规模增加明显，同比增长9.4%，呈现较好的发展态势。

受新冠疫情等负面因素的影响，广告主投放意愿与市场期待下降，但2022年我国网络广告市场规模仍维持在5000亿元以上，与2020年、2021年一样，依然占据我国媒体广告市场规模的一半以上。CTR媒介智讯数据显示，2022年广告花费同比下跌11.8%，网络广告也不例外，2018～2021年的年增长率分别为24.17%、18.22%、13.85%、9.32%。中关村互动营销实验室等发布的《2022中国互联网广告数据报告》显示，2022年我国网络广告市场规模为5088亿元，年增长率为−6.38%。由此可见，这是25年来我国网络广告首次出现负增长（见图1）。

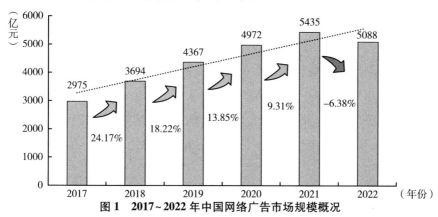

图1　2017～2022年中国网络广告市场规模概况

资料来源：中关村互动营销实验室等。

（二）元宇宙等新技术赋能：广告营销实现从"＋"到"×"的发展质变

2021年元宇宙概念普及，AIGC深受业界关注与加持，推动网络广告由

"在线"走向"在场"。国家高度重视，资本市场积极介入，各家互联网平台企业主动参与，有效形成了虚拟直播、虚拟人、虚拟物（NFT）和虚拟空间等元宇宙传播场景与网络广告生态链，推动了2022年我国XR、机器人建构的新闻信息与广告传播的产业创新与发展繁荣。

元宇宙产业的发展，有利于提升网络广告的表现力与临场感，主要表现在：一是制定未来元宇宙产业发展规划。2022年，工业和信息化部等八部门发布《推进工业文化发展实施方案（2021—2025年）》，粤港澳大湾区发布首个元宇宙专项扶持政策《广州市黄埔区　广州开发区促进元宇宙创新发展办法》，上海、武汉、北京与河南等地陆续发布元宇宙创新规划，有利于探索推进广告业发展的元宇宙技术、场景与内容，形成网络广告的传播矢力、发展张力与生命活力。二是举行系列元宇宙会议与研讨会。2022年全球元宇宙大会、WMC2022世界元宇宙大会等会议的举办有利于汇集国内外元宇宙优势资源，构建良性发展的网络广告业生态。三是工业元宇宙协同发展组织在北京成立，有利于以模板推广、标杆应用与赋能中心等方式建设元宇宙广告产业开放平台。四是BAT等互联网平台纷纷加入元宇宙及其广告场景的"大熔炉"，形成展现我国网络广告"在场"表现的建设大局与发展格局。五是广告营销代理商积极布局元宇宙。2022年6月，奥美中国与巴拉巴拉合作发布我国首个儿童数字代言人"谷雨"，提供从设计到运营全链路公共服务。7月，华扬联众上线由擅美广告与五菱打造的数字虚拟代言人LiI KiVi，驱动数字广告营销。8月，阳狮推出游戏单元LevelUp OAC，提供KOL营销、AR/VR广告等服务。

我国元宇宙建设推动网络广告业的市场影响力、拓展力提升。2022年北京冬奥会虚拟人给全球带来震撼，虚拟机器人也推动了广告业的创新实践。全球性网络营销公司蓝色光标抓住广告经营与市场营销机器人这个"牛鼻子"，于2022年1月1日发布首个数字虚拟人"苏小妹"，3月发布第二个数字虚拟人K，4月上线数字藏品发行平台MEME，布局IP矩阵、元宇宙营销与网络广告经营等领域。"苏小妹"以古代知性美女形成虚拟IP业务的首发形象。同时，蓝色光标与阿里达摩院合作，发展虚拟直播，赋能电商交易，提供全时段、全域化与全链路的数字资产与智能服务。3月，蓝色宇宙 Uniblue（蓝色光标全资子公司）在百度希壤创建"蓝宇宙"（也称"蓝盒子"），这是国内首个元宇宙营销空间，也是国内首个元宇宙品牌"商业街"。基于沉浸互动、虚拟智能的特点，在其发布后的不到两个月就有 110 万人参与体验。这些数字资产与区块链、大数据、5G、人工智能（AI）、增强现实（AR）、虚拟现实（VR）、混合现实（MR）、游戏开发、智能私域、NFT 铸造等应用技术与表现手段深度绑定，蓝色光标由此完成了"人（苏小妹/K）"、"货（MEME NFT 平台）"、"场（蓝宇宙）"的元宇宙布局。2022 年 11 月上线的 ChatGPT4.0 引发广告业界的高度关注。2023 年 3 月 13 日，蓝宇宙成为百度"文心一言"首批生态合作伙伴；16 日，宣布接入 ChatGPT4.0。蓝色光标计划借助"苏小妹"等虚拟人推动 AI 对话及其生产，形成具有数字身份发展特色、AIGC 生产属性的内容输出、虚拟资产制作、广告运营等服务，试图在元宇宙时代助力各类品牌广告主与广大消费者形成全新全面的联通与连接，催生智能时代网络广告经营的新业态、新模式。

（三）网络广告业发展阵痛与变局，互联网媒体平台公司有所作为

媒体平台网络广告延续 2021 年发展态势，在阵痛期不断更新进步，继续推动我国网络广告业向前发展。中关村互动营销实验室数据显示，2022 年我国电商平台广告市场规模占媒体平台广告市场规模的 38.12%，继续居媒体平台网络广告市场规模的第一位，而 2020 年、2021 年占比分别为 37.02%、36.75%。2022 年视频平台、搜索平台、社交媒体平台、新闻资讯平台网络广告收入占比分别为 6.16%、9.60%、10.23%、7.88%，而 2021 年占比分别为 6.74%、10.43%、9.77%、8.73%。其中，电商平台、社交媒体平台的网络广告收入占比有所上升，而视频平台、搜索平台、新闻资讯平台的网络广告收入有所下降。

排名前四的互联网平台公司网络广告市场份额为 78%，与 2021 年相比基本持平。中关村互动营销实验室数据显示，阿里巴巴、字节跳动、腾讯与百度 2022 年网络广告市场份额分别为 28%、23%、14%、13%，而 2021 年

分别为 29%、21%、15%、13%。其中，字节跳动涨幅达 2 个百分点，百度市场份额同上年持平，而阿里巴巴、腾讯均下降了 1 个百分点。阿里巴巴、字节跳动是突破千亿广告市场份额的两家头部平台企业。

电商广告依旧发展强劲。2021 年中国电商交易总额达到 13.79 万亿元，阿里、拼多多、京东、美团、唯品会等电商平台与短视频平台是电商广告经营大户。财报数据显示，在第二、第三季度，我国大多数电商平台受到疫情影响，收入有所下降，但发展势头没有受到严重抑制。2022 年，阿里巴巴前三个季度网络广告收入为 2021.81 亿元，而 2021 年为 2162.95 亿元；同期，拼多多、京东涨幅较大，成为有影响力的广告平台。从同期增长来看，阿里巴巴、唯品会网络广告收入在 2022 年第二季度、第三季度均出现了负增长，说明均受到了市场等要素的较大影响（见表 1）。

表 1 2022 年前三季度我国主要电商平台网络广告收入变化态势

单位：亿元，%

序号	公司	第一季度		第二季度		第三季度	
		收入	同期增长	收入	同期增长	收入	同期增长
1	阿里巴巴	634.21	0.31	722.63	−10.12	664.97	−7.25
2	拼多多	181.58	28.68	251.73	39.23	284.256	58.35
3	京东	176.76	25.18	207.42	9.25	189.54	12.99
4	美团	70.19	23.90	73.17	1.40	86.63	7.99
5	唯品会	13.18	11.98	13.75	−0.43	13.66	−1.73

资料来源：Morketing。

我国主要互联网公司 2022 年前三季度的发展态势各有不同，整体呈现下降趋势。百度、腾讯网络广告收入同比下降，继续成为第二梯队的头部平台。在 2022 年前三季度，腾讯、百度广告收入的同期增长，一直处于负增长态势。微博、爱奇艺、知乎、搜狐等知名媒体平台，汽车之家等垂直类网站平台，虎牙、斗鱼等知名游戏直播平台的同期增长情况都不容乐观。而快手、B 站等短视频、视频网站发展势头较好，同期增长情况较好，并推动电商经营及其广告营销不断发展（见表 2）。

表2 2022年前三季度我国主要互联网公司网络广告收入变化态势

单位：亿元，%

序号	公司	第一季度		第二季度		第三季度	
		收入	同期增长	收入	同期增长	收入	同期增长
1	腾讯	179.80	-17.56	186.38	-18.37	214.43	-4.68
2	百度	169.29	-6.44	182.68	-12.29	199.43	-5.26
3	快手	113.51	32.64	110.06	10.48	115.90	6.24
4	微博	28.53	10.00	26.72	-23.00	27.75	-26.82
5	爱奇艺	13.37	-30.26	11.94	-34.58	12.47	-24.88
6	B站	10.41	45.66	11.94	10.40	13.55	15.61
7	虎牙	3.13	47.20	2.23	-41.73	3.614	-3.29
8	汽车之家	2.67	-55.87	5.31	-11.54	5.557	28.11
9	知乎	2.17	1.68	2.38	-4.31	1.967	-38.65
10	搜狐	1.59	-22.58	1.73	-32.24	1.796	-23.53
11	斗鱼	0.68	-55.61	0.65	-59.11	0.933	-32.15

资料来源：Morketing。

（四）深化网络广告的国家战略、法律规制、市场监管和舆论监督

我国29个国家广告产业园区坚持"政府引导、市场主导"原则，坚持规划确定的"国际视野"和"国家战略"的发展定位和发展方向，促进网络广告产业成为推动数字经济发展的重要力量。国家广告产业园区建设与运营方培育孵化了一批新生数字广告企业，吸引了国际性或区域性资本、各类投融资机构与影响力大的互联网企业入驻，催生了广告发展与经营的新技术、新业态、新模式，汇聚了全球范围内最新、最具创意的网络信息技术与广告作品，呈现传统与创意的互融，以及文化、艺术与科技的互融，持续提升网络广告产业集约化、专业化、国际化发展水平，展现当前全球网络广告产业的发展趋势。

《中华人民共和国广告法（2021年修订）》《中华人民共和国反垄断法（2022年修订）》等法律法规的实施与生效，以良法善治推动我国互联网公司与网络广告健康发展。数字化正在重构网络广告业，数字广告的

透明化和安全性问题不断凸显。在数据安全、跨境传输与算法管理上，有关部门出台了《网络安全审查办法》、《互联网信息服务算法推荐管理规定》、《互联网用户账号信息管理规定》、《互联网弹窗信息推送服务管理规定》、《移动互联网应用程序信息服务管理规定》（新修订），以及《数据出境安全评估办法》《个人信息跨境处理活动安全认证规范》《个人信息出境标准合同规定（征求意见稿）》等法律法规，有利于强化网络广告的数据资源、传播辐射与使用支撑，有利于促进网络广告数据的合规高效流通，有利于建立广告知识产权、交易流通和安全保护等基础制度和标准规范。

国家市场监管总局强化监测监管，并发挥部际联席会议机制作用，大力整治虚假违法网络广告。"依法严厉打击违背社会公序良俗、损害未成年人身心健康、以虚假内容欺骗误导消费者等互联网广告违法行为，2022 年共查处互联网虚假违法广告相关案件 23426 件，罚没 3.14 亿元"。① 2022 年，中央网信办确定了"清朗"系列专项行动十大重点任务，如打击网络直播、短视频领域乱象，整治 MCN 机构信息内容乱象，打击流量造假、黑公关、网络水军专项行动。截至 2022 年 8 月，共计清理 16 家重点直播、短视频平台违规短视频 235 万余条，处置处罚违规主播、短视频账号 22 万余个，② 营建了风清气正的网络广告发展空间。

央视"3·15"晚会有利于强化对网络广告与市场营销的舆论监督。对聚享互娱、亿泰传媒等公司以女主播微信、男主播运营骗取粉丝打赏的行为，对永德祥玉器、石力派玉器等公司在直播中以江湖骗术编造主播翡翠业内身份的事实，对英迈思、天津企航、上海牛推等公司对搜索排名、删帖处理等方面的信息操纵，对腾牛网、ZOL 软件等公司高速下载隐藏陷阱软件的恶作，进行了一一曝光监督，维护了消费者合法权益与良性市场环境。

---

① 《市监总局：2022 年集中清理整治冒充专家名医开展广告宣传等乱象》，中国新闻网，2023 年 3 月 14 日。
② 《中国这十年｜"管""建"并行 2022 年"清朗"系列专项行动成效显著》，光明网，2022 年 8 月 18 日。

二　问题与挑战

错综复杂的国内外形势，以及新冠疫情，在一定程度上影响了国内消费与网络广告经营，对我国广告业发展、广告主行为惯性与居民消费习惯产生了较大影响。

（一）激发市场活力，提振业界信心

一是各种产业发展面临挑战，网络广告业务完全恢复仍需要一定时间。尤其是实体经济拓展市场发展空间，需要时间检验、资金推动、技术创新与市场融通。如何恢复市场信心，如何提振品牌雄心，需要较长期的规划与实践。

二是各类广告传播主体可能更加注重"短平快"的利益导向模式，而直播、短视频等电商营销是获取市场利润最快的路径，导致忽视网络广告系统及其信息技术基建，各类"色、丑、怪、假、俗、奢、赌"等违法违规信息内容随之而来，形成网络广告"群魔乱舞"的乱象。

三是随着我国媒体融合纵深发展，传统主流媒体因不具有平台媒体技术优势而在网络广告话语权方面稍显不足，同时由 MaaS（Metal as a Service）驱动的 AIUGC 生态及其广告经营可能会使主流媒体边缘化，主流新型媒体面临较大的"破圈"挑战。

四是各类新技术日新月异，也令人眼花缭乱，而广告业界如何形成系统、科学与有效的发展路径，还需要探讨与实践，否则必将损害网络广告生态系统的良性发展。

（二）突破网络广告发展的痛点和难点

如何建成具有自主知识体系的全球性网络广告生态系统，是我国网络广告发展过程中的重点、难点。

一是操作系统使得我国在网络广告发展中的全球话语权受到限制。苹果、安卓两大操作系统的通用性升级及 IDFA 隐私政策的重大变化，形成海

外市场强势主导格局，我国网络广告系统的海外发展受到较大影响，对打通并形成内外循环及其生态形成发展性障碍。

二是网络广告的技术创新、业态创新、模式创新有待加强。开放应用编程接口（API），完善基础设施即服务（IaaS）、软件即服务（SaaS）、平台即服务（PaaS）、云端即服务（Maas）等方面需要创新，软硬件基础设施与海外法律法规方面的主导性、融通性有待提升。

三是如何深化与网络广告相关的全球规则建设。针对平台企业及其网络广告的算法、人工智能、元宇宙等方面，要先一步及时形成网络广告有效管理、科学监管等方面的"中国方案"，为全球提供可供参考借鉴的网络广告治理等方面的中国经验。对此，要做好长期规划。

四是用户隐私保护的国内外差异使得我国网络广告系统的全球化布局受到阈限影响。网络广告的移动化、社交化与精准化推动着我国广告业的发展，但是针对用户隐私保护缺乏法律的通用限制。由此可见，提升海内外网络隐私法律与政策的一致性与通用性，是我国网络广告业必须面对的问题。

五是网络广告向专业化和价值链高端延伸及其相关政策有待深化。网络广告系统的全域性、全球化建设有待加强，如何形成具有全球竞争力与传播话语权的品牌有待探索。把中国故事、中国景观与中国文化融入原生广告、动漫业态与视频表现等内容传播新业态，提升我国数字广告系统的内生传播力，也是一大发展难题。

六是重点领域网络广告违法问题易发多发，网络广告市场秩序持续好转的技术基础依然薄弱，提升广告市场主体的示范性与引领性仍在路上。网络广告监管智慧化水平有待提升，网络广告知识产权保护与建设有待加强，预防和制止广告领域的市场垄断现象有待强化，以便形成具有中国特色的网络广告治理体系。

（三）海外市场拓展受复杂国际形势影响

网络广告是经济发展的风向标，具有催生与发展数字经济的合目的性与合规律性。美国对华实施遏制与打压政策，客观上影响了我国社交媒体及其网络广告的海外经营。尽管"在所有的竞争性的市场经济体系中，广告是不可或缺的部分"，然而，美国政府举起"价值观同盟"旗帜，在科技上对华实施"小院高墙"战略，建构符合美国战略的遏华"小圈子"。即使TikTok如此严格遵守美国等国家的法律法规与风土人情习俗，但美国等国家依然控告TikTok收集信息、监控用户，以及危害青少年健康成长，不断采取各种手段进行严厉打压，甚至严禁下载与使用。印度政府曾经借口所谓的中印边境紧张关系，关停了我国互联网公司在印度市场已经落地开花的各类App，使它们在印投资与经营损失巨大。这将损害全球数字经济的生态系统，也将对我国网络广告走向世界、拥抱海外、促进内外循环构成较大的挑战。

（四）广告异常曝光、异常点击情况较为严重

为追求网络流量，为虚假品牌造势，形成对广告的虚假点击、异常曝光。《2022年中国全域广告行业异常流量白皮书》显示，2022年全域广告异常曝光占比为25.3%，而2021年为27.1%，远低于2017年的33.9%；2022年全域异常点击占比为21.6%，而2021年为23.1%，远低于2019年的33.8%，两者均是2017年以来的最低占比（见图2）。2022年主流社交平台的全年无效流量为55.4%，而2021年为58.6%，对比下降了3.2个百分点。

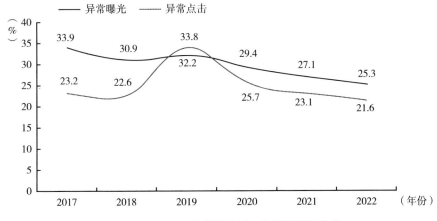

图2 2017~2022年中国全域广告异常流量态势

资料来源：国双Gridsum Ad Dissector。

三　对策与建议

党的二十大报告指出，以中国式现代化全面推进中华民族伟大复兴，成为全党全国各族人民的中心任务与历史使命。作为新技术、新业态与新模式的网络广告，要服务于中国式现代化，建构我国数字经济新发展格局，提升我国网络广告的话语权。

（一）坚持社会效益，服务中国式现代化

党的二十大报告强调，中国式现代化"既有各国现代化的共同特征，更有基于自己国情的中国特色"，创造了人类文明新形态。广告"消费是一种'建立'关系的主动模式，它是一种系统性活动的模式，也是一种全面性的回应，在它之上，建立了我们文化体系的整体"。在全球新一轮科技革命和产业变革中，网络广告是中国式现代化的内容与要素之一，吸收了美国等网络广告的发展优点，又形成了具有中国特色的发展优势。"我国网络广告发展始终坚持面向世界、面向科技制高点与面向人民群众对美好生活的追求，发挥我国互联网企业与网络广告的比较优势，在历史性发展中逐步形成彰显中国特色与中国气派、全球视野与国际格局的互联网发展格局与网络广告发展态势"。由此可见，我国网络广告能够取得如此大的成就，与我国巨大的市场分不开，要继续坚持以人民为中心，满足亿万人民群众对美好生活的追求，又要紧贴广大消费者的市场需要，成为解决社会主要矛盾的利器，成为推动我国数字经济发展与繁荣的重要力量。基于网络广告的公益性，发挥广告的正能量，构建全体人民共同富裕的传播景观。我国网络广告要加强虚假网络广告的市场监管指标建设，坚守正确导向与市场方向双发展，要坚持社会效益与市场效益相统一，深化物质文明和精神文明相协调的广告环境，推动人与自然和谐共生的绿色广告发展。应加强网络广告系统建设，与全球数字经济融合共生，维护全球互联网产业健康发展和互联网传播秩序，推动世界走向和平发展的康庄大道。

（二）推动网络广告产业向专业化和价值链高端延伸

国家市场监管总局发布的《"十四五"广告产业发展规划》强调，推动广告产业向专业化和价值链高端延伸。这是我国网络广告的发展重点与前进方向，要在如下方面有所作为：一是深化网络广告发展前景。互联网平台企业、新型主流媒体要跟进和引领广告发展趋势，在经营理念与经营模式上进行创新与探索，善于推进技术创新，积极开发与完善网络广告系统，加快建立关于数字广告的基础制度和标准规范，提升网络广告市场的主体性、示范性与引领性。二是提升我国平台主体化、网络广告法治化与市场全球化水平。借鉴海外法律法规，有效提升广告监管的智慧化水平，推动网络广告市场秩序持续向好。在人工智能、隐私保护、算法、元宇宙与网络知识产权等方面优先立法，围绕网络广告形成行业规范、市场规范；完善网络广告系统的数字化框架体系，加快实现数字赋能，形成广告业的规则重塑、产业升级与全球认同，提升我国网络广告话语权。三是实施"数字化+公益广告"行动。充分采用数字技术手段，创新公益广告产品和服务，引导发展数字公益广告事业。

（三）以优化政策环境提振市场信心

面对日益复杂的国际形势，各级政府更应有所作为，以数字广告服务促进和带动就业，发挥产业辐射作用，主要表现在：一是优化产业发展环境。推动符合我国广告发展规律、符合国家数字经济重大战略需求的政策出台，地方政府对数字广告发展应有明确的支持政策，支持市场监管部门对网络数字广告发展给予积极指导，形成广告产业与其他产业间融合发展的框架，促使国家广告产业园区提升专业化发展能力。二是制定出台符合网络广告产业发展特征和发展需求的政策。支持符合条件的网络广告产业市场主体，按规定享受文化产业、现代服务业或高新技术企业相关支持政策。按规定落实减税降费政策，降低广告产业市场主体经营成本。促使公共服务平台满足网络广告及关联企业发展需求，及时打造较完整的数字产业链条。支持网络广告

产业市场主体多渠道融资，充分激发各类市场主体活力，为网络广告提供发展新动力、新空间。三是推动出台支持人工智能、区块链、大数据、云计算、元宇宙与 ChatGPT 等技术在广告产业广泛应用的各类政策，推进广告、品牌与电子商务、人工智能、5G、区块链等的深度融合，促使我国网络广告产业在新技术环境下创新性发展。

（四）以人才建设与资源创新推动可持续发展

围绕数字产业发展格局，以人才链集聚创新链，带动产业链发展，提升网络广告附加值。立足数字经济与网络广告产业发展和人才需求，为高质量发展提供强有力的人才保障，因地因人因才制定"引才"政策，为广告企业和人才提供项目申报、税务登记、人才安居申报、劳动合同签订等一站式服务，扩充人才招引"蓄水池"，既要深入挖掘、培育本土人才，又要主动引进紧缺、高端人才，实现招才引智与招商引资、产业发展同频共振。帮助人才扩大"朋友圈"，强化产业资源共享。

保护非遗产品和弘扬传统文化，推动中华文化、本地资源的创造性转化、创新性发展，通过网络广告传播形成地域优势、地区特色、产业价值与品牌传播。同时，以发展网络广告为契机，积极组织、参加国际或地区的评奖、展览、交流、考察活动，为建设社会主义核心价值观、推动区域文化产业发展和数字广告创新提供良好的示范效应，为我国广告产业发展提供新机遇、新空间。

参考文献

王凤翔：《中国网络广告发展史（1997~2020）》，中国社会科学出版社，2021。

王凤翔：《管窥数字广告系统国际化》，《中国社会科学报》2020 年 12 月 3 日。

B.22
2022年无锡市新媒体行业发展研究报告

蔡文煜　杨涛　李梦月　惠恭健*

摘　要： 本文通过分析 2022 年无锡市新媒体行业发展现状，围绕无锡新
媒体行业的统筹规划、政策布局、行业管理等方面进行了全面分
析，发现在内容供给、共治机制、平台发展等方面还存在一些需
要改进的问题，进而提出提升优质内容传播能力、强化政务服务
功能建设、打造复合型全媒体人才队伍等促进无锡新媒体行业高
质量发展的相关建议。

关键词： 无锡　新媒体　多元共治　人才培养

2022 年，无锡市新媒体行业紧紧围绕无锡市委、市政府决策部署，立足
职责定位，认真践行网上群众路线，宣传引导与互动服务并重，积极运用政
务类和媒体类新媒体推进党务政务公开、优化政务服务、凝聚社会共识、创
新社会治理，取得了较好成效，为无锡市经济社会发展营造了良好的舆论
氛围。

为全面掌握 2022 年无锡市新媒体行业运营情况，江南大学—无锡互联
网传播研究中心联合无锡市互联网传播研究会，对 2022 年无锡市政务类和
媒体类新媒体账号进行系统研究和全面评估，形成了此报告。

---

* 蔡文煜，无锡市委网信办主任兼市委宣传部副部长，主要研究方向为新媒体传播；杨涛，江
南大学互联网传播研究中心特聘研究员，无锡市互联网传播研究会执行秘书长，主要研究方
向为新媒体传播；李梦月，江南大学人文学院，主要研究方向为新媒体传播；惠恭健，江南
大学人文学院副院长、硕士生导师，无锡市互联网传播研究会副会长，主要研究方向为新媒
体传播、传媒素养教育。

一 无锡新媒体行业发展环境分析

（一）加强统筹规划，不断完善无锡新媒体行业政策体系

根据《国务院办公厅关于推进政务新媒体健康有序发展的意见》（国办发〔2018〕123号）、《江苏省政府办公厅关于推进政务新媒体健康有序发展的实施意见》（苏政办发〔2019〕56号）、《江苏网络传播精品生产扶持办法（试行）》要求，无锡市委网信办下发和制定了《关于全市政务新媒体清理整顿内容运营违规外包和规范宣传报道秩序专项工作的通知》《无锡网络传播精品生产扶持办法（试行）》等文件，要求政务新媒体内容运营业务委托第三方运营的，受委托方应为政务新媒体主管主办单位的下属企事业单位，或主流新闻媒体，具有互联网新闻信息采编发布服务资质的主流新闻网站等。为推动无锡市新媒体平台健康发展、不断壮大，促进正能量网络传播精品生产，进一步提升城市网络形象，对内凝聚归属感、对外打造"锡"引力，为勇做全省"争当表率、争做示范、走在前列"排头兵，谱写"强富美高"新无锡建设新篇章提供有力的舆论支撑。

（二）完善政策布局，不断凝聚无锡新媒体行业工作合力

从2017年开始，为了综合考核评估无锡市"政务类新媒体"和"媒体类新媒体"的传播力、服务力和互动力，无锡市委网信办和江南大学文化传播与新媒体应用项目组共同发布涵盖了无锡市政务类微信公众号、政务类官方微博、媒体类微信公众号、媒体类官方微博等的"无锡市新媒体排行榜"。在此基础上，2019年3月，无锡市委网信办为深入推进市校合作，发挥江南大学的社会影响力和高校人才智力优势，与江南大学共同成立了江南大学—无锡互联网传播研究中心，以此为契机，紧跟行业前沿、整合各方力量、拓宽研究视野，努力建设成为全市、全省乃至全国有影响力的区域性互联网传播研究机构。2020年1月，无锡市互联网传播研究会由江南大学牵

头成立。无锡市互联网传播研究会整合了无锡市内各大新闻媒体、传播机构、新媒体企业的优质资源，联合国内知名机构和专家学者，致力于推进以互联网传播为研究核心的前瞻性探索及深度交流合作，对无锡网络传播格局进行再拓展、再丰富、再深化。至此，无锡市形成了集政府、科研机构、高校、社会组织、企业、媒体于一体的网信大格局，为提高新媒体建设水平、合力做好新闻宣传工作提供了有力支撑。

（三）强化行业管理，不断筑牢无锡新媒体行业工作阵地

截至 2022 年底，无锡市内共有 27 家新媒体平台获国家互联网新闻信息服务许可资质，10 余家知名商业新媒体平台及超 100 家 10 万以上用户群的自媒体落户锡城，形成了政务发布、生活资讯、民生论坛、评论引导、直播服务、县域融媒等全方位、立体化、全域性宣传矩阵。2019 年至今，为了助推无锡市新媒体高质量发展，无锡市委网信办联合江南大学——无锡互联网传播研究中心、无锡市互联网传播研究会共同发布的《无锡市新媒体发展蓝皮书》基于运营情况、职能分布、发展趋势、发展展望四大板块，精选优秀案例全面分析无锡新媒体发展状况，解读新媒体发展趋势，总结新媒体发展问题，探析新媒体深刻影响，为进一步做大做强主流舆论，把握好基调和节奏，建立部门间、区域间的联动机制，共同推动新媒体发展守正创新、行稳致远起到了关键性作用。

二 无锡新媒体行业发展现状

（一）无锡政务类新媒体的基本情况

1. 政务类微信公众号

目前，无锡政务类微信公众号已经逐渐形成矩阵体系，构建了协同发展的新局面。主流政务微信公众号"无锡发布"充分发挥龙头引领作用，统筹协调全市各市直部门（单位）、两市六区及其所属部门和乡镇街道的政务

微信公众号，打通各级各部门间信息传输渠道，拓宽政务信息辐射范围，构建纵深融合发展的框架体系，为公众提供跨地区、跨部门、一站式、移动化的民生服务新格局。例如，以"江阴发布"为代表的政务微信公众号，开设"电视新闻""日报要闻"等特色栏目，实现全平台参与，有效推动信息流转，最大程度上匹配不同平台使用者的实际需求，扩大政府服务的覆盖面，更全面地为公众提供优质服务。同时，积极围绕民生问题，回应社会关切，拉近政府与民众之间的距离，为民众提供便利的公共服务。例如，无锡市公安局积极推进线上与线下服务的整合与互通，拓展网上办事的广度与深度，借助"太湖e警"公安政务服务平台实现了无锡公安政务服务的数字化、一体化、集约化转型，得到群众高度评价。

2. 政务类微博

不同于传统媒介的单向线性传播和高门槛，作为一种新兴媒介，微博呈现信息的易获取性以及传播的高效性、匿名性、去中心化等特征，这为公共领域的形成创造了良好条件，不仅能为公众提供一个话语讨论空间，而且已经成为各种意见表达的重要渠道、公共政策的讨论平台。无锡政务类微博共有67个，其中"@无锡交警"由无锡市公安局交警支队宣传服务岗组打造，一是设置了"警情发布"栏目，每天接收市民留言出行见闻，对市民遇到的交通问题所提出的疑问和建议，会第一时间告知辖区大队进行核实和巡逻检查，及时解决问题。这样一来，创新了警民沟通方式，为社情民意提供了一个通畅而方便的反映渠道。二是设置了"科目一题库"和"即时路况"栏目，利用微博传播即时性的特点，以短小精悍的语言讲解驾考中的难题，并实时发布最新路况信息，满足群众日常生活需求。

3. 政务类抖音

政务类抖音是传递官方信息、加强与公众沟通的重要渠道之一，传播内容主要为政务类信息，其在宣传形式上更加新颖，语言生动、内容丰富，更加贴近老百姓。无锡气象局利用"无锡气象"抖音号开展气象短视频服务，拓宽气象信息传播渠道，提醒广大农户注意防范寒潮天气的影响。在此基础上，还打造了"樱花花期预报""水蜜桃采摘期预报"等深受百姓喜爱的"网红"气象服务单品，为进一步开展精细化气象服务，推动新气象的深层次、多面化发展，提供了新方向。

除了发布政务信息内容外，发布接地气的科普短视频也成为政务类抖音传播正能量的新模式。"无锡消防"以大量符合抖音传播规律的短视频、消防队务视频、出警视频等，全方位展现无锡消防各项工作。在"全国消防宣传月"活动中，成功打造了"消防公益说"系列栏目，以短视频科普的形式满足了民众碎片化学习的需求。账号开通至今，无论是日常防火宣传还是树立消防员典型，无论是疫情防控还是险情救援，"无锡消防"抖音号都反应迅速，做到内容报道清晰、正能量突出，成为消防队伍在互联网报道领域的一枝新秀。

（二）无锡媒体类新媒体的基本情况

1. 媒体类微信公众号

一方面，无锡媒体类微信公众号肩负着及时传递信息、发布准确报道、加强正面引导的责任。2022年无锡市媒体类微信公众号共计199个，全年阅读量10万+的文章中有77.07%的内容与疫情防控相关。其中，无锡日报微信公众号发布的报道《无锡：众志成"澄"，一起战！》，反映了常州、镇江等地5支核酸应急采样队前往江阴支援，在新华社客户端获得超过100万的阅读量。同时，无锡博报微信公众号发布的《你可以永远相信无锡！》、最江阴微信公号发布的《紧急提醒！一律禁止！》等文章也体现了疫情防控期间媒体类微信公众号传递信息的精准性、时效性，从而及时遏制谣言的传播，缓解市民的焦虑，起到正向引导作用，进一步提升自身的公信力。另一方面，新媒体技术的变革使得信息获取的渠道从单一走向多元，给传统媒体的发展带来新机遇。2022年市"两会"期间，无锡日报用"快闪"视频方式展示《政府工作报告》，使作品富有动感和视觉冲击力；瞄准当下年轻人的潮流文化，制作H5互动产品《拆盲盒，听他们谈八大板块的惊喜2022》，引发年轻群体对市两会报道内容的情感共鸣。

2. 媒体类微博

传统媒体的影响力在于以信息传播为基础，运用内容吸引受众，从而对其认知、判断与决策产生影响。然而，传统媒体存在时间、数量、渠道、地域等多种因素的限制，而微博能够以其强大的传播力、广泛的覆盖范围和较高的活跃度，有效地将信息传递给受众，弥补传统媒体劣势，可以将信息有效地传达给受众，通过传播力、覆盖度、活跃度等来大大地提升传统媒体的影响力。例如，"@无锡交通广播"开设的"1069微路况"栏目，实时为市民提供最新路况信息，保障出行安全；"@江南晚报"开设的"网事悉心办"栏目，以短视频的表现形式跟踪报道广大市民热切关注的问题。总的来说，无锡媒体类微博更加注重发布内容的针对性，善于挖掘用户关注主题，打造特色栏目。并且，账号只有更新速度快、表现形式多样、二次传播能力强，才能引发用户强烈共鸣，达到扩大自身影响力的目的。

3. 媒体类抖音

随着信息传播技术的发展，听觉、视觉、触觉等多种感觉综合运用的多模态传播已成为媒体融合转型、提升传播效能的重要手段之一。而视觉元素作为多模态传播中不可或缺的组成部分，在创造、表征和传递意义等方便发挥着重要作用。随着短视频发展进入提质增优阶段，短视频等视觉产品是提高公众分享和交流信息便利度的重要媒介形式，也是提升主流价值影响力的重要载体。2022年两会期间，无锡日报设立"我的两会VLOG"视频专栏，以年轻的市人大代表的第一人称视角将观众代入两会，这不仅明确了主流媒体的定位，还注重了对时事新闻的跟踪报道；为帮助广大考生和家长更好地了解新高考的相关政策，解读志愿填报中的核心问题，"无锡eTV全媒体"在6月开设"中招高招系列"栏目，以线上线下直播的形式为广大考生解答关于志愿填报中遇到的问题，既注重用户的需求，又做好用户的体验，使内容传播与服务并存，打造便民服务栏目。

三 无锡新媒体行业发展面临的问题

（一）内容供给存在"结构性短缺"

1. 融合生产不到位

目前，无锡新媒体行业尚未形成融合策划的生产机制，对发布内容的策划能力不足，缺乏互联网思维，将传统媒体的内容生产机制机械地搬运到新媒体内容制作过程中，产生了许多同质化的内容，无法迎合当下民众的阅读需求。同时，在发布内容的表现形式上，未对内容发布平台的属性、用户习惯进行深刻分析，难以针对其特点进行差异化策划，使融合流于表面，缺乏整体化、差异化策划的观念和能力，不能凸显平台特性，导致内容单一、优质内容供给不足、用户体验较差，影响传播效果。

2. 技术创新力量不足

随着大数据、区块链、元宇宙、人工语言模型等新技术的发展，传媒生态发生巨大变革，在此过程中用户对待传播内容趋于理性，追求有质量、有价值、有新意的优质内容，仅仅依靠提高发布频次或发布数量，难以满足用户对新媒体日益增长的需求。因此，不断守正创新，持续改进内容和形式手段变得尤为重要。例如，无锡日报为致敬奋战在抗疫一线的工作者，制作《虽然我不知道你是谁，但我知道你为了谁》视频海报，视频号浏览量高达57万人次，获得广泛传播，引起网友共鸣。

（二）多元共治机制尚未健全

1. 考核机制不健全

有的单位尚未明确界定从业人员考核办法，这在一定程度上难以调动人员的工作积极性，影响工作的有序开展。同时，考核机制的不健全，也容易出现权责难以界定的情况，以致出现管理混乱局面。目前，相关考核机制同一化情况较严重，没有合理考虑到不同的单位在工作内容、涉及领域的差异

性，如教育局、气象局等行政部门与百姓生活密切相关，比较容易构建评估指标，而针对党政机关的评估指标构建面临着较大挑战。针对不同单位的独特考核机制仍待完善，因此，必须确立一套科学合理、公平公正、客观全面的新媒体绩效评估体系。

2. 监督管理亟待完善

有的新媒体平台运营建设缺乏专业团队的监管，依然遵循"作五休二"、朝九晚五的统一工作制度，难以及时发布相关信息。此外，新媒体平台的监控机制不够完善，未对其进行全天候监控，信息易滞后，导致群众信息获取的时效性不足。同时，监督机构间存在职责交叉重叠或职责"盲区"，各监督主体的设置不够平衡，监督主体间联系松散，分工仍待明确。

（三）平台协调发展仍待加强

1. 平台内容不饱满

许多新媒体平台追求更新频率而忽视内容创作，发布的作品形式较为单一，许多重大信息的文字表达带有明显的官方色彩，未能利用视频、动画等形式进行可视化表达，缺乏亲和力，与群众产生距离感。实际上，新媒体平台承担着政府与民众间信息传递、沟通互动的重要角色，其功能是将政府相关信息传递给民众，因此，民众的接受程度对政府信息传递的有效性至关重要。新媒体平台需要了解受众阅读信息、留言互动的偏好，对用户数据进行分析，并将这些信息反馈给政府进行参考。这不仅有助于在互动中建设高效、廉洁、互助的服务型政府，同时，也能及时地解决民众生活难题，改变民众对政府部门工作的刻板印象，重塑民众对政府的信任。

2. 发展路径不明确

政府积极推动新媒体平台发展，但在后续工作上未提供有效指导，许多新媒体平台经营缺乏方向性、长期性，部分账号开通后被搁置，陷入"僵尸""睡眠"状态，无法正常更新，部分移动客户端 App 存在技术问题，无法被下载或使用。部分平台充当新闻的搬运工，缺乏原创内容，未体现出单位工作的独特内容，只是为了开通而开通。

四　推动无锡新媒体行业高质量发展的优化建议

（一）提升优质内容传播能力

1.聚焦主题内容产品

无论新技术以何种速度涌现，都改变不了"内容为王"的基本原则。新媒体平台运营人员要利用互联网思维，确定符合当下潮流的媒体产品架构和逻辑，生产出与基层生活紧密结合的新媒体产品，做到精准、有效传播。并且要坚持"用户导向"原则，增强与用户之间的交流与互动，鼓励用户参与创作过程，扩大新媒体内容的影响力。例如，无锡日报发布的作品《首航！飞向宝塔山！》以青春化、融合化的互联网思维报道"无锡—延安"航线直飞首航，其在新华社客户端的阅读量接近100万。

2.创新内容呈现形式

新媒体传播的时效性和互动性显著优于传统媒体，新媒体平台应当利用新技术创新内容呈现形式，对内容产品进行系统化设计，针对不同用户群体的特征，策划与制作有针对性的内容产品，全面提升自身的影响力与传播力。同时，应当积极探索新技术与内容传播的可能性，这需要新媒体平台运营人员依据发布内容的特性，寻找合适的技术进行呈现，通过表现形式的创新，增强传播内容的吸引力，打造"用户喜爱"的内容产品。例如，无锡广播电视集团（台）的"评评理工作室"有机融合广播端的《大李小李有道理》与电视端的《无锡新视评》，使广电的"评"系列在智慧无锡客户端、抖音等多个新媒体平台联动播出，实现矩阵化传播。同时，工作室不断创新"政务和社区服务"模式，联合司法局推出"巡回法制公益讲堂"、与无锡市运管处共同举办的"的士节"等活动将政务服务融入当地社区，充分发挥媒体参与基层治理的效能，获得政府部门大力支持，同时也拓展了无锡广电的广告承载平台。

3.强化联动传播能力

新媒体报道应当打破"单兵作战"的传统，实现多个部门协同策划、

协同制作、协同传播的"联动作战",真正实现信息的准确、及时和高效传播,不断提升传播内容的影响力与传播力。同时,依托技术平台,拓展新媒体传播渠道,实现传播内容的精准覆盖。如此,一方面可以保证重大宣传主题的精准传达,放大主流声音;另一方面也可以保障日常媒体产品的迅速发布,实现内容的上传下达。例如,无锡日报与江南大学马克思主义学院展开深度合作,专门邀请学院教授、央视《百家讲坛》主讲嘉宾、教育部全国"高校网络教育名师"、教育部思政工作精品项目"宝哥说"主讲人唐忠宝及其同事参与寻访红色地标的主题采访行动,策划的融媒体作品"寻访无锡红色地标 | 宝哥开新课"等,短时间内在新媒体端的阅读量就达到 50 万+。

(二)强化政务服务功能建设

1. 开展线上政务服务

通过拓展"媒体+政务服务",政务类新媒体可以利用互联网思维、系统化思维,打造优质的移动政务服务平台,满足用户足不出户就能办理各项业务的需求,提高办事效率,提升群众满意度。并且,政务类新媒体平台运营人员应当时刻关注大众的真实诉求,精准把握数据画像,不断完善线上政务服务功能,注重用户体验,把服务放在首位。只有求用户之所求、想用户之所想,才能以便捷的线上服务牢牢把握用户,从而提升政务类新媒体的影响力。

2. 畅通互动问政渠道

党的二十大报告指出,"要深入贯彻以人民为中心的发展思想","坚持人民至上","发展全过程人民民主,保障人民当家作主",这对政务类新媒体的政民互通能力提出了更高的要求。政务类新媒体不仅是政府部门的线上代表,还是政民沟通的窗口,更是联系群众、服务群众、凝聚群众的重要桥梁。因此,政务类新媒体应当在政府提升基层治理能力的过程中,充分发挥重要抓手作用,当好政民沟通的桥梁,及时发布政策信息和政策解读,提升政府公信力。同时,在万物互联互通的时代,民众以个人身份参与政治生活的渠道越来越多,方式也愈加便捷,足不出户就能了解政府工作的最新政策动态。但民众参与政治生活的积极性在一定程度上取决于政府回应。因此，政府要公开、公正、透明、及时地回复民意，争取做到"事事有回音，件件有着落"，在响应群众关切、解决群众问题的同时，提升基层政府的社会治理能力。

3.搭建公益活动平台

"以人民为中心"是新媒体平台运营人员的创作导向，更是服务导向。政务类新媒体应当积极发挥自身优势，发掘群众需求，切实为群众做好服务工作。以"无锡美丽阳山"为例，阳山水蜜桃的美名为它吸引了大量粉丝，其微信公众号中的"桃情预报"系列文章能够为民众带来最新的水蜜桃生长动态，为宣传阳山水蜜桃做出积极贡献。同时，还可以利用直播、系列短片等形式，打造优质的"助农"品牌活动，展现无锡乡村振兴的发展成果，提升政务类新媒体的服务质量。

（三）打造复合型全媒体人才队伍

1.健全考核激励机制

建立健全考核激励机制，是打造一支专业化的复合型全媒体人才的基础。科学完善的考核激励机制，可以调动运营人员的积极性和创造性。同时，深化人事制度改革，打破身份界限，突出绩效考核，也有利于解决新媒体平台运营人员干劲不足的问题。并且，绩效考核制度要遵循差异化原则，根据岗位职责、工作量以及完成情况进行差异化考核，坚持以岗定薪、多劳多得的原则，推进媒体工作者转型，提升媒体传播力。

2.优化人才队伍结构

优化人才队伍结构是打造复合型全媒体人才队伍的关键。如今新媒体行业，人才是最为重要的资源。青年人才是新媒体行业的主力军，应当鼓励青年人才在新媒体行业的发展中主动承担挑大梁的责任，也要鼓励青年人才利用互联网思维，打造符合年轻人价值取向的内容产品，充分释放年轻人的活力和创造力。同时，实行更加积极开放的人才引进政策，配以完善的措施，一人一策，提升人才吸引力。

3. 开展全程系统培训

系统化培训是打造全媒体人才队伍的重要保障，开展定期或不定期的交流培训活动，有利于使新媒体平台运营人员系统地学习最新的技术与经验。新媒体单位可以根据不同的主题，邀请专家进行授课，解读行业最新动态，让人员学习和了解最新的理论成果与技术发展趋势。人员通过学习，增长见识、拓宽眼界，提升自身业务能力，以增强内容产品的前瞻性和针对性。同时，还可以选派人员去往不同省区市单位进行参观交流，学习同行之间的优秀经验，以推动全媒体人才队伍建设。

参考文献

李梦雨：《智能传播时代政务新媒体的发展路径探析》，《传播与版权》2023 年第 3 期。

倪均：《新媒体代维的实践与探索——以无锡日报报业集团为例》，《城市党报研究》2022 年第 3 期。

张军、许滨：《在融合传播中实现报纸出彩新媒精彩——无锡日报报业集团建党百年报道思考与实践》，《中国报业》2021 年第 15 期。

B.23
深圳龙岗区媒体融合发展报告

江 浩　盛小林　张 鹏　刘语涵*

摘　要： 作为国内首家推行纯国企化改革的县区级融媒体中心，深圳龙岗区融媒集团以"党媒+国企"模式重塑融媒生态，以移动优先推动供给侧改革，以"融媒+"赋能多元化发展，以人才建设激发内生动力，为县区级融媒体建设提供了创新方案。步入高质量发展阶段，龙岗融媒将继续贯彻"稳中求进"的改革总基调，持续推动机制创新，强化技术研发应用，打造优质产业集群，赋能基层社会治理，从而实现全方位融合转型。

关键词： 县级融媒体中心　龙岗融媒　国企化改革　多元经营

2018年8月，习近平总书记在全国宣传思想工作会议上指出，要扎实抓好县级融媒体中心建设，更好地引导群众、服务群众，从国家战略层面为县级融媒体中心建设锚定了方向。2020年11月，《中共中央关于制定国民经济和社会发展第十四个五年规划和二〇三五年远景目标的建议》明确提出，推进媒体深度融合，实施全媒体传播工程，做强新型主流媒体，建强用好县级融媒体中心。当下，我国县级融媒体中心建设不断纵深推进，从最初的机构重组、平台搭建、模式探索阶段逐步迈向质效合一、平台融通的2.0

---

* 江浩，龙岗区融媒集团专职副总编辑，主要研究方向为新媒体经营；盛小林，龙岗区融媒集团文创事业部临时负责人，主要研究方向为新媒体发展；张鹏，龙岗区融媒集团采编中心（外宣办）副主任，主要研究方向为新媒体传播；刘语涵，龙岗区融媒集团采编中心（外宣办）实习记者，主要研究方向为新媒体。

阶段。① 截至 2022 年 8 月，我国已有 2585 个县级融媒体中心建成运行。② 各县级融媒体中心不断深化体制机制改革，以"新闻+"推动服务升级，以数字技术赋能基层治理，以跨界协同实现资源聚合，以多元服务助力乡村振兴，为县域经济社会发展注入新活力。

在我国推进媒体深度融合和县级融媒体中心建设进程中，深圳市龙岗区融媒文化传播发展集团有限公司勇开先河，在全国范围内首创纯国企模式县区级融媒体中心，以体制机制创新为核心驱动，紧紧围绕打造治国理政新平台的首要目标与职责定位，积极实施"精品强媒、技术兴媒、人才立媒"战略，为县区级融媒体发展提供了创新方案和有益探索。

一 历史沿革：龙岗融媒深度融合的现实根基

龙岗区位于深圳市东部，辖区人口约 471.11 万人，2021 年 GDP 达 4496.45 亿元，位列全国工业百强区榜首，是深圳市的人口大区和产业强区。相对优越的地区经济环境，为当地县区级融媒体中心深度融合和创新经营提供了基础保障。2020 年 4 月，深圳市龙岗区融媒文化传播发展集团有限公司（以下简称"龙岗区融媒集团"）组建工作全面启动，2021 年 4 月 23 日正式揭牌完成，集团由原深圳市龙岗区新闻中心（深圳侨报）、深圳市龙岗区广电中心（东部传媒公司）组建而成，为深圳市龙岗区直属国有文化企业，由深圳市龙岗区委宣传部业务归口管理，接受深圳市龙岗区国资局的监督管理。

作为深圳市平台要素最齐全的县区级融媒体中心，龙岗区融媒集团整合报纸、电视台、网络端、微信公众号、杂志和户外媒体等 33 个平台，构建全媒体传播矩阵。其中，移动端核心平台"龙岗融媒"App 的下载总量超过 210 万次，影响力稳居深圳市各区首位，是大湾区领先的县区级客户端；

---

① 黄楚新、陈智睿：《2021 年我国媒体融合发展盘点》，《青年记者》2021 年第 24 期。

② 《这十年，宣传文化工作都有哪些成就？》，https://mp.weixin.qq.com/s/UuGAoZ_pJwBWq 4LRTusMSA，2022 年 8 月 21 日。

"深圳龙岗发布"微信公众号粉丝量已达到 288 万+，其综合传播力指数和影响力在深圳各区中稳居首位，并且连续五年获评"广东省政务新媒体年度影响力订阅号"；"掌上龙岗"微信公众号粉丝 107 万+，在深圳市同类微信公众号中影响力排名前列。传统端自办《深圳侨报》，是深圳市龙岗区委、区政府和深圳市侨办机关报，每日发行量达到 4 万份，此外，还与 7 家海外华文媒体合作出版"深圳版"，覆盖了 50 多个国家和地区；同时，自办电视频道 5 个、广播频率 1 个（FM99.1），自建户外 LED 屏、市民阅报栏、智能阅报栏等，运营管理深圳市龙岗中心城回龙埔城市更新项目 5 栋 A 座"文创大厦"。总体来看，龙岗融媒探索国企化改革有着相对明显的基础优势和必然推行的内在动因。

（一）平台支撑

媒体深度融合的关键在于从相加走向相融，最终达到融为一体、合而为一。在机构整合的阶段，原有媒体平台的运营现状一定程度上影响着融合转型的进度和效果。转型过程中，龙岗区根植区域媒体生态，建立了相对完善的内容平台体系和与之相配套的融媒体人才队伍。一方面，龙岗区的媒体平台拥有完备的要素和良好的发展态势，这为其融合创新奠定了坚实的基础。该区整合《深圳侨报》（包括电子报和海外版）、龙岗电视台、龙岗 FM99.1 广播频率、户外媒体，以及移动客户端、微博、微信、抖音号等新媒体平台，成为深圳市唯一打造集报纸、电视台、网络、新媒体和户外媒体于一体的全媒矩阵的行政区。另一方面，多层次、专业化的媒体人才队伍为媒体融合转型提供了动力支撑。集团组建之前，原深圳市龙岗区新闻中心和原深圳市龙岗区广电中心共有员工 400 余人，媒体人才储备相对充足，全媒体采编队伍基础较好。人才队伍构成上，新闻、广电技术副高以上职称的人员不在少数，其中有许多是获得过各级新闻奖项、政治素养好和业务能力优的高层次新闻人才和技术专业人才，总体来说，人才队伍总体呈现出明显的年轻化趋势。与此同时，媒体内部长期实行的项目化融媒团队制度加速了对复合型人才的培养，融媒采编人员全面掌握 VR、短视频、直播、图片制作、H5、

航拍等新媒体技术，美编、视频制作团队的专业化水平不断提高，能够实现良好的采编联动作业，并常态化组建项目化采编团队进行融合生产。

（二）改革基础

龙岗融媒根植于深圳特区改革创新土壤，在原龙岗新闻中心和广电中心历次改革成果的基础上，稳步推进区域融媒转型发展。具体而言，原龙岗区新闻中心自2014年开始推行"事业单位企业化管理"改革，全面布局融媒转型发展，2015年起实行"采经分离"和多元化发展战略，2014～2018年连年实现营收逆势增长，获得"中国报业融合发展优秀案例奖""最具潜力县域媒体"等荣誉。原龙岗广电中心则于2006年打造"两块牌子、一套人马"的企业化运作模式，2012年进行"台网分离"改革，2015年布局产业发展，2018年在"改革开放四十年全国百佳县级广播电视台"评比中名列第四。2018年，龙岗区基本形成新闻中心和广电中心两大媒体鼎立、平台要素全面发展的区域传播格局。多年来，两家媒体针对事业单位企业化管理、经营创新、多元产业运营等诸多领域推行了一系列有针对性的改革举措，在不同时期均取得阶段性成效，有效减轻了龙岗融媒探索国企化模式、进一步深融转型的历史包袱，削减了改革阻力。

（三）必然动因

随着媒体融合步入深水期，多元利益主体带来的历史遗留问题正成为县级融媒体中心持续深化体制改革的关键动因。多年来，龙岗区媒体机构持续探索融合转型，为融媒体中心建设筑牢根基，但由于原新闻中心、广电中心本身存在差异，从"强强联合"到"强强融合"，依然是龙岗融媒推进深度融合改革所面临的一大挑战。从组织结构来看，原龙岗区新闻中心和广电中心在机构性质、用工方式、薪酬制度、文化理念等方面均存在诸多差异，机构性质方面存在公益一类、公益三类两种机构和多个下属关联企业，用工方式方面有财政核拨事业编、自收自支事业编、企业合同制、劳务派遣、临聘人员等五种身份，两大机构从分头运营到并行管理，必然会面临管理运营、组织人事、资源配置、工作流程等沟通不畅问题，干扰融合转型步伐。从管理来看，机构归属问题尚未完全解决，多头管理、事权分割等问题对深化改革形成一定掣肘。例如，原龙岗广电中心与深圳市东部传媒股份有限公司实行"两块牌子、一套人马"的企业化运作，广电中心是龙岗区属事业单位，然而东部传媒公司由深圳市广电集团控股，长久以来存在管理不到位、责权利难厘清等问题。正因如此，从体制机制上破题，理顺管理痼疾，激发融媒体中心的组织活力，成为龙岗融媒深化改革的关键所在。

二 深融路径：县级融媒体中心建设的纯国企化探索

当前，全国大多数县区级融媒体中心推行"公益类事业单位"和"公益类事业单位+企业"两种体制机制模式，并且取得了良好的实践成效。基于前期对两种模式的探索经验和已有改革基础，龙岗区融媒体集团再次打破体制藩篱，以"党媒+国企"模式重塑融媒生态，以移动优先推动内容供给侧改革，以"融媒+"赋能多元化发展，以人才建设激发融媒内生动力，推进融媒体高质量发展。

（一）"党媒+国企"，党建引领融媒改革稳中有进

强化党管媒体，推进媒体深度融合发展，巩固和壮大基层主流舆论阵地，是县级融媒体中心落实意识形态工作责任制的重要内容，也是媒体融合改革顺利铺开的根本保障。

1. 坚持党媒引领，推行纯国企化改革

龙岗区融媒集团坚持党建引领融媒改革，以"党媒+国企"双重身份探索县级融媒体中心的纯国企化建设路径。首先，调整机构设置，整合原龙岗区新闻中心、广电中心，组建区直国有文化企业——深圳市龙岗区融媒文化传播发展集团有限公司，进行事业转企业的机构改革，实现党的领导与法人治理高度统一、有机融合，将党管媒体的要求落实在改革工作的各个环节。其次，强化制度建设，巩固意识形态阵地。坚持党对集团一切工作的绝对领

导，出台"书记抓党建工作例会和专题会制度"、集团意识形态工作管理制度及各部（室）子制度等，将党建工作和意识形态安全工作作为考核评价的重要维度，同时发挥党员在改革创新工作中的先锋模范作用，彻底守住意识形态生命线。最后，积极探索适应于新型主流媒体的现代企业运营模式，针对内部管理、内容生产、人才培育、经营产业、企业文化多个方面进行改革创新，从而激发企业内在活力，为促进融媒改革提供有力支持。改革一年间，龙岗融媒实现机构改革平稳过渡，真正做到体制机制有变、党媒属性不变、方向导向不变。

2. 重塑组织架构，提升融媒管理效能

2020 年 9 月，中共中央办公厅、国务院办公厅印发的《关于加快推进媒体深度融合发展的意见》明确指出，要深化主流媒体体制机制改革，建立适应全媒体生产传播的一体化组织架构，构建新型采编流程，形成集约高效的内容生产体系和传播链条。① 媒体深融阶段，县级融媒体建设应不断优化组织架构，创新管理机制，从根本上为深度融合破除制度壁垒，谋求高质量发展。

龙岗区融媒集团自揭牌成立后，不断深化体制机制改革，从根本上激发组织活力，提升内部管理效能，推动报纸、广播、电视等各平台要素的资源互通、内容兼融、宣传互融、利益共融。具体而言，一方面，重塑组织架构，打造一体化融合生态。充分发挥集团党委在把方向、管大局、促落实上的领导作用，由集团党委领导董事会、监事会开展经营管理工作，实行党委领导下的行政管理委员会、编辑出版委员会、经营管理委员会、技术支撑委员会管理机制。以"四个条线"大部制、扁平化管理架构为支撑，整合全平台采编力量形成大采编、一体化格局，并引入华为的企业管理经验，先后建立完善 110 多项内部管理制度，全面激发人员干事创业活力。另一方面，充分放权赋能，压实中层管理责任。为充分调动中层管理者的积极性，集团

---

① 《中共中央办公厅 国务院办公厅印发〈关于加快推进媒体深度融合发展的意见〉》，
http：//www.gov.cn/xinwen/2020-09/26/content_ 5547310.htm，2020 年 9 月 26 日。

在党委领导和监管下，下放 60% 的绩效考核分配权、评优评先权和日常管理权到各部门，部门主任将根据部门工作任务精细化制定员工的 KPI 考核表，并对员工月度绩效考核分数进行打分评判，如此强化了中层管理者的职能职责，也有利于薪酬绩效的二次分配充分倾斜一线。

3. 强化政策保障，推动改革落地落实

争取政策支持，强化资金保障，为融媒转型搭建完善的政策保障体系，是各地区推进媒体融合和县级融媒体建设真正落到实处的重要举措。深圳市龙岗区委、区政府将媒体融合改革工作列为"一把手工程"高位谋划推进，由龙岗区委宣传部牵头，在深圳市各区中率先启动融媒改革调研工作。为确保改革措施落地落实，龙岗区委曾两次组织召开融媒改革专题会议，为区内媒体融合改革把关定向，并先后到北京延庆、顺义、丰台和上海、浙江长兴等县区融媒体中心调研学习，反复论证县级融媒体中心建设模式，探索适合于龙岗本土的融媒体中心建设路径。

改革过程中，区委、区政府在人员、政策、资金、场地等多层面给予龙岗融媒全方位支持。人员安置方面，充分尊重个人意愿，原龙岗区新闻中心、广电中心、广播电台的公益一类、公益三类身份在编人员可选择"连人带编"划转至其他事业单位，也可自愿放弃事业编制身份留在龙岗区融媒集团。原在编留企人员和其他非在编人员全部统一身份，实行同工同酬、员额管理，最终分流在编人员 33 人，解决了人员后顾之忧。历史遗留问题上，龙岗区支持龙岗融媒 100% 回购深圳市东部传媒股份有限公司股份，理顺了该公司媒体控股权和多头管理问题。财政保障方面，原则上同意龙岗区融媒集团成立初期由龙岗区财政安排年度宣传合作项目经费 6659 万元，列入龙岗区委宣传部部门预算。物理空间方面，规划建设龙岗区融媒集团一体化办公空间和产业发展空间，大厦整体交由龙岗区融媒集团运营管理。

（二）移动优先，供给侧改革驱动传播提质创优

随着 5G、大数据、物联网、人工智能等信息技术的迭代发展，互联网已成为信息传播的主阵地和主战场，这就要求主流媒体应建立以移动传播为

主体的新型主流媒体传播体系，积极运用新技术、新应用、新模式赋能新媒体内容生产，推动主力军全面挺进主战场。龙岗融媒以互联网思维优化平台资源配置，将优质内容、先进技术、专业人才、项目资金全力向移动端倾斜，同时不断推进内容供给侧改革，建立完善的融媒策划采编机制，优化内容生产流程，以绩效考核为指挥棒，营造媒体内部创新创优氛围，实现了优质融合传播作品的稳定输出，有效提升了新闻舆论的传播力、引导力、影响力、公信力。

1. 发力移动传播，技术赋能内容升级

龙岗区融媒集团深入实施"移动优先"战略，积极推进内容生产供给侧改革。在做精报纸、广播、电视的基础上，集中平台优势力量全面发力移动端，做优做强移动新媒体平台，同时关停并转一批点击量和影响力小的新媒体账号，有效减少了媒体资源内耗，提高了新媒体人员的工作效率。截至2022年，"龙岗融媒"App总下载量超过210万+，"深圳龙岗发布"微信公众号粉丝量288万+，影响力均稳居深圳市各区首位。融媒产品创作方面，集团以"准、新、微、快"为标准提升内容生产的品质和效率，先后推出"龙叨叨""主播e议""晋看龙岗""海报特工队"等流量和口碑兼备的融媒产品，进一步巩固了新媒体平台传播优势。

新技术应用方面，龙岗融媒以融媒体新闻生产平台系统、新媒体直播演播室系统、智能媒资系统、4K超高清播出系统为依托，赋能融媒体内容生产和传播。其中，融媒体新闻生产平台系统集资源融合、内容融合、指挥调度、发布融合等功能于一体，确保了新闻报道的高效、精准、及时，以及全方位、多渠道传播。该系统与高清演播室系统联动，可集合实时资讯接入、大屏包装、在线包装、虚拟现实图文包装系统、多点触控等多种技术于一体，实现各类节目录制及现场直播功能，提高演播室节目制作的时效性和互动能力。

2. 完善采编机制，提升融合传播效能

龙岗融媒以机制创新为先导，优化融媒体内容采编流程。内容采编策划坚持"抓大事、大处理"原则，实行"大兵团作战"模式，重大主题宣传由集团党委专题研究推进，重点选题由党委书记牵头主抓，全面提升重点报道宣传效果。为提升爆款作品产量，集团每周召开选题策划会，打通采编工作前端、后端、移动端，确保每周有主题策划、每月有重点选题，全面提升内容团队策划水平和执行效果。在疫情防控宣传中，原创稿件《龙岗新娘穿着嫁衣测核酸》、园山街道居民欢送防疫人员的视频等作品相继获得新华社等平台转发，全网阅读量分别达 5000 万+和 3 亿+。

3. 强化绩效考核，营造内容创优氛围

建立完善的内容评估体系，以绩效考核调动创新创优的积极性，是主流媒体不断扩大优质内容产能、提升核心产品竞争力的有效途径。为全面鼓励内容创优，龙岗融媒全面实施"提质创优争先"工程和"百日创优攻坚"工程，针对好作品出台一系列评选奖励制度，每周、每月评选好作品，真正将作品质量和传播效果体现在绩效中，全方位调动创新创优的积极性，实现多劳多得、优劳优酬。除此之外，集团进一步强化对内容创新创优的资金保障，每年投入 300 万元专项资金鼓励优质内容产出，大力开展创优攻坚，有效提升了融媒内容创优水平和融合报道成效。为营造持续稳定的创新创优氛围，集团还建立"尊重、创新、奋斗、奉献"核心价值体系，将以贡献论英雄、以质量论英雄、以效益论英雄的理念机制融入企业文化，以集体带动个体，以情怀激发干劲，全面调动内部员工干事创业热情。

（三）"融媒+"赋能，跨界经营打造多元发展格局

探索建立"新闻+政务服务商务"运营模式，创新媒体投融资政策，增强自我造血机能，是中央顶层设计针对媒体深度融合工作的统筹部署。龙岗融媒依托主流媒体传统优势，大力布局"融媒+政务服务商务"，聚合信息传播与平台服务并举推进，着力建设区域新型主流媒体集团，将自身发展融入地方经济社会发展的整体进程。

1. 信息服务聚合，融入社会发展进程

发展思路上，集团以多元化发展为总体战略，紧紧围绕主流舆论阵地、综合服务平台、社区信息枢纽的职能定位，成立政务服务部、商务服务部，

以及影视、教育、文创等各事业部,在内部整合各条线的经营团队,进行全案策划的转型,以促进经营融合;同时,在外部拓展文化创意、智慧城区、生活服务类业务以及商业市场,推进新项目、新模式和新业态的探索,深入挖掘"融媒+"的市场价值和社会价值。实践路径上,以传统媒体经营和新媒体经营协同发展为目标,一方面充分发挥传统媒体经营的"压舱石"作用,深度挖掘媒体的传统经营潜力;另一方面将原有单一板块经营队伍全面转型为服务报、台、网、新媒体等全平台的经营团队,深耕"区—街道—社区"三极政务服务网络,精确对接全市乃至全国商业企业需求,提供精准化服务,构建"全案策划、全媒推广、全程服务"的全媒体活动宣传体系,最终形成全网融通、全域覆盖的立体化融媒体经营格局。

2. 产业跨界融合,拓展融媒商业版图

随着媒体融合走向深水区,"新闻+"不断推动着媒体以新闻传播为基础、以信息服务为延伸,并广泛联结社会主体、汇聚社会资源进行跨界融合。龙岗融媒依托主流媒体在内容生产、信息传播、技术应用、产业经营等方面的资源优势,着力推进自身与各行业主体的跨界融合,将产业链条向教育培训、文化创意、技术服务等多领域延伸,从而实现价值共创和资产增值。例如,教育事业部开设期刊出版、广告服务、少儿节目等业务版面,打造龙岗融媒独特的教育 IP;文创事业部与高校、美术馆、博物馆、专业协会、设计机构等跨界合作,围绕文创手信产品开发、选品与销售,文化创意策划与设计服务,线上线下文化空间运营业务等,全方位参与龙岗城区形象塑造推介;技术开发部通过研发移动端传播平台,实施"技术赋能行动",形成可复制的技术输出模式,为客户开发平台,建立盈利模式;资产运营部利用房产租金入股的形式,吸引了一批有发展潜力、有独立知识产权的高科技文创企业入驻,或与入驻企业(项目)强强联手,成立混改企业,推动"融媒+行业"模式升级,使经营业务提质增效。

以多元跨界理念为根本,集团还持续拓展融媒产业经营版图。路径上,集团每年开拓一到两个新经营项目,允许设立独立核算的二级事业部或工作室培育孵化新业务、寻找新的增长点,如正在运营的影视事业部、技术开发部、文创事业部、资产运营部等，部分项目已取得较好的经济效益。

3.经营管理配套，引导创新项目孵化

围绕多元化经营布局，龙岗融媒不断完善经营管理制度，力图以机制为引领，持续激发经营活力。总体上，集团建立"人人皆能参与经营"的制度，各经营部门按照各自定位和经营范围开展业务，进行"分泳道竞争"。对于经营业务的考核，实施"经营创收+净利润"双指标考核，按业务类型和发布平台类别，所有营销绩效和执行绩效需去成本再提绩效，同时明确业务交叉融合的"优先次级"原则和提成细则，实现龙岗融媒经营管理一体化、绩效评估精细化。此外，集团还通过建立科学合理的机制，鼓励员工积极创新创业，培育孵化创新型项目，打造产业新业态和经济增长点，全面释放集团创新创业活力。据调研，2021年以来，集团总营收达1.51亿元（不含网络收入），利润总额563万元，有效实现了融媒产业反哺新闻宣传主业。

（四）人才立媒，机制创新激发融媒内生动力

人才是媒体的竞争核心力，媒体融合的高质量推进离不开全媒型、专家型的人才队伍作为智力支撑。尤其是对于县级融媒体中心而言，人才需求侧长期面临人才总量不足、专业人才短缺、人员动力不足等诸多问题，亟待建立起一支与媒体融合发展相适应的融媒体人才队伍。龙岗融媒从制度源头入手，以企业化改革为契机，全面推进内部薪酬绩效制度和人事管理制度改革，有效提高了工作人员的工作效率、凝聚力、战斗力，为媒体融合发展注入了新的生机和活力。

1.破除"大锅饭式"，激发人员活力

集团全面改革细化绩效考评制度，学习借鉴华为的管理模式，在全员身份统一、实行薪酬总额控制的基础上，形成"基础工资+绩效工资+绩效奖励"薪酬结构，以岗定薪、按绩取酬。其中，基础工资根据岗位、年限和贡献要素分为12个职级、35个薪级，占薪酬的30%，薪级提升与年终考核、工作业绩等指标挂钩；绩效工资和绩效奖励占比高达70%，与岗位职

责、工作业绩、实际贡献等紧密联系，以此稳住存量、争取增量，有效打破了一线员工薪酬的天花板。为保证考评的科学性与合理性，集团还建立了覆盖全体员工的KPI考核体系，综合每个员工的工作任务量和完成质量得出相应的考核结果。通过考核，同部门、同岗位员工因工作业绩和贡献的差别，收入差距可达近5倍，真正彻底破除"大锅饭式"的薪酬模式，最大限度地体现多劳多得、优绩优酬。

2. 完善人事制度，打通用人通道

龙岗融媒将"人才立媒"战略落到实处，全面推进人才引进、人才培养、人事管理等制度创新，以灵活制度推动融合队伍建设，以岗位管理激发人才活力。

一方面，集团推动"内部培养"和"外部引进"相结合，不仅重视对原有人才的技能培训，推进员工融合转型，还注重吸引专业型、专家型人才为融媒体事业注入新的活力。为持续提高人员的专业技能，集团每年举办全员读书月活动，实施业务人员轮岗交流、传帮带，组织一线采编人员基本功大赛等，不断提升队伍的凝聚力、战斗力。在人才引进方面，面向全国招聘采、编、播、管高水平人才，对于紧缺型人才实施特聘特招，有效优化了融媒人才结构。除此之外，集团还不定期借用外脑智库，邀请行业一线专家为龙岗融媒发展谋划指导，为融合转型持续带来新思路、新启迪。另一方面，强化岗位管理。集团先后实行"中层干部竞聘上岗、业务骨干评选'首席'、普通员工双向选择"等用人方法，出台了《龙岗区融媒集团干部能上能下、能进能出实施办法》《龙岗区融媒集团"传帮带"培养机制实施方案》《采编业务首席评聘办法》等，打通用人通道。针对中层干部，在部门组建和选人用人上实行双向选择，逐层级进行选聘、竞聘，通过两年一届的竞争上岗评比，实现干部人才能进能出、优胜劣汰、育新强优。针对业务骨干，实施"首席"评选制度，分级设置"首席"评选条件，每两年一评，实现"能者上、庸者下"，让绩优者职优薪优。

3. 强化企业文化，打造融媒命运共同体

企业文化是现代企业运营过程中长期形成的价值观念、经营理念，以及人员的群体意识、行为规范的总和，对内部人员具有凝聚、激励、规范、导向作用。县级融媒体中心在企业化运营的探索中，应强化企业文化对内部员工的精神引领，提升团队的凝聚力和战斗力。龙岗融媒以"创造优秀融媒产品，丰富和美好人们的生活"为使命，构建"尊重、创新、奋斗、奉献，以用户为中心、以奋斗者为本、以改革创新为要的理念，坚持自我批评、自我革新、自我完善"核心价值观，全力打造信任互助、拼搏向上的团队精神和企业文化，将"以业绩论英雄、以贡献论英雄"的理念融入企业文化建设，构筑集团利益至上、人人正向发展的融媒命运共同体。集团全面升级内部员工的办公环境、休闲空间，并以集团工、青、妇组织为依托，定期开展读书、健身等有益身心的文化活动，关注员工工作的同时关爱其个人成长和身心健康，有效提高了团队的向心力和员工的归属感。

三 未来进路：龙岗融媒深度融合的痛点与破局

作为国内首家推行纯国企化改革、探索多元化发展的县区级融媒体中心，龙岗区融媒体集团并无现成经验可供借鉴，改革之路上机遇与挑战并存。统观当下，集团在内容生产传播、技术研发应用以及多元化经营方面仍面临一定困境，主要体现在：其一，内容创新创优存在一定短板，缺乏与"全国一流、先行示范"相匹配的重量级奖项和代表性作品。融媒体团队在小红书、B站等吸引年轻用户的社交媒体平台运营方面经验略显不足。其二，技术应用与自主研发能力未达预期。目前，集团超高清融媒体平台系统已具备了基本的4K节目采编发能力，但播出频道仍以高清为主，未能充分发挥4K超高清优势。同时由于技术研发能力有限，平台收集的用户数据缺乏系统分析、归纳和整理，不足以支撑深层次开发和应用，无法匹配多元商业场景，这将不利于后续进行可持续的精准经营创收。其三，平台资源亟待全面盘活，产业项目孵化尚不成熟。集团拥有广播电视报纸网络等各类传播资源，但边界不清晰，尚未实现传播资源全链条整合，"单打独斗"现象依然存在。此外，客户服务缺乏系统化、中长远规划，新媒体爆款力作变现能

力欠佳以及新冠疫情对经营创收业务的直接冲击，都使得龙岗融媒在深度融合阶段面临着愈发严峻的挑战。

步入高质量发展阶段，龙岗融媒应深刻贯彻"稳中求进"的改革总基调，突出问题导向，坚持系统性、整体性原则推进融合发展，多措并举推进媒体融合事业再开新局。

（一）以机制为保障，强化融媒传播效能

在媒体深度融合实践中，县级融媒体中心要着力建设更高品质、更多主题、更多形式的内容生态体系，在推进内容生产与传播融合转型的过程中，实现主流价值在传播广度、深度和厚度上的全方位拓展与延伸。为进一步提升融媒体内容生产水平，弥补内容精品不足的短板，龙岗融媒应以先进机制为保障，激发采编人员创新动力，挖掘内容生产创优潜能，不断强化融媒体传播的精品输出和效能效果。

具体路径上，要建立一体化统筹协调机制，聚合广播、电视、新媒体平台以及跨平台账号等全平台资源，同频共振、集中发力，持续打造新媒体精品爆款内容，以及时领先的发布时效、覆盖全网的传播矩阵、见解独到的锐评解读，放大融合传播的矩阵效应；优化内容评价机制，鼓励融媒体内容创新创优的同时，增加对流量变现能力的考核，进一步提升融媒体爆款产品的社会价值和商业价值；探索建立融媒体工作室孵化机制，为工作室提供经费支持、监测评估、资源对接、商业变现等服务，打造培育原创融媒体品牌；创新 UGC、PUGC 等内容生产机制，争取在用户内容聚合、社交化、互动化等业务上有所突破，引导用户参与内容共创共享，推动主流媒体话语走向年轻态、生动化表达；丰富"请进来""走出去"等用人机制，建立一支政治坚定、业务精湛、作风优良的融媒体复合型人才队伍，积极地、持续地、有力地创作出更多集聚温度、深度、厚度的精品内容，为内容供给侧改革筑牢根基。

（二）以技术为先导，放大融媒资源优势

2019 年 1 月，习近平在人民日报社主持中共中央政治局集体学习时指

出，探索将人工智能运用在新闻采集、生产、分发、接收、反馈中。[①] 走向数字化、智能化成为当前县级融媒体的重要发展趋势，智能技术逐渐嵌入内容生产、传播分发、管理经营等全流程全链条，不断强化激发县级融媒体中心作为新闻舆论战地、综合服务平台、社会信息枢纽的属性与功能。为更好地适应多元化发展需求，充分提高内容、传播、经营等各要素运转效率，龙岗融媒体应尽快补齐技术应用和研发的短板，强化技术驱动，推动融媒智能化升级。

技术创新是媒体融合转型的底座，首先，应在融媒体内容生产领域积极使用新技术、打造新应用、布局新业态、创造新模式，持续推进播出频道4K 改造，提升内容端智能化水平。其次，要引入新技术强化融媒体客户端实用性，在强调客户端功能性的前提下，注重其美观性与交互性的提升，提升用户使用体验，从而增强媒体的传播力、引导力、影响力、公信力，积极促进融媒体服务向更加专业化、个性化、便捷化、人性化的方向发展。最后，应尝试通过新技术手段，获取、分析、理解用户偏好，深挖用户价值，同时以客户数据分析为根本，提升对存量客户的管理维护，建立媒体与用户、客户之间的强关系链，推动媒体内容供给侧、经营侧、研发侧等多领域走向智能化。此外，在提升集团技术研发水平的同时，要加强与智能技术厂商合作，引入更多实用型智能业务功能，保证技术与信息的适配度与贴合度，进一步拓展融媒应用场景。

（三）以创新为动力，升级融媒产业生态

龙岗融媒应继续以多元化发展为方向，着力构建品牌产业链，打造优质产业集群，丰富融媒产业生态，加速产业升级变现，精准推进集团经营业务的高质量发展。针对产业项目产出，各经营部门结合街道、职能部门、各行各业的专有特性，自行组建多元化产品库，形成真正有效的项目产出机制，多形式商讨可以产业化或规模化的大项目，集团聚合优势力量加以推进，打

---

① 习近平：《加快推动媒体融合发展　构建全媒体传播格局》，《求是》2019 年第 6 期。

造精准主打项目，形成突破效应。如教育事业部着力转变以刊物为主的单一经营结构，积极探索实行"融媒+教育+刊物+培训"的发展模式。针对产业项目运营，要始终以客户需求为导向，针对不同行业、不同组织定制项目解决方案。所有项目实行泛合作人制，由各经营部门定期收集经营人员的项目创意，梳理归纳后入库实施，全面挖掘经营创收需求点。项目运营过程中，可跨部门、跨平台成立项目虚拟团队，由贡献项目创意的经营人员担任负责人，团队组成人员由项目负责人自行协调配备。对在泛合作人制中表现突出的人员在年终考核提拔方面予以加分奖励。针对资本支撑方面，要创新媒体投融资政策，推进县级融媒体与区域产业的协同发展，以产品服务多元化、技术应用多元化、经营产业多元化助力媒体产业效能提升，增强自我造血机能，同时必须严格确保政府、媒体对内容生产与传播等核心业务的绝对主导权和控制权，严防非公有资本操控和影响舆论，[①] 避免多元化经营冲散县级融媒体中心作为基层主流媒体平台的专业性呈现。

（四）以平台为支撑，赋能基层社会治理

当前，县级融媒体中心以 5G、大数据、云计算、人工智能等新技术推动媒体智能化转型，全方位打造数字化、精细化、开放化的智慧服务平台，融入数字乡村、智慧城市建设进程，推动形成基层治理现代化的核心支撑系统。[②] 龙岗融媒在发力多元经营的同时，应注重对融媒体平台的智慧升级和功能拓展，探索"融媒+"赋能基层社会治理的新模式、新理念、新路径。一方面，要不断强化党媒属性，以内容传播为根本，创新主流话语表达方式，壮大基层主流舆论，凝聚基层社会共识，做好基层的信息传播者、舆论监督者、思想领航者，为基层社会治理和精神文明建设营造良好的舆论环境。另一方面，要立足经济社会发展全局，跳出媒体做融合。以数据要素为融媒体平台的底层支撑，强化跨界协同联动，建立融媒体中心与政府机构、

---

① 黄楚新、郭海威、黄佳蔚：《以机制创新促进媒体深度融合》，《传媒》2022 年第 8 期。
② 黄楚新、李一凡、陈伊高：《2021 年县级融媒体中心建设发展报告》，《出版发行研究》2022 年第 5 期。

企业、社会组织、用户之间的深度链接，转型成为当地的公共服务提供商、商务合作提供商、大数据服务提供商，聚拢区域数据资源实现共享、互动，为地区提供多元服务，为用户对接商务资源，为政府提供智库参考，推动地区治理体系和治理能力现代化。

参考文献

黄楚新、李一凡、陈伊高：《2021 年县级融媒体中心建设发展报告》，《出版发行研究》2022 年第 5 期。

黄楚新、郭海威、黄佳蔚：《以机制创新促进媒体深度融合》，《传媒》2022 年第 8 期。

刘志刚、徐钰、王晓园：《"建强用好县级融媒体中心"的江阴模式及其普适性探析》，《南方传媒研究》2022 年第 2 期。

B.24
2022年安吉县融媒体中心
创新发展研究报告

祝青　许悦　王珍珍*

摘　要： 2018年县级融媒体中心建设上升为国家战略，并成为党和国家完善基层治理、助力乡村振兴的重要一环。大数据、物联网等新技术应用促进"媒体+"融合转型发展升级，使县级融媒体中心内容传播更加丰富、产业结构更加多元。安吉县融媒体中心作为典型代表，以融媒体移动端"爱安吉"App为核心，实现区域智能连接，打造具有可复制、可推广、可联通的"新闻+政务服务商务"特色治理及运营模式。本报告立足安吉县融媒体中心发展实践，对其赋能社会治理、助力乡村振兴、加强党的建设的创新实践进行研究，为我国县级融媒体中心建设提供有益建议。

关键词： 安吉县　融媒体中心　媒体融合

2022年，媒体融合发展进入纵深阶段，央级媒体不断拓宽传播技术外延，打造横纵立体传播矩阵，努力提升主流媒体的社会影响力；省市级媒体去区域化趋势明显，逐步构建起独树一帜的垂直类专业媒体集群，深耕差异化、专业化特色产品，开拓蓝海领域；区县级融媒体作为四级媒体中与群众

* 祝青，安吉县融媒体中心党委书记、主任，主要研究方向为县级媒体融合；许悦，浙江传媒学院新闻与传播学院，主要研究方向为新媒体、传媒经济；王珍珍，浙江传媒学院新闻与传播学院，主要研究方向为新媒体、传媒经济。

接触最紧密的一环,展现出服务基层信息传播的功能。县级融媒体服务性特征持续凸显,着力打造"媒体+"功能架构,打通媒体信息服务、政务服务、社会服务、文化服务的"最后一公里"。

2018年,全国宣传思想工作会议明确"抓好县级融媒体建设"。浙江省湖州市安吉县融媒体中心在国家媒体融合战略发展理念引领下,开始重新整合县级资源,使用新技术、拓展新思维、创立新模式,形成了独具特色的县级媒体融合创新发展模式,并逐步成为全国县级融媒体中心建设的标杆。

一 顶层设计引领,积极创新融合转型发展思维

政策是发展的先导。媒体融合于2014年被首次提出,由政府主导、主流媒体带头,顺应现实社会发展。安吉县融媒体中心乘政策之"东风",顺势统筹资源、变革重组,催动传统媒体"老树"不断发出"新芽",积极制定并大力实施创新驱动战略,明确县级融媒体中心融合转型发展方向。

(一)国家层面融合发展战略指引

从"十三五"规划提出的"推动传统媒体和新兴媒体融合发展"到"十四五"规划提到的"推进媒体深度融合",媒体融合进入深度融合发展阶段,全国县级融媒体中心挂牌超2500个,已基本实现全覆盖。

2018年8月,习近平总书记在全国宣传思想工作会议上明确指出,要把握正确舆论导向,提高新闻舆论的传播力、引导力、影响力、公信力,巩固壮大主流思想舆论,扎实抓好县级融媒体中心建设,更好地引导群众、服务群众。[①] 2020年11月,《中共中央关于制定国民经济和社会发展第十四个五年规划和二〇三五年远景目标的建议》强调,要推进媒体深度融合,实

---

① 《习近平出席全国宣传思想工作会议并发表重要讲话》,http://www.gov.cn/xinwen/2018-08/22/content_5315723.htm,2018年8月22日。

施全媒体传播工程，做强新型主流媒体，建强用好县级融媒体中心。① 国家宏观层面建设目标的制定，标志着我国县级融媒体中心建设如火如荼地开展起来，并不断朝着建强用好的方向发展。

（二）省市层面融合发展政策保障

当前，5G布局加速推进媒体数字化转型，大数据、人工智能、物联网等新技术带来发展新契机。中央及各省主流媒体智慧媒体建设常态化，新技术加速"媒体+"内容服务迭代、体制机制创新、机构人员整合。

2017年3月，浙江省以"充分整、深度融、新闻+、政策扶"的思路，在全国率先启动县级媒体资源整合，各市县纷纷响应，主动开展探索实践。同时，浙江省率先发布全国首个县级融媒体中心建设地方标准，在内容生产、管理服务及市场运行等层面制度化、规范化，县级融媒体中心建设首次拥有统一标准和制度支撑，为县级媒体融合发展探索方向。良好的媒介生态模式持续反哺县级融媒体中心向好发展，安吉、长兴、德清三县试点先行，探索出符合本县域特色的融合发展新路径。

2019年1月，浙江省召开全省县级融媒体中心建设推进会，在新政策、新设计、新经验的基础上全面部署县级融媒体中心建设工作，总结安吉、长兴等优秀样板县的经验，以先发带动后进，力争在当年基本实现全省覆盖。

2022年11月，安吉县融媒体中心率先发布全国首个县级融媒体五年发展战略规划《安吉县融媒体中心（安吉新闻集团）发展战略规划（2023—2028）》，对全国各地县级融媒体中心的建设与发展起到了重要的引领示范作用。

县级融媒体中心的建设目标在于为广大群众提供优质的服务，作为四级融合传播体系中引导群众、服务百姓的"最后一公里"，当前，各地县级融媒体中心都在积极努力深耕本地产业，集中精力做强特色、做宽服务。安吉

---

① 《中共中央关于制定国民经济和社会发展第十四个五年规划和二〇三五年远景目标的建议》，http：//www.gov.cn/zhengce/2020-11/03/content_ 5556991.htm，2020年11月3日。

县融媒体中心明确发展建设目标，充分发挥基层贴近性，自主研发了一体式移动终端平台"爱安吉"，将社区新闻、便民服务、政务公开、电商直播等信息通过"爱安吉"发布给老百姓，以此走近群众、深入群众。同时，以"爱安吉"平台吸纳老百姓成为即时的、移动的、积极的信息发布者，打造了基层舆论阵地。

二 发挥自身资源优势，打造新型主流媒体矩阵

安吉是"绿水青山就是金山银山"理念的诞生地，安吉县融媒体中心在融合转型发展实践中，把握区域特色及区位优势，立足本地内容，探索跨域方式，总结融合经验，主动担当生态文明建设的"排头兵"和乡村振兴的"领头雁"，形成了新型主流媒体矩阵，实现了良好的社会效益和经济效益。

（一）守正内容本位，把握舆论导向

安吉县融媒体中心在融合进程中坚持发挥传统媒体在内容生产上的权威性和专业性优势，把握媒体特色，不断强化"新闻为本"的思想，立足于作为党的媒体的定位，以内容为基石，牢牢把握主流媒体舆论主动权。

1. 重大主题策划全

"党媒姓党"——中心主题策划离不开县委和县政府的支持，安吉县融媒体中心始终将主题策划放在生产流程的首位，每年围绕县委、县政府工作要点，开展百余个主题活动策划。2022 年，安吉县融媒体中心瞄准现代产业振兴、城市能级提升、共同富裕先行三大主攻方向，策划了包括《谁是主角》《和村的春天》《沸腾在一线 实绩亮战报》《人与青山两不负》等上百个主题报道，发表新闻报道千余篇。在中国共产党第二十次全国代表大会召开期间，中心推出的《喜迎二十大 一线拼比争》《喜迎二十大 数说好日子》等系列报道，及时将经济社会发展重大成果、重要活动、重点项目予以专题呈现，表达竹乡儿女的奋进之姿。除典型报道和重大主题报道

外，安吉县融媒体中心在融媒体内容建设过程中还提出了"四贴"的口号，即贴近中心、贴近民生、贴近用户、贴地飞行，这也是县级媒体融合发展的基础和关键。①

2.多元内容品质优

把握多元内容的特色、产出优质内容一直是安吉县融媒体中心内容建设的主要目标，安吉县融媒体中心着力于推动新闻叙事的故事性，强化新闻呈现的互动性，突出新闻事实报道的延展性。近年来，每年都有约千条新闻报道在国家级、省级媒体播出，仅2022年，安吉县融媒体中心就上送央媒新闻308条、省媒699条（见图1），实现央广《新闻和报纸摘要》单条头条的历史性突破，上送中央台和中国之声条数双双排名全省第一（含地级市），新闻专题作品《安吉有个"矛盾终点站"》获得了第三十一届中国新闻奖。

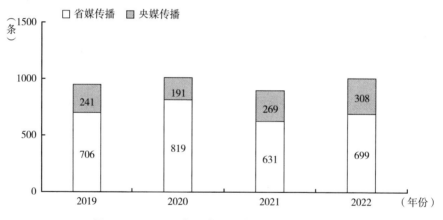

图1　2019~2022年安吉县融媒体中心外宣报道数

资料来源：根据央视网、央广网、浙江卫视官网、浙江之声、人民日报、浙江日报等媒体网站统计。

安吉县融媒体中心深耕本地资源、认真抓内容建设。近年来，安吉县融媒体中心新闻作品每年都有国家级、省级及市县级奖项斩获（见图2）。

---

① 宁黎黎、吕晓虹、林玉明：《县级融媒体中心建设的浙江经验——浙江省湖州市长兴县、安吉县的融媒体建设之路》，《中国广播》2019年第7期。

2021 年广播节目获评中国广播电视大奖，2021 年度获评浙江省广播电视新闻融合传播协作县级先进集体特等奖，2008～2022 年度连续 15 年广播、电视均获浙江省对农节目考核优秀，2018～2022 年度连续 5 年获得浙江新闻奖（广播电视类）一等奖。

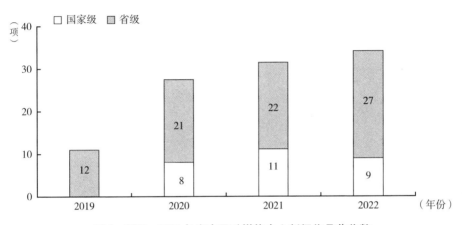

图 2   2019～2022 年安吉县融媒体中心新闻作品获奖数

资料来源：据中国政府网、中国记协网、浙江省人民政府网、浙江省记协网等网站公示统计。

（二）注重渠道拓展，实现智慧服务

全平台拓展已成为当前县级融媒体中心建设"标配"，但部分媒体受制于旧观念、旧模式、旧手法，媒体平台拓展只是传统媒体增加线上曝光量的渠道，并未形成真正的融合报道模式，产出作品无法适应不同渠道终端受众需求。安吉县融媒体中心力求打破原有报业、广电的思维和模式"屏障"，主动盘活现有媒体，深挖已有智慧广电渠道优势，将信息点对点地精准化推送至终端用户。

1. 全平台，新老媒体共发力

安吉县融媒体中心为使群众服务落到实处，真正成为懂需求、明重点、知冷热的基层媒体，于 2014 年率先提出新闻融合，重组广播电视台和新闻宣传中心两家单位，成立安吉新闻集团。自安吉县融媒体中心实现报台融合以来，积极拓宽全媒体矩阵，深度挖掘传统"报、网、台"核心用户资源，主动搭建"三微四端一抖一基地"（微博、微信、微视频，App 客户端、"游视界"农销平台端、"指惠家"平台端、多媒体直播端，抖音及"算术"直播基地）的分众化传播渠道。中心开通了包括视频号"生活 1+1""ANG 安吉房产"、抖音号"王胖子的旅行记""凯姐凯姐""卉眼看盘"等在内的多个新媒体平台，自这些平台开设以来，共发送推文 2270 篇，总阅读量达到 853.1 万次；发送"最安吉"推文 1491 篇，总阅读量达到 178.8 万次。安吉县融媒体中心新老媒体共同发力，2021 年，中宣部确定"爱安吉"新闻客户端为全国七个示范项目之一。截至 2023 年 2 月底，全平台用户超 183 万，远超当前县域常住人口数，"爱安吉"综合新闻客户端累计下载 211.5 万余次。①

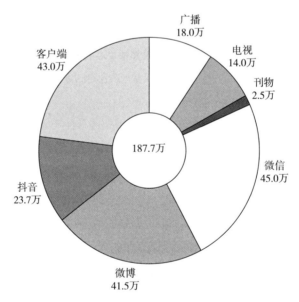

图 3　2023 年 2 月安吉县融媒体中心各平台粉丝量统计

资料来源：各渠道实际用户数统计。

---

① 祝青、章李梅、丁峰：《新时代重塑县媒融合发展格局的安吉实践》，《传媒》2022 年第 11 期。

2.融分发，工作流程全优化

县域平台信息、数据、资源互相分割是一直存在的"屏障"问题，安吉县融媒体中心重塑图文、音视频的生产流程，打破传统媒体存在的流程区隔，集成全媒体复合型新闻生产人才，不断优化"中央厨房"模式。实行"多视角切入、多设备采集、多平台共享、多模式生产、多渠道分发"的"五多"融合报道新模式，彻底改变了传统媒体各自为政的弊病，信息流通带动传播矩阵同频共振，满足分众化传播需要。

（三）创新体制机制，盘活内部资源

县级融媒体中心建设在人才、资金、技术和创新能力方面与中央、省、市级媒体相比都存在较大差距，为了提升自身改革的质量和水平，必须对县级媒体布局进行优化调整，兼顾机构、人员、财务、薪资等方面的考量。自2014年组建安吉新闻集团以来，集团持续探索融媒体发展。2021年，安吉新闻集团进行第二次体制机制改革，为下一个十年发展奠定基础。

1."媒体"框架向"平台"转型

体制机制革新对县级融媒体中心来说需要更加贴合当地实际发展需求，建立本土化、独具特色的媒体发展模式。安吉县融媒体中心依托广播、电视、报纸等传统媒体资源进行整合转型，遵循事业单位企业化管理，充分整合了基层社会化资源，改革成果获省委、省政府授予的2021年全省改革创新成绩突出集体荣誉，成为县内唯一获得该荣誉的单位，获得2022年浙江省智慧广电"数字化改革杯"创新大赛的融合发展奖。安吉县融媒体中心为提升新闻作品的质量和水平，2021年制定《关于进一步推进清廉媒体建设的实施方案》，力争通过建立"严真细实快、一六九四二（一路就是爱）"工作体系，采用系统化、闭环化全生命周期管理方式，全面完成查纠问题、完善过程监管，使廉政风险防控运行更加规范。

2015年1月，中共中央办公厅、国务院办公厅印发《关于加强中国特色新型智库建设的意见》，强调了媒体智库在新型智库建设中的重要性，安吉县融媒体中心将目标锚定为建成建优县级媒体智库，除了不断丰富其媒体

智库外，更立足本地发展情况，走好集改革建设研发、安全运维、数字经营一体的数字化、特色化县级媒体融合道路。2022年不断深化"平台"转型，爱安吉App"云工益"板块首次开启了"对口帮扶"线上选购通道，"以买带帮"助推对口支援结对地区农产品销售，为数字赋能助力对口支援结对地区实现共同富裕提供技术支撑，采用工会福利线上充值、工会会员自主下单的模式，实现"以买代帮"对口帮扶620万元。2022年4月3日安吉县融媒体中心自主研发"安畅码"系统，覆盖全县3000余家企业，实现货车入县、离县数字化精准智控；上线"安吉优品汇"区域公共品牌自主平台，与县内28家强村公司达成合作意向。

2. 人才"集合"向人才"集成"转型

融媒体人才匮乏一直以来是困扰县级媒体融合的一大问题。安吉县融媒体中心依托政府资源扶持，为解决"人才难招、人才难养、人才难留"三"难"问题提供新办法，活用内部机制改革和用人方式上的自主权，面向市场进行革新，自主完善用人模式，努力实现人才各司其职、各尽其用。例如，发挥中心不同群体人员优势，老员工以工作多年积累的人脉资源扩展中心市场合作面，年轻员工以工作热情挖掘及维系市场潜在用户及合作用户。安吉县融媒体中心坚持人才培养、事企分开，以职位聘任打破行政级别、以全员聘用打破身份界限、以绩效考核打破平均主义，从而解决职务能上能下、待遇能高能低、人员能进能出的问题。2022年，实施队伍"强肌工程"建设，从外扩、内培两方面入手突破人才瓶颈。当前，安吉县融媒体中心内部体制机制以党委统筹，包括编委管理新闻业务、经管主营产业经营、行管负责行政管理，部门考核制度不再唯"老"独大，而是建立起较为完备的薪酬奖励机制和员工关怀体系，缓解原有媒体人员生存压力，激发媒体从业者工作热情，有利于培养和发展全媒体人才队伍。

（四）变革思维理念，深化媒体协作

在传统媒体时代，主流媒体为了保持信息内容的独家性，主要依托内部信息资源和人才优势生产专业信息内容，维护新闻媒体的权威性和公信力。

新媒体时代，互联网技术飞速发展，信息传播速度加快，这对媒体信息生产能力和生产速度提出了更高的要求。县级融媒体中心面对激烈的竞争环境，需要在深耕优质内容的同时，转化信息生产的思维理念，在业务生产和产业协作方面加大与外部媒体之间的合作力度。安吉县融媒体中心建立了统一的信息采集分发平台，对新闻信息源进行统一策划，生成多模式内容，实现多渠道分发。

为更好地实现媒体之间的深度合作，安吉县融媒体中心在主题报道中采取内外宣联动方式，不仅将生产的近百个主题报道通过广播、报纸、电视、安吉发布及爱安吉 App 进行传播，还积极与央视《新闻联播》、中国之声、浙江卫视《浙江新闻联播》、浙江之声等媒体联动制作和宣传报道，自身生产信息能力也得到提升且位居全省前列。2022 年，安吉县融媒体中心紧紧抓住重大主题、重要节点，主动出击、精准对接，在央媒刊播新闻 110 条，其中《新闻联播》28 条、头条 2 条，在省级媒体刊播新闻 1000 余条。特别是在党的二十大召开期间，安吉县融媒体中心向央媒、省媒共推送新闻 72 条，有助于其继续保持全省领先位置，向全省、全国乃至全世界更好地展示安吉高质量绿色发展的新形象。

从技术支撑角度来看，在县级融媒体建设过程中，省平台为县级融媒体中心提供其需要的技术、维护、指导等多种服务，但这种技术模式存在自主性不足的问题，相关技术研发工作滞后，无法针对各县的个性化需求做出及时、准确的调整。安吉县融媒体中心在专业内容生产方面扩大合作范围，通过自主研发创新，加强新媒体平台建设和运维。同时，安吉县融媒体中心利用大数据，自主研发各种乡村公共事务治理技术，已在全国 24 个省落地 300 余项智慧产品，为各地更好地开展智慧城市建设和融媒体平台建设提供帮助。2022 年 8 月，安吉县融媒体中心与延安市融媒体中心签订战略合作协议，双方就各自优势领域展开深度合作与交流互鉴，同时也推进"爱安吉"App 融媒体系统发展模式在更大区域范围开展实际应用，进而加快沿海和内地基层市县级融媒体中心资源协作、交流共享的步伐，最终实现双方在更高水平上的深度融合发展目标。

三 链条融合："媒体+N"激活力

媒体融合打通县级融媒体中心的市场边界，产业模式呈现出明显的"泛内容"趋势，"跨行业""跨品类"已成为当下的融合关键词，新闻内容通过渠道、形式等多样态渗透至媒体政务公开、媒体服务落地以及媒体商务整合过程中。

（一）媒体+政务：智慧办公掌上行

当前部分融媒体中心政务功能覆盖面广但实际执行力不强，存在"展示"功能强于服务功能的情况，可操作性不强、服务能力有限、政务申请得不到回应，用户需求问题无法得到有效解决。安吉县融媒体中心创新"媒体+政务"模式，纵向联合打通部门资源，以群众切身利益保障为建设出发点和落脚点，充分落实已有政策指示精神，积极联络各级政府部门，统筹整合各部门的大数据信息，协助实施政务公开、阳光问政，不仅争做干部群众间的"传声筒"，更是将安吉县融媒体中心平台建设成为协助城市高质量发展和村社高效化治理的"十字路口"。

智慧政务一直以来都是安吉县融媒体中心关注的重点项目，早在2012年就走在全省广电数字有线光纤网整合改革的前列，着手打造"村村通"数据网和通信网，建设"村村用"信息平台、"村村响"音频广播、"村村看"视频监控平台等①。为了让困难群体免费观看数字电视节目、享受优质的文化生活，安吉县融媒体中心推进"广电低保工程"，2022年为近3000户低保、优抚等困难群众减免费用，提供政策服务资金（数字电视基本收视费、入网费）近150万元；同时持续开展走千家入万户活动，为广大群众提供免费的优质服务，目前大众用户保有率为98.3%，排名全省第二。同时安吉县融媒体中心定时优化政务连接系统，"监督一点通"（原"村务

---

① 祝青、章李梅、丁峰：《新时代重塑县媒融合发展格局的安吉实践》，《传媒》2022年第11期。

清"系统）已入驻中心"爱安吉"App、"安吉发布"微信公众号、数字电网等多交互渠道，借助大数据，用户可自行点击实现"小微权力监督""印章申请""在线投诉"，实时查看所关注的村社公开信息。疫情初期，安吉县融媒体中心充分发挥平台优势，与政府大数据部门协作，统筹可流动口罩数目、药店区位分布与群众实际需求，率先推出口罩购买预约系统，有效安抚安吉群众的焦虑情绪和缓解政府的抗"疫"压力，真正做到科技惠民、政务为民。

（二）媒体+商务：商业协作数字化

媒体深度融合阶段的县级融媒体中心建设不能仅仅依靠上级财政扶持，"事业性质、企业管理"的县级融媒体中心应该不断拓展商务发展渠道，提高"造血"功能。如何在做好新闻主业的前提下，不断拓展附加企业化管理产业价值链，依托好当前的数字化、移动化契机是关键，安吉县融媒体中心遵循"绿水青山就是金山银山"理念，持续挖掘"绿水青山"的生态价值。自2020年起，安吉县融媒体中心依托"游视界"平台开展直播带货、扶贫助农活动，定期开展各村助农助产直播，以平台专业技术助力农产品市场销售，上线"两山优品"近600种，累计销售额达千万元，搭建数字智慧富农媒体专项渠道。"游视界"平台积极拓展全国影响力版图，截至目前平台加盟广播电视台达235个，相关领域商务合作不断深入。为了更好地打通农业供应链，安吉县融媒体中心自主研发运营"安吉优品汇"区域公共品牌平台，截至2022年底，平台会员接近4000名，营收超过6000万元，县级融媒体中心的社会化运营能力得到有效提升。2022年，安吉县融媒体中心年营收额为4.87亿元，连续9年涨幅都在10%以上，甚至在受到疫情的影响下仍达到20%以上，为全国县级融媒体中心提供了新型发展范式。

安吉县融媒体中心党委经管线下的网络、文澜、新绿（星号）、白云齐四大公司，各司其职不断拓展商业协作产业生态链。中心每年联合县委、县政府各职能部门举办"安吉骄傲"、中国·安吉白茶开采节、投资贸易人才洽谈会等各类直录播活动百余场，覆盖政策、农业、商业、生活、文娱等方方面面，展现安吉特色、安吉亮点、安吉发展、安吉成效。安吉融媒体中心高度重视文创产业提质增效，2022 年出台多项政策，对入驻基地企业退还 25%的房屋租金，助力企业应对疫情影响，2022 年文产中心产值达到 1.05 亿元，产业营收能力高速增长（见图 4），反哺主业，促进县域媒体融合发展。

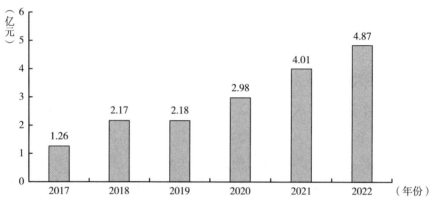

图 4 安吉县融媒体中心年营收增长

（三）媒体+服务：便民帮扶一站式

县级融媒体中心作为打通基层信息服务"最后一公里"的主要载体，发挥着与用户沟通和交流的重要作用。不同于传统媒体渠道，县级融媒体中心需坚持用户为本位的理念，不断更新平台应用技术，以满足用户日常生活需求，便民服务应覆盖衣、食、住、行等各个方面。"媒体+服务"的模式能够充分整合县域内线上和线下媒体资源，这不仅要求县级融媒体中心增加媒体服务类型，还需提升服务的效率和质量，共同建设智慧化安吉服务平台。

安吉县融媒体中心深耕本土内容，优化便民服务设施，整合全县 20 余个部门的数据，在自有移动新闻客户端"爱安吉"App 平台中开辟了美食、交通、医疗、房产、招聘等 20 余个民生服务模块，上线安吉天气、5189000 民生服务热线、智慧医疗、电子售票、掌上公交、路况发布、安心停车、招工招聘等 20 余个生活服务应用，基本覆盖民生需求，实现了一站式服务，提升了用户对平台的黏性。"爱安吉"App 设置云豆子积分币，完善平台购物结算系统，极力覆盖区域内商户和消费者，便利双方交易程序。为了提升融媒体中心的实际影响力，除了线上服务功能外，安吉县融媒体中心还开创性地提出了"1+3+N"建设模式（1 即数字乡村数据仓，3 即数字乡村一张图、一窗受理、一窗办公，N 即代表智慧旅游、居家养老、智慧农业、垃圾分类等多个应用场景），加快推进天荒坪未来社区、灵峰街道全域和孝丰五村联创智慧旅游和数字乡村项目建设，积极开展线下文化活动，丰富当地群众文化生活，带动当地产业发展。2022 年"爱安吉"App 共增加注册用户10 万人以上，截至目前注册用户达到 43 万人，不断提升当地数字化服务水平，提升百姓的获得感和幸福感。

安吉县融媒体中心还充分调动社会力量践行服务宗旨，例如，推出"志愿+服务"兑积分模块，吸引更多人参与线下社区服务、派单服务和宣传活动，促进服务模式常态化、全民化开展，成为"媒体+公益"模式的典型范例。在疫情期间，安吉县融媒体中心自主研发"安居码""安畅码"防疫系统，有效助力疫情防控。其中"安畅码"系统覆盖全县 3000 余家企业，保障 3000 余辆货车安全高效通行，实现货车入县、离县数字化精准管控；"安居码"系统覆盖全县人数 599269 人，其中外来人员 151884 人，采茶人员 157527 人，实现人员精准高效管理。

（四）媒体+社会治理：多方协作共发力

"郡县治，天下安"，县级融媒体中心建设是提升国家治理能力和完善国家治理体系的重要一环，也是基层融媒体中心参与社会基层治理的系统性工程。县级融媒体中心参与乡村社会治理是一个动态管理过程，需要对当地社会的风土文化、民风民俗有充分的了解和把握，在内容制作上要善用接近性优势，调动多方主体参与社会治理，并且利用技术推动社会治理的公开化、体系化、有效化。安吉县融媒体中心积极为当地社会治理提供媒体方案，在区域范围内建设数字有线光纤网、音频广播、村务信息通、视频监控等，全方位了解社会治理需求，对县域进行数字化监控和管理，独立研发

"智管家""云计算""一张图"等基层数字化管理模式，提升社会管理水平。"爱安吉"App 设置"瞰安吉"模块，高清摄像头能够监测到几乎所有超市、景点、学校、道路，用户可以在线进行观看，进而为自己线下学习、工作、生活、出行等提供参考依据。

数字化监控设备还可以为线下交通站点的检查服务提供便利，安吉县融媒体中心对接网线建设部门面向区域服务点开设专线，实时了解车辆信息，方便通行管理服务。完善基层社会治理，推进乡村智慧化建设，安吉县融媒体中心还推出系列关注区域治理栏目，例如，在《平安安吉》栏目下设置警务广场、阳光司法、网格管理等模块，固定每半月推出一期，常态化关注平安安吉建设；与县综合执法局合办专栏《城事你我他》，以每周一期的频率，推出城市管理服务相关报道。同时，为了做好融媒体中心内参信息采写工作，安吉县融媒体中心开设监督专栏《新闻观察》，常年聚焦生态文明建设、文明城市创建、安全生产等方面，发挥媒体的监督作用，按每周两期监督报道、一期正面报道的频率做好新闻监督工作，形成选题报送、媒体监督、整改反馈的闭环管理，自 2021 年栏目开办以来共刊播 218 条，其中涉及曝光点位 152 个，热点追踪及反馈 123 条，先后获县委书记批示 1 次，县委副书记、县长批示 8 次，取得良好社会反响。"媒体+社会治理"不仅能体现媒体转型过程中的社会责任感，而且有利于构建乡村互助协调治理体系，构建健康有序的社会生态系统。

四 结语

安吉县融媒体中心努力使国家媒体融合发展战略真正落地，深度挖掘当地资源，形成了具有个性化特色的"样本"模式。面对当前媒体融合发展走向深度融合阶段，安吉县融媒体中心不断优化传播方式和手段。在内容上，安吉县融媒体中心坚持生产符合主流价值导向的内容，积极引导网络舆论；在平台建设上，建立"三微四端一抖一基地"，多渠道搭建信息沟通连接桥梁，打造全媒体多平台传播矩阵；在体制机制创新上，优化内部人员晋升考核体系，消除部门之间的结构性障碍；在业务拓展上，加强与其他媒体的交流合作，提升专业技能和服务水平。作为基层建设"最后一公里"，安吉县融媒体中心创新"媒体+N"模式，融合政务、服务、商务和社会治理等内容，实现自身治理体系和治理能力现代化，也为其他县级融媒体中心升级发展提供了经验借鉴，其核心理念就是践行了以下"四个坚持"。

一是坚持优质内容为王。县级融媒体中心能够利用自身渠道优势充分整合线上和线下媒体资源，实现资源最优化配置，这在一定程度上能够满足碎片化时代下媒体快速获取信息、生产新闻内容的要求。作为新型主流媒体，县级融媒体中心除了需要提升新闻生产效率外，还需深耕本土优质资源，发掘当地富有特色的新闻信息，将生产精品内容融入媒体新闻生产全流程。县级融媒体中心为了持续生产精品内容，也需要坚持主流价值引导，精心策划特色主题报道，提升新闻内容质量。

二是坚持用户至上理念。传统媒体生产新闻大多是采用"我说你听"的方式，信息传播缺乏有效反馈渠道，信息到达率低。县级融媒体中心作为新型主流媒体，坚持"事业性质、企业化管理"的模式，无论是日常新闻内容的编辑报道还是业务功能拓展，在政务、服务、商务、社会治理等领域不断创新，提升当地用户的参与感和归属感，使其能享受便捷的服务。改变以往"传者本位"的思维逻辑，树立用户至上理念，需要加强与用户之间的互动交流，这也能在一定程度上增强用户对平台的黏性，提升平台信息传播的影响力和公信力。

三是坚持技术服务内容。县级融媒体中心搭建需要不断更新自身技术设备，提升基层设备服务应用能力。大数据、云计算、人工智能技术能够为融媒体中心提供动态管理服务，并且增强信息内容处理计算能力。安吉县融媒体中心在疫情期间开展"智慧行动"，充分利用大数据分析处理技术及人工识别技术将获取的信息进行分类整理并予以深度分析，提供每日疫情实时播报，为当地政府部门抗击疫情提供可靠支撑。技术设备更新需要大量资金投入，仅仅依靠财政拨款难以实现长期运转，因此县级融媒体中心需要加强与新媒体企业的合作，提升自身业务技能，增强媒体造血能力。

四是坚持创新融合模式。县级融媒体中心是基层建设"最后一公里"，也是参与乡村治理的最为关键的一环，因此需要革新观念推进媒体转型升级。当前媒体融合不断深入发展，县级融媒体中心必须充分挖掘、探索新模式和新做法。安吉县融媒体中心探索"媒体+N"模式，动态推进媒体融合向纵深方向发展。由于各个区域范围特征和优势不同，其他县级融媒体中心需要在借鉴安吉县融媒体中心"媒体+政务""媒体+服务""媒体+商务""媒体+社会治理"的基础上创新"媒体+党建""媒体+助农""媒体+文旅"等模式，提升媒体竞争优势。

未来，安吉县融媒体中心将继续深耕本地内容，坚持多元化发展，完善数字化社会治理体系，加强媒体转型体制机制建设，在"稳步发展、稳中求进"中全面有效推进"媒体+政务服务商务"建设。

参考文献

《习近平出席全国宣传思想工作会议并发表重要讲话》，http：//www.gov.cn/xinwen/2018-08/22/content_5315723.htm，2018年8月22日。

《中共中央关于制定国民经济和社会发展第十四个五年规划和二〇三五年远景目标的建议》，http：//www.gov.cn/zhengce/2020-11/03/content_5556991.htm，2020年11月3日。

宁黎黎、吕晓虹、林玉明：《县级融媒体中心建设的浙江经验——浙江省湖州市长兴县、安吉县的融媒体建设之路》，《中国广播》2019年第7期。

Abstract

Annual Report on Development of New Media in China No. 14 (2023) is the latest annual report on the development of new media compiled by Journalism and Communication Research Center of Chinese Academy of Social Sciences. The 2023 volume is divided into general reports, hot issues, researches, communication and industries. These five parts comprehensively analyze the development of China's new media, interpret its trends, summarize the problems and study on the profound influence of new media.

In 2022, the successful convening ofthe 20th National Congress of the Communist Party of China is embarking on a new journey to build China into a modern socialist country. With the continuous development of digital technology and information infrastructure, it is increasingly integrated into the all-round social development process in many fields such as economic life, which promotes the rapid development of China's media industry. At the same time, the digital demand triggered by the COVID-19 epidemic is gradually embedded in daily life, and the development rate of the new media industry is accelerated.

The general report of this book comprehensively summarizes the task of building a modern socialist country in an all-round way and the top-level planning in the Report of the 20th National Congress of the CPC. The change of the times and the major shift in epidemic policy have continuously affected the development of China's new media. Digital, intelligent and mobile features accelerate the transformation and upgrading of new media and stimulate multi-dimensional vitality. The development of China's network and new media has the following characteristics: the digital China strategy continues to empower smart city construction and digital rural planning, and the omnimedia communication

construction is moving in a systematic direction. The digital economy continues to grow, and network supervision is gradually standardized and detailed. The special groups at both ends of the population composition have become the key focus of new media, and the exploration of aging media and juvenile network access has attracted industry attention. The short video industry continues to exert its strength, the technology empowers the media content production process to accelerate the transformation, and emerging industrial positions such as Metaverse have become the battlegrounds for new media. The concept of the community of shared future in cyberspace is deepening, the integration of publishing is deepening, and Generation Z has deeply influenced the voice of new media discourse.

This book contains reports from dozens of well-known experts and scholars in the field of new media research. These reports profoundly discussed essential topics of metaverse industrial park, media convergence, internet public opinion field, digital culture industry development, digital human market development, application of audio-visual new media technology, development of western social media, new media industry, online advertising industry, children's integrated publishing, and conducted a deep investigation and study on the development of metaverse industrial park.

The book holds the view that with the continuous development of new media in 2022, some problems can not be ignored: the four-level convergence Media chain still needs to fill the shortcomings and expand the propaganda of mainstream ideology. At the same time, network chaos is still emerging, and it is necessary to form more detailed and institutionalized regulatory norms.

Keywords: New Media; Media Convergence; Metaverse; Intelligent Communication

Contents

I General Report

Abstract: Facing the macro task of building a modern socialist country in an all-round way and the top-level planning in the Report of the 20th National Congress of the CPC. The change of the times and the major shift in epidemic policy have continuously affected the development of China's new media. Digital, intelligent and mobile features accelerate the transformation and upgrading of new media and stimulate multi-dimensional vitality. The development of China's network and new media has the following characteristics: the digital China strategy continues to empower smart city construction and digital rural planning, and the omnimedia communication construction is moving in a systematic direction. The digital economy continues to grow, and network supervision is gradually standardized and detailed. The special groups at both ends of the population composition have become the key focus of new media, and the exploration of aging media and juvenile network access has attracted industry attention. The short video industry continues to exert its strength, the technology empowers the media content production process to accelerate the transformation, and emerging industrial positions such as Metaverse have become the battlegrounds for new

media. The concept of the community of shared future in cyberspace is deepening, the integration of publishing is deepening, and Generation Z has deeply influenced the voice of new media discourse. With the continuous development of new media, some problems can not be ignored: the four-level convergence Media chain still needs to fill the shortcomings and expand the propaganda of mainstream ideology. At the same time, network chaos is still emerging, and it is necessary to form more detailed and institutionalized regulatory norms.

Keywords: Media Deep Convergence; Omnimedia Communication System; Digital China; Grassroots Governance; Network Supervision

II Hot Topics

B.2 Development Report on China's County-level Metaverse
Industrial Park in 2022

Fang Yong, Bo Xiaojing / 041

Abstract: With the development of metaverse and related technologies such as big data, artificial intelligence, Internet of Things, and blockchain, China's county-level metaverse industrial parks have been rapidly established. Currently, as an important component of China's metaverse industry, county-level metaverse industrial parks present the development status of forward-looking top-level design, initial scale of metaverse industrial parks in many regions, technology-enabled park construction, increasingly perfect industrial ecology chain, and the development of characteristic industrial parks. However, issues such as uneven development, unsustainable construction and operation, shortage of high-end talents, technological risks, insufficient scientific and technological innovation, and limited new media communication still hinder the further development of county-level metaverse industrial parks. In the future, further high-level, high-quality and high-standard construction of district and county-level metaverse industrial parks is needed in terms of top-level design, infrastructure, technology research and development, talent training, industrial operation and international cooperation.

Keywords: Metaverse Technology; Metaverse Industrial Park; Industrial Chain

B.3 China Media Convergence Development Report in 2022

Huang Chuxin, Chen Zhirui / 060

Abstract: In 2022, China's media convergence gradually developed from a single point breakthrough to a systemic construction stage, and the depth and precision of convergence development was raised to a new height. In this year's media convergence development, the construction of an All-Media Communication System has become the core leadership of top-level design; media at all levels have been iteratively upgraded based on their own characteristics; major thematic reports and international events have shown cutting-edge media convergence achievements; the development of county-level integrated media and municipal-level media has shown features of functional expansion; AIGC led by intelligent technology has gradually been integrated into the whole process of media production and communication; cross-border convergence and verticalization of communication enhance the power of media convergence and credibility, and the overall development quality of the media industry has been further improved. At the same time, media closure and transfer, disorderly speculation of concepts, delayed cultivation of platforms and deterioration of content ecology have become important factors hindering the development of media convergence, which urgently need to be adjusted in a targeted manner. In the future, China's media convergence and the construction of an All-Media Communication System will develop further along the main lines of content, technology and mechanism, continuing to bring into play the linking attributes of the media, delivering mainstream values and quality content with authority and credibility on the one hand, and using advanced technology and cutting-edge concepts to do a good job in the media's service functions and governance effectiveness on the other, thereby achieving the in-depth development of media convergence and transformation and

advancing with the times.

Keywords: Media Convergence; All-media Communication System; Municipal Media; AIGC

B. 4 Research Report on the Development of Internet Public Opinion Field in China 2022

Liu Pengfei / 081

Abstract: In 2022, there will be a turning point in the policy of COVID-19 epidemic prevention and control. The international situation is more complex, and the game between international public opinion and ideology is intensified. The psychology of public opinion field has changed at different levels in a specific period of time. Corporate public opinion events, consumer rights and interests protection and people's livelihood topics are still prominent. Sudden accidents and extreme weather disasters continue to occur, and the risk of short video topics is easy to spread to enterprises. The culture and tourism industry has taken the lead in making efforts, and all provinces have made every effort to fight for the economy. In the future, the reform of data elements and digital system will become a new engine for development, and AI will break out or open the era of intelligence.

Keywords: Public Opinion; Digital Economy; Artificial Intelligence

B. 5 China's Meta Human Market Development Report 2022

Liu Youzhi, Yang Lu and Pan ChenRui / 100

Abstract: In recent years, Meta Human is regarded as the reality breakthrough of metaverse application in China, standing in the forefront of metaverse and taking the lead to preliminary exploration; with the rapid popularity of the metaverse conception and the development of virtual reality technology, the market application of meta Human is recognized by most young users in China, and its huge market potential and commercial value becomes gradually prominent, on top of that, add the introduction of relevant policies by the state and relevant local governments to vigorously support the development of this emerging industry, in the year 2022, digital people ushered in the "first year" development. The commercial application of meta Human provides a new traffic windfall and development opportunity for China's Internet, injecting vitality into the market, and has been favored by enterprises and investors; at the same time, it has also initially exposed some problems concerning industry future, requiring the government, industry and major market players to jointly promote the standardized, orderly and healthy development of this emerging industry from the macro, meso and micro levels.

Keywords: Meta Human; Metaverse; Virtual Reality

B.6 Short Video Platform as Medium: Function Evolution, Risk Controversy and Development Trend

Li Mingde, Lu Di / 121

Abstract: The function evolution of short video platform is the inevitable result of the increasingly fierce competition in the domestic short video industry and the slowing down of the growth of short video users. Based on the media function theory, as an important part of today's mass media, the basic functions of short video platform can be divided into social functions and entertainment functions. Among them, the social function includes news communication and public opinion bearing, while the entertainment function is divided into daily performance and relaxation. As the short video platform gradually develops into a "super short video APP", its functions also turn to creating economic value, paying attention to silver age users, inheriting cultural heritage, spreading knowledge and culture, and arranging international communication. However, during the evolution of short

新媒体蓝皮书

video function, users may be trapped in the "information cocoon" under the action of algorithm recommendation and other technologies. The rise of "grassroots revolutions" also risks generating negative public opinion. In the future development process, short video platforms should give consideration to economic interests and social benefits, and move towards the goal of building a mainstream ideological public opinion field, serving the society and obtaining benefits simultaneously, and creating a new situation of international communication.

Keywords: Short Video Platform; E-commerce; Artificial Intelligence

B.7 Report on the Development Characteristics of Digital
Culture Industry in 2022

Wen Xin, Zhang Jing and Zou Xiaoting / 139

Abstract: In 2022, against the backdrop of the ongoing COVID – 19 pandemic, digital culture industry has increasingly become an endogenous force to promote cultural and economic development. Industrial policies continue to show their effectiveness. Games, films, TV dramas, digital culture and museums and some other fields will make full use of their strengths and characteristics to promote the construction of cultural soft power and the development of the digital economy.

Keywords: Digital Culture; Cultural Industry; Digital Economy

III Investigation Reports

B.8 Report on the Development of Chinas Short-Video
in the Mobile Internet Era in 2022

Yu Xuan / 155

Abstract: This paper studies Chinas short-video industry in the mobile internet era in 2022 from four parts, including overview, focus, problems and trends. Overall, under the background of the development of digital economy in 2022, Short-video industry still maintains dominant position in user scale, user stickiness in 2022; Live e-commerce pulls short video business scale continues to grow; New variables emerge in the double oligarchy market pattern led by Douyin; in terms of contents, a new look is obvious, including gigantic scales of segmented contents, e-commerced contents and live-streamed contents. Two features stand out when focusing on the internal examination of the industry. The first is the accelerated expansion of "Dou & Kuai" from entertainment platforms to comprehensive commercial platforms; the second is micro-short dramas enters into the 2. 0 stage with the increase in both quantitative and qualitative. However, the damage to content from the full-scale e-commenced in short-video industry is an important issue that cannot be ignored in 2022. Looking ahead to 2023, strengthening the core application to create a super platform is what the head players will strive for. The increasing penetration of information technology such as AIGC will drive short-video industry into a new stage.

Keywords: Short Video ; Short-Video Live E-commerce; Short Play

B.9　The Development of China's Industry for Virtual Digital Human in 2022

An Shanshan, Meng Fanxin and Wang Yuwen / 173

Abstract: Along with the development and iteration of digital technology, "Virtual Digital Humans" will boost in the "first year" of the era for industrialization in 2022. This report will focus on the advanced trends of industry for "Virtual Digital Human", and deeply illustrate for the status and trend of the Virtual Digital Human industry from the market prospects of the industry, the evolution of "key technologies" and the layout of key "players", and the classification for typical application scenarios. It finds that in 2022, the industry of Virtual Digital Human

industry in China will come into the era of upgrade and development for the whole industry chain, taking on rapid growth for the output, while diversified in application scenarios, mainly intelligent driven-oriented. Domestic virtual digital human enterprise has realized the full coverage of upper, middle and downstream, especially the downstream virtual idol, virtual anchor, virtual avatar and other virtual IP application scene is extremely prosperous. At the same time, the industry for Virtual Digital Human still has such issues such as insufficient standardization for technology and products, legal constraints and obvious ethical aspects.

Keywords: Virtual Digital Human; Application Scenario; Industry Chain

B.10 The Report of Western Social Media Platform Development in 2022

Qi Yalin, Liu Jingjing / 192

Abstract: In 2022, affected by various factors such as politics, economy, and the epidemic, old social media have been "shocked" to varying degrees, and some emerging social media such as PostNews and BeReal are ushering in opportunities for development. As more young users flock to TikTok, the TikTokization of social media has become a trend. In order to stick to the platform position with high-quality content, various social media platforms have set off a battle for talent, which has brought about a boom in the creator economy. At the same time, revenue is realized through the development of subscription services, social shopping and other ways. Faced with the dilemma of users being harassed by complicated information, many social media platforms have optimized function designs to establish a line of defense between users and waves of malicious cyber attacks, thereby reducing the visibility and popularity of harmful speech, and to a certain extent highlighting the social Humanization and social responsibility of the media. However, there are still great controversies on social media in terms of content governance, protection of minors, user privacy, and data security.

Keywords: Social Media; Short Video; Creator Economy; Content Governance

B.11 Media Innovation and Practice of Online Mass Line in the
New Era: A Case Study of "Tingyu+" by Nanjing
Newspaper Media Group

Ma Zhenghua, Ding Huiyu, Zhang Xi and Cang Shujun / 207

Abstract: This paper takes the approach of "Tingyu+" practice launched by Nanjing Newspaper Media Group, delving into the practical path and demonstration effect in which mainstream media actively follows the new era's online mass line, as well as the effective means by which it engages in social governance, public opinion conveyance, the exploration of interactive livelihood issues, political consulting and policy making. Based on this, the paper discusses long-term mechanisms for media to follow the online mass line and build innovative social governance, including prompting deep media integration, technology-driven risk avoidance in policies, strengthening the government-enterprise data collaboration and establishing an "integrated" collaborative mechanism.

Keywords: "Tingyu+"; Media Convergence; Nanjing Newspaper Media Group

B.12 2022 Research Report on the Development of Media
Convergence at the Prefectural and Municipal Levels
in China

Guo Haiwei / 220

Abstract: In 2022, prefecture-level media integration will continue to

advance in depth, and the depth and breadth of integration will be further extended. The top-level design of prefecture-level media convergence is becoming more and more perfect, the scope of integration is constantly expanding, resource integration is continuously optimized, technological innovation is strongly supported, and integrated management tends to deepen. Insufficient awareness of ideological risks, lack of vitality in brand building, lack of scientific evaluation index system, lagging digital copyright protection mechanism, and urgent need for innovation in operation and management models are the current key and difficult issues faced by prefecture-level media. Anchoring high-quality development, in order to promote the in-depth integration and development of prefecture-level media, efforts should be made to promote the quality and efficiency of content output, strengthen the application of technological innovation, improve the effect evaluation system, accelerate the construction of data assets, and expand the coverage of public services to promote the construction of healthy Sustainable media fusion new ecology.

Keywords: City-level Media; Media Convergence; Technological Innovation; Digital Copyright; Public Service

B.13 The Development Report of the Construction of Convergence Media Center at County-level of China in 2022

Li Yifan / 232

Abstract: In 2022, the construction of China's convergence media centers at county-level was aimed at "guiding and serving the masses" and the construction of a full media communication system. The report emphasizes the importance of strengthening top-level design, promoting content creation, leveraging digital integration, and empowering grassroots governance. However, there are still gaps and challenges in terms of institutional mechanisms, platform services, talent teams, and industrial development. In the era of high-quality development, convergence media centers at county-level should adhere to a media-oriented development approach, strengthen grassroots public opinion positions, empower digital rural construction, and enhance grassroots governance effectiveness, injecting vitality into rural revitalization and development.

Keywords: Convergence Media Center at County-level; Media Convergence; Full Media Communication System; Rural Revitalization

Ⅳ Communication Reasearch

B.14 Report of the Application and Innovation of Chinas
New Audio-visual Media Technology in 2022

Gao Hongbo, Guo Jing / 246

Abstract: In 2022, the application and innovation ability of new audio-visual media technology in China has made a considerable progress in technical capabilities and thinking patterns. At present, the construction of Chinses information network and computing power network is steadily advancing, and the layout of policies and programs is multi-dimensional. Thus, the new media technology capability has entered a stage of high-quality development. Moreover, radio and television network companies strive to change their development thinking, and actively use their own technical and data advantages to develop intelligent service scenarios, so as to realize the differentiated development of the industry towards "service-oriented" media. Under the background of increasingly mature application of 5G, AR, XR and other technologies, the network audio-visual industry has carried out a metaverse technology layout in entertainment, sports and other aspects. In the future, the application and innovation of new audio-visual media technology will move towards the advanced form of the concept of "future TV", breaking through the original boundaries and barriers of technology, thinking and industry, so as to make the rebirth and common

prosperity of the industry come true.

Keywords：New Audio-visual Media；Technology；5G；AI；Metaverse

B.15 The Development Report of Medium Video in 2022

Lei Xia, Sun Ruifan / 266

Abstract：While PUGC, MCN and other excellent producers come to stage, the production capacity of medium video is rapidly improved in 2022. With the deeply development of subdivision fields and the stimulating of the life-oriented content, the medium video displays social attributes and drive the network traffic rapidly. Meanwhile, due to its young users, as well as the helpful policy, the marketing of medium video has also shown much highlight. With the rapid development, medium video industry confronts some outstanding problems, such as low content quality, lack of mainstream value and immature means of making profit. In the future, the medium video industry needs to break through the limitation brought by length and screen, further improve the related technology to create higher qualified content, strengthen and enhance the platform responsibility, so as to gain economic benefits and social benefits synchronously.

Keywords：Medium Video；Technical Empowerment；PUGC；Online Short Plays

B.16 Rural Health Short Video Communication Development Report 2022

Guo Miao, Hu Zhenghao and Deng Feiyang / 283

Abstract：Along with the rise of mobile short video social media platforms, rural short videos have become an important media form for promoting rural health policies and popularizing rural health knowledge. This report analyzes the dissemination status of rural health short videos on representative short video platforms in 2022, summarizes the characteristics, channels, rules and weaknesses of rural health short videos, and analyzes the reasons for the mismatch between the dissemination effectiveness of this type of short videos and the large-scale health information demand. The reasons for the mismatch between the effectiveness of this type of short videos and the large-scale demand for health information include the lack of high-quality creative subjects, the insufficient scale and quality of professional content supply, and the relatively limited policy inclination and platform support for rural health communication. In addition, we will work together to promote the benign development of rural health communication short video dissemination effectiveness, and better alleviate the gap between the supply of professional quality content and the health information demands of rural users, starting from the cultivation of composite talents and the construction of a team of multiple creative subjects for health short video production; the supply-side reform of health topics and the increase of professional content traffic coverage; the optimization of the special support plan for platform traffic and the improvement of digital literacy of individual rural users. The contradiction between the supply of professional and high-quality content and the demand for health information from users in rural areas can be better resolved.

Keywords: Countryside Short Video; Health Communication; Digital literacy; Digital Countryside

B.17 Rural Health Short Video Communication Development Report 2022 China Children's Publishing Integration Development Research Report

Cao Yuejuan, Wang Zhihao / 305

Abstract: Looking at the publishing market in China in 2022, children's book sales will continue to be the largest segment of the book retail market,

ranking first in the book retail market, and will be the main driving force for sales growth in China publishing market. This report studies the development of children's integrated publishing in China in 2022, understands the current situation of children's integrated publishing, its development difficulties and deep reasons, and puts forward suggestions on the development of children's integrated publishing from the aspects of content, technology, channels, mechanism and personnel training, with a view to providing reference for the integrated development and transformation of children's publishing industry, helping children's publishing to embark on the road of high-quality integrated development and open up the next "golden decade".

Keywords: China Children Publishing; Media Convergence; Transformation and Development

B.18　Research Report on Innovative Communication of Short Video Content Under the Background of Media Convergence

Li Yifan, Yu Xinchun and Long Han / 323

Abstract: Building an all media communication pattern and forming an all media communication system are the clear requirements of President Xi Jinping for promoting the deep integration and development of media. With the development of new technologies and applications, Internet Communication shows the trend of mobility, socialization and videoizing. The form of short video coincides with publics information receiving characteristics of fragmentation and short-time attention, and is becoming an important position in the field of information communication. This paper expounds the main meaning of the mainstream media practicing media convergence via short videos and live broadcast, and takes WeChat Video Channel as an example to analyze in detail the main logic and practical performance of short videos and live broadcast to promote the innovative communication of the mainstream media and the expansion and upgrading of the communication effect of mainstream public opinion from the aspects of content production, narrative mode and technology application. Based on this, the paper looks forward to the future trend of activating the participation potential of the mainstream media in public governance, assisting the intelligent and high-quality development of mainstream media and promoting the video integration of municipal and county-level media.

Keywords: Media Convergence; WeChat Video Channel (WVC); Innovative Communication; Short Video

B.19　Research Report on Public Participation in Network Communication in 2022

Xu Tao / 340

Abstract: Since the 18th CPC National Congress, General Secretary Xi Jinping has repeatedly emphasized the scientific understanding of the laws of Internet communication, improving the level of Internet governance, and making the Internet the largest increment in building a shared spiritual home for all ethnic groups and forging a sense of the Chinese nation's community. As a direct participant in network communication, the public's participation characteristics of network communication and their views on the ecological construction of network communication deserve attention. This report intends to focus on the research and analysis of public participation in network communication, clarify the characteristics of network communication ecology in the eyes of the public under the promotion of new media technology, explore the evolution of classic communication theories such as "spiral of silence" and "gatekeeper" in the era of network media, and provide some suggestions and references for promoting the healthy development of network communication and better cohesion of consensus.

Keywords: Network Communication; Public Participation; Ecological characteristics

V　Sector Reports

Abstract: Affected by the complex situation at home and abroad in 2022, the major sub-sectors of China's new media industry declined significantly, but the sub-sectors such as live streaming e-commerce and sound economy still maintained a good growth trend. In the face of the prominent problems of the Internet dividend being exhausted and entering the era of inventory competition, Internet platform enterprises have actively laid out emerging technology industries and deepened their overseas layout. Looking forward to 2023, China's supervision of the Internet platform will be in the normalization stage. Accelerating the process of going to sea, grasping the edge of science and technology and promoting the implementation of digital industrialization will become a new trend in the development of the Internet industry.

Keywords: New Media Industry; Digital Economy; Overseas Layout

Abstract: In 2022, Chinese network advertising showed a rebounding trend of development, Internet media platform companies have made great contributions, new technology empowerment prompted a qualitative jump in advertising and marketing, and the national strategy, legal regulation, market regulation and public opinion supervision of online advertising have been effectively deepened and implemented. In the face of various problems and challenges, it is necessary to insist on serving Chinese modernization, to boost market confidence by optimizing the policy environment, to form sustainable development with talent building and resource advantages, and to promote Chinese network advertising industry to specialization and high-end extension of the value chain.

Keywords: Network Advertising; Technology Empowerment; Internet Platform

B.22 2022 Wuxi New Media Industry Development Research Report

Cai Wenyu, Yang Tao, Li Mengyue and Hui Gongjian / 387

Abstract: By analyzing the current situation of the development of Wuxi's new media industry in 2022, this paper conducts a comprehensive analysis around the overall planning, policy layout, and industry management of Wuxi's new media industry. There are still some problems that need to be improved, and optimization suggestions are put forward to promote the high-quality development of Wuxi's new media industry, such as improving the ability to disseminate high-quality content, strengthening the construction of government service functions, and building a compound all-media talent team.

Keywords: Wuxi; New Media; Pluralistic Co-governance; Talent Training

B.23 Development Report on the Media Convergence in Longgang District, Shenzhen

Jiang Hao, Sheng Xiaolin, Zhang Peng and Liu Yuhan / 399

Abstract: As the first county-level media convergence center in China to implement the reform of pure nationalized reform of enterprises, Media Convergence Group in Longgang District, Shenzhen reshapes the Media Ecology with the model of "Party Media plus State-owned Enterprise". The group also

promotes supply-side reform with mobility priority, empowers diversified development with the concept of "Media Convergence Plus", and stimulates endogenous motivation through talent construction. All the actions above have provided innovative plans and beneficial exploration for the construction of county-level media convergence center. As our society entering the stage of high-quality development, Longgang Media Convergence will continuously implement the general principle of the reform, that is "seeking progress while maintaining stability". It will continue to promote innovation in mechanism, strengthen the application of technology research and development, build high-quality industrial clusters, and empower grass-roots social governance. So that all-round integration transformation can be achieved.

Keywords: County-level Media Convergence Center; Media Convergence in Longgang; Nationalized Reform of Enterprise; Diversified Operation

B.24 2022 Research Report on the Practice and Development of Anji County Integrated Media Center

Zhu Qing, Xu Yue and Wang Zhenzhen / 416

Abstract: Since 2018, the construction of county-level Integrated Media Center has become a national strategy, and has become an important link for the party and the state to improve grass-roots governance and assist rural revitalization. The application of new technologies such as big data and Internet of things promotes the transformation and upgrading of "Media +" integration, and makes the content dissemination of county-level Integrated Media Center richer and the industrial structure more diversified. Anji County Integrated Media Center as a typical development representative, with financial media mobile "Ai Anji" APP as the core, to achieve regional intelligent connectivity, create a replicable, can be promoted, can be connected to the "News + government service business" characteristics of governance and operation mode. This report is based on the development of Integrated Media Center in Anji County, examines its innovative practices in empowering social governance, rural revitalization, and party building, to provide development suggestions for the construction of county-level Integrated Media Center in our country.

Keywords: Anji County; Integrated Media Center; Media Convergence

社会科学文献出版社

皮 书

智库成果出版与传播平台

✤ 皮书定义 ✤

皮书是对中国与世界发展状况和热点问题进行年度监测，以专业的角度、专家的视野和实证研究方法，针对某一领域或区域现状与发展态势展开分析和预测，具备前沿性、原创性、实证性、连续性、时效性等特点的公开出版物，由一系列权威研究报告组成。

✤ 皮书作者 ✤

皮书系列报告作者以国内外一流研究机构、知名高校等重点智库的研究人员为主，多为相关领域一流专家学者，他们的观点代表了当下学界对中国与世界的现实和未来最高水平的解读与分析。截至 2022 年底，皮书研创机构逾千家，报告作者累计超过 10 万人。

✤ 皮书荣誉 ✤

皮书作为中国社会科学院基础理论研究与应用对策研究融合发展的代表性成果，不仅是哲学社会科学工作者服务中国特色社会主义现代化建设的重要成果，更是助力中国特色新型智库建设、构建中国特色哲学社会科学"三大体系"的重要平台。皮书系列先后被列入"十二五""十三五""十四五"时期国家重点出版物出版专项规划项目；2013~2023 年，重点皮书列入中国社会科学院国家哲学社会科学创新工程项目。

皮书网

（网址：www.pishu.cn）

发布皮书研创资讯，传播皮书精彩内容
引领皮书出版潮流，打造皮书服务平台

栏目设置

◆ **关于皮书**

何谓皮书、皮书分类、皮书大事记、
皮书荣誉、皮书出版第一人、皮书编辑部

◆ **最新资讯**

通知公告、新闻动态、媒体聚焦、
网站专题、视频直播、下载专区

◆ **皮书研创**

皮书规范、皮书选题、皮书出版、
皮书研究、研创团队

◆ **皮书评奖评价**

指标体系、皮书评价、皮书评奖

◆ **皮书研究院理事会**

理事会章程、理事单位、个人理事、高级
研究员、理事会秘书处、入会指南

所获荣誉

◆ 2008 年、2011 年、2014 年，皮书网均
在全国新闻出版业网站荣誉评选中获得
"最具商业价值网站"称号；
◆ 2012 年,获得"出版业网站百强"称号。

网库合一

2014年，皮书网与皮书数据库端口合
一，实现资源共享，搭建智库成果融合创
新平台。

皮书网

"皮书说"
微信公众号

皮书微博

权威报告・连续出版・独家资源

皮书数据库
ANNUAL REPORT(YEARBOOK)
DATABASE

分析解读当下中国发展变迁的高端智库平台

所获荣誉

- 2020年，入选全国新闻出版深度融合发展创新案例
- 2019年，入选国家新闻出版署数字出版精品遴选推荐计划
- 2016年，入选"十三五"国家重点电子出版物出版规划骨干工程
- 2013年，荣获"中国出版政府奖・网络出版物奖"提名奖
- 连续多年荣获中国数字出版博览会"数字出版・优秀品牌"奖

皮书数据库

"社科数托邦"
微信公众号

成为用户

　　登录网址www.pishu.com.cn访问皮书数据库网站或下载皮书数据库APP，通过手机号码验证或邮箱验证即可成为皮书数据库用户。

用户福利

- 已注册用户购书后可免费获赠100元皮书数据库充值卡。刮开充值卡涂层获取充值密码，登录并进入"会员中心"—"在线充值"—"充值卡充值"，充值成功即可购买和查看数据库内容。
- 用户福利最终解释权归社会科学文献出版社所有。

社会科学文献出版社 皮书系列
SOCIAL SCIENCES ACADEMIC PRESS (CHINA)

卡号：188223984823
密码：

数据库服务热线：400-008-6695
数据库服务QQ：2475522410
数据库服务邮箱：database@ssap.cn
图书销售热线：010-59367070/7028
图书服务QQ：1265056568
图书服务邮箱：duzhe@ssap.cn

法律声明

　　"皮书系列"（含蓝皮书、绿皮书、黄皮书）之品牌由社会科学文献出版社最早使用并持续至今，现已被中国图书行业所熟知。"皮书系列"的相关商标已在国家商标管理部门商标局注册，包括但不限于LOGO（）、皮书、Pishu、经济蓝皮书、社会蓝皮书等。"皮书系列"图书的注册商标专用权及封面设计、版式设计的著作权均为社会科学文献出版社所有。未经社会科学文献出版社书面授权许可，任何使用与"皮书系列"图书注册商标、封面设计、版式设计相同或者近似的文字、图形或其组合的行为均系侵权行为。

　　经作者授权，本书的专有出版权及信息网络传播权等为社会科学文献出版社享有。未经社会科学文献出版社书面授权许可，任何就本书内容的复制、发行或以数字形式进行网络传播的行为均系侵权行为。

　　社会科学文献出版社将通过法律途径追究上述侵权行为的法律责任，维护自身合法权益。

　　欢迎社会各界人士对侵犯社会科学文献出版社上述权利的侵权行为进行举报。电话：010-59367121，电子邮箱：fawubu@ssap.cn。

社会科学文献出版社